# AEGIDIUS ROMANUS,
## *DE RENUNCIATIONE PAPE*

Edited by/
Herausgegeben von
### John R. Eastman

Texts and Studies in Religion
Volume 52

The Edwin Mellen Press
Lewiston/Queetsnston/Lampeter

**Library of Congress Cataloging-in-Publication Data**

This volume has been registered with The Library of Congress.

ISBN 0-7734-9623-8

This is volume 52 in the continuing series
Texts and Studies in Religion
Volume 52 ISBN 0-7734-9623-8
TSR Series ISBN 0-88946-976-8

A CIP catalog record for this book
is available from the British Library.

The Edwin Mellen Press
Box 450
Lewiston, New York
USA 14092

The Edwin Mellen Press
Box 67
Queenston, Ontario
CANADA L0S 1L0

Edwin Mellen Press, Ltd.
Lampeter, Dyfed, Wales
UNITED KINGDOM SA48 7DY

Printed in the United States of America

To my Parents

Meiner Mutter
Und
Dem Andenken Meines Vaters
( + 1991)

# INHALTSVERZEICHNIS

# VORBEMERKUNG

Im ersten Kapitel werden wir der Schreibung im Sinne des klassischen Lateins den Vorzug geben, was den Titel des Aegidius Traktats betrifft: *De renunciatione papae* also. In den weiteren Abschnitten wird das mittellateinische E-ligatur bevorzugt. Daher wird der Titel lauten: *De renunciatione pape*. Im Mittellatein ist die Schreibung von *c* und *t* oft unklar. Um den Gepflogenheiten der lateinischen Sprache Rechnung zu tragen, wird der Titel der kritischen Edition *De renunciatione pape* lauten anstatt *De renunciacione pape*, der auch als Möglichkeit in Erwägung gezogen werden könnte.

## STEMMA

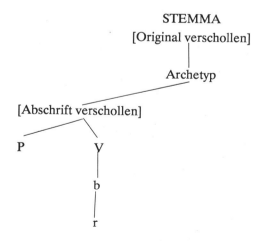

[Original verschollen]

Archetyp

[Abschrift verschollen]

P        y

b

r

# ABKÜRZUNGSVERZEICHNIS

| | |
|---|---|
| AFH | Archivum Franciscanum historicum (1909 ff.) |
| AHDLMA | Archives d'histoires doctrinale et littérature du moyen âge |
| AHP | Archivum Historiae Pontificiae (1963 ff.) |
| AKKR | Archiv für Katholisches Kirchenrecht |
| ALKG | Archiv für Literatur- und Kirchengeschichte des Mittelalters, 7 Bde. (1885-1900) |
| BGPTM | Beiträge zur Geschichte der Philosophie und Theologie des Mittelalters (1891 ff.) |
| CC | Corpus Christianorum, series latina (1953 ff.) |
| CHR | The Catholic Historical Review (1915 ff.) |
| CSEL | Corpus Scriptorum ecclesiasticorum latinorum (1855 ff.) |
| DA | Deutsches Archiv für Erforschung des Mittelalters (1937 ff.) |
| HZ | Historische Zeitschrift (1859 ff.) |
| LThK | Lexikon für Theologie und Kirche (1957ff.) |
| MGH | Monumenta Germaniae historica |
| MIÖG | Mitteilungen des Instituts für Österreichische Geschichtsforschung (1880 ff.) |
| PG | Patrologia Graeca, ed. J.P. Migne (Paris: 1857 ff.) |

| PL | Patrologia Latina, ed. J.P. Migne (Paris: 1844 ff.) |
| RHM | Römische Historische Mitteilungen |
| RSPT | Revue des sciences philosophiques et théologiques |
| RTAM | Recherches de théologie ancienne et médievale |
| WdF | Wege der Forschung |
| ZKG | Zeitschrift für Kirchengeschichte (1887 ff.) |

ZRG, kan. Abt.

Zeitschrift der Savigny-Stiftung für Rechtsgeschichte, kanonistische Abteilung (1911 ff.)

# VORWORT

Auf eine Anfrage des Edwin Mellen Verlags hin wurde diese kritische Edition mit begleitendem Kommentar in Angriff genommen. Sie besteht im wesentlichen aus einem Großteil meiner Dissertation, S. 27-96, 255-842. Da Herr Prof. Dr. Thomas Frenz sich dazu bereit erklärte, die vorliegende Arbeit zu überprüfen, möchte ich mich bei ihm besonders danken. Seine Vorschläge, was die Sprachlogik des Lateins betrifft, waren bei der Sichtung des Manuskripts von sehr großem Wert. In der Arbeit an der Dissertation, die 1978 mit der Transkribierung des Roccaberti Druckes begann, erwies er mir auch durch die Nachkollationierung des lateinischen Textes, die Sichtung des deutschen Kommentars und seine Mitteilungen in bezug auf manche paläographische Eigenheiten der HSS einen großen Dienst.

Ebenso ist es Herrn Prof. Dr. Peter Herde einen ganz besonderen Dank auszusprechen, da er mir zu dieser Arbeit anregte. Seine Seminare zur Paläolgraphie und zu editionstechnischen Fragen waren hierfür unerläßlich. Mein herzlicher Dank gilt auch Herrn Pater D Dr. Adolar Zumkeller, der mich speziell in die grundlegende Einstellung einführte, die ein Herausgeber benötigt, um eine sachgerechte kritische Edition zu erstellen. Für weitere Hilfestellungen waren die Verbesserungsvorschläge von Herrn Prof. Francesco del Punta, Leiter der *Aegidii Romani Opera Omnia*, sehr nützlich.

Für die Pariser HS waren für mich die Mitteilungen der Konservatorin der Bibliothèque Nationale Mme. Marie-Hélène Tesnière wertvoll. Für die Auffindung einiger Stellen des kanonischen Rechts danke

vi

ich Herrn Prof. Dr. Rudolf Weigand. Auch im Rahmen der Dissertation bin ich Frau Marianne Noack dankbar, die mich u.a. dazu ermutigte über das Verhältnis Martin Luthers zur Geisteswelt des Aegidius zu schreiben, und Frl. Marianne Hückl, das die zahlreichen Fassungen des deutschen Kommentars ins Reine schrieb.

Seit meiner Rückkehr in die Vereinigten Staaten, hätte es die freundliche Aufnahme bei der Mutter nicht gegeben, wäre die Arbeit sowohl an diesen Band als auch an meine anderen wissenschaftlichen Beiträge unter weit schwierigeren Bedingungen vollbracht. An dieser Stelle möchte ich auch eines Freundes gedenken, Michael Dettmar, der von einem angemessenen wissenschaftlichen Ethos beseelt, mich in die amerikanische Lebensweise wiedereinführte.

Crofton, Maryland
Herbst 1991

John R. Eastman

# EINLEITUNG

Das Phänomen eines in Einfachheit und Armut lebenden Papstes, der es auf sich nahm dem päpstlichen Amt zu entsagen, hat die Zeitgenossen Cölestins V. (Peters vom Morrone) und die Nachwelt fasziniert. Seine ersten Entscheidungen als Papst mögen im Sinne eines monastischen Oberhauptes, das er war, erfolgt sein. Sie legen Zeugnis von einem Mann ab, der mit einigem Mut und Initiative vorgehen konnte; aber sie waren nicht die Beschlüsse eines im vollen Besitz seiner Kräfte entscheidenden Papstes des hohen Mittelalters.[1] Im Laufe seines Pontifikats schien Cölestin V. zunehmend eingeschüchtert zu handeln. Die Wirkung der prachtvollen und imponierenden Umgebung des seit November 1294 in Neapel befindlichen päpstlichen Hofes und der lateinsprechenden Kardinäle hat ihm gewiß zu schaffen gemacht. Daher ist es nicht so verwunderlich, daß die Sehnsucht nach einer vertrauten Umgebung ihn dazu bewegte, eine kleine Holzzelle inmitten des päpstlichen Palastes bauen zu lassen.[2]

Seine eigenen Unzulänglichkeiten bezüglich seiner päpstlichen Pflichten als Verwalter der Kirche der abendländischen Christenheit und die Hoffnungen, die verschiedene Parteien in ihn setzten, ob vonseiten der in apokalyptischen Visionen verhafteten radikalen Franziskaner-Spiritualen oder des weltzugewandten angevinischen Königs von Neapel-Sizilien, hat seine Lage noch schwieriger gemacht.[3] Nach einigem Zögern entschloß sich der im Alter von rund 85 Jahren stehenden Papstes am Fest der hl. Lucia, dem 13. Dezember 1294, vor dem versammelten Kardinälen abzudanken.

Die Reaktion des einfachen Volkes in Neapel, besonders unter den Franziskaner-Spiritualen und den Cölestinermönchen, war von Ungehaltenheit und Verzweiflung gekennzeichnet. Unter den etwas unparteiischen Beobachtern wuchs das Gefühl, daß die Kirche von einem Heiligen nicht regiert werden konnte. Die zunehmende Feindseligkeit des Volkes von Neapel führte dazu, daß der neugewählte Papst Bonifaz VIII. (Benedikt Caetani) eilends die Stadt verließ. Am 17. Januar 1295 ist er mit Gefolge in Rom erschienen.[4] Die anschließende Gefangennahme seines Vorgängers um den 10. Mai 1295, die mit Haft in der zweiten Augusthälfte dieses Jahres in Castel Fumone und dem darauffolgenden Tod Peter-Cölestins endete (19. Mai 1296), hat die Stimmung im Volk und unter den Parteiischen noch weiter verschlimmert.[5]

So kam es dann, daß die Kontroverse um die Papstabdankung verbunden mit dem Hader unter den römischen Geschlechtern der Caetani und Colonna die Atmosphäre in der Ewigen Stadt noch weiter verdüstert hatte. Das seit dem 11. Jahrhundert in Rom wirkende Geschlecht der Colonna blickte mit Sorge auf die einst aus Gaeta stammenden Emporkömmlinge herab. Als ein Familienmitglied der Colonna den Geldtransport des Papstes am 3. Mai 1297 auflauerte und überfiel, löste sich die Spannung der Lage wie das Vorüberziehen eines schweren Gewitters. Der Papst drohte ihnen mit dem Bannstrahl; die Kardinäle Jakob und Peter Colonna griffen auch zur Feder, verteidigten sich und griffen den Papst zugleich an durch eine Denkschrift, die sie in den frühen Morgenstunden des 10. Mai 1297 in der Anwesenheit einiger Franziskaner-Spiritualen verfaßten. Dies geschah also fast zwei Jahre auf den Tag seit der Gefangennahme Peter-Cölestins im Jahre 1295.

Ebenso fühlte sich Bonifaz VIII. bedroht und empfand in noch stärkerem Maße seine Autorität in Frage gestellt. Seine Befürchtungen waren nicht unbegründet. Aus der Bemerkung des Kardinals Stefaneschi, Cölestin habe ihn als seinen Nachfolger bezeichnet, hat die schaffende Phantasie den berühmten Satz geprägt: *Intrabis ut vulpis, regnabis ut leo et morieris ut canis*, der noch hundert Jahre später so bekannt war, daß König Sigismund ihn in einem Aktenstück gegen die französische Politik verwerten konnte.[6] Die rhetorische Gabe seiner Gegner sollte nicht gering geschätzt werden. In ihrer dritten Denkschrift vom 15. Juni 1297 sahen die Colonna eine große Rolle für die Kardinäle vor. Wie es dort heißt: "wenn die Vorkehrungen des Papstes gegen das Recht verstoßen, gleich einer Mauer sollen sie sich zum Schutze des Hauses Gottes und der Wahrheit aufstellen." Hier stellt sich die Frage, wer besitzt denn die Wahrheit? Die Colonna hoben hierbei die Rolle des Konzils als Richter über den Papst hervor.[7] Wir sehen hier keine Ansätze für einen Konziliarismus, sondern das Konzil als Mittel zum Zweck, diesen Papst nämlich soweit wie möglich politisch unschädlich zu machen. Dies sollte durch seine Entfernung aus dem päpstlichen Amt geschehen.

Der Caetani-Papst sah dies klar und deutlich. Daher ließ er den hochgelehrten Augustiner-Eremiten und von ihm ernannten Erzbischof von Bourges, Aegidius Romanus, auffordern, die Behauptungen der Colonna zu widerlegen und zugleich das päpstliche Amt zu verteidigen, d.h. die Gründe für die Rechtmaßigkeit der Papstabdankung darzulegen und folglich sein Recht als Nachfolger Cölestins V. zu bekräftigen.

Aegidius machte sich an die Arbeit, ließ sich möglicherweise durch einige Gelehrten des kanonischen Rechts beraten und verfaßte im Laufe des Sommers 1297 den im Auftrag gegebenen Traktat zur Papstabdankung, *De renunciatione papae.* Ob er ihn innerhalb eines knappen Monats verfaßt haben mag, also vor der Veröffentlichung der dritten Colonna Denkschrift vom 15. Juni 1297, wie A. Maier meint, muß in Erwägung gezogen werden.[8] Ob er aber so zügig diesen sehr ausführlichen Traktat, der sowohl die betreffende Frage behandelt als auch eine rudimentäre Ekklesiologie aufstellt, zum Abschluß bringen konnte, muß unbeantwortet bleiben lassen.[9] Dies könnte aber die manchmal ausschweifende Art erklären, wie Aegidius die Beweisführung für diesen Sachverhalt bringt.

Für dieses Werk gibt es nur vier Zeugen: eine Handschrift des frühen 14. Jahrhunderts (Paris B.N. lat.3160), eine zu Anfang des 15. Jahrhunderts (Vatikan lat.4141) und zwei Drucke. Der eine, ein Druck aus der Mitte des 16. Jahrhunderts, beruht auf der Vatikan Handschrift und ist bisher die Hauptquelle für unser Wissen über Aegidius zur Frage der Papstabdankung - Aegidius Romanus (Colonna), *"Liber de renuntiatione papae",* Opera exegetica. Opuscula, 2 Bde. (Romae: Apud Antonium Bladum 1554/55), I,

1-34. Ein weiterer annotierter Druck des späten 17. Jahrhunderts, herausgegeben von Juan T. Roccaberti, enthalten in seiner *Bibliotheca maxima pontificia*, Bd.II (Romae 1695; Nachdruck Graz 1969), 1-64, ist lediglich ein etwas nachlässig in Druck gegebener Nachdruck der Blado-Ausgabe.

Daher ist das vorliegende Werk der erste Versuch, eine kritische Edition von *De renunciatione papae* zu erstellen mit einer Auswertung der beiden vorhandenen Handschriften. Darüber hinaus wird dem Leser einen umfangreichen Kommentar in deutscher Sprache mit Zusammenfassung in Englisch geboten. Außer den knappen Ausführungen von Heinrich Finke (1902), den etwas weiter ausholenden Kommentaren von Richard Scholz (1903) und F.X. Seppelt (1911), den Ausführungen im Anmerkungsapparat von Michael Wilks (1963) und der knappen Darstellung von Peter Herde (1981), gibt es nichts, was für eine angemessene und gediegene Darstellung dieses Sachverhalts herangezogen werden könnte.[10] Die Gedanken des Aegidius zur Papstabdankung werden bei Leclercq (1939) sehr knapp zusammengefaßt, während sich Rivière (1926) auf eine allgemeine Aussage zum Stellenwert der Aegidius-Schrift beschränkt.[11] Eine in die Tiefe gehende Analyse der Gedankenwelt des Aegidius, die die vielen Aspekte seiner intellektuellen Entwicklung z.Z. der Entstehung seines Traktats zur Frage der Papstabdankung beleuchten könnte, fehlt uns ganz und gar. Mit dem vorliegenden Werk hoffe ich diese Lücke zu füllen.

# ANMERKUNGEN

1. Vgl. unten Teil V, Anm.1 für Underhill hierzu.

2. Vgl. Herde, *Cölestin V.*, 126; Baethgen, "Beiträge," 281 f.: "selbst das Latein ihm solche Schwierigkeiten bereitete, daß die Kardinäle sich später im Konsistorium aus Rücksicht auf ihn der italienischen Sprache bedienten."

3. Horst Fuhrmann, *Von Petrus zu Johannes Paul II. Das Papsttum: Gestalt und Gestalten* (München 1980), 25: "von kirchlicher Verwaltung keine Ahnung." ebd., 28: "Die Forderung nach einem sittenreinen Papst blieb, schwärmerisch immer wieder vorgetragen, von Hus, von Savonarola, von Luther."; vgl. Herde, *Cölestin V.*, 203 f.

4. Vgl. unten Teil V, Anm.4 und 5; Die Kurie verließ Neapel am 1. oder 2. Januar und benötigte zirka 14 Tage nach Rom zu gelangen. Vgl. Herde, *Cölestin V.*, 146 ff. mit Anm.16, 22.

5. Herde, *Cölestin V.*, 153-159.

6. Finke, *Aus den Tagen*, 42; Aus dieser Vorstellung könnte die Anekdote aus der Chronik des Zisterzienser-Abtes Peter von Zittau über die Ernennung des Aegidius zum Erzbischof hervorgegangen sein. Vgl. Eastman, "Giles ... Celestine V," 210 f.; Scholz, *Die Publizistik*, 37 Anm.18, S.521 f.

7. Mohler, *Die Kardinäle*, 80.

8. Maier, "Due documenti," 361 Anm.37.

9. Zu der Ekklesiologie des Aegidius vgl. mein Aufsatz, "*De renunciatione papae*: Giles of Rome and His Fidelity to Sources in the Context of Ecclesiological Political Thought," *Proceedings of the PMR Conference* (Annual Publication of the Patristic, Mediaeval and Renaissance Conference, Villanova University), 15 (1990), 57-70.

10. Finke, *Aus den Tagen*, 70-76; In der Behandlung anderer Themen haben Tierney (1955) und Wilks (1963) hierbei den Wert der Aegidius-Schrift erkannt. Wie Scholz, *Die Publizistik*, 56 ff., Seppelt, *Studien*, 43 ff., und Oliger (1918), 337 f., hat Tierney, *Foundations*, 159, 161, 174, 179, 184, aus Roccaberti geschöpft. Nur Herde, *Cölestin V.*, 170-175, hat die Blado-Ausgabe ausgiebig verwendet. Von den anderen Autoren unseres Jahrhunderts hat Sebastiàn Garcias-Palou, "El beato Ramon Lull y la cuestion de la renunciabilidad de la sede Romana," *Analecta Sacra Tarraconensia* (1944), 67-96, 76, die Roccaberti Ausgabe erwähnt, und Fernando Valls-Taberner, "Ramon Lull i el problema de la renunciabilitat

del papat, "*Estudios de historia medieval* 4: *Obras selectas de F. Valls-Taberner* (Madrid 1961), 321-332 (ursprünglich in: *Estudis Franciscans* 47, Barcelona 1935, S.151-160), 324 f., lediglich aus Lajard (1888) zitiert. Bei Eberenz (1968/69), 194 Anm.40, wo die Blado-Ausgabe angeführt wird, Monahan (1974), William McCready, "The Papal Sovereignty in the Ecclesiology of Augustinus Triumphus," *Mediaeval Studies* 39 (1977), 177-205, und Gian Luca Potestà, *Storia ed escatologia in Ubertino da Casale* (Mailand 1980), ist die Aegidius-Schrift nur im Rahmen des jeweiligen Anmerkungsapparats erwähnenswert.

11. Leclercq, "La renonciation," 190; Rivière, *Le problème de l'église*, 225 f.

# I. ZUR FRAGE DER PAPSTABDANKUNG SOWIE ZUM LEBEN UND DENKEN DES AUGUSTINER-EREMITEN AEGIDIUS ROMANUS

## A) ZUR ABDANKUNG CÖLESTINS V.

Im Laufe des November 1294 keimte der Gedanke einer Abdankung in Peter vom Morrone, Papst Cölestin V., auf. Am 6. Dezember ließ er, noch unschlüssig, durch einen Bischof dem Volk erklären, daß er nicht abzudanken beabsichtige, "falls nicht etwas eintrete, wodurch sein Gewissen bedrängt werde".

In dieser Zeit weilte der Kanonist Guido da Baisio, der als Kaplan des Kardinals Gerhard von Parma diente, vermutlich an der Kurie. In seinem sich an die Lehre Huguccios anlehnenden *Rosarium* (1300) schreibt er, daß der Papst nicht vor den Kardinälen oder einem Konzil abzudanken brauche, da er keinen über sich habe, um dessen Genehmigung er nachsuchen müsse. In seinem Kommentar zum *Liber Sextus* (zwischen 1306/13) I tit. 7 c. 1 verneinte er die Fragen, ob der Papst, wie Huguccio lehrte, vor den Kardinälen abzudanken habe bzw. ob die Heranziehung des Kardinalskollegiums erforderlich sei. Er vertrat damit die sich im Zuge des wachsenden päpstlichen Hierokratismus unter den Kanonisten verbreitete Ansicht. Für den abdankenden Papst sei es auf jeden Fall sicherer, vor den Kardinälen sein Amt niederzulegen.

Diese Vorstellung machte sich Cölestin zu eigen; ob er sich dabei auf die Lehre Guidos oder eines anderen Kanonisten stützte, läßt sich nicht beweisen. Sicher ist, daß Cölestin einzelne Kardinäle zu Rate zog, darunter Benedikt Caetani und Gerhard von Parma. Wohl in dieser Zeit sind ihm die angeblichen Abdankungen von Clemens und Marcellinus bekannt geworden. Am 8. Dezember 1294 rief der von Gewissenszweifeln geplagte Papst ein Konsistorium zusammen, wo er den versammelten Kardinälen zum ersten Mal seine Rücktrittsabsichten vortrug. Sie hielten ihm das Argument der Unauflösbarkeit der Ehe zwischen dem Papst bzw. dem Bischof und seiner Kirche entgegen, das sie aus der Liturgie und der Exegese entnommen hatten. Cölestin zögerte und vertagte die Beratung.

Am 9. oder 10. Dezember ließ er Benedikt Caetani zu sich kommen, um seine Motive zu besprechen und ihre Vereinbarkeit mit der Rechtslage zu klären und sie dann schriftlich festzuhalten. Seine Gründe zur Abdankung gemäß dem Kirchenrecht waren: Demut, der Wunsch nach einem besseren Leben und nach einem unbeschwerten Gewissen, seine körperliche Gebrechlichkeit, sein Mangel an Wissen, die Bosheit des Pöbels, persönliche Schwachheit und das Bestreben, in die Ruhe des Eremitendaseins zurückzukehren. Er betont sodann, daß er aus eigenem Antrieb freiwillig sein Amt niederlege und den Kardinälen die uneingeschränkte und freie Vollmacht erteile, auf kanonische Weise einen Nachfolger zu erheben. Er ließ darauf eine Konstitution über die Papstabdankung abfassen, welche in der Konstitution des *Liber Sextus* I tit. 7 c. 1 rechtsgültig fixiert wurde.

Angesichts der nicht eindeutigen Rechtslage entschloß sich Cölestin, vor dem versammelten Kardinalskollegium abzudanken; dies geschah am 13. Dezember 1294 in Castelnuovo in Neapel. Er hielt eine kurze Ansprache auf Italienisch und verlas dann die mit Hilfe Benedikt Caetanis abgefaßte Verzichtserklärung unter besonderer Anführung der kanonischen Gründe. Dann hat er eine Konstitution über die Möglichkeit der Abdankung eines Papstes verlesen. Daraufhin nahm das Kollegium seine Resignation an. Cölestin stieg vom Thron herab, legte die päpstlichen Insignien ab, einschließlich die mit zwei Kronen verzierte Tiara, und ging in seine Kammer zurück, wo er die Kutte seiner Kongregation anlegte. Sein Wunsch, die päpstlichen Gewänder behalten zu dürfen, wurde nicht erfüllt. In den großen Raum des Konsistoriums zurückgekehrt, setzte er sich als Peter vom

Morrone auf der letzten Stufe des Throns auf den Boden. Erst damit stand die rechtmäßig und freiwillig erfolgte Abdankung unwiderruflich fest.

Im Laufe des Jahres 1295 ergaben sich Bedenken an der Rechtmäßigkeit von Cölestins Abdankung; zuerst Regungen aus dem einfachen Volk, dann von kurialer Seite von den Kardinälen Jakob und Peter Colonna. Die Reaktion dieser beiden Kardinäle beruht auf dem Gegensatz zweier Familien, der älteren der Colonna und der jüngeren der Caetani; dieser, die als Arrivierte unter dem römischen Adel anzusehen ist. Die römische Veranlagung zum Sippenstreit, Neid, Habgier und Stolz, verbunden mit der blinden Verwandtenliebe Bonifaz' VIII. und seiner auf Mehrung des Besitzes seiner Familie gerichteten Politik, schuf eine brisante Lage.

Der Raubüberfall von Stephan Colonna auf den päpstlichen Schatzzug am 3. Mai 1297 diente dem Papst als Vorwand, unter dem er nun gegen die Verbindung zweier seiner Gegner in der Abdankungsfrage vorgehen konnte. Dies waren einerseits die Spiritualen und andererseits seine weltlichen Feinde in der hohen Politik, die Aragonesen auf Sizilien unter ihrem König Friedrich. Die Franzosen, seit der Bulle *Clericis laicos* vom 25. Februar 1296 entfremdet, griffen nicht aktiv in die Auseinandersetzung ein. Im Juli 1297 wurden dem französischen König u.a. die Heiligsprechung Ludwigs IX. zugesagt und eine Anzahl von Priviligien gewährt.

Im Kardinalskollegium will sich allmählich eine Opposition gegen Papst Bonifaz gebildet haben, die heimlich zu den Colonna hielt und aus vier von Cölestin V. kreierten Kardinälen bestand: Simon von Beaulieu (+ 18 August 1297), Bérard de Got (Bruder des späteren Papstes Clemens V.), und den beiden Cölestinern Thomas von Ocre (+ Mai 1300) und Peter von L'Aquila.

In der ersten Zeit des Streits hielt das Kardinalskollegium al solches noch zum Papst. Daher wurden zunächst die Colonna zum Brennpunkt der Opposition; dies führte zu dem darauffolgenden Kreuzzug Bonifaz' VIII. gegen sie und zu ihrer Vernichtung im Oktober 1298, als die Päpstlichen Palestrina, die Hauptburg der Colonna, schleiften.[1] Im nächsten Jahr entkamen die Kardinäle Jakob und Peter Colonna der päpstlichen Haft und flohen nach Norditalien, woraufhin sie dann nach Frankreich an den Hof Philipps IV. gelangten.

Als dritte Komponente spielten die Spiritualen eine wesentliche Rolle. Als Bonifaz VIII. am 8. April 1295 der ihnen von Cölestin V. gewährten Sonderstatus aufhob und damit ihre Hoffnung zerschlug, ihr Armutsideal mit kirchlicher Duldung aufrecht erhalten zu können, begannen sie, den im Orden kursierenden eschatologischen Vorstellungen verstärkt Nahrung zu geben. Indem sie im Rahmen der Vorstellungen Joachims von Fiore vom dritten Zeitalter der Mönche die Nebenfigur des Engelpapstes mit Cölestin V. identifizierten, schufen sie ein politisches Kampfmittel gegen den regierenden Papst.

Der französische König mit seinen Beratern, an ihrer Spitze die Legisten Pierre Flote (+ 1302), Guillaume von Plasians, Guillaume von Nogaret und Pierre Dubois, bildete eine vierte Partei in diesem Drama. Wie bereits erwähnt, ist ihm der Papst während der Krise von 1297/98 verhältnismäßig weit entgegengekommen. Jedoch hielt König Philipp der Schöne weiterhin Ausschau nach einer Möglichkeit, seine Macht auf Kosten der Ansprüche des Papstes, der örtlichen Bischöfe, der Barone und der fremden Mächte, vornehmlich Englands, auszudehnen. Dem Papst ging es um die Jurisdiktion und die Besteuerung des Klerus im französischen Königreich.[1a]

## I.  B) AEGIDIUS ROMANUS UND DIE PAPSTABDANKUNG

Eine langjährige Tätigkeit im Augustinerorden hatte Aegidius Romanus (c.1243-1316) hinter sich, als er der Aufforderung des Papstes Bonifaz' VIII. gefolgt ist, sich nach Rom zu begeben. Kurz zuvor wurde er von diesem Papst zum Erzbischof von Bourges ernannt (25.4.1295). Er hatte eine glänzende Karriere hinter sich, nämlich als Professor der Theologie an der Universität Paris (1285/91) und Ordensgeneral der Augustiner-Eremiten (1292/95). Im August 1296 erfolgte der Ruf nach Rom, wo er sich dann mit der Feder für die Belange des Papsttums einsetzte.[2]

In dieser Zeit seines römischen Aufenthalts (Herbst 1296/Sommer 1299) sind vier Werke von der Hand des Aegidius entstanden, eine

Missionskunde für die Bekehrung der Tataren, eine Einführung in den Glauben für den König der Armenier, einen Traktat über Peter Olivis Apokalypse-Kommentar und seine ausführliche Schrift über die Abdankung des Papstes - *De renunciatione papae*. Zwei Aspekte seiner Tätigkeit unter dem Obhut Bonifaz' VIII. werden hier deutlich. Nach innen verteidigt Aegidius die Institution des Papsttums und nach außen sorgt er für die Ausbreitung der katholischen Lehre durch entsprechende Schriften. Da in dieser Zeit Kanonisten an der Entstehung des *Liber Sextus* in Rom tätig waren, darunter der Augustiner-Eremit Guillaume de Mandagout und Richard von Siena, kamen ihre Kenntnisse Aegidius bei der Entstehung seines Traktats zur Papstabdankung gewiß zugute.[3]

Der unmittelbare Anlaß zur Stellungnahme des Aegidius zur Papstabdankung war das erste Manifest der Colonna-Kardinäle Jakob und Peter, das auf ihrer Festung Longhezza in der Nacht vom 9. auf den 10. Mai 1297 in der Anwesenheit einiger befreundeter Spiritualen abgefaßt wurde.[4] In den frühen Morgenstunden des 10. Mai wurden Abschriften dieses Manifests auf den Stufen der sieben Pilgerkirchen Roms gelegt. Darin wird die Rechtmäßigkeit Bonifaz' VIII. als Papst in Frage gestellt und verlangt, daß die Vollmachten dieses Papstes außer Kraft zu setzen sind, bis ein allgemeines Konzil einberufen worden sei, um die Gültigkeit der Abdankung Papst Cölestins V. und folglich die Gültigkeit der Wahl seines Nachfolgers zu überprüfen.[5]

Am gleichen Tag reagierte der Papst mit der Bulle *In excelso throno*, die die Absetzung der Colonna-Kardinäle proklamierte. Der bodenlose Haß zwischen den großen römischen Geschlechtern findet in dieser Auseinandersetzung seinen Niederschlag. Daran muß erinnert werden, daß nur eine Woche zuvor, am 3. Mai, der junge Stephan Colonna mit seinem Gefolge in einem Hinterhalt kurz vor Rom an der Via Appia lauerte, um den in Rom zu erwartenden Geldtransport des Papstes zu überfallen. Als Bonifaz VIII. von diesem Raubüberfall erfuhr, erfolgte eine Reihe von Maßnahmen, die in der obengenannten Absetzung der Kardinäle endete. Es folgte noch zwei Manifeste seitens der Colonna (vom 11. Mai und vom 15. Juni) und den Ausschluß der Colonna aus der Kirche durch die Bulle *Lapsis abscissus* vom 23. Mai. Daraufhin zogen die Colonna-Kardinäle auf ihre befestigten Plätze in der Umgebung von Rom zurück, während der geächtete Stephan Colonna Zuflucht in der Gegend von Narbonne unter dem Schutz des französischen Königs und des dortigen Erzbischofs fand.[6]

Es ist in dieser Atmosphäre bevorstehender Gefahr und Androhung der Gewalt, daß Bonifaz VIII. den gelehrten Mönch Aegidius Romanus in der zweiten oder dritten Mai Woche zu sich gebeten haben mag, um Wege zu finden, sowohl das erste Colonna Manifest zu widerlegen als auch den päpstlichen Standpunkt zu vertreten. Daraufhin muß er sich für längere Zeit zurückgezogen gewesen sein. Für mehrere Wochen, wenn man sich der Meinung A. Maiers anschließt, oder für einige Monate, war Aegidius, von Santa Maria del Popolo aus, dem Mutterkloster seines Ordens, mit der Erfüllung dieser vom Papst aufgetragenen Aufgabe beschäftigt. Im Frühsommer oder Herbst 1297, spätestens im Frühjahr 1298, hat er dann den Traktat über die Papstabdankung vollendet und ein Exemplar dem Papst feierlich überreicht.

Im Traktat verfolgt Aegidius ein doppeltes Ziel: die Souveränität des Papstes mit Einbeziehung der Papstabdankung als rechtmäßigen Vorgang darzustellen und eine rudimentäre ekklesiologische Lehre aufzustellen. Die metaphysische Struktur der Welt in bezug auf ihre Nichtigkeit wird durch das Alte Testament, Pseudo-Dionysius und den hl. Augustinus untermauert; die Diesseitigkeit der Welt und der Tätigkeit der in ihr wohnenden Menschen wird überwiegend durch Aristoteles veranschaulicht.

Wir sollten ein paar Worte zum äußeren Anlaß der Debatte über die Papstabdankung sagen. Die Vorgänge, die sich im Hafen Neapels im Herrschaftszentrum der Anjou-Könige abgespielt hatten, als Cölestin V. die päpstlichen Insignien ablegte (13.12.1294), gaben dem gemeinen Volk, gewissen religiösen Kreisen und anderen Gegnern des Caetani-Papstes Nahrung in ihrem Kampf gegen diesen Papst und die von ihm propagierte hierokratische Kirchenordnung. Vom Zeitpunkt der Abdankung Cölestins V. bis zu dessen Tod am 19. Mai 1296 in Castel von Fumone südlich Roms sind mindestens drei Schriften zum Thema Papstabdankung entstanden: die etwas längere Questio des in Südfrankreich weilenden Lektoren Peter Olivi - *An papa possit renuntiare papatui* (in *De perfectione evangelica*, q.XIII) - von der ersten Hälfte des Jahres 1295, die unmittelbar dem Milieu der franziskanischen Spiritualen widerspiegelt; und die knapperen Formulierungen in der jeweiligen Questio des Pariser Professoren Gottfried von Fontaines - *Utrum prelati statui et dignitas libere renunciare possint* (in Quodlibet XII, q.IV) - vom gleichen Jahre, und des jüngst zum Pariser Magister erhobenen Gelehrten Peter von Auvergne, - *Circa statum prelatorum ... primo utrum summus pontifex possit cedere vel renunciare officio suo in aliquo casu* (in Quodlibet I, q.XV) - vom Jahre 1296.[7] Sie alle sprechen sich für die Rechtmäßigkeit der Papstabdankung aus. In dieser Gelehrtentradition dürfen wir auch das Werk des Aegidius sehen, etwa zwischen dem strengen Aristotelismus Gottfrieds und dem bibelfesten Thomismus des Peter von Auvergne die Waage haltend.

Obwohl Olivi und Aegidius das gleiche Ziel verfolgten und die scholastische Methode verwenden, tun sie dies von ganz anderer philosophischer Perspektive: bei Olivi sehen wir die Beschreibung einer Heilsordnung gemäß der evangelischen Vollkommenheit verbunden mit einem tiefen Verständnis der Hl. Schrift, während wir bei Aegidius einen starken Hang zum Neuplatonismus mit der Anwendung juristischer Mittel und aristotelischer Beweisführung beobachten. Beide Autoren vermögen einen ausgeprägten rhetorischen Stil anzustimmen, wenn es um die Autorität der Kirche geht.[8] Sie scheuen sich auch nicht davor, ihre Gegner lächerlich zu machen.

Zu Anfang des Jahres 1297 stellen wir eine andere Schrift fest, eine *Determinatio* der Pariser Universität, die gegen die Rechtmäßigkeit der Abdankung Cölestins V. Stellung nimmt. Sie ist das Produkt von Magistern der Artistenfakultät unter der Mitwirkung königsfreundlicher Theologen der Dominikaner, der Zisterzienser und einiger Franziskaner, wahrscheinlich Spiritualen. Da sie auf eine Anordnung des französischen Königs zurückgeht, ist sie als eine Propagandaschrift der Kapetinger-Colonna Partei anzusehen. Sie findet ihren Niederschlag sowohl im ersten Colonna Manifest als auch in einem anonymen Traktat, der heute Guillaume de Nogaret zugeschrieben wird - *Rationes, ex quibus probatur, quod Bonifacius legitime ingredi non potuit Coelestino vivente*, der am 3.8.1310 als Anklageschrift gegen Bonifaz VIII. eingereicht wurde.[9]

Das war die Situation im Frühjahr und Sommer 1297, als Aegidius der Obliegenheiten seiner Erzdiözese weiterhin zu erledigen gedachte. Dann kam die Aufforderung vom Papst, daß sich Aegidius nach Rom begeben sollte. Damit ist seine Konfrontation mit der Frage der Papstabdankung und seiner Einweihung in die hohe Kirchenpolitik erfolgt.

Das Werk des Aegidus zur Frage der Papstabdankung hatte einen geringen Leserkreis. Um 1302 hatte der Dominikaner Johannes von Paris daraus geschöpft, um die Thesen seines Traktats *De regia potestate et papali* besser herausarbeiten zu können;[10] der Augustiner-Eremit Augustinus von Ancona kannte sich in die Gedankengänge des Aegidius zur Frage der Papstabdankung sehr gut aus und hat sie für seine eigenen Schriften verwenden können;[11] und was die Überlieferung betrifft, hatte der Bolognesische Kanonist Johannes Andreae die Beweisführung des Aegidius wörtlich zitiert und sie so der zeitgenössischen Kanonistik zugänglich gemacht.[12]

Erst mit den Druckausgaben der frühen Neuzeit hatten solche Gedanken dann ein breites Lesepublikum gefunden. Die Blado Ausgabe von 1554 und der Nachdruck des Roccaberti von 1695 legten dann diese auf der Vatikanischen HS beruhenden Tradition fest. Erst mit der Aufarbeitung der Pariser HS des Aegidius Textes in der vorliegenden Ausgabe haben wir die uns bekannten HSS vollständig auswerten können. Somit schließt sich der Kreis, indem wir der historische Überlieferung eine Ausgabe des kritischen Textes gegenüberstellen.

I.     C) ASPEKTE DES POLITISCHEN DENKENS DES AEGIDIUS

Die politische Philosophie des Aegidius ist in der Literatur immer wieder anhand von *De regimine principum* (c. 1280) und *De ecclesiastica potestate* (c. 1302) untersucht worden. Durch die Gegenüberstellung beider Werke kam man zu dem Schluß, daß Aegidius seine Grundsätze geopfert habe. Eine Ausnahme hiervon machte M. Wilks, der *De renunciatione papae* eingehend auswertete.[13] Selbst R. Scholz, der ebenfalls diesen Traktat heranzog, konnte die Diskrepanz zwischen einem frühen, stark von Aristotoles beeinflußten, und einem späteren, den Standpunkt einer hierokratischen Kirche vertretenden Aegidius nicht aufheben.[14] Sogar W. Kölmel steht dem Phänomen Aegidius etwas unschlüssig gegenüber, obwohl er die Komponente von dessen Bezugssystem sehr wohl versteht.[15]

Die vermeintliche logische Inkonsequenz des Aegidius berührt das Kernproblem seiner Zeit, das Auseinanderfallen einer monistisch verstandenen Herrschaft; also eigentlich kein theologisches Problem, sondern ein ins Politische Übergehendes, das Aegidius mit den Mitteln seiner Wissenschaft zu bewältigen suchte. Er setzt sich voll und ganz für die von ihm vertretenen Prinzipien ein und erntet deren unerbittliche Konsequenzen. Die Erbmonarchie betrachtet er zuerst unter staatspolitischem Aspekt, indem er sie auf das französische Königtum anwendet und dann unter universalem Aspekt im Hinblick auf das Papsttum.

Das Unbehagen der oben genannten Autoren beruht auf einer unzureichenden Unterscheidung zwischen der Theologie und einem neuen Gefühl für politische Wirklichkeiten in der damaligen Zeit. Es ist das Verdienst von J. Rivière, die Folgerichtigkeit des Denkens des Aegidius erkannt zu haben.[16] Rivière betont die Kontinuität im Denken des Aegidius, das an keiner Stelle im Zeitkontinuum außer Kraft gesetzt wird.

Die Autoren, die Aegidius kritisch gegenüberstehen, haben insofern recht, als sie die aus Angst entstandene Hybris erkennen, die aus *De ecclesiastica potestate* spricht. Sie beruht z.T. auf dem Unvermögen der Amtskirche, die politischen Realitäten ihrer Zeit richtig ins Auge zu fassen. Aegidius, als Exponent der kurialen Partei, sieht sich mit Johannes von Paris, dem Anhänger des freien monarchischen Nationalstaates, konfrontiert, zu dem dann in späterer Zeit Dante, der Befürworter des universalen Kaisertums, eine weitere Möglichkeit darbietet.[17] Die Unvereinbarkeit dieser Positionen hatte die Lösung des Herrschaftsproblems sehr erschwert und, wie man mit Recht sagen kann, unmöglich gemacht.

Das korporative Denken hatten sowohl viele Kanonisten des 12. und des 13. Jahrhunderts als auch viele Theologen, darunter nur Thomas von Aquin zu nennen, aus seiner Gestalt in der römischen Antike auf die Kirche übertragen. Aegidius führte es dann zur extremsten Position einer allumfassenden monistischen Hierarchie.[18] Die Auffassungen des Aegidius vertraten auch Jakob von Viterbo und Remigio von Girolami.[19] Th. Renna zeigt anhand der Schrift *De regimine principum* auf, daß Aegidius die verschiedenen Legitimitätsprinzipien der Kapetingischen Monarchie vereinigte, daß sein Denken darauf hinwirkte, die thomistischen Prinzipien, u.a. die korporativen, mit konkreten königlichen Vorrechten zu harmonisieren.[20]

Das Legitimitätsprinzip konnte mit dem monarchischen Prinzip und dem theokratischen Amtsgedanken in gewisser Hinsicht verschmolzen werden. Derselbe Gott, der die Obrigkeit überhaupt über die Völker setzt und dem Herrscher ein Mandat erteilt, macht auch jeden einzelnen bestimmten Thronerben ohne menschliches Zutun zum König. Zwischen Herrscherrecht und Volkswille tut sich damit ein Abstand auf, und nur das unerforschliche Schicksal, das über Leben und Tod gebietet, waltet fortan über die Thronbesetzung.[21] Von hier aus bedurfte es nur noch eines Schrittes, bis der Monarch von den Zwängen des positiven Rechts befreit wurde.[22]

Die Publizisten, die auf der Höhe der Kontroverse (1296-1303) gegen Bonifaz VIII. schrieben, integrierten die Vorstellung des Aegidius von der Königsherrschaft in den breiteren Rahmen der Beziehungen zwischen der weltlichen und der geistlichen Jurisdiktion[23] und kombinierten die dualistischen und staatlich monistischen Tradition der zwei Gewalten miteinander. Das dualistische Erbe wurde im 13. Jahrhundert durch Aspekte des römischen Rechts und durch die "Politik" des Aristoteles gestärkt, während der karolingische *rex-sacerdos*-Gedanken durch die Erscheinung Ludwigs IX. (+1270), der 1297 heilig gesprochen wurde, Auftrieb erhielt.[24] Im Alten Testament gibt Melchisedech ein Vorbild für das Priesterkönigtum.[25] Die ganze politische Polemik, die aus dieser Vorstellung entstanden ist, beruht auf der gegenseitigen Beschränkung der beiden Autoritäten, d.h. der Geistlichen und der Weltlichen, die in der Gestalt Christi gipfeln.[26]

Wie der römische Kaiser der Antike sich nach seinem Tod wie ein Gott verehren ließ, so rückt der *vicarius Christi* zum *vicarius Dei* auf. Folglich wird ein geistliches Imperium mit dem Papst an der Spitze das universale Reich der Gläubigen leiten. Aegidius fand darin den klassischen Ausdruck für die päpstliche Macht des katholischen Universalismus. Er stellt sie aber sehr differenziert dar, indem der abgrundtiefe Unterschied zwischen der päpstlichen Macht und der Macht Christi bzw. Gottes herausgestellt wird.[27]

Falls diese Herrschaft zum Schlechten wende, sieht Aegidius Folgendes: ein zum Tyrannen gewordener Herrscher gleicht einem zum Häretiker gewordenen Papst. Beide verlieren durch ihre Untugend den Anspruch auf Herrschaft. Insofern sind der Sturz eines Tyrannen wie auch die Absetzung eines Papstes als ähnliche Fälle zu betrachten. Aegidius Romanus wie Thomas von Aquin und Johannes von Paris rufen Gott an, um auf das Gewissen eines unfähigen und wankelmütigen Papstes einzuwirken.[28] Aegidius ist der Meinung, ein Papst, der nicht zum Wohl der Kirche regiert, soll die Möglichkeit der Abdankung erwägen. Wenn er sich als unfähig erweist, den Willen Gottes auszuführen, ob aus menschlicher Schwäche oder Gebrechlichkeit oder weil sein Seelenheil in der Ausführung der Aufgaben seines Amtes Schaden erleidet, dann soll er im Zwiegespräch mit Gott die Abdankung in Betracht ziehen.[29]

Die grundlegendste Darstellung über die politische Philosophie des Aegidius aus theologischer Sicht bietet G. Santonastaso,[30] der die Gedanken aus *De regimine principum* anschaulich zusammenfaßt. Im Laufe dieser Darlegung bemerkt Santonastaso, daß die Erscheinungsformen der Gesellschaft in ihren verschiedenen Aspekten umfassend behandelt werden und eine ganze Reihe von Rechten und Pflichten aufgestellt wird. Er stellt fürderhin fest, daß eine stoisch-platonische Tendenz insofern vorhanden ist, als im Menschen ein intimer Dualismus zwischen dem Guten besteht, das mit der Vernunft vereinbar ist, und dem Bösen, das seinem wahren Wesen widerstrebt.[31]

Zwischen Amt und Person wurde ein Unterschied gemacht. Das Amt war die Quelle der Pflichten, die Person aber die Quelle des Urteils. Aus einer solchen Vorstellung geht der Jurisdiktionsprimat hervor, der für Aegidius auschlaggebend bei seiner Untersuchung des päpstlichen Amtes wurde. Einer der ersten, der diese Unterscheidung machte, war Johannes Chrysostomos (354-407) aus Antiochien. Er schreibt, daß der Fürst die Jurisdiktion über den Körper habe, der Priester hingegen die Jurisdiktion über die Seele.[32]

Ein Brief Papst Cölestins I. (422-432) an Kaiser Theodosius formuliert die theokratische Doktrin: Christus ist die Quelle der kaiserlichen Macht und kennt keine Beschränkung. Der Fürst muß seine Kraft im Dienst des christlichen Glaubens einsetzen. Im geistlichen Bereich hat er eine untergeordnete Funktion; hier hat er zu gehorchen statt zu befehlen. Daher konnte Hinkmar von Reims (845-882) sagen, der König ist *minister Dei*.[33] Die Traktate des 12. und 13. Jahrhunderts behandeln den Streit zwischen Staat und Kirche, die Theorie des göttlichen Rechts, die Vertragstheorie und die Unterscheidung zwischen königlicher und politischer Herrschaft.[34]

Im politischen Denken des Mittelalters können eine voraristotelische Epoche, die von der Doktrin Platons und der Stoiker inspiriert war, und eine aristotelische Epoche, die seit der Mitte des 13. Jahrhunderts einsetzte, unterschieden werden. Zur ersten Gruppe gehören Johannes von Salisbury (+ 1180) und seine Nachahmer Gilbert von Tournai und Jakob von Cessoles; zur zweiten Gruppe gehören Thomas von Aquin, Guillaume Perrault (+ um 1270) und Aegidius Romanus. Der *Liber de informatione principum* und das *Speculum dominorum* ähneln aristotelischen Traktaten. Thomas Occleve folgt Jakob von Cessoles und Aegidius Romanus, Peter von Bois dagegen dem Aquinaten. Ein unabhängiger Denker wie Marsilius von Padua, der in den Fußstapfen des Aristoteles wandert, eröffnete in der ersten Hälfte des 14. Jahrhunderts eine neue Epoche. Fast alle oben genannten Autoren schrieben, daß der Fürst dem Gesetz zu gehorchen und Sorge für das Wohl der Christenheit zu tragen habe sowie allen Menschen zu helfen, die von rechtem Wege abgekommen sind.[35]

In diesem Rahmen wird Aegidius als Verfechter eines aristokratischen und patriarchalischen Staates gesehen, der die Notwendigkeit eines solchen Staates mit der aristotelischen Theorien vom natürlichen Herrscher und dem natürlichen Sklaven begründet,[36] die mit der augustinischen Vorstellung über die Verworfenheit des Menschen verbunden werden. Diese Verworfenheit und verdorbene Natur des Menschen bedarf nach Augustinus einer Regierung, mit der Folge, daß aus einem Verhältnis der Unterordnung Ungleichheit entsteht.[37]

Zur Kirchenpolitik hat Aegidius zwischen 1280 und 1297 nichts Relevantes geschrieben.[38] Daher stellt *De renunciatione papae* erst ein langsames Hineintasten in die Probleme der Kirche dar. Behandelt wird nur das Individuum des Papstes in seiner Dualität als Erwählter Gottes und als Stellvertreter des vollkommenen Menschen. Die innige Verbundenheit zwischen Gott und Mensch im Hinblick auf die Institution Kirche wird ebenfalls beleuchtet. In folgendem Sinne wird Mitwirkung der Gewalten verstanden: Die Macht Gottes ist allgegenwärtig, doch er läßt die Menschen ihre Institutionen selbst gestalten. Gott läßt seine Zustimmung walten oder seine Mißbilligung wissen.[39] Später wird in *De ecclesiastica potestate* das Verhältnis Papst-König statt Gott-Mensch in diesem Zusammenhang beleuchtet: Mit anderen Worten, die höchste geistliche Gewalt wird der höchsten weltlichen Gewalt als führende Körperschaft vorangestellt, ohne den Menschen unter dem Aspekt seiner Individualität als Ausgangspunkt zu betonen, sondern dessen Behandlung als juristische Person.

In der späteren Phase seines Lebens wurde für Aegidius die Gnadenlehre des Augustinus von immer größerer Bedeutung. In diesem Zusammenhang stellte J. Eichinger fest, daß Aegidius das *bonum commune*, das Gemeinwohl, also die Gemeinschaft, auf Kosten des *bonum privatum*, der Persönlichkeitsrechte des Individuums, zu sehr betont. Das *bonum commune* hat immer vor dem *bonum privatum* Vorrang, aber sie sind untrennbar miteinander verbunden. Das *bonum commune* bzw. *bonum gentis* ist in der Wertskala dem göttlichen Prinzip am nächsten. Der *vir bonus* macht in seinen Handlungen das *bonum commune* zu seiner Richtschnur, weil dieses göttlicher ist. Insgesamt muß man feststellen, daß sich alle Individualität auf die Gemeinschaft hinordnet. Es gibt keinen Bereich, der nicht vom Gemeinwohl beherrscht würde. Kein Teil kann sich dem Ganzen entziehen oder sich im Gegensatz zu ihm stellen, ohne seinen Wert zu verlieren. Folglich wurde die wechselseitige Beziehung zwischen dem Teil und dem Ganzen von Aegidius nicht herausgearbeitet.[40] Diese Forderung haben erst die politischen Denker des 18. Jahrhunderts erfüllt.

Die holistische Auffassung, die in der Zeit des Aegidius bei weitem die Vorherrschende war, findet ihren Niederschlag in dessen *Contra exemptos* (1310/11): "Der Teil empfängt seine Schönheit dadurch, daß er sich dem Ganzen einordnet."[41] Weiter geht er nicht darauf ein. Hieraus kann eine gewisse Intoleranz gegenüber dem einzelnen Lebewesen verstanden werden. Als Christ akzeptiert Aegidius die Sündhaftigkeit bzw. die unwiderrufliche Verworfenheit des Menschen nicht, als Hiero- bzw. Autokrat duldet er auch nicht dessen Unbotmäßigkeit, was den Gehorsam betrifft. Das Prinzip, den Menschen als Baustein einer Gesellschaftsordnung mit theokratischer Spitze zu sehen, wird offenkundig.

Der Mensch wird zu sehr in philosophisch-theologische Betrachtungen verstrickt, wobei seine Individualität zu kurz kommt. Man muß sich aber vergegenwärtigen, daß dies hier nur im Politischen geschieht. Der scheinbare Verlust der Identität des Individuums endet in politischer Unmündigkeit. Ein übersteigertes Vertrauen auf die heilbringende Institution, die geistliche Waffen führt, sollte dazu dienen, die Gläubigen im Schoß der Kirche zu halten oder sie dorthin zurückzuführen. Ein kulturelles Phänomen einer überreifen Epoche und einer im Abstieg begriffenen geistlichen Institution wird sichtbar. Die Kirche versucht zum letzten Mal am Ende eines Zeitalters der sektierhaften religiösen Kräfte Herr zu werden, um das Rad der Zeit zum Stillstand zu bringen.

## I.    D) DAS NACHLEBEN DES AEGIDIUS

Der gelehrte Mönch Aegidius Romanus stand inmitten der geistigen Strömungen und Kontroversen seiner Zeit. Seine Tätigkeit erstreckte sich auf Disputationen[42] an der Pariser Universität, die Sorge für die Bedürfnisse des Ordensnachwuchses, die Beschäftigung mit der päpstlichen Tagespolitik und die Erstellung von Gutachten über theologische Fragen. Auf diese Weise wurde in starkem Maße das Gefäß geformt, durch das das Gedankengut des Aegidius seine endgültige Gestalt fand. Besondere Bedeutung für die weitere Verbreitung seiner Denkart, vornehmlich in der Ordensdogmatik, hatte die Erhebung seiner Lehren zur Ordensdoktrin im Mai 1287 auf dem Generalkapitel zu Florenz gehabt.[43]

In seiner Funktion als Magister der Theologie und Lehrer an der Universität traf Aegidius auf die anderen Geistesgrößen von Paris. Darunter waren der *doctor solemnis* Heinrich von Gent (+ 1293) und dessen bedeutendster Schüler Gottfried von Fontaines (+ nach 1306), wie auch Peter von Auvergne (+ nach 1304).[44] Zu den Kennern seiner Schriften zählen der am meisten thomistisch Gesinnte unter den Franziskanertheologen, Richard von Mediavilla (+ 1307/08),[45] und der Augustiner-Eremit Augustinus von Ancona (+ 1328),[46] der *De renunciatione papae* besonders gut kannte. Aber was die Struktur der Kirche betrifft, weicht der Ordensbruder von Ancona von Aegidius ab, indem er eine organische Entwicklung befürwortet, während Aegidius alles einer Hierarchie unterzuordnen sucht.[47]

Ob der große Dante Alighieri (1265-1321) die "Politik" des Aristoteles gelesen hat, entzieht sich unserer Kenntnis, jedoch kann er sie über Aegidius und Thomas kennengelernt haben;[48] außerdem studierte er Schriften des Aegidius für seine *Monarchia*.[49] Unser Augustiner kam gewiß in Berührung mit Nikolaus von Nonancour, der im Jahre 1285 Kanzler der Pariser Universität war und später zum Kardinal ernannt wurde;[50] seine Predigten von 1297-98 dürften Spuren des aegidianischen Geistes aufweisen.[51]

Nach 1300 begann Aegidius über akademische Kreise hinaus zu wirken. Der Dominikaner Johannes von Paris beutet den Traktat *De renunciatione papae* regelrecht aus, kam jedoch zu einem gegenteiligen Ergebnis, indem er behauptete, der Papst sei vom Urteil des Menschen abhängig.[52] Auch der Kardinal Johannes Lemoine benutzte bereits einen Traktat des Aegidius, *De ecclesiastica potestate*, als er noch zu Lebzeiten Bonifaz' VIII. eine Erläuterung der Bulle *Unam sanctam* schrieb.[53]

Viele dieser gelehrten Mönche und Geistlichen nahmen Stellung zu der Lehrmeinung des Aegidius. Wilhelm Duranti d.J. (+ 1331), Bischof von Mende und einer der Initiatoren der konziliaren Reformbewegung, teilte seine Meinung in der Exemptionsfrage.[54] Der scharfsinnige Wilhelm von Ockham (c.1285-1349), der *doctor invincibilis* und Begründer der *via moderna*, bekämpfte leidenschaftlich die *communio opinio modernorum*, eine philosophische Grundhaltung, als deren Vertreter Aegidius galt.[55]

Infolge des ockhamistischen Durchbruchs, der Zerstörung der Einheit im scholastischen Denken, wurde der Weg dafür vorbereitet, daß der spätere Augustinergeneral Gregor vom Rimini (+ 1358) mit der im Orden vorherrschenden aegidianischen Richtung brechen konnte.[56] Für die Schule des Philosophen und Forschers Johannes Buridan (c.1295-1358),[57] die sich durch einen gemäßigten Aristotelismus auszeichnet, erwies sich das Werk des Aegidius jedoch als fruchtbarer Boden. Aus der älteren Thomistenschule setzten sich einige Dominikanertheologen mit Aegidius auseinander. Darunter waren der Patriarch von Jerusalem Petrus de Palude (c. 1280-1342), dessen Begriff von der *potestas papalis* dann im 15. Jahrhundert eine große Wirkung hatte,[58] sowie zwei in Oxford lehrende Ordensbrüder, Thomas von Sutton (c.1250-1315), der zu den klarsten und vielseitigsten Vertretern dieser Schule zählt,[59] und Robert von Orford (vor 1300), der mit Sutton die Seinsmetaphysik des Aegidius benutzte und kritisierte.[60]

Die geistige Nachfolge des Aegidius im eigenen Orden war in der ersten Zeit glänzend vertreten. Noch zu seinen Lebzeiten war sein Verhältnis zu Jakob von Viterbo (1255-1308) besonders eng, obwohl sie im Grunde Kinder verschiedenen Geistes waren. Jakob verfertigte eine Kurzfassung von Aegidius' Sentenzenkommentar,[61] übernahm von ihm die Position des Magister Regens in Paris[62] und hielt dort eine Predigt über seinen Vorgänger.[63] Beide standen dem König von Neapel-Sizilien, Robert von Anjou, nahe, Jakob als Erzbischof von Benevent und dann von Neapel und Aegidius in dessen Gönnerschaft.[64] Jakob ließ sich nicht wie Aegidius[65] durch das Denken des Pseudo-Dionysius Areopagita mitreißen. Die gewagten Thesen des Aegidius aus *De ecclesiastica potestate* fanden bei ihm keine Aufnahme.[66] Er sprach mit großer Wärme von Thomas von Aquin, aber stand ihm nicht so nahe wie Aegidius.[67] Seine geistige Grundhaltung ist augustinisch, und so bezog er mit Aegidius Stellung gegen den strengen Thomismus. Er versuchte die Gegensätze zwischen dem Thomismus und der älteren Franziskanerschule abzubauen und Brücken zwischen diesen Anschauungen zu schlagen, wie er auch zwischen den Kontrahenten Aegidius und Heinrich von Gent zu vermitteln suchte. Im Ganzen gesehen bedeutet Jakobs theologisches Werk eine gradlinige und selbständige Weiterentwicklung der von Aegidius begründeten Augustinerschule.[68]

Jakobs Schüler Heinrich von Freimar d.Ä. (+ 1340) aus Thüringen, seinerseits Lehrer Jordans von Sachsen, stand Jakob näher als der Ordenslehrmeister Aegidius.[69] D. Trapp bezeichnet die theologische Richtung Jakobs von Viterbo wie auch Alexanders von Sant' Elpidio (de

Marchia), der seit 1312 Augustinergeneral und dann Bischof von Melfi (+ 1326) war, als "Ultra-Aegidianismus", sofern sie gewisse Einflüsse der zeitgenössischen Theologie und engeren Anschluß an die Lehre des hl. Augustinus aufweist.[70]

Der bereits erwähnte Augustiner, Augustinus von Ancona, erwies sich in seiner Erkenntnislehre als ein treuer Schüler des Aegidius. Da dieser ihm Thomas vermittelt hatte, schließt sich sein "Metaphysikkommentar" der thomistisch-aegidianischen Richtung an, obwohl er in anderen Wissensbereichen, wie A. Zumkeller meint, in wohltuender Selbständigkeit gegenüber Aegidius bleibt.[71] Als Beispiel hierfür sei sein Verständnis des Begriffs *plenitudo potestatis* angeführt. Er war viel mehr als Aegidius bereit, Unterschiede zwischen dem Papst und Gott zuzugeben.[72]

Der bedeutendste Aegidianer des 14. Jahrhunderts war Thomas von Straßburg.[73] Er stammte aus Hagenau im Elsaß, lehrte in Paris und Straßburg, wurde im Jahre 1345 Augustinergeneral und beschloß 1357 sein Leben in Wien.[74] Er beendet die erste Periode in der Geistesgeschichte des Ordens, in der die Ordenstheologen stark von Aegidius und dem Aquinaten beeinflußt wurden, die sogenannte *schola aegidiana*.[75] Da Aegidius im allgemeinen die Richtung des Thomas von Aquin einhielt, kehren die thomistischen Gedanken bei Thomas von Straßburg reiner wieder als bei den neuplatonisierenden Dominikanertheologen.[76] Er verteidigt Aegidius in angemessener und selbständiger Weise gegen die Ultra-Aegidianer Jakob von Viterbo und Alexander von Sant' Elpidio. Aber in der Lehre von der Prädestination und der Unbefleckten Empfängnis weicht er von der Meinung des Ordensmeisters ab.[77]

Unter Aegidius Romanus erfolgte die Grundlegung einer augustinisch geprägten Ordensdoktrin auf thomistischer Basis mit starker Betonung der Ekklesiologie, seit dem 14. Jahrhundert auch der Mariologie.[78] Wir glauben, daß die *schola aegidiana* im 14. Jahrhundert ein größeres Gewicht hatte als der Thomismus und der Scotismus, die beide erst im Laufe des 15. Jahrhunderts eine konsistente, nach allen Seiten abgegrenzte Gestaltung erlangten.[79] Die Augustinerschule bestand nicht nur auf dem Pergament der Ordensdekrete, sondern auch in Wirklichkeit - im Bewußtsein der Lesemeister und Doktoren des Ordens.[80] Vielleicht war Alfons Vargas von

Toledo (+ 1366), Erzbischof von Sevilla, der letzte große Vertreter der *schola aegidiana*.[81]

Wie schon erwähnt, brach der dem Thomas von Straßburg nachfolgende Ordensgeneral Gregor von Rimini mit der aegidianischen Richtung. Er war mit den Lehren Ockhams, die von den Anhängern des Aegidius sehr bekämpft wurden, vertraut, ohne aber auf dessen kirchenpolitische Doktrin einzugehen. Gregor gewann so die Überzeugung, daß die augustinische Lehre, um in ihrer wahren und echten Gestalt dargestellt werden zu können, von allen Verquickungen mit dem spekulativen Peripatetismus losgelöst werden müsse.[82] In der Erkenntnislehre schloß er sich aber dem Konzeptualismus Ockhams an. Auf dem Generalkapitel in Rom (1491), also mehr als 130 Jahre nach seinem Tod, wurden seine Schriften neben den Werken des Aegidius als Grundlage für die Vorlesungen an den Generalstudien zugelassen.[83] Durch das Bemühen Gregors wurde es möglich, die von Aegidius abweichenden Lehrmeinungen im Orden zu vertreten. Damit konnten nun auch dem Aegidianismus entgegengesetzte Richtungen eingeschlagen werden, wie etwa durch den Averroïsmus eines Paulus Nicoletti von Venedig (c.1369-1429).[84]

Im Gegensatz zu Paulus von Venedig wirkte in der ersten Hälfte des 15. Jahrhunderts Johann Rochus de Portiis, der auch wie Paulus in Padua lehrte, für die Wiederherstellung der aegidianische Tradition, die aber erst in der zweiten Hälfte des 17. Jahrhunderts namhafte Vertreter fand. Im letzten Viertel des 15. und während des 16. Jahrhunderts wurde sie nur insofern gepflegt, als Druckausgaben der Werke des Aegidius und der seiner Genossen und Schüler erschienen.[85]

Eine typische Figur in dieser Zeit der universalen Wißbegier war der hochgelehrte Augustiner Ordensgeneral und spätere Kardinal Aegidius von Viterbo (+ 1532), der dem Platonismus der italienischen Renaissance anhing.[86] Trotzdem zitierte er Aegidius und den hl. Thomas des öfteren. In jüngeren Jahren hatte er sogar mehrere philosophische Werke des Aegidius Romanus im Druck erscheinen lassen.[87]

Daß Martin Luther von Aegidius Romanus berührt worden wäre, ist wenig wahrscheinlich. Denn der Wittenberger Doktor griff das Papsttum an, dessen Doktrin Aegidius über 200 Jahre zuvor in strengster Form endgültig formuliert hatte. Durch diese Feindschaft wird Luther in die Nähe Wilhelm von Ockhams gerückt, der ja dieselbe Institution angriff. F. Bernay bezeichnet Luther geradzu als Ockhamisten.[88] J. Lortz faßt den Ockhamismus Luthers als einen vertieften Leidensweg auf, was allein für Luthers frühe Entwicklung eine gewisse Berechtigung hat.[89] Was aber die Durchschlagskraft ihrer Überzeugung betrifft, sind Aegidius und Luther miteinander vergleichbar. Beide zeichnen sich durch einen ausgeprägten starken Glauben aus, augustinisch, vom Wissen um die Macht des Guten und Bösen geprägt.[90]

Aegidius unterstützt vorbehaltlos das bestehende päpstliche System, während Luther uneingeschränkt die bestehende Gesellschaftsstruktur bejaht, außer wo die Glaubensvermittlung tangiert wird. Ockham vollendete die scholastische Dialektik und wendete sie dann gegen das von Aegidius verteidigte Papsttum an. Luther schöpfte aus der reichen Tradition des Spätmittelalters, das von der deutschen Mystik und dem ockhamistischen Nominalismus getragen wurde. Diese Elemente, unterstützt durch seine augustinische Haltung, tragen dazu bei, daß Luther seiner Bestimmung zugeführt wurde, um eine völlig neue Einstellung zum Glauben schaffen zu können.[91]

Der Römerbrief scheint für beide eine Schlüsselstellung innegehabt zu haben. Seine *Expositio in epistolam Pauli ad Romanos* hat Aegidius vor 1294 geschrieben, also gerade in der Zeit als er sich anschickte, sich mit Fragen der hohen Politik in bezug auf das Papsttum zu befassen. Einige seiner schönsten und reichhaltigsten theologischen Überlegungen sind darin enthalten. Luthers Disputationen und Vorlesungen über den Römer- und Galaterbrief sind im Jahre 1515/16 anzusetzen, also kurz vor dem Beginn seines Kampfes gegen das Ablaßwesen und das römische Papsttum. Um Ostern 1517 hat er den Hebräerbrief aufgegriffen und ihn interpretiert, während dieser Bibeltext auch eine große Rolle für Aegidius in seiner Behandlung der Frage der Papstabdankung gespielt hat.[92]

Luther hat Aegidius nicht gelesen[93], war aber sicherlich, wenn auch unbewußt, im Erfurter Kloster seinem Einfluß ausgesetzt. Möglicherweise kannte er ihn durch die Exzerpte, die der Augustiner-Eremit Johannes von Dorsten (+1481) aus drei Werken des Aegidius - einem

Sentenzenkommentar, *De peccato originali*, und *De regimine principum*[94] - gemacht hatte. Johannes lehrte eine Generation vor Luther an der Erfurter Universität. Dies zeigt, daß Aegidius also noch am Vorabend der Reformation von den dortigen Augustinern studiert wurde.[95] Auch die Schriften des Thomas von Straßburg (+1357)[96] oder Gespräche mit den Ordenstheologen könnten Luther einen Zugang zur Gedankenwelt des Aegidius eröffnet haben. Wie einst Aegidius Johannes von Paris angespornt haben mag, möchten wir auch hier einen gewissen Anreiz oder Stachel sehen, den Luther bis aufs Messer bekämpfte.

Luther, der das Heil als eine Angelegenheit des Individuums im Hinblick auf Gott betrachtete, stellte mit einem solchen Individualismus viele Traditionen der Kirche in Frage. Der autoritätsgläubige Erz-Realist Aegidius hingegen war der Meinung, daß der Zugang zum Heil nur im Gefüge der Amtskirche möglich sei, mit anderen Worten, die metaphysischen Wahrheiten seien in das *corpus mysticum Christi* eingebunden.

Die nachlutherischen Ordenstheologen, die wieder in die Bahnen der scholastischen Peripatetik einlenkten, schwankten zwischen Thomismus und Scotismus; dabei wurde die aegidianische Lehre als Vermittlerin wieder aktuell.[97]

Als ein Gelehrter, der nicht dem Orden angehörte, wäre noch Johann Gerson (1363-1429) zu nennen, der sich bei der Behandlung der Abdankungsfrage auf Aegidius gestützt haben könnte,[98] aber seine Gedanken sind zu stark von der franziskanischen Ausdrucksweise geformt,[99] als daß hierüber Klarheit zu gewinnen wäre.

Hier ist auch der Kardinal Robert Bellarmin (+1621) zu nennen. Zwischen dem Begriff des Aegidius von der Heilsgerechtigkeit, die durch die Institutionen der Kirche verkörpert wird, und dem der Liebeskirche des Bellarmin gibt es eine gewisse Parallelität.[100]

Aus dieser Darstellung geht hervor, daß Aegidius Romanus bei den Ordensgelehrten als Maßstab galt. Obwohl manche Geistesgrößen einige Lehrsätze des Aegidius in Frage stellten, in modifiziertem Maße annahmen oder umformten und sogar seit Gregor von Rimini andere Wege, frei vom Einfluß des Aegidius, einschlugen, wurde sein Opus durch seine geistige Potenz bis in die Gegenwart hinübergerettet.[101]

ANMERKUNGEN

1.   Palestrina wurde im Jahre 1436 ein zweites Mal zerstört. Vgl. Brian Pullan, *A History of Early Renaissance Italy. From the Mid-Thirteenth to Mid-Fifteenth Century* (New York 1972), 289.

1a.   Abschnitt I.A) beruht auf meiner Dissertation, S. 134-139; Herde, *Cölestin V.*, 135 ff.; mit der Heranziehung von Franzen/Bäumer, *Papstgeschichte*, 232, und Jo Ann McNamara, *Gilles Aycelin: The Servant of Two Masters* (Syracuse, New York 1973), 56f.; Vgl. Eastman, *Papal Abdication*, 21-26.

2.   Eastman, "Das Leben," 328, 330.

3.   Ebd. 330 f.; meine Dissertation (hiernach zitiert als diss.), 145.

4.   Diss., 224; Eastman, "Giles...his Use," 130; Über die Colonna im allg. außer Mohler, *Die Kardinäle*, vgl. Robert Brentano, *Rome Before Avignon* (New York) 1974), 180-183 und passim; Herde, *Cölestin V.*, 36 f.; A. Xavier, *Bonifacio VIII* (Barcelona 1971), 105 ff.

5.   Diss., 224.

6.   Diss.., 226 f.

7.   Eastman, *Papal Abdication*, 39 ff., 54, 58.

8.   Vgl. ebd. 30.

9.   Diss., 220; vgl. Ders., *Papal Abdication*, 60 f.

10.   Vgl. Eastman; Wilks, *Papal Abdication*, 77 ff.

11.   Vgl. ebd. 109; Wilks, *Problem of Sovereignty*, 10.

12.   Eastman, *Papal Abdication*, 121.

13.   Wilks, *Problem of Sovereignty*, passim.

14.   Scholz, *Die Publizistik*, 65 ff.; Trotzdem liefert er immer noch die anschaulichste Darstellung des Denkens des Aegidius.

15.   Kölmel, *Regimen Christianum*, 291-360, 591-608; Vgl. Bielefeldt, "päpstl. Universalherrschaft," 80 Anm.42.

16.   Rivière, *Le problème de l'église*, 225 ff.; Über den Schreibstil des Aegidius sagt er, ebd., 192: "terne et diffus. Gilles y garde sa manière didactique et prolixe, qui aime prendre les questions *ab ovo* et ne fait grâce d'aucune distinction....Mais de cette exposition traînante une pensée se dégage, qui donne une impression rare de puissance et d'élévation."

17.   Goez, *Translatio Imperii*, 223; Über die Konfrontation zwischen Aegidius und Johannes von Paris vgl. Coleman, "Medieval Discussions," 213 f.; Über Dante vgl. M. Seidlmayer, *Dantes Reichs- und Staatsidee* (Heidelberg 1952); E. Gilson, *Dante et la philosophie* (Paris 1939; dt. Übers. Freiburg 1953); B. Nardi, "La filosofia di Dante," (*Grande Ant. filos.* IV, 1954), 1149-1266; Eine gewisse geistige Verwandtschaft zwischen Aegidius und Dante läßt sich feststellen, insofern sie im Gegensatz zu Johannes von Paris und Marsilius von Padua dem Gedanken der politischen Mitwirkung des Volkes fremd gegenüberstehen. Vgl. Bielefeldt, "päpstl. Universalherrschaft," 129.

18.   Gewirth, *Marsilius of Padua* I, 19.

19.   Lagarde, *La naissance* II, 128; Vgl. Morrall, *Political Thought*, 87 ff.

20.   Renna, "Royalist Political Thought," Diss. Abstract; vgl. Text dieser Diss., 79-88; Ders., "Aristotle," 312 ff.

21.   Kern, *Gottesgnadentum*, 42. Über das sakrale Königtum siehe unten Abschnitt II, Anm.30.

22.   Eberenz, "Concept of Sovereignty," Diss. Abstract; vgl. Text dieser Diss., 187 f.; ebd., 191 f.: "... Egidius' principle that the king is beneath the natural law but above positive law is a complete contradiction of Bracton's principles and almost all medieval political theory."

23.   Über die Jurisdiktionsbefugnisse des Papstes vgl. Scholz, *Die Publizistik*, 81 ff.

24.   Renna, "Royalist Political Thought."; D. Waley, *Later Medieval Europe. From St Louis to Luther* ($^2$1975; Nachdruck London-New York 1978), 9: "a strangely compounded portrait of two incompatibles, a classical emperor superimposed on a feudal Lord."

25.   Lerner, "Joachim of Fiore," 471 f.; Bielefeldt, "päpstl. Universalherrschaft," 128, hebt die Rolle Melchisedechs bei Aegidius hervor.

26.   Santonastaso, *Il pensiero*, 10.

27.   Vgl. Aeg. Rom., *De ecclesiastica potestate* III,9, ed. Scholz, 193; Maccarrone, *Vicarius Christi*, 172 Anm.68; vgl. ebd., 157.

28.   Vgl. Thomas von Aquin, *Summa theologiae* II/II, 42.2 ad 3 und 104.6 ad 3; Gewirth, *Marsilius* I, 245 f.; Monahan, *John of Paris*, 122: "God, Who holds the heart of the pope in His hand."

29.   Vgl. Carlyle, *A History*, V, 32; Santonastaso, *Il pensiero*, 10; unten Kap.24/2, S. 107.

30.   Santonastaso, *Il pensiero*, 10 ff.; Über den Fürstenspiegel des Aegidius vgl. Berges, *Fürstenspiegel*, 211-228; Schrübbers, "Regimen," 137 ff.

31.   Santonastaso, *Il pensiero*, 12.

32.   Ebd. 11 f.; Zur Diskussion über das Verhältnis vom Naturrecht zum göttlichen Recht vgl. Smolinsky, *Domenico*, 332 ff.

33.   Santonastaso, *Il pensiero*, 12.

34.   Ebd.12 f.

35.   Ebd.13.

36.   Vgl. Scholz, *Die Publizistik*, 101; Eberenz, "Concept of Sovereignty," 181 f.

37.   Wilks, *Problem of Sovereignty*, 59; Über Aegidius als Hierokrat vgl. Scholz, *Die Publizistik*, 58 ff.; Kölmel, *Regimen Christianum*, 319 f.; unten Kap.16/1, S. 285.

38.   Santonastaso, *Il pensiero*, 28, schreibt sogar bis 1301.

39.   Vgl. unten Kap.4-5, S. 35 ff.

40.   Eichinger, "Individuum und Gemeinschaft," 166; Schrübbers, "Regimen," 148; M. Seidlmayer, *Das Mittelalter* (Göttingen ²1967), 9: "Man kann sagen: diese Daseinsform läßt zwar ausgeprägte Individualitäten zu, sie kennt aber keinen 'Individualismus', d.h. kein bewußtes Fordern und Sichabgrenzen des Individuums gegenüber der Gemeinschaft."

41.   Eichinger, 163; Aeg. Rom., *Contra exemptos*, ed. Blado, 26; Lagarde, *La naissance* II, 132: "Gilles de Rome avait tout sacrifié au principe de l'ordre ... trop rigide et trop systematique."; vgl. unten Edition Kap.V, S. 166 mit Anm.7.

42.   Vgl. Eastman, "Das Leben," 325.

43.   Vgl. ebd. 326; unten Anm.75.

44.   Grabmann, *Geschichte der Katholischen*, 91; Über Peter von Auvergne vgl. Ders., *Mittelalterliches Geistesleben* I, 289; R.A. Gauthier, " Les questiones 'Supra librum ethicorum' de Pierre d'Auvergne," *Revue du Moyen Age* 20 (1964), 233-260; Eastman, *Papal Abdication*, 58 ff.

45.   Grabmann, *Geschichte der Katholischen*, 69 f.; vgl. E. Hocedez, *Richard de Middleton. Sa vie, ses oeuvres, sa doctrine* (Louvain 1925); R.

Zavalloni, *Richard de Mediavilla et la controverse sur la pluralité des formes* (Louvain 1951); A. Maier, *Metaphysische Hintergründe*, 243.

46.  Vgl. Eastman, "Das Leben," 320; Ders., *Papal Abdication*, 109.

47.  K. Werner, *Die Scholastik*, Bd.III: *Der Augustinismus*, 14.

48.  Etienne Gilson, *Dante und die Philosophie* (Freiburg/Br. 1953), 254.

49.  Paolo Brezzi, "Dante e la Chiesa del suo tempo," *Dante e Roma: Atti del convegno di studi* (Florenz 1965), 111 ff., 137; vgl. Scholz, ed., *De ecclesiastica*, XII.

50.  Vgl. Eastman, *Papal Abdication*, 69.

51.  Vgl. ebd.; A. Maier, "Due documenti," 349 ff.

52.  Vgl. Eastman, *Papal Abdication*, 77 ff.

53.  Scholz, *Die Publizistik*, 195.

54.  Siehe R. Bäumer, "Die Erforschung des Konziliarismus," in: Ders.,(hg.), *Die Entwicklung*, 1-56, 54 Anm.286, für die entsprechende Literatur über Wilhelm Duranti d.J.

55.  Vgl. E. Moody, "Ockham and Aegidius of Rome," *Franciscan Studies* 9 (1949), 417-442, 442; Schrübbers, "Regimen," 156 mit Anm.38, für den Begriff *modernus* bei Aegidius.

56.  Vgl. K.W. Eckermann, *Wort und Wirklichkeit: Das Sprachverständnis in der Theologie Gregors von Rimini und sein Weiterwirken in der Augustinerschule*, Cassiciacum 33 (1978).

57.  Maier, *Metaphysische Hintergründe*, 16.

58.  Franz Pelster, "Die indirekte Gewalt der Kirche über den Staat nach Ockham und Petrus de Palude. Eine Übersicht," *Scholastik* 28 (1953), 78-82; vgl. W. Totok, *Handbuch der Geschichte der Philosophie* (Frankfurt a.M. 1973), II, 528, für die Literatur über Petrus de Palude.

59.  Grabmann, *Geschichte der Katholischen*, 100; vgl. B. Hechich, "Thomas v. Sutton," in: *LThK* 10, Sp.148; S. Wlodek, "La génération des êtres naturels dans l'interprétation de Thomas Sutton," in: J. Miethke (hg.), *Die Auseinandersetzungen an der Pariser Universität im XIII. Jahrhundert*, Miscellanea Mediaevalia 10 (1976), 349-360.

60.  Vgl. F.E. Kelly, "Two Early English Thomists," *The Thomist* 45 (1981), 345-387; D.A. Callus, "Robert v. Collotorto (R.v. Orford)," in: *LThK* 8, Sp.1337; Über den Einfluß des Aegidius in England vgl. Courtenay, *Schools*, 150, 152.

61. *Abbreviatio sententiarum Aegidii Columne per rev.p. magistrum Jacobum Viterbiensem* ...; vgl. H.X. Arquillière, *Le plus ancien traité de l'église: Jacque de Viterbe 'De regimine christiano' (1301-1302)*. *Etude des sources et édition critique* (Paris 1926); D. Gutiérrez, *De beati Jacobi Viterbiensis O.E.S.A. vita, operibus et doctrina theologica* (Rom 1939), liefert die beste Gesamtdarstellung seines Lebens und Schaffens.

62. John Wippel, "The Dating of James of Viterbo's Quodlibet I and Godfrey of Fontaines' Quodlibet VIII," *Augustiniana* 24 (1974), 348-386, 380 ff., gibt Auskunft über Jakob als Magister Regens.

63. Pierre Mandonnet, "La carrière scolaire de Gilles de Rome," *RSPT* 4 (1910), 481-499, 487 Anm.2.

64. Vgl. Eastman, "Das Leben," 335.

65. David Luscombe, "Some Examples of the Use made of the Works of the Pseudo-Dionysius by University Teachers in the Later Middle Ages," *The Universities in the Late Middle Ages*, hg.v. J. Ijsewijn/J. Paquet (Louvain 1978), 228-241, 232.

66. Hubert Jedin, *Handbuch der Kirchengeschichte* (Freiburg-Basel-Wien 1966/68) Bd.3/2, 441.

67. Grabmann, *Mittelalterliches Geistesleben* I, 40.

68. Zumkeller, "Die Augustinerschule," 198.

69. Ebd. 201.

70. Ebd. 199.

71. Ebd. 202.

72. S.A. McGrade, *The Political Thought of William of Ockham* (Cambridge 1974), 82 Anm.12; Für weitere Vertreter der aegidianischen Theologie vgl. K. Werner, *Die Scholastik* III, 14 f.; Zumkeller, "Die Augustinerschule," 187, 203, 208 f.

73. Zumkeller, "Die Augustinerschule," 212 ff.

74. K. Werner, *Die Scholastik* III, 15.

75. Denis Janz, "Towards a Definition of Late Medieval Augustinianism," *The Thomist* 44 (1980), 117-127, 121; Über die philosophische Schulung der Augustiner und den Begriff 'Schule' vgl. Courtenay, *Schools*, 74, 173, 190 ff.

76. Albert Hauck, *Kirchengeschichte Deutschlands* (Berlin-Leipzig [5]1953) Bd.5/1, 308.

77. Zumkeller, "Die Augustinerschule," 213 f.

78.    G. Binding, "Augustiner-Eremiten," in:    *Lexikon des Mittelalters* (München-Zürich 1980) I, Sp.1221.

79.    Josef Kürzinger, *Alfonsus Vargas Toletanus und seine Theologische Einleitungslehre*, BGPTM 22 (1930) Hf. 5-6, S.72, zitiert hier K. Werner, *Die nachskotische Scholastik* (Wien 1883), 1.

80.    Ebd. 74; vgl. A. Zumkeller, "Augustinerschule," in:    *Lexikon des Mittelalters* (München-Zürich 1980) I, Sp.1221.

81.    Kürzinger, *Alfonsus* (wie Anm.79), 72 ff.

82.    K. Werner, *Die Scholastik* III, 15.

83.    Zumkeller, "Die Augustinerschule," 217 ff.

84.    D. Gutiérrez, *Geschichte des Augustinerordens II: Die Augustiner vom Beginn der Reformation bis zur katholischen Restauration 1518-1648* (Rom 1975), 183, schildert einen Erlaß des Ordens gegen den Averroismus. Zumkeller, "Die Augustinerschule," 170, 245, erwähnt, daß das Generalkapitel von Pamiers im Jahre 1465 die philosophischen Werke des Paulus Nicoletti neben den Schriften des Aegidius Romanus, Gerhards von Siena und Thomas' von Straßburg für die Vorlesungen an den Generalstudien des Augustinerordens ausdrücklich empfahl. Außerdem wurden in der Konstitution von 1551 seine Schriften als Lehrgrundlage für alle philosophischen Fragen vorgeschrieben, die Aegidius nicht behandelt hatte.

85.    Insbesondere die Ausgaben von Antonio Blado (1490-1567); Über Blado siehe unten Abschnitt III, Anm.3.

86.    K. Werner, *Die Scholastik* III, 17. Über diese philosophische Richtung vgl. A. Della Torre, *Storia dell' Accademia Platonica in Firenze* (Florenz 1902 ); B. Kieszkowski, "Averroismo e platonismo in Italia negli ultima decenni del sec.XV," *Giorn. Crit. Filos. It.* 14 (1933); Ders., *Studi sul Platonismo del Rinscimento in Italia* (Florenz 1936); P.O. Kristeller, "The Platonic Academy of Florence," *Renaissance News* 14 (1961).

87.    Zumkeller, "Die Augustinerschule," 254 f.

88.    Zumkeller, "Die Lehre des Erfurter Augustinertheologen Johannes von Dorsten (+ 1481) über Urstand und Erbsünde," *Würzburger Diözesan-Geschichtsblätter* 35/36 (1974), 43-74, 57 f.; F. Bernay, *Via antiqua und via moderna auf den deutschen Hochschulen des Mittelalters mit besonderer Berücksichtigung der Universität Erfurt* (Gotha 1919), 70 f.

89.    Joseph Lortz, *Die Reformation in Deutschland*, Bd.I: *Voraussetzungen - Aufbruch* (Freiburg/Br. 51962), 173-178; vgl. P. Wernle, *Der Evangelische Glaube. Nach den Handschriften des Reformatoren. M. Luther* (Tübingen 1918), 187; H.A. Oberman, *Spätscholastik und Reformation*, Bd.I: *Der Herbst*

*der mittelalterlichen Theologie* (Zürich 1965), 172 Anm.112, über den Gelehrtenstreit um die Stellung Luthers zur Spätscholastik.

90.   Vgl. Scholz, ed., *De ecclesiastica*, XIII.

91.   Oberman, *Spätscholastik*, I, untersucht die nominalistischen Komponente bei den Spätscholastikern und insbesondere bei Gabriel Biel in bezug auf Augustinus und die Rechtfertigungslehre.

92.   Michael Meisner, *Martin Luther, Heiliger oder Rebell* (Lübeck 1981), 32; vgl. Aeg. Rom., *In epistolam B. Pauli ad Romanos commentarii* (Romae: Apud Antonium Bladum 1555; Nachdruck Frankfurt/M. 1968): *Luthers Vorlesungen über den Römerbrief* in: *Martin Luthers Werke. Kritische Gesamtausgabe*, 58 Bde. (Weimar 1883 ff.), Bd.56; *Vorlesung über den Hebräerbrief*, hg.v. Hirsch und Rückert, 2 Bde. (Leipzig 1929); Diese Verwandtschaft wird durch die Tätigkeit des Augustiner-Eremiten und Kardinals Girolamo Seripando (1493-1563) veranschaulicht, der vom Papst beauftragt wurde, Stellung zu beziehen, was die protestantischen Kommentatoren zu Paulus betrifft. Daraufhin verwarf Seripando die lutherische Auslegung des Römerbriefes. David Steinmetz, *Luther in Context* (Bloomington, Indiana 1986), 35.

93.   Lucien Febvre, *Martin Luther. Religion als Schicksal* (Frankfurt-Berlin-Wien 1976), 204; H. Grisar, *Luther*, 2 Bde. (Freiburg/Br. 1911), I, 8.

94.   Zumkeller, "Erfurter," (wie Anm.88), 48, 56 Anm.69.

95.   Vgl. A. Zumkeller, "Erbsünde, Gnade und Rechtfertigung im Verständnis der Erfurter Augustinertheologen des Spätmittelalters, *ZKG* 92 (1981), 39-59, 51 und 59.

96.   L. Meier, "Contribution à l'histoire de la théologie à l'université d'Erfurt, "*Revue d'histoire ecclesiastique* 50 (1955), 454-479, 839-866, S.864.

97.   Seit dem 16. Jahrhundert befinden sich unter den Anhängern der Lehre des Aegidius, oder die sich dafür interessierten, Aegidius de Praesentatione (+1626), Raphael Bonherba (+1681), Arpe aus Genua (+1729), Franciscus ab Annuntiatione (+1720), Josephus a S. Antonio (+1727), F.N. Garvardi (+1715), und Benignus Sichrowsky (+1737). Vgl. Charles Lohr, "Renaissance Latin Aristotle Commentaries: Authors A-B," *Studies in the Renaissance* 21 (1974), 228 ff., 239; K. Werner, *Die Scholastik* III, 16 f.; A. Zumkeller, "Ägidius von Rom," in: *Theologische Realenzyklopädie* I, 462-465, 464.

98.   Vgl. Scholz, *Die Publizistik*, 64 Anm.77; Über Gerson vgl. J.B. Schwab, *Johannes Gerson, Professor der Theologie und Kanzler der Universität Paris* (Würzburg 1858; Nachdruck New York), 738 f.; C. Burger, "Johannes Gerson (1363-1429)," in: *Theologische Realenzyklopädie*, Bd.XII (1984), 532-538; H. Smolinsky, "Johannes Gerson (1363-1429), Kanzler der Univ. Paris, und seine Vorschläge zur Reform der theol. Studien," *HJ* 96 (1976), 270-295; Grabmann, *Geschichte der Katholischen*, 313.

99.   Vgl. Melchior Goldast, *Monarchia S. Romani Imperii*, 3 Bde. (Frankfurt a.M. 1611-1614; Nachdruck Graz 1960), II, 1417 f., für die betreffende Stelle aus Gersons *De auferibilitate papae ab ecclesia* (1409).

100.   Vgl. J. Gemmel, "Die Lehre des Kardinals Bellarmin über Kirche und Staat," *Scholastik* 5 (1930), 357-379, 369 Anm.33; Die Gedanken des Aegidius wurden auch von den Theoretikern des englischen Königs Jakob I. im Kampf gegen den Parlamentarismus verwendet.   Vgl. Francis Oakley, "Jacobean Political Theology: The Absolute and Ordinary Powers of the King," *Journal of the History of Ideas* 29 (1968), 323-346, 332 f., 337 f.

101.   Zu den Werken des Aegidius vgl. G. Bruni, *Le opere di Egidio Romano* (Florenz 1936); A. Zumkeller, *Manuskripte von Werken der Autoren des Augustiner-Eremitenordens in mitteleuropäischen Bibliotheken* (Würzburg 1966), 14-49; E. Gindele, *Bibliographie zur Geschichte und Theologie des Augustiner-Eremitenordens bis zum Beginn der Reformation* (Berlin-New York 1977), 132-136; und das große Vorhaben der *Aegidii Romani Opera Omnia* a cura di Francesco Del Punta e Gianfranco Fioravanti, von dem bisher vier Bände der Kataloge der HSS und die *Apologia*, ed. Robert Wielockx (Florenz 1985), erschienen sind.   Für die Datierung einiger Werke   des Aegidius kommen P. Glorieux, *Répertoire des maîtres en théologie de Paris aux XIIIe siècle*, 2 Bde. (Paris 1933), 294-308, und Ders., "Les premiers écrits de Gilles de Rome," *RTAM* 41 (1974), 204-208, in Frage.   In meiner Dissertation, 99-117, befindet sich eine aus 105 Nummern bestehende Zusammenstellung Aegidius Schriften nach Bruni, Zumkeller und Gindele.

## II. INHALTLICHE ANALYSE DES TRAKTATS

### Aufbau des Traktats

Der Traktat besteht aus 25 Kapiteln: Das erste Kapitel begründet die Notwendigkeit, die Frage der Papstabdankung zu behandeln; das zweite bespricht die anzuwendende Methode; das dritte führte die Gründe der Kontrahenten auf, ohne sie bei Namen zu nennen; dies ist der Kern, den Aegidius zu widerlegen hat.

Kapitel IV bespricht im allgemeinen, wie alle Macht und insbesondere die der Kirche von Gott stammt. Kapitel V zeigt die fünf Wege auf, durch die alle Macht von Gott stammt, die wir für die These der rechtmäßigen Papstabdankung anwenden können. Es folgt der Reihe nach die Widerlegung der gegnerischen Argumente. Die Kapiteln VI, VII, VIII und IX widerlegen jeweils die Einwände I, II, III, und IV der Colonna.

Kapitel X widerlegt das V. Colonna-Argument, indem Aegidius in acht Abschnitten die Eigenschaften des Bischofs und seines Standes eingehend untersucht: Er stellt den Charakter des bischöflichen Standes fest, und grenzt diesen Stand ein und kommt zu dem Schluß, daß über den einfachen Bischofsstand hinaus kein Charakter noch Vollkommenheit eines Charakters verliehen wird: ferner behandelt er die geistliche Ehe zwischen Bischof und Kirche, die Bedingungen für deren Beibehaltung bzw. Auflösung und erklärt schließlich, daß der einfache Bischof unabdingbar Bischof bleiben muß, nicht aber der höchste Bischof höchster Bischof.

Kapitel XI behandelt die Einwände VI bis X der Colonna, wobei deren Gemeinsamkeiten und Unterschiede herausgestellt werden. Kapitel XII widerlegt den sechsten Einwand, der das Verhältnis zwischen Papst und göttlichem Recht behandelt, das er sich als Bräutigam der Kirche durch seine Zustimmung dem Gesetz der Braut unterwirft.

Kapitel XIII widerlegt den siebten Einwand, der den Papst durch sein Gelübde an sein Amt binden will. Kapitel XIV widerlegt den achten Einwand, der den Papst binden will, weil niemand sich selbst von seinem Amt befreien könne. Kapitel XV widerlegt den neunten Einwand, der den Papst deshalb an seine Pflicht fesseln will, weil er keinen irdischen Oberen hat, der ihn davon lösen könnte.

Kapitel XVI antwortet auf den zehnten Einwand, der den Papst nach der gesetzmäßigen Bestätigung an seine kirchliche Würde binden will. Kapitel XVII bespricht die Ewigkeit der Priesterschaft Christi nach der Ordnung des Melchisedech. Kapitel XIX bringt drei weitere Fälle dafür. Kapitel XX widerlegt die letzten zwei Einwände der Colonna, die nach Aegidius nicht im Sinne des Apostels Paulus argumentieren. Kapitel XXI erklärt, wie unter dem Priestertum Christi alle Priester als ein einziger Priester bezeichnet werden können.

Kapitel XXII bringt noch eine nähere Betrachtung der letzten zwei Einwände der Colonna. Kapitel XXIII behandelt über diese zwölf Einwände hinaus weitere Argumente bzw. Verleumdungen der Colonna gegen Bonifaz VIII.

Im Kapitel XXIV tritt der Autor aufgrund der Ursachenlehre des Aristoteles und des kanonischen Rechts für die Rechtmäßigkeit der Papstabdankung ein. Kapitel XXV bringt abschließende Bemerkungen, die aus vielerei Quellen sowohl der heidnischen Philosophie als auch den Lehrautoritäten der Kirche entnommen sind.

Es folgt eine Zusammenfassung der wesentlichen Punkte des Textes.

## 1. Kapitel

Das erste Kapitel enthält das Vorwort, in dem die Notwendigkeit begründet wird, das Thema der Rechtmäßigkeit der Papstabdankung zu behandeln.

Mit prophetisch mahnenden Worten - Hiob 8,14 - wird dieser Traktat eingeleitet. Aegidius nennt die Argumente, die gegen Papst Bonifatius VIII. als wahren Stellvertreter Gottes und rechtmäßigen Bräutigam der Universalkirche vorgebracht werden, sophistisch.[1] Mit deren Verfassern meint er wohl die Pariser Magister und die Juristen bzw. Legisten des französischen Königs.[2]

Es folgt die Auslegung von Hiob 8,14; dann wird Jesaja 59,9 angeführt, um das Netz um die Gegner vollends zu schließen - ihr Unterfangen sei aussichtslos. Die Metapher des Spinnennetzes soll auf die Irrwege hinweisen, die auf einer eingeschränkten Wahrnehmung bei denjenigen beruhen, die etwas Böses im Schilde führen. Der Gegensatz Licht/Dunkel in bezug auf den Menschengeist wird Proklos entnommen, um das Gleichnis für das Verhältnis Mensch/Wort zu erläutern. Die Einbeziehung der Tierwelt mit dem Sinnbild der Flügel dient dann dazu, das Wort als das dem Menschen eigene Mittel zu verdeutlichen. Durch die Worte der unheilkündenden Propheten Hiob und Jesaja will der Autor die Bedrohlichkeit der gegnerischen Argumente für die Kirche deutlich vor Augen führen. Übrigens werden die Gegner, die Colonna Kardinäle, kein einziges Mal im Traktat erwähnt.

---

[1]Die abwertende Bedeutung der Bezeichnung Sophist, also für jemanden, der durch trügerische Argumente etwas beweisen will, galt im 12. Jahrhundert in Pariser Gelehrtenkreisen als Beschimpfung. Vgl. Baldwin, *Masters* I,82: II, 56 Anm.113; Als Quelle hierfür dient u.a. Aristoteles, *Metaphysik* IV,2 (1004 b17 ff.).

[2]Vgl. Herde, *Cölestin V.*, 171. Über die von ihnen verfaßte, aber verschollene Determinatio vgl. Eastman, *Papal Abdication*, 60 ff.; Über die Verfahrensweise der Scholastiker im allg. vgl. L. Weber, *Das Distinktionsverfahren im mittelalterlichen Denken und Kants skeptische Methode* (Meisenheim/Glan 1976), 190; J. Wippel, "The Quodlibetal Question as a Distinctive Literary Genre," *Les genres littéraires dans les sources théologiques et philosophiques médiévales* (Actes du Colloque International de Louvain-la-Neuve 25-27 mai 1981), ed. R. Bultot (Louvain-la-Neuve 1982), 67-84.

Hierzu schreibt Aegidius: Diese ganze Angelegenheit gefällt Gott nicht. Diejenigen, die dies begonnen haben, werden weder durch göttlichen Ratschluß noch durch den Hl. Geist bewegt. Sie sind Verräter des Sohnes, weil sie den höchsten Vater verlassen und die Rechtgläubigen verachtet haben, als sie andere Wege gingen. Durch Jesaja 30,1 wird der Fluch Gottes auf sie geschleudert. Diese Textstelle läßt den Geist des Papstes Bonifaz VIII. durchschimmern, in dessen Auftrag Aegidius diesen Traktat schrieb.[3] Zwei Jahre zuvor hatte dieser Papst ihn zum Erzbischof von Bourges ernannt.[4] Nun kommt der Dank dafür dem Papst zugute.

## 2. Kapitel

In diesem Kapitel wird das Vorgehen in der Widerlegung der zu behandelnden Frage begründet. Hierfür wird der Philosoph (Aristoteles), *De sophisticis elenchis*, angeführt, um eine Schlüsselfrage zu lösen: wie Weisheit zu erlangen ist, ob zuerst die Wahrheit geschützt oder der Irrtum widerlegt werden solle. Der Nachahmungswert der Weisheit wird durch den Apostel Paulus Eph. 5,1 herausgestellt. Aegidius betont, daß das festzustellende Verfahren auf die Frage der Rechtmäßigkeit der Papstabdankung angewendet werden soll.

Es folgt die Auseinandersetzung mit Aristoteles in bezug auf die Schlüsselfrage. Aegidius kommt zu dem Schluß, daß die Absicht an erster Stelle stehen soll. Diese Haltung wird durch Augustinus *Confessiones* 12,29 untermauert, der die Absicht unter dem Aspekt der Zeit anstelle des eigentlichen Ziels in den Vordergrund stellt. Denn Aegidius meint, obwohl es besser sei, zuerst die Wahrheit darzustellen, als den Irrtum zu tilgen, brauche dies weder zeitlich noch in der Ausführung auf diese Weise zu erfolgen, sondern eher der Absicht nach: denn die Tilgung des Irrtums dient dazu, die Wahrheit einzupflanzen und zu erzeugen. Nun wird diese Frage unter dem Aspekt der Form, der Materie und der Handlung betrachtet. Bei

---

[3]Bonifaz wollte eine theoretische Abhandlung über die Papstabdankung bereit haben, damit irgendwelche Einwände bezüglich deren Zulässigkeit sofort widerlegt werden konnten.

[4]Vgl. Eastman, "Das Leben," 328.

der Materie überwiegt das passive Element, bei der Handlung das aktive, und was den Geist betrifft, wiederum das passive, um das Gift im Geist zu entfernen. Hierfür wird das Gleichnis von einem Faß voll Bitterkeit verwendet, das mit Süße gefüllt werden soll.

Da die Gegner (die Colonna) in der Frage der Papstabdankung für sehr hartnäckig gehalten werden, kommt der Autor zu dem Schluß, daß ihre Argumente zuerst widerlegt werden sollen. Dann beschreibt er sein Vorgehen in diesem Traktat:

1. Die gegnerischen Argumente, die gegen die Wahrheit der Rechtmäßigkeit einer Papstabdankung sprechen, aufzuzählen,
2. jene gegnerischen Argumente zu widerlegen,
3. auch andere hinzugefügte Argumente aufzuzählen,
4. den Irrtum aus den hinzugefügten Argumenten zu widerlegen,
5. die Argumente und die geeigneten Gründe, die für die Rechtmäßigkeit einer Papstabdankung sprechen, die die Wahrheit deutlich wiederspiegeln, vorzubringen.

## 3. Kapitel

Ohne Umschweife werden die zwölf Gründe der Gegner wörtlich zitiert, die gegen die Zulässigkeit einer Papstabdankung sprechen.[5]

## 4. Kapitel

Gerade die Macht soll untersucht werden, damit feststeht, daß die kirchliche Macht aus der wahren Mitte - Gott - stammt, und damit alle Hindernisse aus dem Weg geräumt werden, die gegen die Rechtmäßigkeit einer Papstabdankung sprechen. Diese Macht wird im aristotelischen Sinne unter fünf Gesichtspunkten oder Wegen betrachtet.

---

[5]Vgl. Eastman, *Papal Abdication*, 67 f.; Denifle, 509 ff.

Der erste Weg arbeitet das Verhältnis zwischen Gott und dem Geschöpf zur Macht heraus, woraus eine Hierarchie der Mächte hervorgeht, und rechtfertigt, daß es Macht gibt.[6]

Der zweite Weg von den Dingen her, aufgrund der aristotelischen Güterlehre, beweist, daß die Macht an sich ein Gut ist, aber nicht unbedingt ihr Gebrauch. Aegidius argumentiert aufgrund der Anschauung des Aristoteles (Ethik 5,2), um den förmlichen von dem materiellen Gebrauch der Macht zu unterscheiden. Er meint, es sei für das Gemeinwohl besser, sich der Mächte zu bedienen als dies nicht zu tun.

Der dritte Weg geht von der Rangordnung mit Gott als oberstem Prinzip in einem neuplatonischen Universum aus.[7] Dessen Lenker erhält nach Aristoteles (Metaphysik 12,10) den Vorrang vor der Ordnung, weil sie durch ihn ist.

Der vierte Weg plädiert von der Ursächlichkeit her, für die Aufgabe der Eigenwilligkeit, weil nach Augustinus (Gottesstaat 12,8) die Macht, die mit Mangel oder Sünde behaftet ist, nicht von Gott stammt und ohnmächtig ist. Alle Wirkursachen ohne Mangel und Sünde werden auf die erste Ursache zurückgeführt und sind daher wie von Gott. Und weil die Macht demnach Wirkursache ist, folgt daraus, daß es keine Macht gibt, wenn sie nicht von Gott stammt.

Der fünfte Weg betrifft die Rangordnung der Mächte aufgrund der Handlungen, aus denen die Macht erwächst. Auch die usurpierte Macht ist ein Gut,[8] wenn auch ihr schlechter Gebrauch dies nicht ist. Gott läßt diese

---

[6]Aegidius liefert damit eine Rechtfertigung für die Existenz und Anspruch auf die Fülle der Macht des Papsttums.

[7]Über die Gnadenordnung nach Aegidius vgl. Zumkeller, 185; G. Trapè, "Il platonismo di Egidio Romano," *Aquinas* 7 (1964), 309-344; Gutiérrez, Sp.389 f.; G. Leff, "Giles of Rome," *The Encyclopedia of Philosophy*, hg. v. P. Edwards (New York/London 1965) Bd. 3, 331 f.; Courtenay, *Schools*, 290 f., 312; Gewirth, *Marsilius* I, 17 Anm.15; Zur Überlegenheit der Gnade bezüglich der Natur vgl. Thomas von Aquin, *Summa theologiae* II.II.q.10 a.10 Resp.; Im allg. vgl. F. Kern, *Recht und Verfassung im Mittelalter* (Tübingen 1952; Nachdruck Darmstadt 1981), 24 Anm.1.

[8]Dempf, 453; Kölmel, 355; Kern, *Gottesgnadentum*, 211 Anm.455, nennt die Antimonie der beiden Anschauungen vom göttlichen und vom teuflischen Ursprung des Staates uralt und nicht nur bei Augustinus, sondern auch im Neuen Testament nachzuweisen.

Handlungen mit seiner Billigung geschehen, wie er auch das ganze
Weltgeschehen durch seine Vorsehung lenkt. Wenn ein Mensch Macht
erhält, so geschieht dies entweder, weil Gott dies veranlaßt, oder es
geschieht, weil er es zuläßt.. Auf diese Weise billigt er die Macht,
insbesondere die kirchliche Macht. Durch seine Allgegenwärtigkeit trägt er
Sorge für unser Heil,[9] durch die Gnade in den gerechten Menschen und den
Ruhm bei den Heiligen. Hiermit hebt der Autor das Dasein des Menschen
von der übrigen Schöpfung ab, aber zugleich arbeitet er den Unterschied
zwischen Mensch und Tier mit der jeweiligen Machtbefugnis Gottes heraus.

Zum Schluß werden die Wähler des Papstes getadelt, weil sie einen
ungeeigneten Menschen mit nicht ausreichendem Wissen an die Spitze
gestellt hatten.[10] Trotzdem sei dies aus dem Wirken und mit der Erlaubnis
Gottes hervorgegangen, obwohl die Wähler zu sehr auf Gott vertrauten und
sich selbst zu wenig zutrauten, mit der Folge, daß ihnen die Fähigkeit abging,
zu wählen.

## 5. Kapitel

Die fünf allgemeinen Prinzipien der Macht, die im vierten Kapitel
dargelegt wurden, werden nun auf die päpstliche Macht und die Frage der
Papstabdankung angewandt.

Das Verhältnis Natur/Mensch/Gott in bezug auf die Macht wird
erläutert.

1.) Alle Macht stammt von Gott, aber dieser Satz beweist nicht, daß
das Geschöpf sie nicht aufheben könne. Das Gemeinsame bei Gott und den
Geschöpfen ist die Weisheit. In dieser Hinsicht sind sie Helfer Gottes; doch
ist ihnen vorbehalten, auf die Weisheit Gottes hinzuarbeiten oder nicht.
Analog soll Weisheit bei der Papstwahl walten, zu der auch ein
Menschenwerk beiträgt: das Papsttum ist von Gott, aber die Wahl zum

---

[9]Das Heil als Argument ist wesentlich in der darauffolgenden Beweisführung, auch bei
Gottfried von Fontaines und Peter von Auvergne. Siehe Eastman, *Papal Abdication*, 55-58.

[10]Über die Inspirationswahl Cölestins V. vgl. unten S. 37 f. ; Herde, *Cölestin V.*, 67 mit
Anm.213.

Papst geschieht durch die Zustimmung der Wähler und durch die Annahme des Gewählten. In umgekehrter Weise wird derselbe zum Nicht-Papst. Folglich wird die ihm innewohnende päpstliche Macht aufhören, bei ihm zu sein.

2.) Die Mächte wie die Dinge sind von Gott: entscheidend hierbei ist die Dehnung der Dinge, zu der die Geschöpfe etwas beitragen. Wie die Sonne die feuchten Dämpfe hebt, so wählen die Menschen einen aus ihrer Mitte zum Papst. Wie der Autor meint, beruht beides auf dem Dehnungsprinzip und ist daher aufhebbar. Den Einwand, das Geschöpf könne seinen eigenen Beitrag niemals ganz aufheben, schränkt der Autor ein, insofern das Geschöpf innerhalb des Rahmens seiner Fähigkeiten bleibt. Das Dehnungsprinzip in der Natur wird als räumliche Ausdehnung im Sinne der Jurisdiktionsgewalt verstanden.

Die gleichen Gesetzmäßigkeiten des Aufbauens und Zerstörens durch die Geschöpfe scheinen bei den gesetzlichen Dingen nicht zu gelten, da bei ihnen die Fähigkeiten der Natur überschritten werden. Aber die päpstliche Macht, die einem Menschen innewohnt, wird durch ein Menschenwerk aufhören können, weil die Menschen zu ihr beigetragen haben.

3.) Die Macht und Ordnung in der menschlichen Gesellschaft stammt von Gott (Römer 13,1). Die Veredelung und Vergröberung der Materie in der Natur dient als Gleichnis für die Lenkung der Menschen. Menschen können von sich aus einen Stellvertreter über sich stellen, wenn der Gewählte annimmt. Dies ist ihr Beitrag zur Lenkung und Macht. Analog steht es bei der päpstlichen Macht. Sie ist in einer gewissen Ordnung begründet. Der Papst ist der höhere, und alle anderen sind die niederen. Die Menschen haben durch ihre Zustimmung als Wähler zu dieser Ordnung beigetragen, damit diese Person oben sei, wie auch der Gewählte zu dieser Oberhoheit durch seine Annahme beitrug.

Die Wechselseitigkeit des niederen und oberen Prinzips in der Natur wird bedingt durch dessen Zerstörbarkeit (Aristoteles, Ethik 2,1). Nur weil Gott allein völlig jenseits dieses Prozesses steht, vermag Aegidius die *plenitudo potestatis* des Papstes als des Stellvertreters Gottes abzuleiten.[11] Zwischen der Wahl eines Papstes und dessen Abdankung stellt Aegidius einen qualitativen Unterschied fest: Es ist nicht notwendig, daß so viel zur Vernichtung wie zum Aufbauen beiträgt: *facilior est destruccio quam construccio*. Für die Papstwahl ist beides - die Zustimmung der Wähler wie auch die Annahme des Gewählten - erforderlich, damit er rechtmäßig die Gewalt übernimmt, aber bei der Abdankung sei nur das letztere vonnöten.

4.) Die Wirkursache darf nicht mangelhaft sein, und wie sie schießlich auf die erste Ursache zurückgeführt wird, so wird die Macht auf Gott zurückgeführt, indem die aristotelische Beweisführung mit Römer 13,1 in Verbindung gebracht wird. Aegidius überträgt den aristotelischen Gedanken von der höchsten Macht zur Leitung der Menschen, die sich als höchste Potenz darstellt, auf die päpstliche Macht. Der Gedanke der Mitwirkung des Menschen bei der Papstwahl läßt nicht zu, daß ein anderer zugleich zum Papst gewählt werden kann, die päpstliche Jurisdiktionsgewalt darf nur einer besitzen. Und wenn danach ein anderer zum Papst gewählt wird, wird es keine zwei Häupter geben und die Kirche damit zum Ungeheuer werden, wenn der Abgedankte aufgehört hat, das kirchliche Haupt zu sein.[12] Aegidius vergleicht die damalige Lage mit einem Streit in der Ehe, deren Zeichencharakter aber durch kein Menschenwerk entfernt werden kann.

5.) Gott in seiner Vorsehung sorgt sich besonders um seine Kirche und deren Haupt, zu dem keiner ohne ein besonderes Zutun Gottes und ohne seine besondere Erlaubnis gewählt wird; so ist die päpstliche Macht in bezug auf Gott zu verstehen. Und wenn der zur Leitung der Kirche Bestellte ungenügend ist oder die Kirche nicht zu regieren weiß, bedarf es einer besonderen göttlichen Eingebung, damit der Angenommene zurücktritt und ein anderer, bewährter und wissenskundiger Kandidat, Papst wird.

Der Autor meint, die Annahme der Papstwahl durch solch einen einfachen Mann wie Cölestin V. zeige eine besondere göttliche Erlaubnis,

---

[11]Vgl. Maccarrone, *Vicarius*, 172 Anm.68; Tierney, *Origins*, 155 ff., bes.159; Edition Kap.I unten S. 139 Anm.4.

[12]Die Spiritualen in bezug auf die Abdankung Cölestins V. werden angesprochen, insbesondere Ubertino da Casale. Vgl. Eastman, *Papal Abdication*, 51-54.

sein Rücktritt hingegen, die besondere Tätigkeit Gottes. Wie Augustinus sagt, ist der Ratschluß Gottes unergründlich, und er läßt das Böse geschehen, damit das Gute von ihm ausgewählt werden kann. Nach Aegidius ist die Wahl Cölestins V. gewiß keine Inspirationswahl,[13] sondern sie ist aus der Unzulänglichkeit der Kardinäle in einer Notsituation zu erklären. Dann tröstet er die Gläubigen, indem er schreibt: Aber weil Christus Mitleid mit seiner Kirche hatte, ließ er durch eine besondere Eingebung den unerfahrenen Verwalter abdanken und zurücktreten.

## 6. Kapitel

In diesem Kapitel wird der erste Einwand der Colonna widerlegt, der die Rechtmäßigkeit der Papstabdankung verneint, weil das Papsttum allein von Gott stamme.

Der Autor will zuerst feststellen, inwiefern die päpstliche Macht von Gott stammt. Nach Jesaia 26,12 soll die allein von ihm stammende Macht den Menschen zugute kommen. Aber weil die Menschen bei ihrer Entstehung mitwirken, wenn sie mit Gott durch einen gemeinsamen Akt einen Papst schaffen,[14] bedingen sie mit, daß die päpstliche Macht bei einer bestimmten Person bleibt oder nicht.

Durch die Erläuterung des Verhältnisses zwischen Leib und Seele aufgrund des Habitus, *dispositio*, sieht der Autor eine Analogie zwischen der Tätigkeit Gottes und der Natur. Entscheidend ist die Mitwirkung des menschlichen Willens durch die *dispositio*, um die Möglichkeit zu schaffen, die Gnade zu empfangen, deren Quelle Gott ist. Hierzu wirkt die Natur akzidentiell mit, insofern sie materiell das Gefäß für die menschliche Seele bereitstellt und die Lage des Körpers so verändern kann, daß die Seele von ihm scheiden muß.

Aegidius meint, die päpstliche Macht sei unter zweifachem Aspekt, also akzidentiell, zu betrachten. Unter göttlichem Aspekt ist die päpstliche

---

[13]Vgl. oben Anm.10.

[14]Wilks, *Problem of Sovereignty*, 493.

Macht unaufhebbar; aber insofern ein Menschenwerk dazu beiträgt, daß sie einem bestimmten Menschen innewohnt, kann diese Macht von ihm durch ein solches Menschenwerk aufgehoben werden und somit in ihm aufhören zu sein.

Entscheidend hierbei ist die von Gott stammende Gnade, der weder Schuld noch Sünde anhaftet. Dagegen kann sich der Mensch durch die akzidentelle Tätigkeit seines Willens Gott entweder zuwenden oder sich von ihm abwenden. Analog zur Gnade steht die päpstliche Macht, die durch eine Willenserklärung zustande kommt: Zur Amtsannahme ist sowohl die Zustimmung der höchsten Würdenträger (der Kardinäle) als auch die Annahme des Vorstehers (des Papstes) erforderlich; zur Abdankung hingegen genügt allein die Annahme des freien Entschlusses des Papstes.

Es folgt die Erläuterung eines Statuts, das die freie Willensentscheidung bei der Abdankung einschränkt, die Dekretale 1.7.2. *'Inter corporalia'*. Zum Rücktritt eines niederen Prälaten ist die Übereinstimmung mit seinem Bischof nötig, und zu dem eines Bischofs muß der Papst willens sein;[15] aber zum Rücktritt eines Papstes, der keinen Oberen hat, steht alles in dessen Macht.[16] Ein möglicher Rücktritt nach seinem Belieben wird rechtlich nicht eingeschränkt.[17] Dann bemerkt der Autor allerdings, der Papst würde schwer sündigen, wenn er, um seinen Körper zu schonen, durch seinen Rücktritt der Mühe seines Amtes entkommen wolle. Dagegen mache er sich durch einen solchen Rücktritt sehr verdient, wenn die Kirche unter seiner mangelhaften Führung leide.[18] Aegidius mahnt aber zur Vorsicht bei dieser Entscheidung: *Sed caveat, quo animo id faciat.* Sie ist eben eine Gewissensfrage, die genau überlegt werden soll.

---

[15]Wie ein päpstlicher Gnadenerweis bezüglich der Jurisdiktionsgewalt zu betrachten. Wilks, 384 f.

[16]Vgl. Wilks, 169.

[17]Vgl. ebd. 471.

[18]Dieses Argument betrifft die *causa finalis*, das Gemeinwohl.

Für die Papstwahl dagegen gilt die Dekretale *Inter corporalia* nicht, denn die göttliche Bestätigung erfolgt zugleich mit der korrekt vollzogenen Wahl, indem der Papst diese Wahl annimmt. Keine Rechte können den Papst binden.[19] Es steht in seiner Macht, sowohl die Wahl mit der dazugehörigen Last anzunehmen, wie auch jene Last niederzulegen. Obwohl der Papst keinen Menschen als Oberen hat, hat er aber als *homo purus* dennoch Gott als Oberen, der nicht nur Mensch ist, wie die irdischen Oberen, sondern Gott und Mensch, weshalb er bloß den Menschen durch ein Statut binden kann. Aber Christus setzte dies niemals fest; denn ein solches Gesetz wäre ungerecht, das einen zur Leitung der Kirche Unqualifizierten nicht zurücktreten ließe. Nach Augustinus - Gottesstaat VII,30 - wird dem Papst das Recht eingeräumt, freiwillig im Angesicht Gottes, abzudanken.

Beim Anteil Gottes an diesen Vorgängen wird zwischen seiner Erlaubnis zur Papstwahl und seiner Eingebung und Tätigkeit beim Rücktritt des Papstes unterschieden. So kann ein unzureichender Papst abdanken, denn was für die Nächstenliebe geschaffen wurde, soll nicht gegen die Nächstenliebe streiten,[20] und was für das Gemeinwohl geschaffen wurde, soll nicht gegen das Gemeinwohl streiten. Es folgt eine Aufzählung der Beweggründe für einen Rücktritt des Papstes aus der Perspektive des göttlichen sowie auch des Naturrechts: Wenn ein zur Leitung der Kirche Geeigneter etwa wegen der Sünden der Gläubigen zurücktritt, aber ihm haftet eine menschliche Schwäche an, dann bewegt ihn die göttliche Erlaubnis zum Rücktritt; wenn dieser aber ungenügend ist, bewegt ihn die göttliche Eingebung und Tätigkeit zum Rücktritt; und schließlich wenn dieser aufgrund Mangels oder Furcht das Gemeinwohl beeinträchtigt, bewegt ihn die Nächstenliebe zum Rücktritt.[21]

---

[19]Über die Folgen dieses Rechtssatzes für das Kardinalskollegium vgl. Wilks, 468.

[20]Dieser Thematik widmet sich L. Buisson, *Potestas und Caritas*; Hierfür zitiert Peter von Auvergne Bernhard von Clairvaux. Vgl. Eastman, *Papal Abdication*, 138.

[21]Wie die Rücktrittsgründe nach *Extra* 1.9.10 bei verschiedenen Scholastikern behandelt wurden vgl. Eastman, *Papal Abdication*, 22, 48, 59, 120.

## 7. Kapitel

Im folgenden wird der zweite Einwand der Colonna widerlegt, der besagt, daß keiner außer Gott die päpstliche Autorität und Amtsgewalt wegnehmen kann, da sie von keinem außer Ihm übertragen werden kann. Durch das Benennen übernatürlicher Vorgänge führt Aegidius die Stellungnahme der Gegner ad absurdum, indem er aufzeigt, daß Gott nicht überall in der Natur eingreift. Hierfür verwendet er den Mitwirkungsgedanken am Beispiel der Tätigkeit der Natur wie auch des Arztes.[22] Damit soll der Habitus (*dispositio*) des Körpers in bezug auf die Seele aufgezeigt werden.[23] Es folgt dieselbe Analogie für die Gnade in bezug auf die Seele. Allein Gott gießt dem Körper die Menschenseele ein, jedoch kann sie ihm durch ein Werk der Natur oder durch ein Menschenwerk entzogen werden; ebenso gießt Gott nur der Seele die Gnade ein, und doch kann sie durch die menschlichen Werke - die Schuld und die Sünde - aus der Seele weggenommen werden.

Im Zusammenhang mit diesem Einwand steht das Argument, daß das, was allein von Gott stammt und wozu das Geschöpf nichts beitrug, ein Werk des Geschöpfes nicht vernichten könne. Der Autor entgegnet darauf, wenn Gott nicht auf wunderbare Weise das Geschöpf aufrechterhalte, könne es aufgrund seiner Zugehörigkeit zu einer bestimmten Gattung gemäß ihrer Gesetze getötet werden oder durch Alter sterben.[24]

Analog muß er dem Argument entgegnen, daß Gott allein das Papsttum übertragen habe. Hierzu bedient er sich der Seinsmetaphysik mit den Begriffen Keimkräfte und Potenz bezüglich der *dispositio* des Geschöpfes, also der Bereitschaft, die Gnade aufzunehmen, die nach

---

[22]Für den Arzt als Diener der Kunst vgl. Hippokrates, *Epidemien* I, ed. E. Littré, *Oeuvres complètes d'Hippokrate* (Paris 1939) II,635. Über die Säftelehre vgl. Galen, *De placitis Hippocratis et Platonis*, ed. I. Müller (Leipzig 1874) VIII,667 ff. Für Hippokrates (460-377) und Galen (129-199) diesbezüglich vgl. Schipperges, "Antike," 243 f.

[23]Vgl. Schipperges, 255.

[24]Aegidius versetzt den Anhängern eines überspannten Wunderglaubens einen Hieb. Für dessen Verhältnis zu den Spiritualen vgl. Eastman, *Papal Abdication*, 27 ff.

Johannes Damascenus und Psalm 84,9 erläutert wird. So kommt der Autor zu folgendem Ergebnis: Die Tätigkeit Gottes ist nicht allein dafür verantwortlich, daß dem Körper die Menschenseele und der Seele die Gnade eingegossen wird, sondern auch das Geschöpf trägt durch seine Tätigkeit dazu bei, daß die Seele vom Körper getrennt werden kann und daß der Zustand, daß die Gnade der Seele innewohnt, aufhören kann.

In bezug auf das Papsttum wird nun der Menschenbeitrag als die Zustimmung der höchsten Würdenträger[25] mit der des Vorstehers verstanden, aber wenn jene und insbesondere dieser sich auf andere Weise in Opposition zu Gott verhalten, hört die päpstliche Macht auf, bei diesem zu sein. Durch die päpstliche Macht besitzt der Inhaber des Amtes die Wahrheit im höchsten Grade, da ihm keiner vorsteht und da Christus niemals beschlossen hat, ein Papst könne nicht abdanken. Nach der Meinung des Autors soll das Innewohnen der päpstlichen Amtsgewalt in der für das Amt betreffenden Person wie das Innewohnen der von Gott stammenden Gnade in der Seele verstanden werden. Wenn der Papst sich dem entgegen verhalte und vom Papsttum abweiche und abdanke, höre er auf, Papst zu sein.[26]

Es folgt eine Erläuterung über das Leben nach dem Tode, wo die verewigte Seele durch ihren auf guter bzw. schlechter Tätigkeit beruhenden Habitus die Gnade behalten bzw. verlieren kann. Diese Vorstellung vom Gnadenstand der Seele nach dem Tode wird auf das päpstliche Amt übertragen.

Der zum Papst Gewählte wird Papst durch sein gegebenes Wort, und durch dasselbe kann er vom Papsttum abdanken und aufhören, Papst zu sein, da kein Statut das Gegenteil sagt.

Aber weil, wie Aegidius schreibt, der menschliche Verstand sich nicht beruhigt, sollte es ein göttliches Statut geben, daß der Papst aufgrund einer gewissen Ordnung und Beschaffenheit der Dinge abdanken könne. Somit stellt Aegidius nach Augustinus - Gottesstaat VII,30 - fest, daß die Kirche

---

[25]*Proficientes* wird als 'die höchsten Würdenträger' übersetzt und nicht 'die Vorstehenden', weil jene Bezeichnung dem Sachverhalt treffender entspricht.

[26]Er sei geistig tot. Vgl. Eastman, *Papal Abdication*, 144 f.

ihre internen Angelegenheiten selbst regeln kann, in diesem Fall, was das Gemeinwohl der dem Papst unterstehenden Kirche betrifft.[27]

## 8. Kapitel

Der zu widerlegende dritte Einwand der Colonna besagt, daß das Papsttum von niemandem aufgehoben werden könne, weil es die höchste Macht sei. Denn wäre dies der Fall, könnte eine höhere Würde durch eine niedere Würde aufgehoben werden. Allein die göttliche Macht könne die geistliche Ehe auflösen. Wenn der Papst den Rücktritt eines Bischofs entgegennehme, geschehe dies in seiner Funktion als Stellvertreter Gottes, aber es gebe niemanden, der den Rücktritt des Papstes selbst entgegennehmen könne.

Aegidius faßt die bisherige Argumentation der Gegner in Stichworten zusammen: Weder könne das Papsttum entfernt noch entzogen noch aufgehoben werden. Mit seinen Kontrahenten ist Aegidius einer Meinung, was die unfreiwillige Aufgabe des päpstlichen Amtes betrifft, aber dann fügt er hinzu, diese wollten weitergehen und die freiwillige Papstabdankung in Frage stellen. Dem hält er entgegen, zu seinen Lebzeiten könne der Papst, auf welche Art auch immer, abdanken oder zurücktreten.[28]

Der vierte Einwand soll zugleich in diese Widerlegung einbezogen werden. Aegidius stellt eine gemeinsame Grundlage für diese Einwände fest. Erstens, was Gott gebunden hat, darf der Mensch nicht trennen. Dies trifft auch auf die geistliche Ehe zwischen Papst und Kirche zu. Zweitens gibt es keine höhere Würde als die päpstliche, keinen, in dessen Hände der Papst seine Würde zurücklegen könne.

Hier setzt Aegidius zwei aus der Jurisprudenz stammende Maßstäbe an, um das Verhältnis sowohl zwischen Gott und dem Papst als auch zwischen dem Papst und der ihm unterstehenden Kirche zu beleuchten: Erstens, was nicht ausdrücklich erlaubt ist, wird als ein Verbot zu betrachten

---

[27]*Causa finalis* - das Wohl der Gesamtkirche.

[28]Aegidius schlägt die gleiche Tonart wie seine Gegner, die Colonna, an, aber dazu bemerkt Scholz, *Die Publizistik*, 63, daß diese von Aegidius postulierte päpstliche Willkür gefährlich sei.

44

sein; zweitens, was nicht ausdrücklich verboten ist, wird als eine Erlaubnis verstanden. Dazu meint Aegidius, die jetzt zu behandelnde Frage gehe über die Befugnis des Naturrechts hinaus. Sie sei einer höheren Kraft vorbehalten. Der Autor nennt nun Beispiele, die das Vermögen der Natur überschreiten. Dazu vertritt er die Meinung, die päpstliche Jurisdiktionsgewalt übersteige das Naturrecht und sei allein dem göttlichen Recht untertan.[29] Folglich hat, was der Papst erlaubt, Geltung, weil es ihm zusteht, die Rechte zu setzen.[30] Und was andere Prälaten betrifft, können sie im Bereich der päpstlichen Jurisdiktionsgewalt nur soweit handeln, wie der Papst es ihnen erlaubt.

Die gegnerischen Einwände bezüglich des Rücktritts sind nach Aegidius nicht beweiskräftig, weil ein Bischof sein Amt in die Hände eines Höheren legen und er wie der Papst kraft eigener Autorität zurücktreten kann.[31] Der Rücktritt des Papstes kann ohne weiteres innerhalb des Rahmens des Naturrechts freiwillig vollzogen werden. Folglich kann er die freiwillig übernommene päpstliche Jurisdiktionsgewalt niederlegen. Als Verkörperung des positiven Rechts und weil kein höheres Dekret oder göttliches Statut es dem höchsten Bischof verbietet, ist ihm der Rücktritt von Rechts wegen erlaubt.

Aegidius folgert, daß die Gegner gegen sich selber argumentieren, weil sie vom einfachen Bischof auf den Papst hin schließen. Mit Augustinus - Gottesstaat VII,30 - untermauert er die Freiwilligkeit der päpstlichen Jurisdiktionsgewalt und folgert, man könne keine besondere göttliche

---

[29]Hiermit begründet Aegidius den päpstlichen Jurisdiktionsprimat, woraus die Rechtmäßigkeit der Papstabdankung abgeleitet wird.

[30]Das Positive verschmilzt mit dem göttlichen Recht in der Person des Papstes, der über dem Naturrecht bzw. der Welt steht. Vgl. Eastman, "Giles ... Celestine V," 202 Anm.33; Dies beruht auf dem Verständnis des Aegidius vom positiven Recht aus königlicher Sicht. Vgl. Eberenz, "Concept of Sovereignty," 189-194; Renna, "Royalist Political Thought," 62 f., 81-85; über das sakrale Königtum vgl. Ullmann, *Papal Government*, 395-399; O. Höfler, "Der Sakralcharakter des germanischen Königtums," in: Th. Mayer (hg.), *Das Königtum: seine geistigen und rechtlichen Grundlagen* (Darmstadt 1965), 75 ff.; über die Funktion des Herrschers als Leitbild bzw. Lehrmeister vgl. W. Ullmann, *The Carolingian Renaissance and the Idea of Kingship* (London 1969), 122-24, 176 ff.

[31]Hier kommt das Prinzip der Gleichheit bezüglich der Weihegewalt zum Tragen.

Bindung bzw. Fessel sehen, wenn jemand das Papsttum annimmt oder aufkündigt. Gott wird diese aus freiem Entschluß gefaßte Zustimmung bzw. Aufkündigung annehmen.[32]

Aegidius versichert sodann, daß Gott seine Kirche nicht im Stich läßt. Wenn derjenige, der die Gesamtkirche zu leiten hat, sich als ungenügend erweist, zeigt sich darin zwar mehr die göttliche Erlaubnis als seine Inspiration; dennoch geschieht auch dies, weil Gott dadurch eine besondere positive Wirkung erzielen will.

Es folgt die Untersuchung der ersten Grundlage, der geistlichen Fessel. Sie sei würdiger, aber nicht dauerhafter als die Fessel der Ehegemeinschaft. Die Versetzung eines Bischofs von einer Kirche zu einer anderen löst die Bindung an eine bestimmte Kirche, während der Ehemann nach Vollzug der Ehe die Gattin nicht mehr wechseln könne, auch nicht kraft päpstlicher Autorität. Mit Blick auf die Dauer sei die Ehegemeinschaft also stärker.

Auf einer anderen Ebene sei die geistliche Fessel im Hinblick auf die Anspannung stärker, weil sie, solange sie bestehe, mehr bindet und eine höhere Pflicht nach sich zieht. Die Nächstenliebe - das Gebot, die Menschen auf Christus hin zu lieben -, wird als Aufgabe beider Ehen verstanden: beim Ehemann im Hinblick auf seine Gattin, beim Prälaten im Hinblick auf seine Pfarrgemeinde. Das Ziel dieser selbstlosen Hingabe ist die Heiligkeit, die besonders bei dem geistlichen Bräutigam eine größere Sorgfalt erfordert. Zitate von Paulus und Augustinus veranschaulichen die Sonderstellung des Geistlichen in der uneigennützigen Ordnung der Dinge.[33]

---

[32]Gott als Quelle der Macht steht im Mittelpunkt der Diskussion, nicht Christus, der einen Auftrag unter den Menschen erfüllte. Aegidius is aufgebracht, weil die Gegner der Entscheidungsfreiheit Gottes Grenzen setzen wollen. Minnis, *Medieval Theory*, 257 Anm.144: "The influence of Aristotle, as interpreted by his Arabian commentators, had encouraged opinions which, according to the intellectual establishment, denied freedom of choice to both God and man."; Was Siger von Brabant, den der Autor hier anspricht, betrifft, vgl. Mary McLaughlin, "Paris Masters of the Thirteenth and Fourteenth Centuries and Ideas of Intellectual Freedom," *Church History* 24 (1955), 193-211, 197; Was das Verhältnis des Aegidius zum arabischen Aristotelismus betrifft, vgl. Eastman, "Das Leben," 321 f.

[33]Über die christliche Gnadenordnung vgl. oben Anm.7.

Mit Aristoteles ist der Autor der Meinung, das öffentliche Wohl habe den Vorrang vor dem individuellen Wohl. Folglich hat eine größere Sorgfalt bei der geistlichen Braut zu walten, weil sie, die Kirche ein gewisses *bonum commune* ist, die fleischliche Gattin hingegen ein *bonum privatum*.[34] Aegidius warnt aber, dies nicht mißzuverstehen, indem er mahnt, der Papst habe nicht das Recht, die von Gott gesetzte fleischliche Ehe aufzulösen, sonst entstünde Unheil für das größere Gut, die Kirche. Sofern es bei der geistlichen Ehe auf das Verdienst des jeweiligen Inhabers ankommt, trifft dies auch für sie zu.

Die Würde des Amtes setzt der Autor in eine geistliche Rangordnung. Je höher das Amt, desto mehr Aufgaben mit der dazugehörigen Sorgfaltspflicht bringt es mit sich.

Aber wenn der römische Bischof weder ausreichend qualifiziert ist noch über das nötige Maß an Sorgfalt verfügt und wenn sein Herz sich verhärtet und er nicht abdanken will, wird dies nicht der göttlichen Eingebungstätigkeit zugeschrieben, sondern vielmehr der teuflischen Versuchung oder der Wahl durch die Menschen.[35] Der Autor fügt hinzu, durch die Trennung der fleischlichen Ehe könne das universale Böse herbeigeführt werden, was aber als Auftrag im Sinne des öffentlichen Wohls als Folge der Trennung der geistlichen Ehe nicht zutrifft. Durch seine natürliche Vernunft soll der Papst erwägen, ob er durch seine freie Absage, bzw. Aufkündigung von dieser Last befreit werden will. Er übernimmt nämlich die Fülle der Macht wie auch die Last des päpstlichen Amtes durch die freiwillige Annahme seiner Wahl zum Papst, weil er von niemandem bestätigt wird.

Das Universum wird durch die beste Vernunft geleitet. So wird die natürliche Vernunft den Bräutigam der Universalkirche erkennen lassen, ob

---

[34]Sprachlich unterscheidet Aegidius zwischen *sponsa* und *uxor*; In seiner Auswertung von *De regimine principum* kommt J.M. Blythe, "Family, Government and the Medieval Aristotelians," *The History of Political Thought* 10 (1989). 1-17, S.7-12, zu dem Ergebnis, daß Aegidius ein sehr statisches und im Gesetz verankertes Verständnis von der Ehegemeinschaft zwischen Mann und Frau hat.

[35]Aegidius spricht die Eigenverantwortung des Papstes an wie auch die der Kardinäle.

er den Anforderungen dieses höchsten Amtes, die eine stärkere Anspannung durch die geistliche Fessel mit sich bringt, nachkommen kann oder nicht. Aber dem Befehl Christi nach ist die fleischliche Ehe stärker. Wenn der Mann sich von diesem *bonum privatum* löst, weil er mehr der Begierde als der Vernunft folge, entstünde das universale Böse, weil die gebührende Sorge für die Kinder nicht getragen werden könne. Daher befahl die Verkörperung der Weisheit, nämlich Christus, daß die fleischliche Ehe nicht getrennt werden darf, es sei denn wegen Unzucht. Aber auch hier bleibt die eheliche Fessel erhalten.

An erster Stelle will Christus das *bonum commune*. Daher soll die fleischliche Ehe erhalten bleiben, während eine geistliche Ehe zwischen einem ungenügenden Prälaten und einer bestimmten Kirche das öffentliche Übel nach sich ziehen würde. Damit sei einem unqualifizierten Papst anbefohlen, dafür zu sorgen, daß das öffentliche und gemeine Böse nicht entstehe, denn sonst stünde die ganze Kirche unter einem unwissenden Führer, der weder die gebührende Sorge trägt noch die Aufsicht über die Gesamtheit der ihm anvertrauten Schafe hat.

## 9. Kapitel

In diesem Kapitel wird der vierte Einwand der Colonna widerlegt, daß das Papsttum, die höchste geschaffene Kraft (*summa virtus creata*), durch keine geschaffene Kraft aufgehoben werden könne.

Aegidius führt uns den schon vertrauten Mitwirkungsgedanken bei den Geschöpfen an. Papst Marcellinus (Dekret D.21 c.7 '*Nunc autem*') versinnbildlicht die Machtvollkommenheit des Einzelmenschen, der in seiner Souveränität nur sich selbst richten kann und der als Papst die volle geistliche Souveränität genießt.[36] Die Häresie (Dekret D.40 c.6 '*Si papa*') wird als einziger Grund für die Rechtmäßigkeit einer Papstabdankung

---

[36]Über das Verständnis des Aegidius zum Menschen und dessen Bezug zur Gewalt, woraus eine gewisse Souveränität des Menschen entstehen könnte vgl. Dempf, 451; Kölmel, 310; Eichinger, 166.

angeführt, falls den Papst die ganze Glaubenskraft verläßt.[37] Folglich meint der Autor, Marcellinus habe sich selbst abgesetzt,[38] und wurde durch seine Wiederwahl von neuem Papst.

Was die Fessel der Ehe betrifft, unterscheidet Aegidius zwischen der unauflöslichen Fessel zwischen Individuen, einem christlichen Motiv, und der bedingt auflöslichen Fessel zwischen Bischof und Kirche, einem Motiv des römisch-korporativen Denkens (Dekret C.7 q.1 c.11 *Sicut vir*). Die Bindung an Gott bleibt beim Individuum bestehen, während bei der Körperschaft die Freiwilligkeit der angenommenen und aufkündbaren Bindung für den Papst Geltung hat (Dekret C.7 q.1 c.8 *Quam periculosum*). Daher sei die Effizienz der Pflichtausübung auf das öffentliche Wohl hin das Ausschlaggebende. So soll sich der Papst, wenn er sich seiner Mängel bewußt ist, ohne Zwang selbst absetzen können.

## 10. Kapitel

Dieses in acht Abschnitte unterteilte Kapitel widerlegt den fünften Einwand der Colonna. Im ersten Abschnitt wird gezeigt, daß bei der bischöflichen Weihe kein besonderer sakraler Charakter aufgeprägt wird.[39]

Im platonischen Sinne vergleicht Aegidius diese Argumentationsweise mit dem einfachen und dem besten Sein. Wenn das einfache Sein weggenommen wird, wird allem anderen Sein die Grundlage entzogen. So

---

[37]Die Gegner der Abdankung verneinen die Möglichkeit, daß der Papst aus seinem Amt unfreiwillig entfernt werden kann. Aegidius muß diese Möglichkeit *de facto* bejahen. Hierin sehen einige Autoren einen Ansatz zum Konziliarismus, was für die Argumentation zutreffen mag, aber der Gesinnung der damaligen Kontrahenten nicht entspricht. Vgl. M. Seidlmayer, "Besprechung von Brian Tierneys 'Foundations', in: Bäumer (hg.), *Die Entwicklung*, 156-173, 168.

[38]Für den Abfall vom Glauben dienen Joh. 3,18 und I Kor. 5,3 als Zeugnisse. Über Augustinus von Ancona, Johannes von Paris und Petrus de Palude hierzu vgl. Wilks, 503 und Anm.2. Zum Papst Marcellinus vgl. Eastman, *Papal Abdication*, 16.

[39]Die Gegner der Abdankung wollen aufgrund einer auf dem Zeichencharakter beruhenden bischöflichen Hierarchie die Abdankung des höchsten Bischofs aufgrund eines ihm einmaligen und eigenen Zeichencharakters unmöglich machen. Sie operieren mit dem Ordo-Gedanken und versuchen, einen qualitativen Unterschied unter den bischöflichen Rängen zu konstruieren.

steht es mit dem Verhältnis zwischen Bischof und höchstem Bischof. Die volle Jurisdiktionsgewalt und Autorität kann der noch nicht zum Bischof geweihte höchste Bischof erhalten, doch wird er nicht höchster Bischof.[40] Dann setzt Aegidius die Grenzen für die rechtliche Stellung und Funktion des Bischofs fest. Es folgt eine Untersuchung des Zeichencharakters nach Ps.-Dionysius Areopagita und Petrus Lombardus.[41] Durch ein aufgeprägtes Zeichen erhält die Seele eine gewisse geistige Kraft, die die Weihe genannt wird, und darin unterscheidet sie sich von anderen Seelen.[42] Die Unterschiede zwischen solchen Zeichencharakteren betreffen nur deren Vollkommenheitsgrad, nicht aber den eigentlichen Zeichencharakter.[43] Taufe,[44] Firmung und Ordo werden aufgrund der Qualitäten des Zeichencharakters der jeweiligen geistigen Weihestufen erläutert. Aegidius stellt fest, daß der Bischof nur den Zeichencharakter des Priesterstandes hat, aber im Unterschied zu ihm diesen Charakter in vollkommener Weise besitzt.

Der Kanonist Huguccio wird für die Problematik der Beziehungen zwischen Taufe, Weihestufe und Stand herangezogen und von Aegidius erläutert. Nach dem aristotelischen Gleichnis - das Kind im Manne - wird das Verhältnis Taufe/Firmung für den Christen wie das zwischen Priester und Bischof für den Geistlichen anschaulich vor Augen geführt. Die Frage, ob ein Weihestand übersprungen werden kann, wird unter der Bedingung bejaht, daß der Betreffende Buße tut. Der Autor kommt zu dem Schluß, daß

---

[40]In erster Linie ist er Bischof von Rom, woraus er dann die Nachfolge Petri antritt und dann erst *vicarius Christi* wird. Vgl. Wilks, 396 f.

[41]Über die Entstehung des Begriffs Zeichencharakter vgl. J. Finkenzeller, "Sakrament III. Dogmengeschichte," *LThK* IX, Sp.220-225; vgl. Aeg. Rom., *Errores philosophorum*, Koch/ Riedl, 53 Anm.156.

[42]Hiermit begründet Aegidius die geistliche Herrschaft. Die Einzelindividuen werden als Machtpunkte aufgefaßt. Der einzige Unterschied zwischen ihnen und den höchsten Machtinhabern liegt im Umfang der Jurisdiktion.

[43]So wird der Bischof als vollkommenes Individuum in der neuplatonischen Ordnung (Ps. Dionysius) und als Standesperson in der Kirche (P. Lombardus) verstanden.

[44]Über die 'regeneratio baptismi' vgl. Ullmann, "Die Bulle," 61.

ein höherer Zeichencharakter ohne den niederen aufgeprägt werden kann, weil keine Glosse den Unterschied anspricht, der zwischen Zeichencharakter und den Aufprägungen besteht. Aegidius resümiert, die Unterordnung in der kirchlichen Hierarchie geschehe nicht zwangsweise, sondern einträchtig. Aus dieser Harmonie heraus sei kein Unterschied zwischen dem Zeichencharakter des Priesters und des Bischofs festzustellen.

## 10. Kapitel - Teil II.

In diesem Teil wird festgestellt, daß der Bischofsstand keinen inhärenten Zeichencharakter trägt, dennoch ist ihm die Vollkommenheit des priesterlichen Zeichencharakters eigen.

Der Autor setzt mit der Beschreibung der Funktionen des Bishofs ein, nämlich einen Altar zu konsekrieren und die höheren Weihen zu spenden. Dennoch besitzt er nur denselben Zeichencharakter und dieselbe geistige Kraft wie ein einfacher Priester. Er ist nämlich ein vollkommener Priester, der andere zum Priester weihen kann. Im aristotelischen Sinne wird der Priester mit einem Knaben und der Bischof mit einem Mann verglichen, weil der Bischof aufgrund seiner Weihegewalt einen ihm Ähnlichen zeugen kann, was der Priester nicht kann.

Als Gleichnis für die Verwandlung der Hostie dient aus der Naturlehre die Verwandlung der Speise in Nahrung durch die Wärme: so kann das Brot durch die geistige Kraft des einfachen Priesters verwandelt werden. Nach Pseudo-Dionysius Areopagita setzt die Verwandlung der Hostie die Altarweihe voraus. Der einfache Priester soll taufen und die Hostie verwandeln, was aber die Salbung durch den Bischof voraussetzt, damit die eigentliche geistige Kraft von der Vollkommenheit her dem Priester in seiner Tätigkeit innewohne.

Der geistliche Stand wird als eine Einheit betrachtet, mit der Priesterschaft als Grundlage für die höheren Würden. Durch diese Feststellung will Aegidius die Gefahr von seiten der Gegner bannen, die durch die Aufspaltung des geistlichen Standes beabsichtigen, den Papst zu isolieren und ihn als einen gottähnlichen Ein-Personen-Stand aufzufassen, von dem der Papst nicht zurücktreten kann. Aegidius wehrt sich gegen die

Vorstellung, der Papst sei eine unverrückbare Gestalt, ein Spiegelbild eines Caesaropapismus. Daher stellt er den geistlichen Stand, wiewohl sehr differenziert, in seiner Einheit dar.

## 10. Kapitel - Teil III.

In diesem Teil wird untersucht, inwiefern der Episkopat eine Weiheordo ist.[45]

Der Autor erläutert das Wesen des Weiheordos. Für den Dienst der Eucharistiefeier ist der besondere priesterliche Zeichencharakter maßgebend. Die Eucharistie ist das eigentliche Ziel aller Weihestufen und Sakramente. Daher ist nach Pseudo-Dionysius Areopagita kein Weiheordo höher als der priesterliche. Petrus Lombardus fügt dem hinzu, der Episkopat sei kein Weihestand, sondern vielmehr eine Würde oder ein Amt.[46]

Aegidius folgert, daß der Weiheordo nichts anderes als eine gewisse Macht dazu ist, daß jemand sich den geistlichen Dingen widmen kann. Dieser Stand wird nach seinem Wesen und seinen Handlungen unterschieden. Die sieben Weihestufen unterscheiden sich nach Zeichencharakter und geistiger Kraft, wie auch nach Rang bzw. Würde. Aber hier wirft Aegidius ein, der Übereinstimmung nach sollen die niederen Weihen den höheren vorausgehen, aber jemand könne durchaus eine höhere Weihe empfangen, obwohl er eine niedere ausgelassen habe. Ein zweites Merkmal sei der unterschiedliche Vollkommenheitsgrad des Zeichencharakters beim Priester und Bischof.

Dann stellt Aegidius fest, dem Zeichencharakter und der geistigen Kraft nach seien Priester und Bischof gleich, während dieser Zeichencharakter mit der dazugehörigen Kraft beim Bischof einen Vollkommenheitsgrad erlangt, der beim einfachen Priester nicht zu finden ist, nicht nur was die Jurisdiktionsgewalt betrifft, sondern auch die

---

[45]Im allg. vgl. Landgraf, "Die Lehre der Frühscholastik,".

[46]Eine Heilshierarchie wird sichtbar, wo der christliche Neuplatonismus mit der Betonung der übernatürlichen Vollkommenheit dem Standesdenken des Lombarden begegnet, das zu erstarrter Tradition zu werden beginnt.

Weihegewalt. Als Zeugen dienen wieder Petrus Lombardus und Ps.-
Dionysius Areopagita, der uns eine geistliche Hierarchie im neuplatonischen
Sinne vor Augen führt, die die Eucharistiefeier zum Mittelpunkt hat. Zum
Schluß wird die zweifache Auffassung über den Bischof als Weihestand
wiederholt.[47]

## 10. Kapitel - Teil IV.

In diesem Teil wird festgestellt, wie viele Weihestufen von Bischöfen
es gibt. Petrus Lombardus nennt vier: Patriarchen, Erzbischöfe,
Metropoliten und Bischöfe. Unter ihnen hat der Patriarch die höchste Stelle
inne, aber von den Patriarchen ist nur ein einziger der höchste, der römische
Bischof. Unter den *primates* hat der Patriarch eine höhere Würde.
Erzbischof und Metropolit gehören derselben Kategorie an, jener als Haupt
der Bischöfe, dieser als "Maß der Städte".[48]

Das alttestamentarische zyklische Denken (am Beispiel des
Propheten Ezechiel) benützt der Autor, um zu veranschaulichen, wie die
Juden als Vorläufer des Christentums betrachtet werden können. Das
Judentum beschränkte sich auf ein einziges Volk, das Christentum hingegen
umfaßt die ganze Welt.[49] Das Christentum ruht auf den zwei Pfeilern des
Evangeliums und des Papstes, weil alle von Rechts wegen dem Evangelium
gehorchen und dem höchsten Bischof untertan sein sollen.[50] Nur hierdurch
kann der einzelne gerecht leben und handeln sowie das Heil erlangen. Da

---

[47]Für den Bischof ist die Weihe entscheidend, für den Papst hingegen, die Wahl. Vgl. Wilks,
*Problem of Sovereignty*, 391.

[48]Eine eigentümliche Definition, die die griechische Wurzel dieses Wortes, '*metron*' und
'*polis*' in Betracht zieht. Folglich vertritt der Erzbischof einen Personenverband, der
Metropolit eine nach römischem Maßstab gemessene Verwaltungseinheit. Für die
hartnäckige Abwehr von Aegidius in seiner Verteidigung dieses Denkens vgl. Eastman, "Das
Leben," 333.

[49]Über die Ansichten von Konrad von Megenberg und Augustinus von Ancona hierzu vgl.
Wilks, 419 mit Anm.3.

[50]Typisch für den Dogmatiker Aegidius ist die Ausschaltung der ganzen historischen
Entwicklung seit der Heidenmission des Paulus.

die Kirche die Fesseln des Judentums sprengte und das Heil allen Völkern zugänglich machte, ist sie katholisch und universal. Außerhalb der Kirche kann es kein Heil geben. Die universale Autorität und Jurisdiktionsgewalt werden durch die Vielfalt der bekehrten und zu bekehrenden heidnischen Völker begründet; diese Vielfalt erfordert auch die verschiedenen Stufen von Würde in der Kirche.

Die aristotelischen Gemeinschaftsformen überträgt Aegidius unmittelbar auf die Kirchenorganisation: Dorf-, Stadt-, Provinz-, Königsgemeinschaft und Monarchie entsprechen den politischen Gemeinschaften der Pfarr-Priester, Bischöfe, Patriarchen bzw. *primates* und des höchsten Bischofs.[51]

Abschließend ist noch zu sagen, daß der der aristotelischen "Politik" entnommene Vollkommenheitsgedanke von Aegidius benutzt wird, um dem Bischof den Vorrang vor dem Priester zu geben, damit jener die Aufsicht über eine Stadt führe.

## 10. Kapitel - Teil V.

In diesem Teil soll erklärt werden, daß über das einfache bischöfliche Amt hinaus weder ein Zeichencharakter noch die Vollkommenheit eines Zeichencharakters aufgeprägt wird.

Die bischöfliche Würde ist dem Weihegrad nach bei allen Bischöfen gleich. Nur die größere Sorge für das allgemeinere Wohl, die mit einer größeren Jurisdiktion verbunden ist, dient als Kriterium für die Unterschiede, die in diesem Stande bestehen. Die Sorge für das Universalwohl und die Universaljurisdiktion beinhaltet somit weder einen anderen Zeichencharakter noch die Vollkommenheit eines Zeichencharakters.

Einer, der zum Papst gewählt wird, kann aufgrund seiner Jurisdiktionsgewalt Pfründen und Würden vergeben, auch wenn er keine

---

[51]Vergleichbare Analogien bieten Dante, Johannes von Paris und Thomas von Aquin. Vgl. Wilks, 28 Anm.

Priesterweihe hat.[52]  Aber die Eucharistiefeier wird er ohne den Zeichencharakter des Priesters nicht vollziehen können.

Die Kirche ist unsterblich, aber ihre Macht wird nicht über den Tod eines Papstes bei diesem Papst bleiben.[53] Die päpstliche Macht kann auf ein Gremium zurückfallen, weil sie keinen Zeichencharakter trägt. Kein Zeichencharakter aufgrund der päpstlichen Macht wird diesem Gremium übertragen, den die einzelnen Mitglieder vorher nicht hatten. Diese Macht bleibt bei diesem Gremium - dem Kardinalskollegium oder der Kirche oder der Menge der Gläubigen -, bis ein neuer Papst gewählt wird.[54]

Es ist möglich, daß ein Papst seine sämtlichen Funktionen delegiert und nur noch als eine repräsentative Figur der Kirche bleibt.[55] Er kann abdanken, weil Papst-Sein heißt, eine besondere Jurisdiktionsgewalt innezuhaben, nicht aber eine besondere Weihegewalt.

Ein häretischer Papst bleibt Papst, was seine symbolischen Handlungen betrifft, die zur Weihegewalt gehören. Ein Vergehen seinerseits muß nur durch Buße getilgt werden. Daher ist eine Wiederweihe nach einer Wiedergutmachung nicht nötig.

---

[52]Dies trifft für Hadrian V. (1276) zu und wäre für Benedikt Caetani zutreffend, da er vor seiner Wahl zum Papst nur Kardinaldiakon von S. Nicola in Carcere Tulliano war. Jedoch erhielt dieser 1291 die Priesterweihe. Für Augustinus von Ancona zu dieser Problematik vgl. Wilks, *Problem of Sovereignty*, 392 f.

[53]Vgl. Scholz, *Die Publizistik*, 62; über die Unsterblichkeit einer Würde vgl. E. Kantorowicz, "Zu den Rechtsgrundlagen der Kaisersage," *DA* 13 (1957), 115-150, bes. 135; Text unten Anm. 76.

[54]Hierzu meint Augustinus von Ancona, diese Macht verbleibe *tamquam in radice* im Kardinalskollegium, weil es die Papstwahl vornehmen muß, die zum Bestand der Kirche notwendig ist. Vgl. Wilks, 509 Anm.1; Scholz, *Die Publizistik*, 504 f.

[55]Scholz, *Die Publizistik*, 62: "Auch die Entscheidung von Glaubensfragen könnte eine *multitudo sapientum* übernehmen."

## 10. Kapitel - Teil VI.

In diesem Teil wird die geistliche Ehe zwischen Bischof und Kirche erläutert. Das Dekret Gratians liefert das Zeugnis für diese Ehe.[56] Dreifach soll die geistliche Ehe untersucht werden. Zunächst wird gefragt: Wie soll die geistliche Ehe zwischen Bischof und Kirche aussehen? Sie soll im Zustand der Unschuld bestehen. Die Ehe im weltlichen wie im geistlichen Sinne ist dazu da, um Nachkommen bzw. geistliche Kinder zu zeugen und Sorge für sie zu tragen. Sogar ein Laie kann als Bräutigam der Kirche fungieren, weil er das Sakrament der Taufe spenden kann.

Es folgen die Entwicklungsstadien des Menschen bezüglich der Ehe im weltlichen wie im geistlichen Sinne: die Zeugungskraft entspricht der Taufe, die Stärkung der Firmung, die Kräftigung dem Weihestand, die Vervollkommnung dem Episkopat.

Der Episkopat wird aufgrund des Vollkommenheitsgedankens nach Pseudo-Dionysius Areopagita erläutert. Durch die Abgrenzung und Erklärung der jeweiligen Pflichten, hauptsächlich in bezug auf die Taufe, werden Laien, Diakone, Priester und Bischöfe voneinander unterschieden. Der Diakon reinigt, der Priester tauft und der Bischof salbt den Priester, um die Voraussetzung zu schaffen, daß überhaupt getauft werden kann. Dazu kann der Bischof die Firmung und die Priesterweihe erteilen, wozu ein Priester nicht befugt ist.[57]

Der Vollkommenheitsgedanke in bezug auf die Ausübung der Pflichten des Amtes wird mit der geistlichen Ehe des Bischofs mit der Kirche verbunden, damit die vollkommene geistliche Ehe vor Augen geführt werden kann. Der Bischof ist daher der vollkommene Bräutigam der Kirche.

---

[56]*Extra* 1.7.2; *Decretum* C.7 q.1 c.11 Über die geistliche Ehe vgl. Eastman, *Papal Abdication*, 95-105; Minnis, *Medieval Theory*, 38.

[57]Hiermit werden die Mittel veranschaulicht, die eine geistliche Herrschaft des Episkopats ermöglichen.

## 10. Kapitel - Teil VII.

In diesem Teil werden verschiedene Aspekte der geistlichen Ehe erläutert, welche auch die Frage ihrer möglichen Auflösung betreffen.

Der Pflicht nach steht der geistliche Bräutigam höher als der Bräutigam im weltlichen Sinne. Aegidius stellt drei Kriterien für diese geistliche Ehe auf: ihre Fähigkeit geistliche Nachkommen zu zeugen, ihre Handlungen diesbezüglich und den gebührenden Ritus, demgemäß diese Handlungen vollzogen werden. Die gleiche Gewalt bildet die Grundlage der Fähigkeit und der Handlungen, jene in bezug auf die Ausführung, diese in bezug auf den Gebrauch der Gewalt. Diese Gewalt entspricht den drei Kriterien wie folgt: Die Vollkommenheit der Gewalt entspricht der Vollkommenheit des Zeichencharakters, kommt also dem Bischof zu; der Gebrauch der Gewalt betrifft die Werke des Bischofs, mit Öl zu salben, Kinder zu firmen und Weihen zu erteilen; schließlich entspricht die Jurisdiktion der Gewalt, solche Werke zu vollziehen.

Nach Aegidius ist der Bischof dafür nur innerhalb seines Jurisdiktionsbereichs zuständig, wie einer mit der Sichel nur die eigene Ernte einbringen darf. Aufgrund des vollkommenen Zeichencharakters wird dem Bischof die Gewalt verliehen, die Werke der geistlichen Ehe zu vollziehen. Daher ist die Gewalt im Zeichencharakter enthalten.

Zu Lebzeiten kann die ganze Jurisdiktionsgewalt dem Bischof weggenommen werden, aber dessen Ehe mit der Kirche könne weder der Papst noch die ganze Kirche aufheben. Die Handlungen des Bischofs, was seine Weihegewalt betrifft, sind auch gültig, wenn er Häretiker, ein aus der Kirche Ausgeschiedener oder ein von der Kirche Abgesetzter ist,[58] weil der Zeichencharakter und die Vollkommenheit des Zeichencharakters unauslöslich, *indelebiles*, sind.

Das Recht, den Leib Christi zu verwandeln, das dem Priester immer zusteht, beruht auf dem Zeichencharakter wie das auf der Vollkommenheit des Zeichencharakters beruhende Recht, die Priesterweihe zu erteilen, dem Bischof zusteht. Solange der Priester bzw. der Bischof in guter Absicht die

---

[58]Über die Häresie vgl. Eastman, *Papal Abdication*, 113-116.

Handlungen ihres Amtes ausführen, haben diese Geltung, auch wenn die Person zeitweilig den Glauben verliert und von der Kirche als Schismatiker oder Häretiker bezeichnet wird.[59] Wer die Weihe von solchen erhält, muß, obwohl die Weihe als solche gültig ist, dennoch Buße tun, weil er offenbar gegen den Befehl der Kirche die Weihe empfing.[60]

Aegidius kommt zu dem Schluß, nur Gott könne die geistliche Ehe lösen, weil er allein ihr Zeichen der Unauslöschlichkeit von der Seele aufheben könne, d.h. der Zeichencharakter der Weihegewalt behält seine Wirksamkeit stets bei.[61] Auch der Stellvertreter Gottes, der Papst, habe in dieser Angelegenheit keine Vollmacht; dies ergibt sich aus der Dekretale 'Inter corporalia'.

Das erste Kriterium, die auf dem Zeichencharakter beruhende Vollkommenheit, ist maßgebend für die Dauerhaftigkeit der geistlichen Ehe. Nach dem Tod bleibt es erhalten, wenn auch das zweite Merkmal - der Gebrauch - wegfällt, der anstelle der Verwandlung der Hostie und der Erteilung von Weihen als Zierde und Ruhm wie bei den Heiligen verstanden wird. Als Warnung wirft Aegidius ein, eine schlechte Lebensführung von Priestern bzw. Bischöfen wird nach dem Tod mit Schimpf und Schande, wie bei den Verdammten, heimgezahlt.

Aegidius bedient sich des Bildes eines Mitgliedes der königlichen Kanzlei: je höher man steigt, desto mehr müsse man dem Willen des Herrn entsprechen.[62]

---

[59]Hiermit wird ein Argument der italienischen Spiritualen entkräftet, das besagt, Sakramente seien wertlos, wenn sie durch einen mit einer Todsünde befleckten Priester gegeben werden. Burr, *The Persecution*, 81.

[60]Vgl. Erzbischof Marcel Lefèbvre, der 1976 vom Papst Paul VI. wegen unerlaubter Weihen von Priestern von der Ausübung seiner Rechte suspendiert wurde; die Weihen aber sind gültig. Bis zu seinem Tode im März 1991 unterhielt dieser ein Priesterseminar in der schweizerischen Stadt Econe bei Martigny, wo seine Bewegung für die Aufrechterhaltung des lateinischen Ritus ihren Anfang nahm.

[61]Der Papst vermag nicht die Gnade des Sakraments ohne den Gebrauch der Sakramente zu verleihen. Wilks, *Problem of Sovereignty*, 372.

[62]Der Autor benützt die Lehre von Himmel und Hölle als Wert-bzw. Vergeltungsmaßstab für Geistliche.

Die Mächtigkeit der geistlichen Ehe beruht auf der von Menschenhand unaufhebbaren Macht Gottes. Diese Ehe setzt sich aufgrund einer solchen Machtgrundlage nach dem Tod fort.[63] Entscheidend ist der Unterschied zwischen Weihegewalt (ewig) und Jurisdiktionsgewalt (zeitlich befristet und aufhebbar), während der Gebrauch der Macht sein Spiegelbild im Jenseits hat. Die im Zeichencharakter begründete Vollkommenheit bleibt aufrecht; der Gebrauch setzt sich nach dem Tod in anderer Form fort; die Jurisdiktion stirbt vor oder mit dem Tod des betreffenden Geistlichen.

### 10. Kapitel - Teil VIII.

In diesem letzten Teil wird der fünfte Einwand der Colonna widerlegt. Ein einfacher Bischof bleibt stets Bischof, aber der höchste Bischof kann entgegen diesem Einwand aufhören, höchster Bischof zu sein.

Der höchste Bischof verkörpert keinen Weiheordo. Aegidius wiederholt die Definition des einfachen Bischofs als jemand, der die Vollkommenheit des priesterlichen Zeichencharakters besitzt; diese Vollkommenheit und diesen Zeichencharakter kann ihn weder der Papst noch die Universalkirche nehmen. Nach dem Tod des Bischofs entfällt ihr Gebrauch. Sie bleiben aber in seiner abgeschiedenen Seele. Aber zu Lebzeiten, ganz gleich, wie schlecht er auch sein mag, bleibt ihm der Gebrauch dieser Kraft erhalten. Nach dem Tod verbleibt nur der Zeichencharakter, auf den diese geistliche Kraft gegründet war; eine *potestas* wird zu einer *potentia*.

Ein einfacher Bischof bleibt Bischof in bezug auf die geistliche Kraft und den Gebrauch dieser Kraft. Aber im Hinblick auf seine Jurisdiktionsgewalt bleibt er, wenn er sie verliert, nicht mehr einfacher Bischof, weil er durch den Rücktritt, durch die Aufgabe seiner Jurisdiktion oder anderweitig von seiner Pflicht befreit werden kann. Gemäß der Definition des Bischofs - Vollkommenheit des priesterlichen

---

[63]Hiermit widerlegt Aegidius den in diesem Teil behandelten fünften Einwand der Colonna, die den Papst als einen Ein-Personen-Stand auf ewig nach irdischen Zeitverhältnissen festlegen wollten.

Zeichencharakters - ist der Papst Bischof, aber umgekehrt ist selbstverständlich ein einfacher Bischof nicht unbedingt Papst. Von dieser Feststellung aus schließt Aegidius, allein aufgrund der Jurisdiktionsgewalt sei ein Unterschied zwischen Papst und einfachem Bischof festzustellen. Daher bleiben bei einem Rücktritt des Papstes der Zeichencharakter und die Vollkommenheit des Zeichencharakters desselben unangetastet.

Hinsichtlich der Weihegewalt sind Priester, Bischöfe und Papst gleich, weil sie alle den Leib Christi verwandeln können. Ungleich sind sie, was die Jurisdiktionsgewalt betrifft, die von der Größe des Sprengels abhängt. Gleich sind alle Bischöfe nach ihrem Weihegrad.

Ein Nicht-Priester kann Papst sein, was seine Jurisdiktionsgewalt betrifft, aber er besitzt weder die der priesterlichen noch die der bischöflichen Weihegewalt vorbehaltenen Fähigkeiten.[64] Folglich muß er sowohl zum Priester als auch zum Bischof geweiht werden; ohne solche Weihen wäre er weniger als andere Priester und Bischöfe. Auch ist es unmöglich, daß ihm die Bischofsweihe von einem anderen Bischof erteilt werden könnte, wenn er größer als dieser wäre.

Aegidius stellt fest, daß die zur Jurisdiktionsgewalt gehörenden Dinge abnehmen bzw. zunehmen, während die entsprechende geringere oder größere Jurisdiktion aufgehoben werden kann. Bei den Dingen der Weihegewalt hingegen herrscht das Gleichheitsprinzip, wie alle Priester bzw. Bischöfe untereinander, wie auch jeder beliebige Bischof höchster Priester genannt werden kann. Diesbezüglich ist der Papst kein höherer Bischof.[65]

Der Körper Christi ist zweifach. Sein wahrer Körper stellt die Macht dar, diesen Körper zu verwandeln; sein mystischer Körper stellt die Macht dar, Gläubige zu weihen sowie die Priester- bzw. Bischofsweihe zu erteilen, und auch die volle Jurisdiktionsgewalt zu besitzen, um die Gläubigen zu binden bzw. zu lösen.[66]

---

[64]Dieses Argument trifft auf Bonifaz VIII. zu. Vgl. oben Anm.52. Für eine Ansprache Pius' XII. diesbezüglich vgl. Eastman, *Papal Abdication*, 5.

[65]Für Augustinus von Ancona hierzu vgl. Wilks, *Problem of Sovereignty*, 380 f.

[66]Seit dem IV. Laterankonzil 1215 sind die Bezeichnung *corpus verum Christi* und *corpus mysticum Christi* offiziell festgelegt. Vgl. Eph. 5,27; Kantorowicz, *King's Two Bodies*, 196 f.;

Die Würde handelt von Dingen, die zur Weihestufe gehören, wie die Feier der Eucharistie durch Priester und die Erteilung von Weihen durch Bischöfe. Die Gleichheit der Bischöfe gründet sich auf diese Weihegewalt, weshalb ein Bischof nach Petrus Lombardus und dem Dekret[67] auch höchster Priester genannt werden kann.

Die zwei Aspekte der Würde - die Eucharistiefeier und die Erteilung von Weihen - widerlegen durch den zweiten Aspekt das Gleichheitsargument der Gegner, daß ein einfacher Priester höchster Priester genannt werden könne. Unter einem dritten Aspekt, dem der Jurisdiktionsgewalt, wird die Gleichheit unter den Bischöfen aufgehoben. Nur ein einziger ist höchster Bischof, der die höchste Jurisdiktionsgewalt innehat. Folglich wird der höchste Bischof, der Papst also, wenn er zurücktritt, hinsichtlich der Weihegewalt Bischof bleiben, hinsichtlich der Jurisdiktionsgewalt aber wird er weder Bischof[68] noch höchster Bischof sein. Nach seinem Rücktritt kann der Papst weiter höchster Priester (= Weihegewalt), aber weder Bischof noch höchster Bischof (= Jurisdiktionsgewalt) genannt werden. Ausgenommen ist nur ein Fall wie der des Marcellinus oder der Fall, daß dem Papst erneut irgendeine andere Jurisdiktionsgewalt übertragen wird.[69]

Ein weiterer Gesichtspunkt über die Weihe- und Jurisdiktionsgewalt hinaus ist das Recht, vergangene Amtszeichen der Jurisdiktionsgewalt zu behalten, auch nach der Versetzung oder nach dem Rücktritt, wie ein Erzbischof das Pallium behalten[70] und nach seinem Ableben damit bestattet werden darf. Aber für den Papst gilt diese Regelung nur, wenn die Kirche dies so anordnet.[71]

---

Grabmann, "Studien," 23 f.; Tierney, *Foundations*, 132-141; Die Kirche als *ordinatio ad unum* wurde auch durch die pseudo-aristotelischen und pseudo-platonischen Auffassungen von Ordnung/Weihe verstärkt. Watt, *Theory of Papal Monarchy*, 104 f.

[67]C.2 q.7 c.15.

[68]Für den Unterschied zwischen relativer und absoluter Ordination vgl. Uelhof, "Die Zuständigkeit," 17 f.

[69]Über den Stellenwechsel vgl. ebd., 18 ff.

[70]*Extra* 1.8.2.

[71]Ordnungsgemäß gab Cölestin V. das Pallium zurück. Vgl. Herde, *Cölestin V.*, 141.

Aegidius deutet die Stellung des Papstes juristisch: *sub quo alii* und *supra quem nullus*. Jener Rechtssatz spricht für die Jurisdiktionsgewalt des höchsten Pontifex, dieser für die gleiche Weihegewalt aller Pontifices. Der Autor veranschaulicht diese Position durch ein einprägsames und eigenartiges Beispiel. Der höchste Pontifex ist in einer Hinsicht geringer als ein einfacher Pontifex: Obwohl nämlich ein Büffel eine Maus an Größe übertrifft, ist er dennoch, was seine Fähigkeit betrifft, durch ein Loch zu schlüpfen, geringer.[72]

Kurz resümiert wäre zu sagen, daß sich der mystische Leib Christi durch einen Jurisdiktions-Papst manifestiert, während eine ähnliche Beziehung für das Verhältnis zwischen dem wahren Leib Christi und dem Papst-Bischof dank seiner Weihegewalt gilt. Die Jurisdiktion, die materielle Manifestation der göttlichen Macht, ist Veränderungen ausgesetzt. Höchster Priester ist jeder Bischof wie der Papst, aber höchster Bischof ist allein der Papst. Nach dem Rücktritt des Papstes ist er noch ein höchster Priester, aber in einer Hinsicht nicht mehr Bischof, insofern er keinen Sprengel hat. Die Beibehaltung seiner päpstlichen Amtszeichen ist einer Entscheidung der Kirche vorbehalten.

Das Gleichheitsprinzip (christlich) und das Standesdenken unter dem Vollkommenheitsaspekt (neuplatonisch) und dem Jurisdiktionsaspekt (römisch) werden ineinander verflochten, um es Aegidius zu ermöglichen, eine durchlässige hierarchische Struktur der Kirche theoretisch untermauern zu können.

## 11. Kapitel

Kapitel XI behandelt und erläutert die Einwände sechs bis einschließlich zehn der Colonna und grenzt sie voneinander ab. In den folgenden Kapiteln (12-16) werden sie dann widerlegt. Der sechste Einwand spricht die Verbindlichkeit des Gesetzes der Braut für den Papst an, der siebte dessen Gelübde, der achte die Selbstloslösung vom Amt, der neunte

---

[72]Daraus könnte man schließen, daß der übergroße Umfang der Jurisdiktionsgewalt den Papst an der Ausübung seiner Weihegewalt hindert.

dessen Verbindlichkeit auf Gott hin und der zehnte die Schwierigkeit, daß der Papst keinen Oberen hat.

Einwand sechs: Das göttliche Gesetz bindet den zum Papst Gewordenen durch das Gesetz der Braut. Kein Geschöpf, sondern nur Gott kann es aufheben. Aegidius antwortet mit der Frage, wie diese Bindung an das göttliche Gesetz verstanden werden solle. Im allgemeinen wird sie durch den christlichen Neuplatonismus des Pseudo-Dionysius Areopagita (*De coelesti hierarchia* Kap. 4) erklärt, und im einzelnen durch den Apostel Paulus (I Kor.12,28), der sie in absteigender Folge durch die Apostel, die Propheten und die Doktoren veranschaulicht. Der oberste Apostel ist aufgrund der Schlüsselgewalt der römische Bischof, der in der Nachfolge Petri steht.[73]

Der Autor teilt den Weltkreis für die Tätigkeit der Apostel in zwei Sphären ein. Wie die Apostel Christus einst beigestanden sind, stehen in einer Sphäre die Kardinäle dem Papst bei, in der anderen die Bischöfe.[74] An nächster Stelle stehen die Propheten, die ihre Kenntnis der Dinge aus der göttlichen Eingebung schöpfen, und dann die Doktoren, die von diesem Wissen etwas mitteilen können, woran sie zugleich teilhaben.

Vom Einwand her folgert Aegidius, daß es ein Papsttum durch das göttliche Gesetz geben müsse. Formell kann das Geschöpf dieses Gesetz nicht brechen, weil nach Augustinus Gott im Rahmen dieses Gesetzes die Niederen durch die Höheren lenken läßt. Materiell hingegen leistet das Geschöpf einen Beitrag, indem es die Person für das päpstliche Amt stellt. In diesem Rahmen kann also das Geschöpf diese Erhebung auch rückgängig machen.

---

[73]Matth. 16, 19; Vgl. P. Hofman, :Der Petrus-Primat im Matthäus-Evangelium," in: J. Lange (hg.), *Das Matthäus-Evangelium*, WdF 525 (1980), 415-440, bes. 418 f. und 432 f.; Wilks, *Problem of Sovereignty*, 533, meint, daß Aegidius unnötige Vorsicht bei der Behandlung dieser Frage zeigt; Für Literatur über die Primatialgewalt des römischen Papstes vgl. W. Imkamp, "Cölestin V., ein Papst zwischen historischer Realität und kirchen-politischer Legende," (Rezension zu Herde, *Cölestin V.*), *Römische Quartalschrift* 78 (1983), 127-133, 132 Anm.6.

[74]Sonst besteht kein Unterschied zwischen Kardinälen und Bischöfen. Vgl. Wilks, *Problem of Sovereignty*, 464; Zum Kardinalat vgl. Scholz, *Die Publizistik*, 205 f. und Finke, *Aus den Tagen*. 75 f.

Der Grenzfall vom spezifischen Gewicht verdeutlicht die Grenzen der Geschöpfe auch in ihrer Gesamtheit. Dagegen können die Menschen durch ihr Werk veranlassen, daß einer aus ihrer Mitte ein geistliches Amt übernehme, gleichwie die Natur höhere in niedere Stoffe verwandelt und umgekehrt. Aegidius führt dieses Gleichnis weiter und schreibt, ein Menschenwerk kann bewirken, daß zur Lenkung der Menschen derjenige, der eine höhere Stelle innhatte, ebensogut eine niedere Stelle innehaben kann und umgekehrt.

Nach dem göttlichen Gesetz kann das Geschöpf keinen Beitrag zum göttlichen Werk leisten noch dieses Werk aufheben. Dies gilt auch für die Schaffung der verständigen Wesen und der Engel, weil solch eine Macht (*potentia*) dem Geschöpf nicht gegeben wurde.[75] Folglich kann weder das einzelne Geschöpf noch können sämtliche Geschöpfe die einzige geistige Substanz zerstören, noch kann ein geistiges Wesen sich selbst zerstören. Die nach dem Tod verdammten Seelen suchen vergebens diese Essenz zu finden (Lukas 23,30). Aegidius fügt dem Beitrag des Geschöpfes, der im aristotelischen Sinne akzidentiell verstanden wird, eine Nuance zu; einerseits ist das Geschöpf unfähig, die geistige Substanz zu zerstören, andererseits, analog dem uns schon vertrauten Verhältnis zwischen Körper/Seele/Gnade, ist es fähig, darauf hinzuwirken, daß ein geistiges Wesen erschaffen wie auch aufgegeben werden kann.

Daraus folgert Aegidius, daß es sich bei der päpstlichen Macht in der von Gott gegebenen Kirche so verhalte: Diese Macht, die immerwährend in der unsterblichen Kirche ist, kann sich selbst niemals aufheben.[76] Aber ein

---

[75]Über das Universum nach dem Verständnis des Aegidius vgl. Scholz, *Die Publizistik*, 58 mit Anm.59; Aeg. Rom., *De reg. pr.* 1. III,2,3, ed. Zannettum, 457: *"Ubicumque est regnum naturale, semper totum regnum reducitur in aliquod unum principans."*

[76]Folglich kann das Papsttum an sich nie aufgehoben werden, denn es ist ein Bestandteil der von Gott gesetzten Ordnung der Gewalten. Vgl. Scholz, *Die Publizistik*, 63; Für den auf eine Körperschaft übertragenen Gedanken der Unsterblichkeit verweist Wilks, *Problem of Sovereignty*, 25 mit Anm.3, auf die aristotelische "Politik" III,3, das Römische Recht, und Augustinus, "Gottesstaat" V,16: *"illa civitas sempiterna est."* Die kirchliche Formel prägte Cyprian. Vgl. Edition Kap.10/4 unten S. 227.

Menschenwerk kann bewirken, daß die päpstliche Macht bei einem bestimmten Menschen aufhören kann.[77]

Förmlich bedingt das Geschöpf weder das Werk noch das Gesetz Gottes; aber materiell liefert es den Stoff, der in die Form eines höheren und würdigeren Körpers bzw. eines niederen und gröberen Körpers verwandelt werden kann, wie es in der Natur geschieht.

Dieses Gleichnis gilt für die Dinge der Natur wie auch der Sitten. Daher kann ein Menschenwerk bewirken, daß eine Person, die einer niederen Würde unterworfen war, einer höheren Würde unterworfen werden kann und umgekehrt. Ein Menschenwerk kann zwar das Papsttum nicht aufheben, aber es kann das Gegenteil bewirken, da ja die Wähler und der Gewählte durch ihre Zustimmung die Person für das päpstliche Amt bereitstellen.

Ein Gotteswerk kann das Geschöpf nicht aufheben - so lautet der Kern der ersten fünf Einwände. Jemand, der an etwas gebunden ist oder sich zu etwas verpflichtet hat, kann sich selbst von jenem nicht lösen - so lautet der jetzt zu widerlegende Kern der gegnerischen Argumentation.

Aegidius teilt diese Verpflichtung in fünf Glieder auf.

1. Ein Knechtschaftsvertrag: Denn derjenige, der Prälat ist und zum Bräutigam der Kirche gemacht wird, wird sich dem göttlichen Gehorsam hingegen und auf eine gewisse Weise in eine Knechtschaft gebracht, damit er Sorge für die Braut trage, sei es für eine ihm übertragene Einzelkirche wie bei diesem oder jenem Prälaten oder sei es für die dem Papst übertragene Universalkirche. Darauf beruht der sechste Einwand. Der Papst ist Bräutigam der Kirche, weil er sich dem Gesetz der Braut unterwirft, sich hingibt und in die Knechtschaft bringt. Weil das göttliche Gesetz nicht will, daß jemand, der sich zum Knecht macht, beliebig nach seinem Willen aus dem Amt scheiden kann, kann der Papst nicht abdanken.

2. Das Gelübde: Hierauf beruht der siebte Einwand. Keiner kann das Gelübde eines anderen aufheben, noch sich selbst von seinem Gelübde

---

[77]Daraus schließt Wilks, 505, daß im Endergebnis allein die Kirche die bewahrende Quelle des wahren Glaubens sein kann.

befreien, es sei denn durch denjenigen, der über dem Gelübde steht. Folglich kann Gott allein den Papst von diesem Gelübde befreien.

3. Eine Schuld, die man auf sich lädt: Hierauf beruht der achte Einwand. Bei der Übernahme eines geistlichen Amtes wird man Schuldner Gottes, gleichviel, ob man dies freiwillig tut, oder nicht. Am jüngsten Tag wird ein solcher Prälat für das ihm übertragene Amt vor dem Gerichtshof Christi Rechenschaft ablegen müssen. Niemand kann die eigene Beichte abnehmen, noch sich selbst von seiner Schuld befreien. Folglich kann jemand, der sich zum Schuldner für die von ihm angenommene Sorge für die Seelen gemacht hat, nicht von sich aus abdanken noch sich selbst absetzen.

4. Einem Eid, durch den man sich verbürgt: Hierauf beruht der neunte Einwand. Nur eine höhere Macht kann die päpstliche Pflicht aufheben, also nur die göttliche. Über die Verpflichtung und das Gelübde hinaus bekräftigt der Papst sein Versprechen durch einen gewissen Eid, wovon er sich nicht befreien kann. Ähnlich lauten der sechste und der siebte Einwand.

5. Eine Last, die der Papst auf sich nimmt: Hierauf beruht der zehnte Einwand. Nur Gott kann den Papst von seiner übernommenen Last befreien, nachdem der Papst seine Zustimmung, die rechtmäßige Bestätigung, dazu gegeben hat.

## 12. Kapitel

Der sechste Einwand der Colonna, der sich gegen die Rechtmäßigkeit der Papstabdankung wendet, wird widerlegt. Durch das göttliche Gesetz wird einer Papst: aus diesem Gesetz heraus gibt jemand seine Zustimmung, daß er Bräutigam der Kirche sein will, folglich sich dem Gesetz der Braut unterwirft und ihr Gehorsam bezeigt. Er wird daher Diener der Diener Gottes, und sein ganzes Wollen soll auf den Gehorsam gegenüber der Braut - der Universalkirche - gerichtet sein. Nach dem Apostel (II Kor. 11,28) soll der Papst in gleicher Weise um alle Kirchen bemüht sein. Es scheint, daß der Papst sich von dieser Knechtschaft nicht befreien könne.

Aegidius nennt den Bischof auf dreifache Weise Bräutigam der Kirche: was seine Fähigkeit betrifft, die Aufgaben der geistlichen Ehe zu vollziehen, was der Gebrauch seiner Fähigkeit in bezug darauf betrifft und

was die ihm zustehende Jurisdiktion anbelangt, diese Aufgaben rechtmäßig
und gebührend zu erfüllen.[78] Von der Fähigkeit kann er sich nicht befreien,
weil er Diener Christi durch die unauslöschlichen Merkmale des
Zeichencharakters und der Vollkommenheit des Zeichencharakters ist.
Deren Vorstufe, das Taufzeichen, beinhaltet die geistige Wiedergeburt
(*regeneratio*), das Kennzeichen eines Dieners Christi und des Christen. Über
die Firmung hinaus - die geistige Widerstandsfähigkeit - steht das
priesterliche Zeichen. Beim Bischof ist dieses vollkommen, auch in Hinsicht
auf den Gehorsam der Kirche gegenüber.

Der Fähigkeit bzw. Gebrauch bezüglich der geistlichen Gewalt nach
ist die Ehe zwischen Bischof und Kirche unauflöslich, was aber hinsichtlich
der Jurisdiktionsgewalt nicht zutrifft, weil auch ohne die Hingabe eine solche
gegeben wird, also ohne den Zeichencharakter bzw. ohne die
Vollkommenheit des Zeichencharakters. Folglich hat ein Papst auch ohne
die Priesterweihe die volle Jurisdiktionsgewalt,[79] aber Bräutigam der Kirche
wird er nur nach der priesterlichen bzw. bischöflichen Weihe. Denn ein
göttliches Gesetz wäre ungleich, das verlangen würde, daß einer als Papst
immer Bräutigam der Kirche ist, was die Jurisdiktionsgewalt betrifft, auch
wenn er ungenügend zu sein scheint, z.B. wenn das öffentliche Wohl unter
ihm Schaden nimmt.

Der Papst verpflichtet sich durch ein Gelübde bzw. einen Eidschwur,
sich dem Gesetz der Braut zu unterwerfen und die Sorge für die
Universalkirche zu tragen. Er wird Diener der Diener Gottes, solange er ein
solches Amt behalten und unter dieser Last stehen will. Wenn er abdanken
und die Ehe bezüglich der Dinge der Weihegewalt verbleiben, aber nicht
bezüglich der Jurisdiktionsgewalt. Die Last der Jurisdiktionsgewalt wird

---

[78]Vgl. oben S. 56 f.

[79]Auf der römischen Synode vom Jahre 769 wurde beschlossen alle Laien vom päpstlichen
Amt auszuschließen. Trotzdem empfing der bisherige Laie und päpstlicher Proscriniar, Leo
VIII. (963/65), alle Weihen an einem Tag. Wilks, 393 Anm.1.

aufgehoben, die bischöfliche Würde (*honor*) wird verbleiben.[80] Der Papst behält zwar seine bischöfliche Würde, kann jedoch über keiner Kirche weiterhin Bischof sein.[81]

Es geht Aegidius bei den Einwänden der Colonna um das Gesetz der Braut in bezug auf das Versprechen, das Gelübde und den Eidschwur bezüglich ihrer jeweiligen Dauerhaftigkeit. Er schließt, daß der sechste Einwand nicht richtig folgert, weil das Papsttum die Weihe- und Jurisdiktionsgewalt, eine *potestas mixta*, beinhaltet.[82] Nach der absoluten Ordination könnte jeder beliebige Bischof Papst sein, weil er alles hat, was zur Weihegewalt gehört. Was die relative Ordination betrifft, wird er nach seiner Abdankung nicht weiter Papst sein, noch höchster Bischof, sondern aufgrund seiner bischöflichen Würde behält er nur noch die Weihegewalt. Die Jurisdiktionsgewalt entfällt, noch wird er Bischof irgendeiner anderen Kirche, sondern nur Bräutigam der Kirche genannt, weil er nur noch diejenigen Dinge nach der Form und dem Ritus der Kirche ausführen kann, die ihm aufgrund der Weihegewalt übertragen worden sind.

Aegidius entkräftet ein weiteres Argument, das besagt, ein als Bischof Geweihter solle niemals erneut geweiht werden. Dazu schreibt er, dieses Argument sei nicht stichhaltig, weil das Amt des höchsten Bischofs, dessen Stellung auf seiner Jurisdiktionsgewalt beruht, keinen eigenständigen Weiheordo darstellt.

Zum Schluß weist Aegidius auf Kapitel XVI. dieses Traktats für eine ausführlichere Untersuchung der Frage nach der Nichtaufhebung einer kirchlichen Würde nach deren rechtmäßiger Bestätigung hin.

---

[80]Der Gedanke, "*in universali ecclesia remanet episcopus,*" trifft für den auf dem Konstanzer-Konzil abgesetzten Papst Johannes [XXIII] und den Gegenpapst des Basler-Konzils Felix V. (1439/49) zu.

[81]*Extra* 1.7.2.; Die relative Ordination entfällt, während die absolute Ordination verbleibt. Vgl. Uelhof, "Zuständigkeit," 17.

[82]Wilks, *Problem of Sovereignty*, 392.

## 13. Kapitel

In diesem Kapitel wird der siebte Einwand entkräftet, der erklärt, wegen des vom Papst abgelegten Gelübdes, Sorge für die Herde des Herrn zu tragen, könne der Papst weder abdanken noch sich selbst absetzen.

Das vom Papst abgelegte Gelübde, eine Form der päpstlichen Pflicht (also des Arguments, auf dem die Einwände sechs bis zehn beruhen), kann nach der Meinung der Gegner nur Gott lösen.

Aegidius hält dem entgegen, daß der Papst die Sorge für die ihm anvertraute Herde tragen müsse und folglich die auf sich genommene Last nicht niederlegen könne. Das sei zweifach zu verstehen. Nach der Impetustheorie der aristotelischen Metaphysik[83] unterscheidet er zwischen dem notwendigen und akzidentiellen Moment. Es ist eine notwendige Konsequenz, daß, wenn es einen Papst gibt, er verpflichtet ist, die Sorge für seine Herde zu tragen, und dies, solange er Papst ist. Aus dieser Konsequenz folgt jedoch keine zwingende Notwendigkeit, weil der Papst von seinem Amt zurücktreten kann. Die Pflicht, die er als Papst besaß, entfällt. Somit wird das Argument der Dauerhaftigkeit des päpstlichen Auftrags hinfällig, weil die Möglichkeit des Rücktritts als akzidentielles Moment diese Bindung durchbricht.

Folglich wird beim Gelübde zwischen einem nützlichen und einem nicht nützlichen Gelübde unterschieden, weil der Papst ein freiwilliges Versprechen über die Gott eigenen Dinge für die Dauer seiner Amtszeit[84] gegeben hat.[85] Ein solches Gelübde wäre nicht zulässig, wenn der Papst aufgrund einer schweren Krankheit oder Verwirrung des Geistes[86] zu Lebzeiten die Kirche Gottes nicht leiten könnte. Daher handele er, wenn er

---

[83]Vgl. unten Anm.91.

[84]Das Gelübde wird hier als Amtseid verstanden.

[85]Für die Definition des Gelübdes zieht Aegidius Petrus Lombardus, *Sent.* IV d.38 c.1 'De voto', heran.

[86]Vgl. Eastman, *Papal Abdication*, 3.

in lichten Augenblicken von der Richtigkeit seiner Abdankung überzeugt sei,[87] nicht gegen das öffentliche Wohl.

Für das Gelübde der Keuschheit trifft dies nicht zu, weil es das öffentliche Wohl nicht betrifft. Der päpstliche Auftrag berührt seine Sorge für das universelle Gut, das öffentliche Wohl nämlich, die Universalkirche. Wenn der Papst sich für ungenügend hält und erkennt, daß das öffentliche Wohl unter ihm Schaden nimmt, würde er bei der Beachtung seines Gelübdes der Allgemeinheit Böses zufügen, und es wäre unzulässig, ein solches Gelübde zu leisten, durch welches das Gemeinwohl einer Gefahr ausgesetzt werden könnte. Hierfür zieht Aegidius das Dekret Gratians heran,[88] wo ein dummes und ein in unehrlicher Absicht abgelegtes Versprechen erläutert wird.

Aegidius faßt sein Ergebnis zusammen, indem er schreibt, weil der Papst mit klugem Rat das Gelübde ablegte, solange er eine solche Sorge für die Dauer seiner Amtszeit trage, soll das Gelübde nicht verdreht werden und kein Urteil soll darüber gefällt werden.

## 14. Kapitel

Der achte Einwand der Colonna wird widerlegt, der besagt, daß der Papst nicht abdanken könne, weil niemand sich selbst die Absolution erteilen könne.

Aegidius unterscheidet diesen Einwand von dem sechsten und siebten nur in dem Punkt, daß eine Absolution erforderlich ist, wenn jemand sich durch Schuld oder Sünde gebunden hat.[89] Die Gegner argumentieren, daß ein Papst sich vom Papsttum nicht lossprechen kann, weil er seine eigene Beichte nicht abnehmen kann. Die Absolution erfordert einen, der losspricht, und einen, der losgesprochen wird.

---

[87]Papst Urban VI. (1378/89) wurde verdächtigt, geistesgestört zu sein und daher unfähig, das päpstliche Amt weiter zu leiten.

[88]C.22 q.4 c.1.

[89]Im allg. vgl. Kuttner, *Kanonistische Schuldenlehre*; Gillmann, "Zur kanonistischen Schuldenlehre."

Der Autor hält dem drei Argumente entgegen:

1.  Die Wirkungslosigkeit und Mangelhaftigkeit, die sowohl der Schuld als auch der Sünde anhaften: Nach Augustinus[90] hat die Sünde nur eine mangelhafte Ursache. Aufgrund ihrer Mangelhaftigkeit werden wir daran gehindert, den Weg der Vollkommenheit zu begehen. Daher ist die Lossprechung bzw. Absolution von diesem Mangel nötig.

Hierokratisch argumentierend wirft Aegidius ein: Aber einer, der sich vom Papsttum absetzt, macht er sich nicht niedriger? Dagegen führt er die aristotelische Impetustheorie an,[91] so daß die Absolution nicht als eine Tat, sondern als Verzicht verstanden wird. Dieses Moment des freiwilligen Erleidens sei für den Papst bei seinem Amtsverzicht ausschlaggebend, weil er allein unter den Prälaten ohne einen Oberen handelt. Weil jeder sein Recht abtreten kann, kann sich ein Papst selbst absetzen, indem er aus freien Stücken sein Recht abtritt und auf sein Recht verzichtet. Dagegen sind andere Prälaten ihren Oberen verpflichtet, von welchen sie ihre Bestätigung erhalten.[92]

2.  Die Absolution von der Schuld durch das Sakrament der Buße: Die Befugnisse des Papstes in bezug auf die Weihegewalt sind begrenzt,[93] weil Christus die Macht in bezug auf die Sakramente sich selber vorbehalten hat. Nach dem Magister (Petrus Lombardus) ist diese Macht Christi dreiteilig:[94] Die Sakramente erhalten ihre Wirksamkeit durch das Verdienst des Leidens Christi; Christus konnte die Wirksamkeit des Sakraments ohne das Sakrament geben; und im Namen Christi wurde das Sakrament übertragen. Es folgt das Beispiel des Apostels (Paulus), der in eigenem Namen die

---

[90] "Gottesstaat" XII,7.

[91] Aristoteles, *Metaphysik* XII,7; Gilson, *Duns Scotus*, 164 Anm.1: "Aristoteles behauptet, daß der erste Beweger keine 'Größe' haben kann, und zwar weder eine unendliche ... noch eine endliche ... die unendliche Macht des Ersten Beweger ... bewegt ewig." Vgl. Goddu, "Ockhams Kritik," 296 ff.

[92] Der Autor stellt einen Vollkommenheitsmodus auf, der ausschließlich für die Spitze der abendländischen Kirche gilt, nämlich für den Papst. Vgl. oben Anm.63 und Anm.76.

[93] Wilks, *Problem of Sovereignty*, 372.

[94] *Sent.* IV d.5 c.3.

Wirksamkeit der Sakramente nicht hervorrufen konnte, da sie allein Christus vorbehalten ist. Und was das Sakrament der Buße betrifft, unterwirft sich ein durch das Sakrament Absolvierter anderen sowohl in der Sache als auch durch ein Gelübde. Die fehlende priesterliche Fülle, die ausschließlich Christus zukommt, wird durch die Gleichförmigkeit des Gelübdes wettgemacht, damit der Betreffende die Absolution erhalte.[95] So verhält sich die Absolution durch das Sakrament, ausgenommen die Jurisdiktionsgewalt, von welcher der Papst abdanken kann. Die Sakramente der Kirche nehmen keinen Bezug auf ein erworbenes Recht, welches jemand abgeben kann, wann immer es ihm gefällt.

3.      Durch unsere Hinwendung an das, wodurch wir uns binden und uns zu jenem Sakrament verpflichten, können wir die Absolution von der Schuld erhalten: Der Autor stellt nun die Frage, inwieweit die Absolution von der Schuld und die Lossprechung vom Papsttum einander ähnlich sind. Das Gemeinsame bei beiden sei der empfundene Schmerz über die begangene Sünde, der bei den Menschen Reue genannt wird, die ihn in gewisser Weise von der Schuld bzw. der Sünde befreit. Dieser Schmerz und die Reue sind von Gott; so kann eine göttliche Eingebung und ein göttliches Werk einen unfähigen Papst dazu bewegen, ganz und gar abzudanken. Folglich meint Aegidius, allein Gott in letzter Instanz könne von einer Schuld oder einer Verpflichtung befreien.[96]

Es besteht insofern eine Ähnlichkeit in dem Verhältnis zwischen Sünde und Gnade wie auch zwischen der Annahme des Papsttums und der Abdankung vom Papsttum, als wir Helfer Gottes hinsichtlich unserer Hinwendung auf Gott bzw. unserer Abwendung von ihm sind. Nach dem Befehl des Herrn werden wir angehalten, uns einem anderen anzuvertrauen, damit wir durch den anderen die Absolution erhalten. Jedoch können wir

---

[95]Hiermit plädiert Aegidius für die Wirksamkeit Christi ohne das Vorhandensein eines Priesters.

[96]Der Papst könne sich selbst einen Ablaß gewähren. Vgl. Wilks, 366; Dagegen wandten sich die Colonna. Denifle, "Denkschriften," 511: *"nullus enim alicui obligatus potest ab obligatione se ipsum absolvere, qua tenetur obnoxius, maxime superiori obligatus ... nisi a deo!"*

die Absolution erhalten, ehe wir beichten. Ohne einen Befehl des Herrn kann sich die Reue bei uns einstellen, so daß wir freigesprochen und aufgrund des empfundenen Schmerzes aufgenommen werden.[97] Aegidius fährt fort und schreibt, niemals habe Gott angeordnet, daß ein Papst nicht abdanken könne. Aufgrund eines göttlichen Befehls müsse die Absolution durch einen anderen geschehen, jedoch nicht die Lossprechung vom Papsttum, weil sie nicht durch einen anderen, sondern durch eigene Annahme und Ablehnung oder durch Annahme und Verzicht durchgeführt werde.

Subsumierend läßt sich sagen, daß der Autor den souveränen Handlungsfreiraum des Papstes nach dem Gutdünken Gottes bei dem Sakrament der Buße in bezug auf sein Amt feststellt, sofern der Papst die Tragweite seines Amtes in seinem Bewußtsein als Schuldner Gottes beachtet.

## 15. Kapitel

Der neunte zu widerlegende Einwand der Colonna besagt, niemand könne von einer Pflicht losgesprochen werden, die er Gott gegenüber einging, es sei denn durch seinen Oberen. Daher könne sich der Papst nicht selbst absetzen. Nur eine höhere Macht könne die päpstliche Macht aufheben, aber weil keine geschaffene Macht höher als die päpstliche sei, folge daraus, daß, wer einmal Papst geworden sei, immer Papst bleibe, es sei denn, Gott selbst hebe diese Macht auf. Nur Gott sitze als Richter über dem Papst.[98] Unfreiwillig könne der Papst, wie der niedere Prälat, nur dadurch abgesetzt werden, daß man ihn der Häresie überführe.[99]

Aegidius erläutert zunächst das Rücktrittsverfahren. Ein Prälat, der zurücktreten will, muß sein Entlassungsgesuch dem zuständigen Bischof

---

[97]Der Autor versteht die Sünde als Verpflichtung bzw. eine einzulösende Schuld Gott gegenüber.

[98]*Decretum* D.79 c.10 f.

[99]*Decretum* C.7 q.1 c.11. Vgl. Eastman, *Papal Abdication*, 113 ff.

einreichen, der dann darüber zu entscheiden hat. Derselbe Vorgang trifft für einen Bischof zu, der den gewünschten Rücktritt im Einvernehmen mit dem Papst vollzieht. Ebenso brauche, wie die Gegner sagen, der Papst, der zurücktreten will, die Einwilligung Gottes.

Der Autor stellt bei diesem Einwand eine neue Nuance fest. Über das Gelübde und das freiwillige Versprechen hinaus wird ein Eid über die Gott eigenen Dinge geschworen, also wird Gott als Zeuge angerufen. In bezug auf den Papst führt er aus, das päpstliche Gelübde besage, daß er ein Versprechen gebe, für die ihm anvertraute Herde zu tragen und darüber am Gerichtstag Gott Rechenschaft abzulegen. Für dieses Gelübde und Versprechen ruft der Papst Gott als Zeuge an und bekräftigt dies mit einem Eid.

Dieser Eid wie auch das Gelübde werden als ein guter und gebührender Vertrag verstanden, der gilt, solange ein solches Amt behalten wird. Der Autor fügt hinzu, dies besage aber nicht, daß der Papst sich zu Unmöglichem, Übermäßigem oder Ungerechtem verpflichten soll, weil es ungerecht wäre, wenn der Papst sein Amt weiterhin ausübe, obwohl er im Laufe der Zeit seine Unzulänglichkeit, es gebührend auszuüben, erkenne. Jener Eid wäre in solchem Falle nicht bindend, woraus folgt, daß der Papst ihn nicht unbedingt einzuhalten brauche. Hierfür wird das Beispiel Jephtas aus dem Alten Testament (Richter 11,30 ff.) angeführt, der einen gottlosen Eid nicht erfüllte.

Was den Papst betrifft, sagt der Autor, welches Ereignis auch immer dazwischen trete und welches Gefühl auch immer sich aufdränge, gelte sein Auftrag nur, solange er das päpstliche Amt innehabe.

Aegidius versteht den päpstlichen Eid ausschließlich als einen Amtseid im Hinblick auf den Auftrag der Person und auf eine gewisse Amtszeit, in der sich Gott dem Papst durch das Gewissen mitteilt.

## 16. Kapitel

Der zehnte Einwand der Colonna wird widerlegt, der erklärt, eine kirchliche Würde könne nach der rechtmäßigen Bestätigung nur durch einen Oberen entzogen werden; daher könne der Papst nicht abdanken.

Dieser Einwand handelt allein von den göttlichen Dingen und dem göttlichen Gehorsam, denen jemand sich widmet, mit der daraus entstandenen Pflicht bezüglich der Jurisdiktionsgewalt. Dieses in zwei Abschnitte eingeteilte Kapitel legt im ersten Abschnitt die Thematik über die Aufhebung der zur Jurisdiktionsgewalt gehörenden Dinge klar dar.

Zu Beginn begründet Aegidius die Souveränität des Herrschers durch die Verbindung einer Vorstellung des göttlichen Rechts mit einem Satz des positiven Rechts: jener lautet, was nicht schriftlich fixiert sei, sei einer höheren Gewalt vorbehalten; dieser lautet, was nicht verboten sei, sei erlaubt.

Der Autor stützt diesen herrschaftlichen Monismus durch Augustinus: Was über die Natur der Tätigkeit, über die Möglichkeit der Ursache oder über die Tätigkeit des Handelnden (*actionem agentis*) hinausgeht, darf nur ausgeführt werden, wenn es ausdrücklich erlaubt wird oder wenn der Ausübende von einer höheren Gewalt dazu Vollmacht erhält. Solche Vollmachten können sich nicht gegenseitig zerstören, weil sie aus ihrer Natur heraus nicht eigenständig handeln können; sie können sich nur dann gegenseitig vernichten, wenn ihnen auch dies die höhere Gewalt ausdrücklich ermöglicht.

Daraus schließt Aegidius für den Metropoliten: weil der römische Pontifex es erlaubt, könne der Metropolit einen zum Bischof Gewählten bestätigen; dagegen ist dem Metropoliten nicht erlaubt, den Rücktritt des Bischofs anzunehmen.

Es folgt die Begründung der Herrschaft, die hinsichtlich der Jurisdiktionsgewalt als naturgegeben anzusehen ist. Diese Gewalt beruht auf aufhebbaren vertraglichen Bedingungen, wie sie innerhalb des Naturgeschehens im augustinischen Sinne gedacht sind. Um diese Verträge zunichte zu machen, ist es nicht notwendig, daß soviele Bedingungen zu ihrer Aufhebung als zu ihrer Annahme eintreffen.

Damit ein Bischof die Bindung an eine Kirche eingeht, müssen drei Bedingungen erfüllt werden:
die Zustimmung der Wähler, sowie die Zustimmung des Gewählten und die Bestätigung der Wahl durch den Metropoliten.

Um Bischof einer anderen Kirche zu werden, muß eine vierte Bedingung erfüllt werden: Die Bestallung des Betreffenden (*ordinatio ordinantis*) durch den Papst muß erst erfolgen, damit der Metropolit dann den zum Bischof Gewählten bestätigen kann.[100] Den Rücktritt eines Bischofs könne der Metropolit nur dann annehmen, wenn der Papst ihn anordnet.

Es folgt die Begründung der Herrschaft von einigen Menschen über andere wie auch über die Natur durch die aristotelische Politik (I,13). Gott gab dem Menschen ein größeres planendes Vermögen gegenüber den Tieren, sowie den Männern gegenüber den Frauen, und den Erwachsenen gegenüber den Kindern. Diese sollen voranstehen und jene untergeordnet sein.[101] Gemäß dieser aristotelischen Naturordnung stellen die Erwachsenen einen aus ihrer Mitte an ihre Spitze, der verständiger ist und zu lenken weiß (Sprüche 1,5). Dennoch ist es nötig, wie Aegidius hinzufügt, daß diese Wahl durch die Zustimmung der Menschen gebilligt wird. Durch deren Zustimmung ist es auch möglich, daß der Leitende zurücktritt oder abgesetzt wird.[102]

Es folgt die Differenzierung zwischen Weihe- und Jurisdiktionsgewalt. Die Übertragung der Weihegewalt sprengt den Rahmen der Natur. Sie geschieht durch symbolische Handlungen, wie den Gebrauch des Wassers bei der Taufe und des Salböls bei der Firmung, und mit durch die Sinne

---

[100]Etwas unglücklich verwendet Aegidius das Wort '*ordinatio*' statt '*consensus*' oder '*licentia*' durch den Papst. Vgl. *Decretum* C.7 q.7 c.34; Eine ähnliche Amtsgewalt hat der Metropolit inne. Hugo von St. Viktor, *De sacramentis* II.3.13 (PL 176,430): "*Nullus episcopus alium in episcopum sine metropolitani consensu consecrari debet, ...*"; Die Rolle des Bischofsrings gewinnt in diesem Zusammenhang an Bedeutung. Er war ursprünglich nicht Symbol der Verbindung mit der Ortskirche, sondern liturgische Übergabeformel bei der Bischofsweihe. Imkamp, *Das Kirchenbild*, 302.

[101]Die Kombination der aristotelischen und augustinischen Auffassung, woraus Ungleichheit als ein Teil der göttlichen Naturordnung entsteht, erläutert Wilks, 59.

[102]Der Autor rückt das menschliche Gewissen des Papstes im Einvernehmen mit Gott in den Mittelpunkt seiner kirchen-politischen Vorstellungswelt. Damit beschwört er zugleich die Gefahr der Willkür. Die päpstliche Souveränität wird mit dem Preis eines liebenden Gottes erkauft. Die göttliche Duldsamkeit den Menschen gegenüber bei ihrem Selbstregieren wurde verletzt, als Aegidius das Papsttum von diesem Weltgeschehen hermetisch abschließen wollte. Das Zusammengehen von diesem Papsttum mit der Vorstellung eines derartigen Gottes beschwor u.a. die konziliare Bewegung herauf. Vgl. Eastman, *Papal Abdication*, 92 Anm.168.

erfaßbaren Worten, die aus sich selbst heraus weder den Zeichencharakter noch die Vollkommenheit des Zeichencharakters noch irgendetwas anderes aufprägen können. Aegidius setzt dem römischen Recht einen kanonischen Satz entgegen, um die Weihegewalt zu rechtfertigen: Was nicht übertragen wurde, ist einer höheren Gewalt vorbehalten, und was nicht ausdrücklich erlaubt ist, ist verboten. Daraus wird die Allmacht Gottes abgeleitet, die er durch das Wort den symbolischen Dingen bezüglich der Sakramente überträgt. Hierbei dienen Petrus Lombardus und Augustinus zur Darstellung der Auffassung über die Taufe. Aus dieser Darlegung schließt Aegidius, daß die zur Weihegewalt gehörenden Dinge gegeben werden und zu existieren beginnen können, jedoch weder aufgehoben werden können noch zu existieren aufhören.

Jedoch diese zur Jurisdiktionsgewalt gehörenden Dinge überschreiten weder die Vollendung der Dinge (*exigentiam rerum*) noch die Auswirkung der Ursachen (*actiones causarum*) noch die Taten der Menschen (*actiones hominum*). Sie können aber über die Taten dieses oder jenes Menschen hinausgehen, wie die Bestätigung eines zum Bischof Gewählten oder die Entgegennahme des Rücktritts eines bestätigten Gewählten, sofern der römische Pontifex die Erlaubnis dazu gibt.[103] Deshalb kann dieser Mensch beides, wenn ihm beides erlaubt wurde; wenn ihm keines von beiden erlaubt wurde, kann er keines von beiden.

Diese zur Jurisdiktionsgewalt gehörenden Dinge können den Aufgabenbereich dieses oder jenes Menschen überschreiten, jedoch nicht den menschlichen Aufgabenbereich überhaupt. In diesem augustinischen Rahmen wird das uns nun schon bekannte Beispiel des Metropoliten bezüglich seiner Verfügungsgewalt gestellt. Daraus wird der Schluß gezogen, daß es eine Jurisdiktionsgewalt geben muß. Folglich gelangt ein Bischof in den Besitz der Jurisdiktionsgewalt bei der Übernahme seines Amtes; bei der Aufgabe desselben Amtes hingegen erlischt auch seine Jurisdiktionsgewalt.

---

[103]Bezeichnend für Aegidius ist sein ausschließlicher Gebrauch von Begriffen des römischen Rechts, wenn er die Jurisdiktion anspricht. Vgl. Coleman, "Medieval Discussions," 213 ff.

16. Kapitel - Teil II.

In diesem Teil wird ein Aspekt des zehnten Einwands widerlegt, der lautet: Nach der rechtmäßigen Bestätigung kann keine kirchliche Würde aufgehoben werden, es sei denn durch den entsprechenden Oberen.

Die Bestätigung gibt dem Prälaten nur die Befugnisse der Jurisdiktionsgewalt. Wie es in der Dekretale *'Inter corporalia'* heißt, kann es die Befugnisse der Weihegewalt mit oder ohne die der Jurisdiktionsgewalt geben. Der Besitz der bischöflichen Würde kann ohne die Gebundenheit an eine Kirche bestehen. Der Verlust der Jurisdiktionsgewalt zieht den Verlust der bischöflichen Würde nicht nach sich.

Die Befugnisse der Jurisdiktionsgewalt, d.h. die Verpflichtung, die Sorge für die Herde zu tragen, werden durch die Bestätigung verliehen. Die Befugnisse der Weihegewalt, d.h. die Verpflichtung auf die göttlichen Dinge hin, erhält man durch den Zeichencharakter und durch die Vollkommenheit des Zeichencharakters. Die mit der Weihegewalt verbundenen Lasten bleiben immer, aber die mit der Jurisdiktionsgewalt verbundenen Lasten sind aufhebbar. Wie durch ein Menschenwerk die Pflicht bezüglich der Dinge, die zur Jurisdiktionsgewalt gehören, zu existieren beginnt, so kann sie auch durch ein Menschenwerk aufgehoben werden.

Aegidius versteht die aristotelisch-augustinische Naturlehre in folgender Weise: Die Vorrangstellung einiger Menschen vor den anderen geht weder über die Vollendung der Dinge noch über die Natur der Tätigkeit noch über die Möglichkeit der Ursachen (*conditionem causarum*) hinaus.

Da kein Unterschied zwischen Fürst und Gesetz besteht, außer daß das Gesetz ein unbeleber Fürst ist und der Fürst ein belebtes Gesetz,[104] stellt ein Prälat ein gewisses Gesetz und eine gewisse Regel für die Untertanen dar. Daraufhin liefert Aegidius eine Begründung für die Herrschaft:

---

[104] Vgl. Dempf, 452; Schrübbers, 141; Santonastaso, 16; A. Wegner, "Über positives göttliches Recht bei Gratian," *Studia Gratiana* 1 (1953), 503-518; Auf den Papst übertragen lautet dieser Rechtssatz: *"tocius iuris canonici in pectore domine pape."* Vgl. Watt, *Theory of Papal Monarchy*, 83 Anm.26; Wilks, 162 f.; Aeg. Rom., *De reg. pr.* I.1.12, ed. Zannettum, 79; Berges, *Fürstenspiegel*, 49 Anm.2; Ullmann, *Medieval Political Thought*, 102.

Solange wir uns auf den Weg voller Windungen begeben, solange bedürfen wir Regeln, also die Gesetze und Fürsten. Er versteht die Welt im augustinischen Sinne, und daher bedarf es einer irdischen bzw. himmlischen Hierarchie[105] unter den Menschen, Engeln und Dämonen, um den Sieg des Guten über das Böse davon zu tragen. Die Macht des Bösen beruht auf Täuschung und ist leer, weil sie eine Macht dieser Welt ist.

Es folgt eine Erläuterung der päpstlichen Jurisdiktionsgewalt, weil, wie Aegidius schreibt, der Verstand des Menschen sich nicht beruhigt, sondern immer wissen will, weshalb der Papst in seiner Eigenschaft als Papst aufhören könne. Hierfür steht die rechtmäßig vollzogene Bestätigung der Wahl ein. Sie ist einerseits sichtbar, weil sie mit den Sinnen erkannt werden kann und durch ein Menschenwerk vollzogen worden ist, und andererseits unsichtbar, weil sie nicht mit den Sinnen erfaßt werden kann[106] und durch ein göttliches Werk vollzogen worden ist.

Was die sichtbare Bestätigung anbelangt, bestätigt der Papst sich selbst, denn seine Annahme der Wahl ist seine Bestätigung, weil er keinen Oberen hat.[107] Die unsichtbare Bestätigung durch Gott ist auch nötig. Wenn Gott der päpstlichen Wahl nicht zustimmt, sollte der Papst nicht Papst heißen, noch sollte er die päpstliche Vollmacht besitzen, weil die Macht allein von Gott stammt - Römer 13,1.

Nach Augustinus (*De trinitate* III,4) kann die göttliche Bestätigung nichts niedriges hervorbringen, weil nichts sichtbar und mit den Sinnen faßbar getan wird, was nicht auf das unsichtbare und verständige Innere

---

[105]Scholz, *Die Publizistik*, 59: "Alle Ordnung überhaupt, die *principatus* unter den Menschen, wie den Engeln und Dämonen besteht nur für die *electi*; wenn die Welt mit *electi* erfüllt sein wird am Ende der Zeiten, dann wird auch alle *praelatio* aufhören."

[106]Laktanz, *Divinae institutiones* I 1,5: "Die Wahrheit, das Geheimnis des höchsten Gottes, der alle Dinge geschaffen hat, kann mit eigenen Sinnen und Verstand nicht ergriffen werden." Zitiert nach der Übersetzung von Hans von Campenhausen, *Lateinische Kirchenväter* (Stuttgart [4]1978), 63; Weier, *Sinn und Teilhabe*, 85: "... ordnet Platon die Seele der Welt des Unsichtbaren, den Leib der Welt des Sichtbaren zu." (*Phaidon* 79b).

[107]Folglich beruht die päpstliche Jurisdiktionsgewalt auf der Selbstbestätigung. Im Sinne des römischen Rechts stellt der Papst eine-ein-Mann-Körperschaft dar. Vgl. Wilks, 390 Anm.1.

ausgerichtet ist. Gott in seiner unbeirrten Gerechtigkeit läßt nicht zu, was dieses Niveau bzw. diese Ausrichtung nicht hat.

Die Annahme der Jurisdiktionsgewalt der niederen Prälaten gemäß dem Ritus, durch die gebührende Bestätigung seitens ihrer Oberen, wie auch deren Verlust durch den rechtmäßigen Rücktritt geschehen sowohl durch die mit den Sinnen faßbare als auch durch die göttliche Zustimmung. Gott nämlich stimmt allen solchen Vorgängen zu, entweder weil sie durch die göttliche Eingebung und Tätigkeit geschehen oder weil er diese Vorgänge geschehen läßt, indem er nicht sichtbar eingreift.

Die sichtbare Bestätigung des Papstes durch ein Menschenwerk ist sein eigenes Werk. Seine Zustimmung ist seine Bestätigung. Aegidius wendet hier die augustinische Argumentationsweise vom Lauf der Dinge auf den Papst an, und sagt, daß der Papst, der unter den Menschen keinen Oberen hat, durch die eigene Zustimmung und durch das eigene Werk bestätigt wird, während Gott, der die Dinge ihrem Lauf gemäß verwaltet, einer solchen Handlung zustimmt und durch sein Werk oder durch seine Erlaubnis diese Bestätigung gewährt.

Der Papst zeigt durch die Selbstbestätigung, daß er keinen Oberen hat, was diese sichtbaren Dinge anbelangt. Wie seine Zustimmung seine Bestätigung ist, so ist sein Widerspruch (*dissensio*), seine Abdankung. Wie die Jurisdiktionsgewalt ihm rechtmäßig und gebührend gegeben wird, so hört sie rechtmäßig und gebührend auf, bei ihm zu sein, wenn er selber durch seinen Verzicht abdankt. Gott läßt diesen Vorgang gelten. Wir könnten sagen, weil Gott im Falle des Papstes ohne einen Oberen als Mittler handelt, sind das Werk und die Zustimmung des Menschen bzw. Gottes beinah identisch, indem sie sich wie Spiegelbilder zueinander verhalten.

Diese eigenartige Durchdringung der Welt durch den wohlwollenden Geist Gottes, bringt Aegidius in ein ausgewogenes System. Er trennt die an keinen irdischen Maßstäben zu messende Weihegewalt von der Jurisdiktionsgewalt. Durch sein augustinisches Weltverständnis geht das religiöse Moment völlig verloren. Die von den Menschen stammende Jurisdiktionsgewalt wird relativiert, die von Gott stammende Weihegewalt wird als absoluter Wert hingestellt. Die Einführung, d.h. die Bestätigung, in ein geistliches Amt wie auch der Rücktritt davon sind unter zwei Aspekten zu betrachten, nämlich unter dem absoluten und dem relativen Aspekt. Nur wenn beide miteinander übereinstimmend durch die Handelnden zur Wirkung kommen, d.h. durch eine gegenseitige bedingte geistliche Hierarchie von Individuen - dem Prälaten, dem Oberen, und dem Papst -, die in Gott gipfelt, oder in dem auf dem römischen Recht beruhenden Papsttum mit einem römischen Pontifex, der gemäß der Lehre des Augustinus eine den Menschengewalten entrückte, souveräne, Gott ergebene Stellung innehat und existiert, kann dieses System funktionieren.

## 17. Kapitel

Dieses Kapitel legt dar, auf welche Weise das Priestertum Christi weder einen Anfang noch ein Ende hatte, da Christus nach der Ordnung des Melchisedech Priester in Ewigkeit war.[108]

Die Ewigkeit des Priestertums Christi dient den Gegnern bei ihren letzten Einwänden (elf und zwölf) als Argument dafür, daß der Papst nicht abdanken könne. Nach dem Hebräerbrief und Genesis tritt Aegidius für die Vorrangstellung des Priestertums Christi ein, aber zugleich bejaht er den Ewigkeitsgehalt des Priestertums Melchisedechs. Die Heilige Schrift hat die irdischen Verhältnisse Melchisedechs nicht erwähnt, weil es ihr allein über die göttliche Vorsehung zu berichten naheliegt, wie durch Melchisedech das Priestertum Christi vorgebildet worden ist, daß es ein Fortdauerndes (*quid perpetuum*) gibt. Die zentrale Bedeutung Christi als Mittler des Glaubens für die Erlangung des Heils wird nach Augustinus belegt.[109] Sein Priestertum erhält die Fortdauer ohne Anfang und Ende aufgrund des Heilmittels und der Person. Das Heil bestand immer durch den Glauben an den Mittler, obwohl die Heiden und die Juden kein klares Verständnis von Christus hatten (Apostelgeschichte 4,12).

Auf die hypothetische Frage, daß die Welt einen Anfang hatte und ein Ende nehmen wird, antwortet Aegidius, daß es das Heilmittel - das Priestertum Christi - gab, ehe es die Welt oder die sündhaften Menschen

---

[108]Aegidius benützt das Preteritum, weil er das Priestertum Christi im Augenblick als historisches Faktum behandelt.

[109]"Gottesstaat" XVIII,47; vgl. Galater 4,25 f.; Offenbarung 3,12; 21,2 bis 22,5.

gab, weil ein solches Heilmittel von der Ewigkeit her betrachtet im voraus bestimmt worden ist, also förmlich keinen Anfang hatte. Aber die Personen, denen ein solches Heilmittel zusteht, hatten einen Anfang, stehen also in der Zeit, nicht in der Ewigkeit. Materiell hat das Heilmittel einen Anfang, weil die Personen, die durch es gerettet werden, das ewige Leben erlangen werden und deren Glückseligkeit niemals ein Ende nehmen wird. Folglich ist das Heilmittel an sich ewig.

Es folgt eine Erläuterung des Priestertums Melchisedechs wohl nach der Glosse des Beda Venerabilis zu Genesis 14,18, wonach sein Priestertum dem Priestertum Christi aufgrund von fünf Merkmalen entspräche:

1.   als König und Priester;

2.   weil er das Priestertum vor der Beschneidung verwaltet hatte, war sein Priestertum Ursache des levitischen Priestertums und nicht umgekehrt und hatte das Priestertum Christi vorgebildet;

3.   vor der Zeit Moses hatte Melchisedech mit unsichtbarem Öl der Freude und des Jubels salben müssen, wie auch Christus gesalbt worden ist;[110]

4.   durch Brot und Wein als Opfergabe;

5.   was seine Abstammung betrifft.

Hieraus wird ersichtlich, wie Aegidius Melchisedech christologisch deutet, um sein Priestertum aufgrund der Gleichförmigkeit als eine Vorbildung des Priestertums Christi festzustellen. In typisch christologischer Weise wird Christus als Ursprung mit dem zeitlosen Maßstab auf Melchisedech hinab- und zurückgeführt.[111]

---

[110]Hierdurch erhält das Priestertum Melchisedechs den Vorrang vor dem des Aaron. Für die Taufe Christi vgl. Matth.3,16 f.; Markus 1,10 f.; Lukas 3,21 f. Besonders aufschlußreich für die Besprechung der Leviten bei Aegidius vgl. Johannes 1,19-34.

[111]Für den hl. Bernhard und Innozenz III. über Melchisedech vgl. Lerner, "Joachim," 471 f.; Dyson, *Giles*, 221 Anm.16, übt Kritik an der Weise, wie Melchisedech gemäß der Zwei-Schwerter-Theorie von Aegidius verwendet wird; vgl. Bielefeldt, "päpstl. Universalherrschaft," 74 f. mit Anm.17; Johannes von Paris nahm das von Aegidius benutzte Argument nicht wahr, daß das Priestertum den Vorrang habe, weil es von Gott selbst eingerichtet war. Für ihn war Melchisedech ein Priester-König, gleichzeitig mit den frühesten Beispielen eines Königtums, aber nicht mehr. Johannes hält die Kontinuität des jüdischen Priestertums aufrecht, während Aegidius in der paulinisch-augustinischen Tradition stehend diese Kontinuität aufhebt. Ein 'modern' klingendes Bewußtsein stellt sich gegen die paulinische Apokalyptik des Aegidius;

## 18. Kapitel

Dieses Kapitel bezeichnet drei Arten, wonach das Priestertum Christi beständig und ewig genannt werden kann; zusammen mit dem, was in Kapitel 17 und 19 vorgetragen wird, gibt es also sieben Weisen es ewig zu nennen.

Aegidius definiert die Ewigkeit als grenzenlos. Sie stellt ein Ganzes (*quid totale*) dar und darf von nichts enthalten werden. Sie ist einfach und mit sich identisch, weil sie, wäre sie zusammengesetzt,[112] nicht grenzenlos wäre.

Für das Verhältnis des Priestertums Christi zu diesem Ewigkeitsbegriff stellt der Autor drei Kriterien auf:

1. Im 17. Kapitel wurde die Ewigkeit des Priestertums hinsichtlich der Ganzheit überprüft. Aegidius stellt fest: es ist ein ganzheitliches Heilmittel und daher ewig, denn es ist in sich genügend und ganzheitlich, und zwar für alle Sünden, alle Personen und alle Zeiten. Dieses Priestertum war ohne Anfang, weil es ein ausreichendes Mittel aus dem früheren Teil des Zeitkontinuums für alle Sünden, Personen und Zeiten war. Einige Personen mögen nicht durch ein solches Heilmittel gerettet worden sein, aber nicht wegen der Unzulänglichkeit dieses Priestertums, sondern infolge der Bosheit dieser Personen. Wie dieses Priestertum ohne Anfang ist, so ist es nach denselben Kriterien auch ohne Ende als Heilmittel im späteren Teil des Zeitkontinuums.[113]

2. Nun wird dieses Priestertum hinsichtlich der Sache untersucht. Ps.-Dionysius Areopagita weist der Ewigkeit die Eigenschaft von Alt-Sein und Unverändert-Sein zu, die Aegidius so auslegt: Alt-Sein heißt ohne Anfang

---

die Kontinuität stellt sich gegen eine christozentrische Unmittelbarkeit. Vgl. Lerner, "Joachim," 472 Anm.3; Monahan, *John of Paris*, XXVII f.; Für den bei Monahan angesprochenen Begriff der Würde vgl. Gewirth, *Marsilius* I, 17; Über die Vorstellung der paulinischen Apokalyptik vgl. Dempf, *Sacrum Imperium*, 72 ff.

[112]Vgl. Aristoteles, *Metaphysik* VII,13 (1039 a16 ff.); Quinn, "Concept of Time," 346 Anm.88; für eine Darstellung des Denkens des Aegidius über den Begriff der Zeit im Umfeld der Ideenwelt seiner Zeitgenossen vgl. Marilyn McCord Adams, *William Ockham*, 2 Bde. (Notre Dame, Indiana 1987) I, 171; II, 847, 858 f. 864 f. und 893.

[113]Vgl. Quinn, "Concept of Time," 331 (Aeg. Rom., *In Phys.* IV, 1, 20, fol.101 b).

und immerwährend, Unverändert-Sein heißt ohne Nachfolge zu sein. Folglich sind die Eigenschaften der Ewigkeit Beständigkeit und Nachfolgelosigkeit. Die Zeit ist eine Nachfolge *(quid successivum)*. Ein Teil folgt dem anderen nach, was für die Ewigkeit nicht zutrifft.

3. Das dritte Kriterium betrifft die Identität.[114] In diesem Teil des Kapitels zieht der Autor eine dreiteilige Sache in Betracht: die darzubringende Sache, die dargebrachte Sache, und die Sache, die vom Opfer bewirkt worden war. Zum ersten Hauptpunkt: Das Priestertum wird ewig genannt bezüglich des Priesters, der darbrachte. Die levitischen Priester hingegen waren sterblich; und daher war ihr Priestertum weder beständig noch ewig. Christus aber, der unsterblich, ewig und der wahre Sohn Gottes ist, brachte das Opfer Gottvater dar. Folglich ist das Priestertum des Darbringenden ewig, weil jene Person ewig war, die darbrachte.

Es folgt eine Erläuterung der Unsterblichkeit Christi mit dem Apostel Paulus und Johannes von Damascus als Schriftzeugen; Christus war nur einem Einzigen unterworfen, und als einzelne Person war er Mensch und Gott, weil der Unterworfene und die Person in einem zusammentraf. Und weil jener Mensch litt und gestorben ist, so daß er Gott und der Sohn Gottes sei, läßt sich sagen, daß der Sohn Gottes litt und starb.

Aegidius betrachtet Christus dann unter kosmologischem Aspekt. Als jener unsterbliche Sohn Gottes hat Christus die Sterne geschaffen. Er war zugleich arm und reich, Mensch und Gott, sterblich und unsterblich. Nun wird das Ereignis dieses ersten Aspekts des Hauptpunktes zusammengefaßt. Aufgrund des darbringenden Priesters ist das Priestertum Christi ewig, weil jene Person, die darbrachte, Christus war, der eine ewige Person und Gott war. Die levitischen Priester waren lediglich reine Menschen.

Einen weiteren Aspekt des ersten Hauptpunktes erläutert Aegidius unter dem Grundsatz, "wenn es an Angemessenheit mangelt, nimmt der Verstand an, daß ihm nichts mangele". Der Verstand wird durch den Verfall der Zeit getäuscht, weil ein Ganzes *(quid totale)* in der Zeit immer lebendig erscheint. Der Autor setzt den Verfall der Nächstenliebe dazu in Beziehung,

---

[114]Vgl. diesen Abschnitt Kap.19.

der durch den Akt der Reue, die weinende Liebe, aufgehoben wird, so daß die Person trotz einer begangenen Todsünde immer lebendig erscheint.[115] Ein letzter Aspekt des ersten Hauptpunktes lautet, daß Christus auch nach seinem Tod wie ein Priester lebt. Nach Aegidius ist die Handlungsfähigkeit das Kriterium für die Lebendigkeit. Um die Menschen zu erlösen und die himmlische Tür zu öffnen, damit sie das bisher verborgene und verhüllte göttliche Wesen klar sehen konnten, brachte Christus sich selbst gleichsam als Priester am Kreuz dar. War seine Opfergabe nicht etwa durch den Tod unwirksam?

Aegidius antwortet darauf, daß er an seinem Sterbetag, solange er tot war, wie ein Dieb im Paradies war, weil er für einen Augenblick den Anblick Gottes erhaschen konnte. In diesem Augenblick war Christus gemäß den Handlungen seines Priestertums sterblich (da er sich selbst als Opfergabe darbrachte), während er gemäß den Forderungen eines solchen Priestertums wirksam und daher lebendig war (nämlich durch seine eigene Darbringung als Opfergabe). Seine Wirksamkeit überschreitet die Bedingungen des Menschwerdens; diese allumfassende Wirksamkeit bezieht Aegidius auf die geretteten Menschen, wie auch, mittels einer gestärkten Hoffnung, auf solche, die noch sterben werden. Christus räumte nach seinem Tod alle Hindernisse aus dem Weg, damit die Menschen durch den Glauben an den Mittler,[116] wenn sie danach handeln, das göttliche Wesen sofort erblicken können. Folglich war sein Priestertum immer und wird immer wirksam sein und kann so ewig und beständig genannt werden. So schließt Aegidius seine Beweisführung für die Ewigkeit der Person Christi in seiner Funktion als Priester.

Zum zweiten Hauptpunkt: Das Priestertum Christi wird aufgrund des dargebrachten Opfers ewig genannt, weil Christus alle Merkmale in sich vereinigte, d.h. in seiner Eigenschaft als darzubringende Person und

---

[115]Für die Auferstehungslehre vgl. I Kor. 15,39 ff.; K. Nolan, "The Immortality of the Soul and the Resurrection of the Body according to Giles of Rome," *Augustinianum* 5 (1965), 522-532; 6 (1966), 45-76, 227-258, 319-423; 7 (1967), 64-96, 306-322.

[116]Vgl. 1 Tim 2,5; Hebr. 10.9; Dempf, *Sacrum Imperium*, 75; Für das Gegenteil des Mittlers vgl. Hebr. 2,14 f.

darzubringende und dargebrachte Sache, und so ermöglicht er den Menschen, sich Gottvater zu nahen. Der dem Fleisch nach verstorbene Christus war nicht tot, was das Priestertum und unser Heil betrifft, weil er durch seine Tätigkeit des Erlösens und Versöhnens immerdar in Gottvater lebte.

Zum dritten Hauptpunkt: Die Sache, die die Wirksamkeit der Opfergabe war, ist die unzerstörbare Lebenskraft, denn wer die Kraft besitzt, erzielt diese Wirkung.

Dies bewirkt das Priestertum Christi durch die unvergänglichen Gaben der Gnade, der Tugenden und anderer geistiger Güter, die im ewigen Leben vollendet werden. Für die Gnade geschieht dies im Bereich des Vaters,[117] während die Tugenden in der abgeschiedenen Seele auf einen anderen Gebrauch hin wirksam werden, als sie im irdischen Leben hatten. Es folgt die Differenzierung des Priestertums Christi vom levitischen Priestertum nach der *Glosse ordinaria* zum Hebräerbrief.

Aegidius betrachtet das Priestertum Christi unter dem Aspekt der Ewigkeit, das des Melchisedech als in der Zeit stehend, und folglich hat dieses allein das Ziel des bloßen Menschen im Auge, ohne den Durchbruch zum Ewigen, der nur durch Christus im nachhinein möglich ist, um das Heil zu erlangen.

## 19. Kapitel

In diesem Kapitel werden die drei übrigen Arten bezeichnet, aufgrund derer das Priestertum Christi beständig und ewig ist.

Die Ewigkeit war etwas, das ein Ganzes (*quid totale*) und Einfaches darstellte, das auch mit sich identisch war.[118] Die Ewigkeit des Priestertums Christi wurde aufgrund der Ganzheit im 17. Kapitel, aufgrund der Wirklichkeit im 18. Kapitel und wird aufgrund der Identität im jetzigen 19. Kapitel bewiesen.

---

[117]Für eine Randglosse Blados diesbezüglich vgl. Edition unten S. 306.

[118]Das Preteritum wird benützt, weil Gott in einer Hinsicht über der Ewigkeit steht.

Drei Merkmale werden nun bezüglich der Nachfolgelosigkeit erläutert. Zuerst aber schickt Aegidius eine Untersuchung der Eigenschaften der Zeit und der Ewigkeit voraus. Nach Aristoteles ist die Zeit das Maß der Nachfolge.[119] Boethius meint, sie zeichnet sich durch den Lauf aus (sie ist *currens*), während die Ewigkeit die Eigenschaft des Ausharrens besitzt, (sie ist *permanens*). Die Zeit ist ein Laufmaß, ein Maß, das in Fluß und Bewegung ist.[120] Weil ein Teil der Zeit dem anderen nachfolgt, gibt es kein Ausharren in der Zeit.[121]

Daraus folgert Aegidius, daß das levitische Priestertum an die Lebensdauer des jeweiligen amtierenden Priesters gebunden war. Hingegen ist das Priestertum Christi ewig, weil es keinen Nachfolger hat, obwohl es selbst dem levitischen Priestertum folgte. Bei den Leviten gab es eine Nachfolge im Priester und in der Opfergabe, was beim Priestertum Christi weder im Priestertum noch im Priester noch in der Opfergabe zutrifft.

Nun soll gemäß der Absicht des Apostels Paulus bewiesen werden, daß das Priestertum Christi ewig ist:

1. Weil kein anderes Priestertum seinem Priestertum nachfolgt. Das Priestertum der Leviten wird von dem des Aaron abgegrenzt[122] und ihm dann ein Ewigkeitsanspruch mit der dazugehörenden Vollkommenheit abgesprochen, weil die Leviten zu Priestern ohne Eidschwur gemacht worden sind.

2. Weil kein anderer Priester dem Priester Christus nachfolgen kann. Aufgrund des qualitativen Unterschieds im Ritus, hinsichtlich der Opfergabe, d.h. zwishen Tier und Brot und Wein und schließlich Blut und Leib Christi in der Gestalt dieser beiden, wurde das alte Priestertum und Gesetz durch das Priestertum Christi abgelöst. Die Vielfalt der Opfergaben und Priester bei

---

[119]Vgl. Quinn, "Concept of Time," 344 f.

[120]Vgl. ebd. 317 Anm.14.

[121]Vgl. ebd. 316.

[122]Christus wurde nicht Priester nach der Ordnung Aarons benannt, denn sobald das Priestertum geändert wird, ändert sich notwendig auch das Gesetz. Vgl. Hebr. 7,11 f.; Über die christliche Geschichtssymbolik im Hebräerbrief vgl. Rauh, *Bild des Antichrist*, 16; Vgl. unten Kapitel 22.

den Leviten wird betont, während die Einmaligkeit von Christus unter dem neuen Gesetz hervorgehoben wird. Die Priester unter dem Priestertum Christi finden ihre Identität und Einheit in Christus. Hiermit kann der Autor das Argument der Vielfalt widerlegen. Daraufhin folgt eine Anwendung der aristotelischen Lehre über die Zeit auf Christus. Weil das Maß in der Nachfolge die Zeit ist, folgt daraus, daß bei dem Priestertum Christi keine Nachfolge auftritt, da niemals durch Nachkommen ein anderes Priestertum aus ihm hervorgehen kann. Folglich wird es nicht für sich und streng in der Zeit gemessen.

3. Weil kein anderes Priestertum bzw. kein anderer Priester und keine andere Opfergabe Christus nachfolgen können. Daher gipfelt sein Priestertum in einer einmaligen Darbringung seiner selbst, was die levitischen Priester durch die täglich erfolgte Darbringung ihrer Opfergaben nicht konnten. Daher gibt es keine Nachfolge bezüglich der Opfergabe. Und was die Identität und Einheit Christi unter den drei Aspekten des Priestertums, des Priesters und der Opfergabe betrifft, gibt es keinen Priester wie ihn, der sowohl Gott als auch Mensch ist. Am Ende dieses Kapitels kommt Aegidius zu dem Schluß daß das Priestertum Christi aufgrund der Nachfolgelosigkeit im Priestertum, im Priester und in der Opfergabe nicht Zeitliches (*quid temporale*) sei, weil es nicht mit einem Maßstab in der Zeit gemessen werden kann. Folglich ist es beständig und ewig. Hiermit überwindet Aegidius das aristotelische Weltverständnis.

## 20. Kapitel

Dieses Kapitel gibt die Gründe an, warum die letzten zwei Einwände der Gegner (Colonna) dem Geist des Apostels nicht entsprechen - Hebr. 7,24 - und folglich nichts gegen die Rechtmäßigkeit der Papstabdankung beweisen.

Hierfür führt Aegidius vier Gründe an:

1. Die Ewigkeit des Priestertums Christi nimmt im Sinne des Apostels unmittelbar einen Bezug nur auf die Person Christi, weil es beständig - ohne Anfang und Ende - ist und ganzheitlich - ein vollständiges Heilmittel (*totale remedium*) für alle Personen und gegen alle Fehler war. Es folgt die

Widerlegung einer Einwendung, daß ein reiner Mensch sich hinsichtlich der Aufgaben dieses Priestertums nicht selbst genüge.

2. Wenn die Ewigkeit des Priestertums Christi den sterblichen Menschen entsprechen soll, wird sich der Papst von jedem beliebigen Bischof oder Priester nicht unterscheiden. Der Grund hierfür ist, daß der Apostel nicht über die Jurisdiktionsgewalt - den mystischen Leib Christi - spricht, den Christus am Kreuz Gottvater darbrachte, und dies sofern die Gläubigen die gleiche geistige Wirksamkeit jenes Sühneopfers für alle wünschen. Aegidius fügt hinzu, wenn der Apostel über den mystischen Leib Christi spricht, sei dies nur aufgrund des Sühneopfers - Hebr. 8,3. Daher seien Papst, Bischof und Priester aufgrund des priesterlichen Zeichencharakters einander ebenbürtig, was die Verwandlung des wahren Leibes Christi betrifft. Es bestehe nur ein Unterschied zwischen ihnen im Feierlichkeitsgrad, was aber das Wesen der Sache - die ausströmende Kraft - nicht berührt.

3. Wenn die Ewigkeit des Priestertums Christi den sterblichen Priestern entsprechen soll, wird es keinen Rücktritt, keinen Antritt, keine Nachfolge noch eine Abdankung geben, weder durch den Tod noch auf irgendeine andere Weise. Dies beruht auf der Identität und der Nachfolgelosigkeit von Priestertum, Priester und Opfergabe. Hierzu meint Aegidius, beide werden bewahrt, weil die Ausführenden Christus wie ein Kleid anlegen. Im Moment der Verwandlung legt der Priester Christus an, aber es kann keine Rede davon sein, daß er an die Stelle Christi tritt. Wenn folglich ein Priester, ein Bischof oder gar der Papst die Eucharistiefeier vollziehen, werden ihrerseits weder die Abdankung noch die Nachfolge Christi berührt.

4. Aegidius entlarvt die wahren Motive der Gegner, indem er schreibt, daß die Gegner eigentlich über die päpstliche Fülle der Macht bzw. Jurisdiktionsgewalt diskutieren wollen. Daraus folgert der Autor, sie reden nicht im Sinne des Apostels. Einfache Priester und Päpste sind in ihrer Eigenschaft als Priester mit der Befugnis, den wahren Leib Christi zu verwandeln, gleich. Aber was die Weihegewalt betrifft, sind einfache Priester weder Päpsten noch Bischöfen gleich, weil sie bezüglich der Gewalt, Priester zu weihen, dem Papst und allen Bischöfen unterstehen.

## 21. Kapitel

In diesem Kapitel wird gezeigt, auf welche Weise alle Priester unter dem Priestertum Christi als ein einziger Priester bezeichnet werden können.

Dies erfolgt durch eine Untersuchung der Einheit des Priestertums Christi. Die Einheit des Priesters unter diesem Priestertum nimmt ausschließlich auf die Person Christi Bezug. Folglich kann es in bezug auf Christus keinen Rücktritt, keine Abdankung noch eine Aufgabe seines Priestertums geben. Auch als Christus tot war, verlor sein Priestertum seine Wirksamkeit nicht, weil es gerade durch seinen Tod und sein Leiden diese Wirksamkeit erhalten hat.

Christus in seiner doppelten Eigenschaft als Priester und Opfer zugleich hatte uns durch seinen Opfertod mit Gottvater versöhnt und das Lösegeld für die Menschennatur bezahlt und uns damit erlöst. Andere Menschen, ob zu Priestern, Bischöfen oder zum Stellvertreter Christi erhoben, können nicht Christus gleich gemacht werden,[123] was eigentlich der Definition vom Nachfolger entsprechen würde.

Aegidius meint, daß die gegnerischen Einwände nichts beweisen, weil die Worte des Apostels (Paulus) nur die Personen Christi betreffen. Folglich können solche Einwände lediglich bezeugen, daß es keine Abdankung geben kann, wenn der Priester in Ewigkeit, nämlich Christus, nicht lebt.

Über diese Einwände hinaus tritt Aegidius für das paulinische Verständnis von der Person Christi ein, was die Ewigkeit seines Priestertums betrifft. Daraus folgert er, weil es keinen weiteren Christus gibt, kann es weder eine Abdankung noch einen Rücktritt geben. Hierzu zitiert Aegidius das Dekret Gratians[124] und sagt wegen eines Mangels des Bischofs trat Augustinus an die Seite des Valerius. Jedoch geht nicht daraus hervor, daß es an Christus gemangelt hätte, daß es zwei Häupter Christi gegeben hätte oder daß eine Absetzung in diesem Falle stattgefunden hätte. Dies ist so, weil Christus weder sündigte noch betrogen habe. Dort gab es keine

---

[123]Vgl. Wilks, *Problem of Sovereignty*, 369 ff.

[124]*Decretum* C.7 q.1 c.12.

Nachfolge, weil das Priestertum Christi durch dessen Tod seine Kraft nicht verloren habe.[125] Aegidius plädiert also für die gleichzeitige Teilnahme an der Person Christi in der Stellvertreterfunktion durch verschiedene Geistliche, die das gleiche Amt zu Lebzeiten bekleiden.

Es folgt eine deutliche Unterscheidung zwischen dem Priestertum der Leviten und dem Christi, weil, wie Aegidius meint, darüber noch keine Klarheit unter den Menschen besteht. Unter dem Priestertum Christi können alle Priester als ein einziger Priester aufgefaßt werden und dies dreifach:

1. aufgrund der Opfergabe, weil alle Priester, die im Namen Christi wirken bei der Eucharistiefeier, den Leib Christi verwandeln, nicht den eigenen. Das levitische Priestertum hingegen habe nur auf der Ebene des reinen Menschen gewirkt, aber nicht in der Person dessen, der ewig und unsterblich ist.

2. aufgrund der dargebrachten Sache, die eine einzige ist, nämlich der wahre Leib Christi. Die levitischen Priester brachten Tiere dar, die in ihrer Wirksamkeit begrenzt und viele an der Zahl waren. Der Leib Christi hingegen ist unwandelbar und nur ein einziger. Da die Opfertiere der levitischen Priester Christi Gestalt, aber nicht seinen wahren Leib vertraten, brachten sie die eigentliche Sache nicht dar. Dagegen tun dies alle Priester des Priestertums Christi, die jenen einzigen Leib darbringen und verwandeln, den Christus (als Person Gottes) aus der Jungfrau erhalten hat, und mit dem er nach seiner Erhöhung am Kreuz und der Auferstehung von den Toten in den Himmel aufgefahren ist. Aegidius tritt also dafür ein, daß allein das Priestertum Christi eine solche transzendente Kraft besitzt, die auf der Ganzheit Christi beruht.

3. aufgrund der Erinnerung und der Verkündigung. Das Sakrament der Eucharistiefeier gedenkt des Todes Christi bzw. verkündet ihn.[126] Aegidius

---

[125]*Glossa ad Rom* 5,14 v. *Qui est forma*, PL 114,486 B.

[126]Lukas 22,19; I Kor. 11,26; In bezug auf die Eucharistielehre des Aegidius verweist Wippel, "Some Issues," 174 Anm.41, auf K. Plotnik, *Hervaeus Natalis OP and the Controversies over the Real Presence and Transubstantiation* (München-Paderborn-Wien 1970), 26-30.

meint, dieses Sakrament sei wegen des bevorstehenden Todes Christi eingerichtet worden. Der ganze Christus samt Leib und Blut wird aufgrund deren jeweiliger Erscheinungsformen (*concomitancia*) in der Natur dargebracht, nicht aber aus der Kraft dieses Sakraments heraus. Diese Kraft betätigt sich aber bei der Verwandlung bzw. der Transsubstantiation. Es folgt eine nähere Erläuterung zum Wesen des Brotes und des Blutes Christi, worauf Aegidius schreibt, weil beim Tode Christi das Blut vom Leib getrennt worden ist, rufen wir, sooft wir die Eucharistie feiern, die Erinnerung an den Tod Christi hervor und verkünden seinen Tod. Wenn wir Christus durch dieses Sakrament gedenken, erinnern und verkündigt er sich selber. Dies trifft für das levitische Priestertum nicht zu, weil es nur die nicht vollzogene Sache durch ein Lamm als Opfertier ankündigt, d.h. was später vollzogen worden ist, nämlich das Leiden mit dem darauf folgenden Tod Christi.

Durch diese drei Modi der Opfergabe im Namen Christi, der dargebrachten Sache des wahren Leibes Christi und der Erinnerung und Verkündigung Christi, die in seiner Selbstidentifikation und Offenbarung gipfelt, will Aegidius alle Priester unter dem Priestertum Christi wie einen einzigen Priester genannt wissen.

## 22. Kapitel

In diesem Kapitel werden die letzten zwei Einwände etwas näher betrachtet.

Der elfte Einwand beweist im Sinne des Apostels (Paulus), daß das Priestertum Christi ewig ist und auf eine Ewigkeit im Priester hinlebt. Daraus geht hervor, daß der Priester eigentlich in Ewigkeit Bestand hat. Folglich sei das Leben des höchsten Bischofs und des höchsten Priesters unwiderruflich mit dem höchsten Priestertum verbunden, woraus dann gefolgert wird, daß der Papst nicht abdanken kann. Nur Gott kann ihn von seinem Amt befreien.

Der zwölfte Einwand beruht auf der Unmöglichkeit, daß Christus abdanken kann und nicht weiter Priester wäre. Denn dies würde bedeuten, daß es keinen Priester mehr geben könnte.

Aegidius widerlegt diese zwei Einwände vierfach:

1.  Die Worte des Apostels berühren die Person Christi unmittelbar. Die Ewigkeit des Priestertums nimmt keinen unmittelbaren Bezug auf irgendeinen bloßen Menschen, aber das levitische Priestertum wurde durch einen Eidschwur bekräftigt.[127] Die Person, auf die geschworen wird, wird erst kommen, Christus also. Folglich erbringen die Gegner keinen Beweis gegen die Abdankung des Papstes, der ein reiner Mensch ist. Aegidius bestreitet die Konsequenz des zwölften Einwands, die die Papstabdankung mit der Ewigkeit Christi als Priester verkoppelt, und schreibt dazu, weder kann es durch den Tod noch auf irgendeine andere Weise eine Nachfolge in diesem Priestertum geben.

2.  Jene Worte des Apostels beweisen, wenn sie auf Priester angewandt werden, die bloße Menschen sind, nichts über die zur Jurisdiktionsgewalt gehörenden Dinge,[128] die einen Bezug auf den priesterlichen Zeichencharakter nehmen, den auch die einfachen Priester haben. Christus brachte sich selbst durch sein eigenes Blut dar, nicht durch fremdes Blut. Zur Eucharistiefeier genügt der einfache priesterliche Zeichencharakter. Da der Papst als bloßer Mensch aufgrund seines priesterlichen Zeichencharakters den wahren Leib Christi verwandeln kann, aber nicht den eigenen, wird kein Beweis gegen die Papstabdankung erbracht. Die Gegner beweisen lediglich, daß der Papst wie jener andere Priester seinen priesterlichen Zeichencharakter nicht ablegen kann.

3.  Der Apostel spricht über die Nachfolge durch den Tod, aber er macht hierbei keine Aussage über die Nachfolge durch die Abdankung, was die Gegner aber behaupten. Darauf erwidert Aegidius, der Apostel beweist die Ewigkeit des Priestertums Christi durch die Unsterblichkeit, also durch das Nicht-Sterben-Können, nicht durch das Nicht-Abdanken-Können. Daher folgern die Gegner gemäß dem elften Einwand, daß der Papst unsterblich sei und nicht sterben könne, nicht, daß er nicht abdanken könne. Auf den zwölften Einwand antwortet Aegidius, die Gegner wollen in ihrer

---

[127]Hebr. 7,21; Ps. 109.3 f.

[128]Hebr. 7,27; 8,3; 9,12.

Beweisführung den Papst an die Stelle Christi setzen und dann die Abdankung an die Stelle des Todes, was offensichtlich nicht dem Sinn des Apostels entspricht. Mit Ironie bemerkt Aegidius, gebt ihr uns einen unsterblichen Papst bzw. höchsten Priester, dann sagen wir, daß jener nicht abdanken kann. Aber jener ist zum Priester geweiht worden, weil er Gott einen Eidschwur gegeben hat, der niemals geändert wird noch gebrochen werden kann. Einzig und allein Christus ist der Priester in Ewigkeit, der weder abdanken noch zurücktreten kann.

4. Nach dem Apostel sind unter dem levitischen Priestertum viele Priester geweiht worden, während unter dem Priestertum Christi alle Priester gleichsam ein einziger Priester sind, weil sie alle in der Person Christi wirken, dieselbe Sache - den wahren Leib Christi - darzubringen und seinen Tod durch die Kraft der Sakramente zu verkünden

Es folgt eine Erläuterung, inwiefern alle Priester unsterblich sind, was mit der Teilhabe, an der Eucharistiefeier zusammenhängt, d.h. der Darbringung der unsterblichen Person Christi in seiner Ganzheit. Der Papst in seiner Eigenschaft als Priester Christi kann den Leib Christi verwandeln, und insofern nimmt er an der Unsterblichkeit Christi teil. Folglich ist der Papst in solcher Eigenschaft unsterblich.

Nun wird aufgrund des Gedankens der Ganzheit der Amtswechsel untersucht. Wenn die Einheit des Priestertums Christi gespalten oder seine Identität aufgehoben wird, entsteht eine Fremdheit, die es bei diesem Priestertum nicht geben kann. Durch Rücktritt, Antritt, Abdankung, Absetzung, Versetzung oder Nachfolge, kann eine Fremdheit erzeugt werden. Wenn die Priester die Person Christi wie ein Kleid anlegen, darf aber keine Fremdheit bei den vorher erwähnten Dingen aufkommen. Aegidius schildert denn diese Vorgänge im einzelnen; z.B. wenn jemand abdankt, geschieht dies, damit ein anderer jene Pflicht übernehme.

Solche Vorgänge bezüglich der auf der Ewigkeit des Priestertums Christi beruhenden Identität aller Priester untereinander kann es nicht geben. Somit unterscheidet Aegidius deutlich und klar zwischen Jurisdiktions- und Weihegewalt.

Aegidius behandelt das Sühneopfer Christi in der Gestalt des Brotes und des Weines wie einen Syllogismus und kommt zu dem Schluß, daß der

Papst in seiner symbolischen Handlungsfähigkeit an der unteilbaren Ewigkeit Christi teilnimmt, aber wie eine sterbliche Person in seiner Eigenschaft als Stellvertreter Christi handelt und daher durch ein Menschenwerk ersetzt werden kann.

## 23. Kapitel

In diesem Kapitel werden über die zwölf bereits widerlegten Einwände hinaus zwei weitere Einwände der Gegner behandelt.

Aegidius nennt sie von mäßigem Gewicht und gleichsam bedeutungslos. Er führt die Irrtümer und Einwände der Gegner auf zwei Dinge zurück: auf die Umstände bei der Abdankung des höchsten Bischofs und auf die Dinge, die mit der darauffolgenden Wahl in Verbindung stehen. Der 13. Einwand geht wie die zwölf vorausgegangenen aus der Problematik um die Abdankung hervor, der 14. Einwand um die Problematik der Wahl.

Der 13. Einwand besagt, daß viel Betrug, merkwürdige Umstände und dunkle Machenschaften die Abdankung begleitet haben, um sie überhaupt durchführen zu können.[129] Jedoch verhindert diese dazwischengetretenen Dinge die eigentliche Abdankung und gewähren sie unrechtmäßig, folglich ist sie unwirksam und nichtig. Falls er (Cölestin) abdanken konnte, hat er jedoch nicht abgedankt, weil eine falsche Abdankung gar keine Abdankung ist, wie ein falscher Denar kein Denar ist, und ein verstorbener Mensch kein Mensch ist. Hierzu meint Aegidius, indem die Gegner ihr Argument verstärken wollen, zerstören sie es (Hiob 30,22).

Der 14. Einwand besagt, falls die Abdankung gegolten hätte, gibt es viele Umstände, die später eingetreten sind, die die Wahl in der erfolgten Weise überhaupt nichtig und unwirksam machten.

Um die Widerlegung dieser beiden Einwände Geltung zu verschaffen, stellt Aegidius vier Kriterien auf:

1.     Sie sind falsch und verfehlen in der Materie. Aegidius schreibt, daß viele Männer noch am Leben sind, die bestätigen können, daß der damalige

---

[129]Finke, *Aus den Tagen*, 73 Anm.1, entgegnet dem Vorwurf, daß die Einwände Nr.13 und 14 der ersten Colonna Denkschrift später eingefügt worden sind.

Kardinal Benedikt (Caetani) den 'Herrn' Cölestin (V.) überredet hatte, daß dieser nicht abdanke, weil es dem Kollegium genügte, daß der Name seiner Heiligkeit über sie beschworen wurde, um seine Rechtmäßigkeit als Papst zu bekräftigen und die Zweifel Cölestins zu beheben. Und weil dies vor vielen Hörern geschah, gab es weder jene Betrügereien bei der Abdankung Cölestins, wie die Gegner behaupten.

2. Sie folgern nicht logisch und verfehlen in der Form. Das Privat- und Gemeinwohl soll hier berücksichtigt werden. Wenn die Abdankung auf das Wohl der Kirche und der Person ausgerichtet ist, soll es in keiner Weise hierbei Betrügereien und Arglist oder Machenschaften geben, und diejenigen (die Colonna), die einen Anteil an diesem Entschluß zur Abdankung hatten, dürfen diese nicht als Betrügerei hinstellen.[130] Es folgt eine Berufung auf die Wahrhaftigkeit in bezug auf Gott durch seine Diener,[131] die veranlaßten, daß Cölestin abdankte, als sich dieser in seiner Eigenschaft als Amtsperson von seinem Kirchenamt löste. Da solch ein Vorgang erfolgreich verlief, will der Autor weder von Betrug noch Arglist etwas hören. Er begründet seine Ansicht nach Gal. 1,10, daß die Pflicht als Diener Christi negiert wird, wenn sie sich nach Erwägung der Menschen richten.

3. Diese beiden Einwände gehören nicht zu der behandelnden Thematik und beweisen weder etwas, noch folgern sie in diesem Sinne richtig. Hierzu führt Aegidius die Wahl und Abdankung eines Geistlichen an. Diese Vorgänge sind durch den entsprechenden Oberen zu prüfen, ausgenommen die Wahl und Abdankung des Papstes, es sei denn, der zum Papst Gewählte ist in zu starkem Maße Häretiker[132] und könnte so die Vernichtung der Kirche mit herbeiführen. Denn ein Häretiker sei nicht im Stande, über Fragen des Glaubens zu entscheiden. Mit der Wahl eines Häretikers würde

---

[130]Hierzu meint Seppelt, *Studien*, 49 Anm.1, daß dieser Satz nur bestätigt, daß Cölestin V. sich, wie bekannt, bei der Abdankung beraten ließ, und Aegidius der Auffassung nicht widerspricht, daß Cölestin von selbst diesen Gedanken gefaßt habe.

[131]II Kor. 6,4; 6,8.

[132]Glosse *ad Extra* 1.6.6. s.v. *Ille absque*.

der Kirche ein urteilsfähiger Kopf fehlen; die Kirche wäre ohne Haupt, *acephala*, und würde gefährlich ins Schwanken geraten.[133]

4.  Aufgrund dieser beiden Einwände wird die Abdankung in Frage gestellt, obwohl sie tatsächlich durchgeführt wurde. Die Gegner meinen, die Abdankung sei wegen Arglist und Betrügereien unwirksam und nichtig. Darauf erwidert Aegidius, daß sie mehr durch eine Zwangsläufigkeit als durch Hinneigung und Einflüsterung zustande kam. Er bezeichnet Einflüsterung bzw. Überredung dann als Betrug und Arglist, wenn sie durch ihre Kunstgriffe auf wissende Weise zum Schaden der eigenen Person oder eines anderen gereichen. Aber bei der Abdankung Cölestins, wie er sagt, gab es diese Dinge nicht.

Es folgt eine sehr ausführliche Erläuterung des Begriffs Zwangsläufigkeit - ein gezwungener Wille ist Wille - nach dem Motiv der Rettung des nackten Lebens, woraus der Philosoph (Aristoteles)[134] folgert, daß die durch den gezwungenen Willen vollbrachten Taten mehr aus Freiwilligkeit geschehen. Daher kann Aegidius den Schluß ziehen, wie der gezwungene Wille Wille ist, so ist die erzwungene Abdankung eine Abdankung. Wenn sie durch Überredung zustande kam, sei dies nicht nur aus Unfreiwilligkeit geschehen, sondern auch durch die Zwangsläufigkeit der Sachlage.

Aegidius wirft die Frage auf, ob durch das Überhandnehmen von Furcht und Angst ein unwiderstehlicher Zwang auf den Willen der Person ausgeübt wird abzudanken. Darauf antwortet er, daß eine Abdankung, die für das Wohl der Kirche und der Person vollzogen wird, nicht arglistig genannt werden soll, sofern ihr irgendetwas Unfreiwilliges anhaftet, was nicht für den Fall zutrifft, wie Aegidius sagt, daß einer zur Abdankung durch Überlistung und schöne Worte bewegt worden wäre. Er sieht einen gewissen

---

[133]Der Begriff *acephala* soll hier von Aegidius Romanus oder Guido da Baysio (*Ad Sext.* I. vi.3) abgeleitet werden. Wilks, *Problem of Sovereignty*, 505 mit Anm.2. Kleriker dürfen nur mit *licentia* oder *litterae* ihres eigenen Bischofs von einem fremden Bischof ordiniert werden. Als Folge der absoluten Ordination (*synodus Coloniensis* 1280 und *Exoniensis* 1287) traten zahlreiche *clerici acephali* auf. Vgl. Uelhof, "Zuständigkeit," 44.

[134]Aristoteles, *Ethik* III,2 (1110 b); vgl. Jona I,5; Aeg. Rom., *Quodlibet* III,15, ed. De Coninck, 179.

Zusammenhang zwischen der Unfreiwilligkeit und der Unwissenheit, sofern der Handelnde nicht weiß, was er tut. Hierzu meint der Philosoph ("Ethik" III, 2), den Aegidius anführt: Nicht alles, was durch Unwissenheit geschieht, soll unfreiwillig genannt werden, sondern daß es mit Trauer und Bedauern geschieht. Ein Handeln aus Unwissenheit mit späterer Einstellung von Betrübnis und Reue aufgrund einer Einsicht über das Begangene[135] hat nach der Meinung des Aegidius etwas von Unfreiwilligkeit an sich.

Weil Cölestin für das Wohl seiner Seele und insbesondere das der Kirche gehandelt hat, als er abdankte, dürfe sich weder Betrübnis noch Reue bei ihm eingestellt haben; und dies von Rechts wegen. Jedoch falls dies trotzdem geschehen sei, überwiege bei weitem wie der Autor betont, das benannte zweifache Wohl, nämlich das der Person und das der Kirche, irgendwelche solche Empfindungen. Und weil Cölestin rechtmäßig und vernünftig gehandelt hat, soll dem Gegangenen ( = der Abdankung) keine übermäßige Reue anhaften wie dies von Rechts wegen erlaubt sei. Es soll aber nicht heißen, daß jene Unwissenheit etwas unfreiwilliges an sich hat. Und wenn er unfreiwillig gehandelt habe, hätte er jedoch nicht von Rechts wegen gehandelt, weil die Nicht-Reue darüber gerechter als die Reue sei, und sich sowohl mehr nach dem Recht und mehr nach der Vernunft ausrichte. Nach Aegidius wird das Rechtsempfinden auf zwei Ebenen bezüglich der Eigenschaft der Amts- und Privatperson ausgetragen.

Aegidius leitet den Gegensatz zwischen sterblich und lebendig von folgendem Satz ab: Der sterbliche Mensch ist kein Mensch, ein falscher Denar ist kein Denar. Da sich die rechtmäßige Abdankung nicht gegen das Wohl der Kirche wendet, ist sie lebendig und darf nicht sterblich genannt werden. Damit konnte die Abdankung nicht nur ohne Sünde vollzogen werden, sondern sogar mit Verdienst. Der weise und erfahrene Mensch, der die Kirche gut zu regieren weiß, kann nicht abdanken, obwohl die Abdankung im Grunde auch einem wissenden und erfahrenen Papst erlaubt ist, aber dieser sündigt schwer, wenn er dies tut. Damit spricht Aegidius Cölestin solche hervorstechenden Eigenschaften ab.

---

[135]Über den seelischen Vorgang der Reue und des Schmerzes in bezug auf Gott vgl. oben Kap.14, S. 71 f.

Aegidius entgegnet dem Vorwurf einer unzulässigen Abdankung in folgender Weise: von seiten der Veranlassenden war sie weder arglistig noch trügerisch; von seiten des Veranlassten möge sie durch Unwissenheit begangen worden sein; trotzdem sei sie für das Wohl der Kirche und der Person vollzogen worden. Gemäß der natürlichen Vernunft sei eine durch Unwissenheit begangene Handlung nicht ungültig.[136] Und wenn der Betreffende durch Erkenntnis die Unwissenheit verliert, sollen sich weder Reue noch Betrübnis bei ihm einstellen, außer durch eine solche Unwissenheit, die ihn von Sinnen bringt oder betrunken macht, die seine Denkfähigkeit und folglich seine Handlungsfähigkeit beeinträchtigt, also ein unreflektiertes Verhalten.[137]

Es folgt eine Widerlegung der Einwände von seiten der Abdankung nach fünf Kriterien.

1. Was die Wahl (des Papstes) betrifft, seien die Gegner von falschen Tatsachen ausgegangen und sie verfehlen in der Materie, weil es nicht glaubhaft ist, daß bei einer so weitreichenden Handlung solche Dinge begangen worden seien, wie sie behaupten.

2. Ihre Argumente erscheinen zweideutig und sie verfehlen in der Form, weil nicht jeder beliebige Anlaß arglistig genannt werden darf, höchstens einer der das Gemeinwohl betrifft, wie z.B. einer, der bei der Wahl der Prälaten vorkommen kann. Bei den Wahlen niederer Prälaten schützt der Obere das Gemeinwohl, während das Papstwahldekret[138] durch einen Beschluß von zwei Dritteln der anwesenden Kardinäle diesen Schutz gewährt. Der Grund ist der, daß ein bewährter Kandidat als römischer

---

[136]Das Rechtsdenken des römischen Altertums ist ausschlaggebend für diese Frage.

[137]Die Zurechnungsfähigkeit wird dem einzelnen Kleriker aus folgenden Gründen abgesprochen: *infirmitas mentis, ignorantia, negligentia, mentis alienato per ebrietatem.* Herde, "Zur Audientia," 80 mit Anm.167 f.; *Decretum* C.15 q.1 pr.; ebd. c.1 *'Merito queritur'*: "... *Hec si ita se habent, non sunt peccata nolentium, nisi nescientium, que discernuntur a peccatis volentium.*"; ebd. c.7: "*Sane discimus vitandam ebrietatem, per quam crimina cavere non possumus. Nam que sobrii cavemus per ebrietatem ignorantes committimus.*"; ebd. C.10: "*Non est quod cuiquam ... Nemo nostrum tenetur ad culpam, nisi voluntate propria deflexerit.*", ed. Friedberg, 744 ff., 748; vgl. Kuttner, *Kanonistische Schuldenlehre,* 72, 85 ff., 133.

[138]*Extra* 1.6.6.

Bischof der Universalkirche anerkannt werde,[139] ausgenommen wenn er in Häresie verfällt.[140] Damit stellt Aegidius fest, daß es keine Ähnlichkeit zwischen der Papstwahl und der Wahl anderer Prälaten gibt, und folglich verfehlen die Gegner in der Form, wenn sie auf diese Weise argumentieren.

3. Einwände von den Wählern des Papstes sind im Grunde nicht angebracht, aber man kann sie wenigstens anhören,[141] sofern die Wähler des Papstes eine Aussage über irgendwelche Dinge machen, die sich bei der Wahl ereignet haben sollen.

4. Die Gegner sagen, es habe gar keine Wahl stattgefunden, weil die Unversehrtheit der Amtsperson verletzt wurde. Dies verneint Aegidius und fügt hinzu, die Wahl des höchsten Bischofs kann nicht rückgängig gemacht werden, wie andere Wahlen, somit ist sie rechtmäßig und gültig.

5. Ihre Einwände erbringen keinen Beweis, daß die Wahl fehlerhaft gewesen sei, sondern nur, daß es bei den Personen (= Papstwählern) an Urteilsvermögen gemangelt habe.[142] Folglich, wie Aegidius bekräftigt, hat der heiligste Vater 'Herr' Papst Bonifaz VIII. die wahre Vollmacht. Er ist der wahre und rechtmäßige Bräutigam der Kirche, dem alle Gläubigen angehalten sind, demütig zu gehorchen. Die Vorspiegelung falscher Tatsachen verfälscht die Wahl nicht, und die Tatsache, daß die Wähler überhaupt solche Vorwürfe vorzubringen wagen, läßt die rechte Vernunft nicht zu.

Dieses weitläufige Kapitel widerlegt den Kern der Argumentation der Colonna, die Gewissensfreiheit des Papstes zu negieren. Darauf antwortet Aegidius, der freie Willensentschluß des Papstes zur Abdankung entstehe aufgrund der von Gott gegebenen Umstände, die die freie Willensentscheidung in einen zwangsläufigen Entschluß im Hinblick auf das

---

[139]Gewirth, *Marsilius* I, 281 Anm.74, betont, daß Aegidius den Ausdruck *per consensum hominum* ausschließlich auf die Wähler des Papstes, die Kardinäle also, hier anzuwenden sei. In keiner Weise soll er gedeutet werden, daß die Autorität des Herrschers von der Zustimmung des Volkes herzuleiten sei. Vgl. Monahan, *John of Paris*, 173 Anm.39.

[140]Vgl. Eastman, *Papal Abdication*, 113 ff.

[141]Vgl. die Wahl des Papstes Urban VI. (1378/89), die im nachhinein umstritten war.

[142]Aegidius wirft den Papstwählern Unfähigkeit vor. Vgl. oben Kap.4, S. 35.

Wohl der Kirche wie auch der Person des Amtsinhabers verwandeln. Er läßt die Problematik der Unfehlbarkeit des Papstes unerwähnt, die der Franziskaner Petrus Olivi als erster erläutert hat.[143]

Eine gewisse Entsprechung findet sich zwischen der päpstlichen Verkündung vom Dogma und der Papstabdankung, sofern der Papst bei seinem Beschluß bzw. seiner Entscheidung, dies oder jenes zu tun, allein Gott verantwortlich ist. Die Zwangsläufigkeit, die der Gewissensfreiheit eigen ist, gilt genauso für die Papstabdankung wie auch für die Unfehlbarkeit des Papstes. Der Papst ist insofern Sprachrohr Gottes, als er sich dem göttlichen Willen fügt, das Dogma verkündet und dadurch den in die Zeitläufe eingreifenden göttlichen Willen verkörpert. Die Möglichkeit der Papstabdankung beweist hingegen seine Bewegungsfreiheit von Amts wegen. Das päpstliche Amt besitzt aufgrund der Teilhabe an der Unsterblichkeit des höchsten Priesters einen Ewigkeitswert,[144] während die Personen, die es bekleiden, vergänglich und daher austauschbar sind.

Es ist interessant, daß eine Frage wie die Papstabdankung, die die Struktur der Kirche betrifft, Ende des 13. Jahrhunderts aktuell wurde, als das Papsttum den Anspruch auf die politische Führung über das Abendland endgültig verlor, während die Entscheidung über die päpstliche Unfehlbarkeit erst nach dem Verlust eines geistlichen Territoriums für das geistliche Oberhaupt dieser Kirche auf dem I. Vatikanischen Konzil 1870 erfolgte. Die auf theoretischer Grundlage beruhende Befreiung des Papstes von außerkirchlichen Zwängen erfolgte also über ein halbes Millennium später als dessen Loslösung von internen Zwängen in der Zeit des Aegidius. Dieser Prozeß des langsamen Abbaus von geistlichen Herrschaftsstrukturen innerhalb des weltlichen Herrschaftsbereiches spiegelt zugleich die Befreiung der Geistlichkeit von weltlichen Zwängen wider. Diese Befreiung mußte aber ein ideologisches Straffen des Kirchenregiments nach sich ziehen.

---

[143]Vgl. M. Maccarrone, "Una Questione inedita dell 'Olivi sull' Infallibilità del Papa," *Rivista di storia della chiesa in Italia* 3 (1949), 318 ff.; Tierney, *Origins*, 93-130.

[144]Vgl. oben Kap.20.

24. Kapitel - Teil I

Aufgrund der Ursachenlehre und der Autorität der Kirchenväter
werden in diesem Kapitel zwei Gründe angeführt, die für die Rechtmäßigkeit
der Papstabdankung sprechen.

Zuerst wird die Papstabdankung aufgrund von vier Seinsgattungen
der Ursachen betrachtet: *causa formalis, causa materialis, causa efficiens* und
*causa finalis*.[145]

Bei der förmlichen Ursache werden die Dinge in Betracht gezogen,
aus denen das Papsttum besteht, nämlich alle Vollmachten und kirchliche
Macht, die zur Weihe- bzw. Jurisdiktionsgewalt gehören und die die Ursache
der päpstlichen Macht sind.

Die materielle Ursache des Papsttums sind die Personen, aufgrund
derer es das Papsttum überhaupt gibt oder welche vom Papsttum
aufgenommen werden. Denn die Mächte, die Tugenden bzw. Kräfte und im
allgemeinen alle Vollkommenheiten besitzen die Materie nicht, aus der sie
empfangen werden. Folglich gilt die materielle Ursache für das Papsttum,
weil es solche Eigenschaften hat, aber nur durch die Personen, die das
päpstliche Amt empfangen haben oder von ihm aufgenommen worden sind.

Die Wirkursache des Papsttums besteht in der Übereinstimmung
zwischen Wählern und Gewähltem. Sie ist auch zugleich die Bestätigung
durch Gott, der aber den Dingen ihren eigenen Lauf beläßt.[146] Dies
bedeutet, daß die Papstwahl dann aus dem göttlichen Willen hervorgeht,
wenn die Wähler wählen und der Gewählte zustimmt.

Die Zweckursache, auf welche hin das Papsttum eingerichtet wird, ist
das Gemeinwohl und die Leitung der ganzen Kirche.

Aegidius faßt die Ergebnisse seiner bisherigen Untersuchung
zusammen: Die päpstliche Vollmacht besteht ausschließlich in seiner

---

[145] Aristoteles, *Metaphysik* VIII,2 (1043a); V,2 (1013a 24 ff.).

[146] Augustinus, *Gottesstaat* VII,30.

Jurisdiktionsgewalt.[147] Bezüglich der Weihegewalt hat der höchste Bischof aufgrund der Unauslöschlichkeit des Zeichencharakters keine größere Macht als jeder einfache Bischof. Folglich kann der zum Papst Gewählte von einem Bischof zum Priester und zum Bischof geweiht werden, weil der dem Papst aufgeprägte Zeichencharakter und die Vollkommenheit des Zeichencharakters dem Bischof verliehen worden sind.[148] Aber hierauf beruht die Jurisdiktionsgewalt nicht. Daraus folgert Aegidius, was nicht auf der Unauslöschlichkeit beruht, ist auslöschlich. Daher kann der Papst abdanken, weil er die einfachen Bischöfe nur an Jurisdiktionsgewalt überragt.

Von seiten des Auftrags, wie Aegidius wieder anführt, können die zur Weihegewalt gehörenden Dinge nicht einfache übertragen werden. So kann kein Priester die Macht, den Leib Christi zu verwandeln, einem anderen Priester übertragen. Die Macht, einen Bischof zu weihen, kann kein Bischof einem anderen Bischof übertragen. Darüber hinaus besitzt der Papst keine Sonderbefugnisse, was die Weihegewalt betrifft. Die Dinge aber, die der Papst aufgrund der Jurisdiktionsgewalt besitzt, können aufgehoben werden bzw. aufhören zu bestehen. Daher kann jemand genauso, wie er Papst wird, auch wieder aufhören Papst zu sein.

Im Hinblick auf die päpstliche Gewalt oder diejenigen bei denen die päpstliche Gewalt während einer Sedisvakanz ruht, gilt besonders: Weil die Kirche niemals stirbt, auch wenn der päpstliche Stuhl leer ist, verbleibt die päpstliche Macht bei der Kirche oder dem Kardinalskollegium.[149] Wenn ein kirchliches Gremium bestimmt, daß die päpstliche Macht während einer Sedisvakanz bei ihm verbleiben soll, werden die zur Weihegewalt gehörenden Dinge nicht berührt, weil der Zeichencharakter und die Vollkommenheit des Zeichencharakters ausschließlich die einzelnen Personen betreffen. Diese Dinge sind mit den Seelen und der Erschaffung

---

[147]Wilks, *Problem of Sovereignty*, 392: "the pope is first and foremost a bishop with the papal plenitude of jurisdictional power superimposed upon his order."

[148]Hiermit spricht Aegidius die Konsekration des Papstes im Angesicht Gottes an.

[149]Vgl. Wilks, *Problem of Sovereignty*, 509.

der Seelen vergleichbar.[150] Denn durch ein Siegel formt Gott unsere Herzen und prägt den Geist und die Seele des Menschen. Das Siegel wird in die Einzelseele eingegossen, nicht in die Vielzahl von Menschen.

Dies erklärt die Funktion des Zeichencharakters und der Vollkommenheit des Zeichencharakters, woraus Aegidius schließt, daß die Vielzahl von Menschen, bei der die päpstliche Macht während einer Sedisvakanz verbleibt, nur die zur Jurisdiktionsgewalt gehörenden Dinge erhält. Daher können diese aus der Jurisdiktionsgewalt hervorgehenden Nutzungsrechte (Besitz, Herrschaftstitel) unter umgekehrtem Vorzeichen aufgehoben werden und zu bestehen aufhören.[151]

Aegidius zieht die Natur der Dinge nach ihrer Ursache oder nach ihrer Form in Betracht, weil sie sich bei jeder Gattung der Dinge befinden, was auch für den Papst bei seiner Abdankung zuzutreffen scheint.

Die förmliche Ursache und die Form bilden das Fundament, aus dem die Kenntnis der Dinge gewonnen wird, da jeder Gegenstand sich von anderen durch seine auf der förmlichen Ursache beruhenden Verschiedenheit unterscheidet.

Diese aristotelische Beweisführung wendet Aegidius auf das Papsttum an, indem er die Dinge in vier Kategorien gliedert, die die Ursache des Papsttums bilden:

1.    aus den Dingen, die wir bei den anderen Bischöfen sehen;

2.    aus den Dingen, die wir bei dem Zeichencharakter oder bei der Vollkommenheit des Zeichencharakters sehen;

3.    aus den Dingen, die wir bei der eigentlichen Übertragung sehen, wie z.B. die päpstlichen Befugnisse, die anderen übertragen werden können;

4.    aus den Dingen, die wir bei der eigentlichen päpstlichen Macht sehen, wie z.B. diese Macht mit den aus ihr abzuleitenden Befugnissen während einer Sedisvakanz bei einer bestimmten Gruppe von Menschen oder einem Kollegium verbleibt.

---

[150] Ps. 32,15.

[151] Vgl. oben Kap.16/1, S. 76.

Alle diese Dinge betreffen ausschließlich die Jurisdiktionsgewalt, nicht die Weihegewalt, die unauslöschlich ist. Folglich kann von dieser Sicht aus der Papst von seinem Amt abdanken bzw. sich von seiner Macht lösen.

## 24. Kapitel - Teil II

Im zweiten Teil dieses Kapitels werden drei weitere Arten von Ursachen (die materielle Ursache, die Wirkursache und die Endzweckursache) erläutert und die Autorität von Doktoren des Kirchenrechts angeführt, was die Rechtmäßigkeit einer Papstabdankung betrifft.

Aegidius untersucht zuerst die päpstliche Macht, die eine gewisse Vollkommenheit aufgrund der Materie darstellt, in der sie existiert oder in der sie empfangen wird. Diese Materie besteht aus den Menschen, die das Papsttum aktualisieren.

Der Autor ist der Meinung, daß mehrere Menschen die päpstliche Macht niedergelegt haben. Zuerst wird Clemens, der erste Bischof von Rom, als Beispiel angeführt.[152] Es folgt Marcellinus, der angeblich zur Zeit des römischen Kaisers Diokletian abgedankt hatte[153] bzw. sich selbst absetzte.[154]

Die letztere Meinung teilt der Dekretist Huguccio,[155] der die Frage einwirft, woran die Juristen bemerkten, daß er abgedankt hat.[156]

Hierzu meint Aegidius, daß die Aufgaben des höchsten Bischofs, der keinen Oberen hat, nicht mit den Aufgaben der anderen Bischöfe vergleichbar sind. Für diese sei dies eine freiwillige Angelegenheit, die Absetzung hingegen, eine unfreiwillige. Bei dem höchsten Bischof kommt

---

[152]*Decretum* C.8 q.1 c.1; vgl. Eastman, *Papal Abdication*, 15.

[153]*Glossa ordinaria ad* C.7 q.1 c.12.

[154]*Decretum* D.21 c.7.

[155]Huguccio, *Dekretsumme* zu D.21 c.7 v. Marcellinus, ed. Bertram, "Abdankung," 81.

[156]Huguccio stellt den Übergang von einer theologischen zu einer juristischen Haltung dar. Vgl. Bertram, "Abdankung," 18 mit Anm.46.

nur die Abdankung in Frage, die Absetzung aber nur in einem einzigen Fall, der Häresie, bei der die betreffende Person hartnäckig verharren will, wie die Juristen bemerken.[157] Folglich sei allein der Papst imstande, den Entschluß zu fassen, sich selber abzusetzen,[158] wenn dies aufgrund eines von ihm begangenen Verbrechens oder seiner Unzulänglichkeit für die Kirche erforderlich erscheint.

Daraus folgert Aegidius, für den Papst komme eine freiwillige Absetzung einer Abdankung gleich. Daher haben Clemens und Marcellinus abgedankt, denn Marcellinus hat eigenmächtig sich selber abgesetzt, also abgedankt. Eine Absetzung wiegt schwerer als eine Abdankung,[159] denn der Papst kann einen Bischof wegen Alter oder Unzulänglichkeit absetzen, aber nur auf ein schriftliches Gesuch dieses Bischofs hin, also nur, wenn dieser abdanken will.

Aegidius faßt die Ergebnisse seiner Untersuchung bezüglich der *causa materialis* zusammen und schreibt: Daher wiegt die Absetzung schwerer als die Abdankung und beides wiegt schwerer als die Bestätigung. Wenn der Papst sich selbst absetzen kann, kann er folglich auch abdanken. Wir können also sagen, daß der Papst sich selbst absetzt, bzw. von selber abdankt, wie wir auch sagen können, daß er sich selber bestätigt. Zum Schluß führt Aegidius das Beispiel einer rechtmäßigen Papstabdankung im Falle des Papstes Cyriacus an.[160] Für die *causa efficiens* führt Aegidius das von ihm entwickelte Argument über die Schaffung und den Abbau der päpstlichen Macht an.[161] Hierbei ist die Übereinstimmung der Papstwähler mit dem zum Papst Gewählten maßgebend. Aufgrund der Dekretale *'Inter corporalia'*[162] wird

---

[157]Über die Häresie vgl. Eastman, *Papal Abdication*, 113 ff.

[158]Vgl. *Decretum* C.24 q.3 c.29 *'Dixit apostolus'*, ed. Friedberg, 998.

[159]*Decretum* C.7 q.1 c.11.

[160]Vgl. Döllinger, *Die Papst-Fabeln*, 45-48; Eastman, *Papal Abdication*, 16.

[161]Vgl. oben Kap.5-6, S. 36 ff.

[162]*Extra* 1.7.2.

der Vorwurf erhoben, die Geistesgaben lassen sich leichter aufbauen als vernichten; folglich sei es schwieriger, die päpstlichen Nutzungsrechte, *habencia*, zu beseitigen als zu erteilen. Aegidius gibt zu, daß die Geistesgaben sich schwieriger vernichten lassen als die körperlichen Gaben und die geistliche Fessel stärker als die fleischliche Fessel ist. Aber dagegen wendet er ein, die geistliche Ehe werde schneller verdorben und auf die Erde herabgezogen, wenn sie nicht auf gesetzmäßige Weise gerettet wird.[163]

Aegidius bedient sich des Vergleichs zwischen Willen bzw. Gelübde und dem sich von selbst entzündenden Feuer als Motiv für die folgende Untersuchung über das Verhältnis zwischen Gott und Natur wie auch zwischen Gnade und Willen: wenn sich jemand dem Feuer nähert, muß der Entschluß bei ihm feststehen, ob er sich erwärmen will oder nicht.

Ausschlaggebend für die Erlangung der Geistesgaben sind der Wille und die Ergebenheit der daraufhin strebenden Person. Z.B. ist das Wasser der Taufe auf zweifache Weise wirksam: durch die Aufprägung des Zeichencharakters und durch die Übertragung der Gnade. Allein durch das ausgeführte Werk erlangt dieses Wasser die dem Taufsakrament tragende Kraft den Zeichencharakter aufzuprägen, während der Empfang der Gnade die Entfernung jedes Widerstandsobjekts und das freiwillige und ergebene Herantreten eines getauften Herangewachsenen erfordert. Auch Minderjährige, die zu dieser Ergebenheit noch nicht fähig sind, können die Gnade bei der Taufe aus einer Art göttlichen Dispenses heraus empfangen, wobei der Glaube der Eltern ihnen Beistand leistet.

Das Feuer in der Natur und die Einpflanzung des göttlichen Feuers anhand des Wassers der Taufe durch die Aufprägung des Zeichencharakters erläutert Aegidius in der Weise, daß das Feuer als Agens der Natur in seiner Selbsterwärmungstätigkeit dient und das Wasser der Taufe wie ein Werkzeug der göttlichen Natur infolge der göttlichen Erlaubnis heraus fungiert.

Daher folgert Aegidius, daß jene Dinge, die auf geistige Weise allein aus dem ausgeführten Werk hervorgebracht werden, nicht nur mit äußerster Schwierigkeit zerstört, sondern auch nicht aufgehoben werden können.

---

[163]*Decretum* D.40 c.8; Über die geistliche Ehe vgl. Eastman, *Papal Abdication*, 95 ff.

Dieses Werk der Aufprägung betrifft drei Sakramente: die Taufe, die Firmung und die Priesterweihe. Aber bei jenen Geistesgaben, wo der Wille des Ausführenden oder des Empfängers hinzukommt, können solche Geistesgaben wie auch die Gnade äußerst leicht verloren gehen. Wegen unserer Bosheit werden solche Dinge leichter vernichtet als aufgebaut (Matth. 7,13 f.).

Als Grundsatz für die geistliche Ehe heißt dies nach Aegidius: wenn alle Dinge, die zum Aufbau erforderlich sind, unter umgekehrtem Vorzeichen vernichtet werden, wird diese Ehe zerstört, was die zur Jurisdiktionsgewalt, nicht aber was die zur Weihegewalt gehörenden Dinge betrifft.

Die geistliche Ehe der Bischöfe kann nur mit ausdrücklicher Zustimmung des Papstes aufgehoben werden. Folglich ist ihr Aufbau leichter als ihre Vernichtung, weil der Papst dies bezüglich der Jurisdiktionsgewalt so geregelt hat. Aber für die geistliche Ehe des Papstes ist die Vernichtung leichter als der Aufbau. Denn die Übereinstimmung der Wähler mit dem Gewählten macht diesen zum Papst, während die Zustimmung des Gewählten allein genügt, daß dieser nicht mehr Papst sei. Gegen den Willen der Kardinäle und des Klerus kann der Papst vor ihnen abdanken, wie wir, wie Aegidius sagt, am Beispiel des Papstes Cyriacus gesehen haben. Daher besteht sowohl für die Schließung der geistlichen Ehe des Papstes als auch für ihre Auflösung (und damit auch für die Rechtmäßigkeit einer Abdankung des Papstes) dieselbe Wirkursache (*causa efficiens*).

Zum Schluß kommt Aegidius auf die *causa finalis* zu sprechen. Der Papst verdankt sein Amt der Sorge für das öffentliche Wohl, dem er zu dienen hat, und dem er sich nicht widersetzen soll. Falls sich der Papst seinem Amt nicht gewachsen zeigt,[164] ist seine Abdankung verdienstvoll und trotz einem Einspruch des Kardinalskollegiums oder des Klerus, vor dem sie vorgenommen wird, rechtsgültig.

---

[164] Unzulänglichkeit die Kirche zu leiten, Schwachsinn und körperliche Gebrechlichkeit. Vgl. Eastman, *Papal Abdication*, 3 f.

Der Autor erwähnt nun ein zu erlassendes Statut, wonach die Papstabdankung der Zustimmung des Klerus oder der Papstwähler bedarf.[165] Dies geschieht nicht gegen den Willen des Papstes, wie im Fall Cyriacus, sondern um der Klarheit des Rechts willen. So wird der Allgemeinheit gedient. Die Einholung der Zustimmung des Kardinalskollegiums ist, wie Aegidius sagt, lobenswert. So kann eine solch schwerwiegende Entscheidung wie eine Papstabdankung mit größerer Reife gefällt werden, öffentlicher Nutzen davon ausgehen und das Gewissen der Einfältigen, die die Schwere einer solchen Entscheidung nicht erfassen können, beruhigt werden, damit sie mit dieser Wahrheit übereinstimmen. Diesen wahrhaft Gläubigen stehen die mit Mängeln behafteten Menschen gegenüber, böse geboren und nach Wahrheit suchend, die viel Zeit brauchen, bis sie sich ihrer Unwissenheit entledigen, daß sie leuchten und durch gewisse Zugaben[166] öffentlichen Ruhm ernten mögen.

Aegidius schließt dieses Kapitel mit Stellen des kanonischen Rechts. Das Dekret erwähnt die Ernennung des hl. Augustinus zum Mitbischof von Hippo.[167] Hierzu meint die *Glossa ordinaria*, indem sie Bezug auf die Papstabdankung nimmt, daß er (Valerius) abdanken könne, weil auch Marcellinus und Clemens abgedankt haben.[168]

Es folgt eine Frage aus der Dekretsumme des Huguccio, die die Selbstabsetzung oder Abdankung des Papstes und seinen möglichen Eintritt ins Kloster anspricht.[169] Aegidius bejaht sie mit der Einschränkung, daß eine solche Amtshandlung im Einklang mit den Erfordernissen seines Seelenheils

---

[165]*Sextus* 1.7.1. Über den Inhalt der hier angesprochenen Konstitution Cölestins V. und Dekretale Bonifaz' VIII. vgl. Bertram, "Abdankung," 61 ff.

[166]Ein Hieb gegen die Colonna, der Bezug auf das Wort *'additamentis'* aus dem ersten Kapitel dieses Traktats nimmt. Vgl. Seppelt, *Studien*, 45 Anm.1.

[167]*Decretum* C.7 q.1 c.12 *'Non autem'*. Thimme (hg.), *Bekenntnisse*, 475 Anm.3: "Im Jahre 391 wurde Augustinus wider seinen Willen vom Volk zu Hippo genötigt, das Priestertum anzutreten, im Jahre 395 nahm ihn der alte Valerius zum Mitbischof an, und im folgenden Jahr wurde er sein Nachfolger."

[168]*Decretum ... una cum glossis* ad C.7 q.1 c.12 *'Non autem'* s.v. *'Ut non succederet'*.

[169]Huguccio, *Dekretsumme* zu D.21 c.7 *'Nunc autem'* s.v. *tuo ore*.

stehen müsse. Die Papstabdankung ist eine Frage des Verdienstes bezüglich der Kirche. Die Entscheidung des Papstes über seine Abdankung hängt von seinem eigenen Urteil ab: er selbst muß vermeiden, durch die Abdankung zu sündigen.[170] Es folgt der Kommentar Huguccios zur erstgenannten Dekretstelle, der den Eintritt in einen Orden, Krankheit oder Alter bezüglich der Papstabdankung betrifft.[171] Darauf erwidert der Dekretist, der Papst könne durchaus deswegen zurücktreten, wenn er den Grund dafür angibt.

## 25. Kapitel

Der letzte Kapitel bringt, wie Aegidius schreibt, den Traktat *De renunciatione pape* zum Abschluß.

Als Leitmotiv für die abschließenden Bemerkungen dient I Kor. 14,19: "Lieber fünf Worte mit meinem Verstand reden ... als zehntausend Worte mit der Zunge". Der Autor erläutert die letzten Ursachen, Elemente und Prinzipien aus der Naturlehre, wobei er den Kommentar von Averroës über die aristotelische "Physik" heranzieht[172] und dann seine Erläuterung resümiert. Weil der Endzweck die Ursache der eigentlichen Wirksamkeit ist, aber die Wirksamkeit die Ursache der Form und die Form die Ursache der Materie, daher ist der Endzweck die Ursache der Ursachen. Durch die Ursachen versteht man die Endzweckursache, durch die Prinzipien die Wirkursache und durch die Elemente die inneren Ursachen, die die Materie und die Form sind. Diese vier Ursachen sprechen, wie Aegidius sagt, für die Rechtmäßigkeit der Papstabdankung.

Der Autor schätzt die Autorität der heidnischen Philosophen niedrig ein und meint, auf der Vernunft, nicht auf Autoritäten, auch auf Aristoteles nicht, beruht das philosophische Wissen. Dagegen wiegen die auf theologischem und juristischem Wissen beruhenden Autoritäten viel

---

[170]Vgl. Bertram, "Abdankung," 40 f. mit Anm.130.

[171]Huguccio, *Dekretsumme* zu C.7 q.1 c.12 'Non autem' s.v. *incolumi*.

[172]Aristoteles, *Physik* I,1 (184 a 11 f.); *Aristotelis De physico audito libri Cum Averrois ... commentariis* (Venetiis 1562), 5.

mehr.[173] Bezüglich des zu urteilenden Stoffes gibt Aegidius der von den Juristen, Legisten und Doktoren abgeleiteten Autorität den Vorzug, weil ihre Kompetenz gerade durch ihren Stoff - das Gesetz - ausgezeichnet werde. Kraft der Unterweisungstätigkeit des Apostels Paulus,[174] der an erster Stelle unter den Autoritäten steht, plädiert Aegidius für die Einheit der Kirche. Mögen weder Spaltung noch die Ersetzung ihres Hauptes durch ein anderes die Kirche bedrohen! Der Autor beteuert, wie so oft, der allerheiligste Vater 'Herr' Papst Bonifaz VIII. sei der wahre und rechtmäßige Bräutigam der Kirche. Hierfür stehen die Beweise aufgrund der vier Ursachen der Naturlehre und aufgrund der Autorität der Doktoren des Rechtes ein, daß Cölestin V. abdanken konnte und Bonifaz VIII. rechtmäßiger Papst ist.

Es folgt eine Definition des Wortes "verständig", wie Paulus von der Kirche sprach. Dieses Wort beruht nicht auf Täuschung,[175] sondern ist, wie Aegidius ausführt, die wahre Rede gemäß der Sache und gemäß der Weise, wie einer spricht. Aber wie man die Wahrheit vorbringt, ob klar und auf einfache Weise oder unverständlich und auf schwierige Weise darüber müssen die Weisen urteilen. Denn Paulus sprach in seinen Briefen nicht auf einfache Weise, sondern hatte einen schwerfälligen und kräftigen Stil, damit man ihn verstehe. Als Begründung für die Schwerfälligkeit des paulinischen Schreibstils, der im Gegensatz zu seiner gemeinen und flachen Redeweise stand, wie einige sagen, führt Aegidius den nötigen Schutz[176] vor Angriffen seitens Häretikern und Pseudo-Aposteln[177] an. Der Autor meint, wir sollen aus der wahren Mitte der Kirche, nicht außerhalb von ihr sprechen, damit der Reichtum, *boancia*,[178] der Wahrheit durch sie sichtbar wird.

---

[173]Augustinus, *De Genesi ad litteram* II,5 (PL 34,267).

[174]Vgl. Römer 12,5; I Kor. 6,17; 12,12-27.

[175]Augustinus, *De diversi questionibus LXXXIII*, q.33 (PL 40,22).

[176]Matth.7,6.

[177]II Kor. 10,10.

[178]Eine Anspielung auf ein Wort des Vergils. Vgl. Vergil, *Georgicon* III,223, ed. Mynors, 71.

Das Leitmotiv dieses Kapitels - die fünf Worte - stimmt mit der Meinung des Paulus hinsichtlich der Verständigkeit überein. Es verwirrt die Gegner offenbar, und daraus zieht die Kirche Nutzen für ihre Unterweisungstätigkeit in der Verbreitung der Lehre.

Aegidius summiert seine Beweisführung durch eine abschließende Beteuerung des Glaubens: wer auch immer sage, Bonifaz VIII. sei der Bräutigam der Kirche, spricht in der Kirche, gerade weil das, worüber ein solcher Gläubiger spricht, auf die Einheit der Kirche ausgerichtet ist. Dieser spricht nicht außerhalb von ihr, denn die Kirche ist durch jenen unzerteilbaren Mantel Christi vorgebildet.[179]

Die Soldaten teilten die Kleidungsstücke Christi zu viert unter sich auf, aber den Mantel wollten sie nicht zerschneiden:[180] er stellt die Vierteiligkeit der Kirche Christi in ihrer Einheit dar.[181] Hierzu meint Aegidius, daß jener Mantel nicht zufällig, sondern aufgrund göttlicher Vorsehung nicht zerschnitten wurde, damit die Menschen erkennen, wie schwer sie sündigen, wenn sie unsere heilige Mutter Kirche zerspalten wollen.

Ein dritter Aspekt bezüglich der Verständlichkeit dieser paulinischen Worte betrifft die Anführung von ekelerregenden Gründen, die man nicht vorbringen soll, um einfache Menschen übertölpeln zu können. Denn sie

---

[179]Joh. 19,23. Wilks, *Problem of Sovereignty*, 20, erwähnt, daß der Universalismus der Gesellschaft nicht nur flächenmäßig ist, sondern sich auf jeden Aspekt des sozialen und politischen Lebens erstreckt. Die *ecclesia* ist Ausdruck einer korporativen und unzertrennlichen Einheit; die Erhaltung ihrer wesentlichen Ganzheit ist der primäre Zweck des Regierens. Diese Einheit zu beeinträchtigen vernichtet den eigentlichen Stoff eines Organismus, worin kein Teil in sich je vollkommen sein, oder eine getrennte Existenz erfahren kann. Gleich welche Ansicht sie vertreten, waren die Publizisten darin einig, daß philosophische Prinzipien unmittelbar auf das politische Feld übertragen werden konnten. Vgl. Dempf, *Sacrum Imperium*, 456; Scholz, *Die Publizistik*, 75 f.; Lagarde, *La naissance* II, 132; Coleman, "Medieval Discussions," 214 f.

[180]Scholz, *Die Publizistik*, 163, erwähnt den fähigen Juristen Heinrich von Cremona, der dieses Gleichnis auch benutzte (Paris B.N. 15004, fol.82), um die Oberhoheit eines ungeteilten Papsttums zu verteidigen, während Aegidius nur die kirchliche Einheit mit einem rechtmäßigen Haupt betonen will.

[181]Augustinus, *In Joannis Evangelium tractatus* (zu Joh. 19,24), (PL 35,1949).

könnten dadurch irregeführt werden, während verständige Menschen davor gefeit sind. Der vierte und letzte Aspekt dieser Wortauslegung betrifft die Unterweisung anderer: sie soll geschehen, damit andere Nutzen daraus ziehen und die Kirche erbaut wird, und nicht, um die Seelen irrezuführen und die Kirche zu vernichten.

Aegidius schließt diesen Traktat mit einer Warnung, daß die Glieder der Kirche wachsam um ihr Haupt besorgt sein sollten: Seid klug wie Schlangen, denn die Schlange kann infolge ihrer Schlauheit mit ihrem ganzen Leib das Haupt verhüllen.[182] Denn der ganze Körper setzt sich der Gefahr aus, um das Haupt zu schützen.[183] Und weil unser Haupt, wie Aegidius summiert, Christus ist, dessen Vertreter der höchste Bischof der 'Herr' Papst Bonifaz ist, sollen wir gegenüber Angreifern nicht nur den Leib, sondern unsere ganzen Kräfte und unsere Seele einer solchen Gefahr aussetzen.

### Die wesentlichsten Thesen zur Rechtmäßigkeit einer Papstabdankung bei Aegidius

Die Diskussion über die Papstabdankung stellt sich bei Aegidius unter einem doppelten Aspekt dar: dem der Wahrheit und des Irrtums bzw. der Unwahrheit und des Kampfes zwischen Gut und Böse. Jener Aspekt wird durch Aristoteles, dieser durch Augustinus untermauert. Die Verbindung von Predigtstil und dem Syllogismus beruhenden Verfahren der Scholastik, die Aegidius anwendet, erweist sich im Hinblick auf politische Gestaltungsmöglichkeiten viel beweiskräftiger als die reine thomistische Methode, da die Verbindlichkeit jener Argumentationsweise weit stärker ist.

Aegidius scheint dazu eine Bestandsaufnahme der Kirche bezüglich ihrer Lehre und ihrer institutionellen Aspekte geben zu wollen, und dies mit der Unterstützung durch die damals neuesten von ihm erlernten

---

[182]Hieronymus, *Commentarius in Evangelium Matthaei* (zu Matth. 10,16), I c.10 (PL 26,66).

[183]Wie der Arm den Körper schützt. Vgl. Edition unten Kap.8, S. 205.

Errungenschaften der Wissenschaft. Die drohende Anklage des Autors hilft mit, die Gegner, die abtrünnigen Colonna, die er kein einziges Mal im Traktat erwähnt, ins Unrecht zu setzen. Ihre Einwände werden Punkt für Punkt widerlegt. Das Verhältnis von Papstwahl und -abdankung untersucht Aegidius eingehend, wie auch das zwischen Weihe- und Jurisdiktionsgewalt des Papstes unter besonderer Berücksichtigung des bischöflichen Amtes.

Der Autor berührt alle wesentlichen Gründe, die für die Rechtmäßigkeit einer Papstabdankung sprechen und schließt seine Abhandlung mit Aussagen Huguccios über die Rechtslage bezüglich der Papstabdankung wie auch solchen von Aristoteles, die Aegidius auf das Wesen des Papsttums[184] übertrug, und mit einem abschließenden Wort des Apostels Paulus über die rechte Vermittlung des Glaubens.

Im einzelnen stellt Aegidius der Reihe nach fest:[185] Der Papst besitzt seine Gewalt unmittelbar von Gott, aber bedingt durch die Mitwirkung von Menschen, die die Person des Papstes stellen, kann diese Gewalt wieder entzogen werden. Für die Erhebung des Papstes bedarf es sowohl der Zustimmung derjenigen, die ihn zur päpstlichen Würde erheben, als auch der Zustimmung des zu Erhebenden; bei der Abdankung des Papstes hingegen ist nur seine eigene Zustimmung nötig.[186]

Es steht dem Papst zu, auf sein Amt zu verzichten; er kann dabei sowohl eine Sünde begehen als auch ein gutes Werk vollbringen. Sein Amtsverzicht ist sündhaft, wenn er, obschon er der Kirche nützt, lediglich der Last des Amtes entfliehen und seinen Körper schonen will; verdienstvoll ist dagegen ein Rücktritt, sofern sich der Papst der Bürde seines Amtes nicht

---

[184]Das was, wer, wie und warum widersprechen einer Papstabdankung nicht: 1) was - *causa formalis*, das Wesen des Papsttums liegt in der verlierbaren *iurisdictio*; 2) wer - *causa materialis*, die Person des Papstes kann ausgewechselt werden. Frühere Abdankungen beweisen dies; 3) wie - *causa efficiens*, ein Konsensus der Wähler ist nicht verlangt; 4) warum - *causa finalis*, das Wohl der Gesamtkirche steht an erster Stelle. Vgl. Herrmann, "Fragen," 112.

[185]Z.T. gemäß den Ausführungen von Herde, *Cölestin V.*, 172 ff.

[186]Vgl. oben Kap.6.

114

mehr gewachsen fühlt. Der Papst ist über die Gründe seines Rücktritts nur Gott Rechenschaft schuldig.[187]

Der Papst besitzt außer Gott keinen Oberen, der seinen Rücktritt entgegennehmen könnte. Daher trifft die Bestimmung des *Liber Extra* (1.7.2), wonach zurücktretende Bischöfe ihr Amt an den Papst zurückzugeben haben, nicht für den Papst zu. Ein göttliches Verbot des Rücktritts kann es gar nicht geben, da Christus niemals durch ein schädliches Gesetz einen Papst, der die Last der Regierung der Kirche nicht mehr tragen kann, am Rücktritt hindern würde; ja ein Rücktritt würde in einem solchen Fall sogar durch das Wirken Gottes hervorgerufen.[188]

Gemäß der Gnadenlehre und der Auffassung, daß die Menschen in der Gestaltung ihrer Institutionen frei schalten und walten können (Augustinus, "Gottesstaat" VII,30), weist Aegidius den Einwand zurück, daß niemand ein Amt entziehen könne, der nicht auch berechtigt sei, es zu verleihen, daß also im Falle des Papstes nur Gott, der die päpstliche Würde verleiht, diese auch entziehen könne.[189]

Ebenso lehnt er die Ansicht ab, daß ein unlösbares Band die geistliche Ehe zwischen Papst und Kirche festigt, da es keinen Oberen gebe, der die Resignation des Papstes entgegen nehmen könne.[190] Aegidius weist

[187]Ebd.

[188]Ebd.; Petrus Olivi hebt die *plenitudo potestatis* des Papstes in der Behandlung dieser Frage hervor. Vgl. Eastman, *Papal Abdication*, 41,48 (zu Nr.9).

[189]Vgl. oben Kap.7.

[190]Vgl. oben Kap.8.

auf den Unterschied zwischen dem Verhältnis des Papstes zur Universalkirche und dem eines Bischofs zu seiner Diözese hin. Er kommt dabei zu dem Schluß, daß Christus die Unauflösbarkeit der fleischlichen Ehe geboten habe, da durch deren Auflösung öffentliches Übel entstehen würde, aber damit geradezu eine geistliche Ehe zu trennen befohlen habe, wenn ihre Weiterführung öffentlichen Schaden anrichtet.[191]

Die höchste geschaffene Kraft, das Papsttum, erhält ihre Berechtigung durch die Effiziens, mit der sie ihre Pflicht gegen das Gemeinwohl erfüllt. Mängel seitens des Papstes können ihn bewegen, sich freiwillig von seinem Amt zu lösen, weil er hierauf nur Gott, die alleinige nicht geschaffene Kraft, zu verantworten hat.[192]

Der bischöfliche Ordo ist der höchste. Über dem Bischof stehende Würdenträger - Erzbischöfe, Patriarchen und Päpste - unterscheiden sich vom einfachen Bischof nur durch die höhere Jurisdiktion, nicht durch eine höhere oder vollkommenere Weihegewalt.[193] Aus diesem Grund kann ein Papst von seiner höheren Jurisdiktion, die die *plenitudo potestatis* beinhaltet, zurücktreten; der bischöfliche Weihegrad bleibt ihm dabei erhalten, denn dieser allein ist unlösbar.[194]

---

[191]Vgl. ebd.; An anderer Stelle wird die Lösung der geistlichen Ehe bezüglich der Erzeugung geistiger Söhne erläutert (vgl. oben Kap.10/6) wie auch die Gründe für deren Lösung angeführt (vgl. oben Kap.10/7). Peter Olivi führt die Nichtvergleichbarkeit zwischen dem Papst und Christus, das Verhältnis von Würde und Verdienst zu Schuld und Häresie, wie auch die von Gott den Menschen überlassene Willensfreiheit hierfür an. Vgl. Eastman, *Papal Abdication*, 99 f.u.a.

[192]Vgl. oben Kap.9 (4. Einwand der Colonna); oben Kap.15, S. 72 f.

[193]Petrus Lombardus dient als Zeuge für den Charakter des bischöflichen Amtes. Peter Olivi liefert als erster die Argumentation über den Unterschied von Weihe- und Jurisdiktionsgewalt, die in den päpstlichen Jurisdiktionsprimat gipfelt. Vgl. Herde, *Cölestin V.*, 167; vgl. oben Kap.10 (5. Einwand der Colonna).

[194]Vgl. oben Kap.10/5.

Die Verbindlichkeit des Gesetzes der Braut betrifft allein die Schlüsselgewalt des Papstes, also nicht den förmlichen, sondern nur den materiellen Aspekt des Papsttums, nämlich allein die für dieses Amt bestimmte Person.[195]

Dies wird als Knechtsschaftsvertrag im Sinne des Dieners der Diener Gottes verstanden. In der Eigenschaft des Papstes als Bräutigam der Universalkirche ist seine Weihegewalt, sofern er als Bischof bezüglich der absoluten Ordination verstanden wird, unauflöslich. Diese unauflösliche Gewalt wird als ein Besitzrecht auf die Fähigkeit hin und als ein Ausübungsrecht auf den Gebrauch hin verstanden. Was aber die päpstliche Jurisdiktionsgewalt betrifft, die eine relative Ordination ist, ist das Gesetz der Braut nicht verbindlich. Ausschlaggebend ist die Sorge des Papstes um das öffentliche Wohl.[196]

Das päpstliche Gelübde wird als ein freiwilliges Versprechen gegenüber Gott verstanden und betrifft allein das oben genannte öffentliche Wohl der Gesamtkirche, worüber der Papst selbst bei klarem Geist Rechenschaft ablegen muß.[197]

Die Erteilung der Absolution, insofern der Papst Schuldner Gottes ist, bedeutet für den Papst ein freiwilliges Erleiden, das als ein Verzicht verstanden wird, wenn er abdankt. Das Sakrament der Buße stellt sich ohne die Beichte ein, sofern eine göttliche Eingebung in einem unfähigen Papst durch das Empfinden von Schmerz und Reue wirksam wird.[198]

Durch einen Eid verpflichtet sich der Papst im Angesicht Gottes, seinen Auftrag auszuführen, soweit dies in seinen Kräften steht. Falls sie überfordert werden, kann der Papst zurücktreten und wird am jüngsten Tag darüber Rechenschaft vor Gott ablegen müssen. Somit ist der Papst allein

---

[195]Vgl. oben Kap.11.

[196]Vgl. oben Kap.12 (6. Einwand der Colonna).

[197]Vgl. oben Kap.13 (7. Einwand der Colonna).

[198]Vgl. oben Kap.14 (8. Einwand der Colonna).

Gott in seiner Eigenschaft als Verkörperung der allerhöchsten und unerschaffenen Macht ohne die Zwischeninstanz eines greifbaren Oberen verantwortlich.[199]

Schließlich kann die päpstliche Würde ohne Mitwirkung eines sichtbaren Oberen entzogen werden. Durch die Papstwahl erhält der von den Menschen erhobene Kandidat die Jurisdiktion über die göttlichen Dinge, was die irdische Ausdehnung solcher Dinge betrifft. Der Papst steht am Scheideweg einer aus Ungleichheit naturgegebenen Herrschaft, wo das göttliche Recht in der Gestalt der Weihegewalt und das Naturrecht in der Gestalt der Jurisdiktionsgewalt sich trennen. Bezüglich jener ist der Papst einer unter vielen, bezüglich dieser einmalig.[200]

Wenn der Papst seine pontifikale Last aufgibt, verliert er die bischöfliche Würde nicht. Bei der Papstwahl treffen sichtbar weltliche und göttliche Ordnung zusammen: der sichtbare Wahlvorgang versinnbildlicht dabei die weltliche, die unsichtbare Bestätigung durch Gott die göttliche Ordnung. Daher stellt der Papst durch seine Selbstbestätigung das Zusammentreffen beider Welten dar. Gott läßt die Menschen unter sich walten; folglich darf der Papst allein über sich selber verfügen als souveräner Pontifex maximus.[201]

Daß der Papst nicht zurücktreten könne, läßt sich nicht aufgrund des ewigen Priestertums Christi beweisen. Dieses Priestertum, das zwar ewig, d.h. ohne Anfang und Ende ist, ist aber dennoch nicht vergleichbar mit dem

---

[199]Vgl. oben Kap.15 (9. Einwand der Colonna). Sehr wesentlich hierbei ist das Gottesverständnis der betreffenden Parteien. Somit konnte Aegidius durch seine spitzfindige Metaphysik das Gottesbild der Spiritualen negieren.

[200]Vgl. oben Kap.16/1 (10. Einwand der Colonna); Das Papsttum wird in seiner repräsentativen Gestalt hermetisch abgeriegelt. Es besteht die Gefahr, daß die Einwirkung Gottes auf die Natur negiert oder verleugnet werden könnte. Wenn dies der Fall ist, wendet sich der menschliche Wille von Gott ab, mindestens wird er Gott gegenüber unempfänglich. So liegt der Keim des Verfalls in der Vollendung dieses theologischen Bezugssystems. Vgl. oben Anm.112.

[201]Vgl. oben Kap.16/2.

Priestertum des Papstes, denn dieser ist zwar Stellvertreter Christi, nicht aber eigentlich sein Nachfolger und damit ihm auch nicht gleich.[202]

Was die Abdankung Cölestins V. konkret betrifft, ist sie nicht durch Betrug und Täuschung veranlaßt worden. Somit ist die folgende Wahl Bonifaz' VIII. nicht null und nichtig. Die Papstwahl wird als ein einmaliger Vorgang beschrieben, die in der alleinigen Verantwortlichkeit des lebenden Papstes gipfelt. Deshalb wird der freie Willensentschluß des Papstes bezüglich seiner Abdankung allein durch die Umstände, die seine Amtsführung und seine Person betreffen, bedingt. Mehrere noch lebende Zeugen berichten, wie Aegidius sagt, daß Benedikt Caetani als Kardinal seinerzeit Cölestin von einem Rücktritt eindringlich abgeraten habe; dieser sei aber vielmehr durch Einwirkung Gottes zu seinem Entschluß gebracht worden.

Damit werden Einwände gegen die Abdankung, gleich von welcher Seite, zunichte gemacht. Die Abdankung Cölestins sei zum Wohl der Kirche wie auch seiner eigenen Person erfolgt und nicht das Ergebnis betrügerischer Machenschaften. Bonifaz, wie Aegidius sagt, besitze deshalb die wahre Vollmacht als Papst. Er sei der wirkliche und rechtmäßige Bräutigam der Kirche, und ihm gebühre Gehorsam. Die falschen Anschuldigungen, die von denjenigen stammen, die selbst bei der Wahl des neuen Papstes mitgewirkt hätten - gemeint sind vor allem die Colonna -, sind nichtig, und außerdem hätten sie es besser wissen müssen.[203]

Zwei Schlußbemerkungen

Die platonisch-stoische Tendenz im Denken des Aegidius oder sein archaisches Denken, wie R. Scholz es nennt, bewährte sich wohl in der Verteidigung eines geschlossenen Systems, wie das durch die Kirche zur Zeit des Regierungsantritts Bonifaz' VIII. charakterisiert werden könnte.

---

[202]Vgl. oben Kap.17-19. Peter Olivi führt hierfür die Unbeweglichkeit im Geiste nach dem Neuen Gesetz an. Vgl. Eastman, *Papal Abdication*, 49.

[203]Vgl. oben Kap.23.

Das Schicksal der Colonna war viel härter, als das was ihrem Beschützer Philipp des Schönen widerfahren ist, jedoch wurden sie auch rehabilitiert und genossen die Vorrechte hoher Würdenträger der Kirche bis zu ihrem Tod. Der Bruder und der Sohn Johanns von Colona, Jakob und Peter, erhielten beide den Kardinalshut; Jakob seit 1278 und Peter seit 1288. Auf ihren Ausschluß aus der Kirche in 1297 erfolgte ihre Rehabilitierung im Jahre 1305; sie dürften aber erstmals wieder öffentlich auftreten, als der König einen Prozeß gegen das Andenken Bonifaz' VIII. anstrengte. Dies geschah im Verhör zu Avignon, als am 15. April 1311 Peter Colonna den König unterstützte und ihn als Wahrer der Kirche gegen die Tyrannei, Bosheit und Ungläubigkeit Bonifaz' VIII. charakterisierte. Am 21. April war die Aussage Jakobs bedeutend kürzer. Er berief sich auf die Denkschriften und sah bei dem Papst keine Häresie, jedoch sah er Philipp als katholischen Fürsten an, der gegen die päpstliche Tyrannei vorging, um die Würde der römischen Kirche wiederherzustellen. L. Mohler ist der Meinung, daß im Verhör zu Avignon ihnen zur Ehre anzurechnen sei, daß ihre Darstellung der Herkunft der Anklagen sehr nüchtern waren. "Darin zeichnen sie sich vor allen übrigen Zeugen aus, erklären dadurch aber stillschweigend den Bankrott ihrer früheren Anschuldigungen." Kurz nach dem Beginn des Ponifikats Johannes XXII. war Jakob nicht mehr am Leben (+1318), während die Stellung Peters (+1326) am päpstlichen Hofe zur Bedeutungslosigkeit herabsank.[204]

Die momentane Übermacht des französischen Königs läßt sich auch am Schicksal des Aegidius Romanus ablesen. Als Papst Clemens V. am 28. Mai 1310 alle Zeugen, die im Prozeß gegen das Andenken Bonifaz' VIII. etwas zu sagen hätten, dazu aufforderte, trat Aegidius nicht hervor. Er schwieg sich offensichtlich aus; und wahrscheinlich war das auch das beste Mittel in der augenblicklichen Situation, wo der König das Feld beherrschte. Somit erlitt die Kirche keine Schaden, was das Prinzip der Rechtmäßigkeit der Papstabdankung betrifft. Insgesamt hielt Aegidius die päpstliche Linie ein, wonach gegen die Konzession der Verurteilung der Templer das Andenken Bonifaz' VIII. unbehelligt gelassen werden sollte. Die sich am 5.

---

[204]Mohler, *Die Kardinäle*, 210, 7 f., 15, 17, 139-141.

Mai 1313 anschließende Heiligsprechung vom Papst Cölestin V. - Peter vom Morrone - wäre hier ebenfalls als Beschwichtigung für den französischen König und seine Anhänger miteinzubeziehen.[205] Dreiundhalb Jahre danach ist Aegidius in Avignon aus dem Leben geschieden (22.12.1316).

---

[205]Eastman, "Das Leben," 336 f.

## III. EINLEITUNG ZUR KRITISCHEN EDITION

Handschriften und Überlieferung

Die Überlieferung von *De renunciatione pape* ist sehr schmal. Von den vier Zeugen gibt es nur zwei Handschriften.[1] Sie sind:

P = Paris, Bibliothèque Nationale, Codex latinus 3160, fol.86r-111v (ca.1312/20). Da dieser Codex auch andere Schriften vom gleichen Autor enthält: *Incipit liber Exameron Egidii, id est de operibus VI dierum,*fol. 1-65; *Incipit liber contra exemptionem,* fol.66-81v; und *Abreviatio libri: Cum totalis intentio libri contra exemptionem editi sit inquirere,* fol. 81v-85v, scheint er höchstwahrscheinlich ein Apograph zu sein.[2] Solch eine Zusammenstellung von Aegidius Schriften deutet darauf hin, daß sie als eine Textsammlung für die Universität Paris einst gedient haben muß. Zur Handschrift: Die letzten Blätter (110r-111v) sind schlecht erhalten und verdunkelt, wahrscheinlich durch Wasserflecken. Die Schrift ist kurz und gedrungen, typisch für das

---

[1]Vgl. Bruni, *Le opere,* 135 Nr.54; G. Boffito, *Saggio di Bibliografia Egidiana. Precede uno studio su Dante, S. Agostino et Egidio Colonna (Romano)* (Florenz 1911), 53 f.

[2]Vgl. *Bibliothèque Nationale: Catalogue Général des Manuscrits Latins,* Bd.4 (*Nr.3014-3277*), (Paris 1958), 254 f., für eine ausführliche Beschreibung dieser Handschrift. Nach einem Vergleich mit Beispielen aus dem "Manuscrits datés" würde ich P im ersten Viertel des 14. Jahrhunderts datieren, wohl zwischen 1310 und 1320. C. Samaran/R. Marichal, edd.: *Catalogue des manuscrits en écriture latine. Portant des indications de date de lieu ou de copiste,* (Paris 1959 ff.), enthält HSS datiert zwischen 1300/1310, die P ähnlich sind: Bd.II, Nr.37; Bd.III, Nr.81.

erste Viertel des 14. Jahrhunderts. Die Anfänge der jeweiligen Kapitel sind mit Initialen ausgestattet, wobei zwei Kolumnen eine Seite bilden.

V = Rom, Biblioteca Apostolica Vaticana, Codex latinus 4141, fol.1-50 (um 1400). Die Schrift ist eine gediegene und sorgfältig ausgeführte Kursive, typisch für den Anfang des 15. Jahrhunderts. Die Anfänge der jeweiligen Kapitel sind mit Initialen ausgestattet, wobei die Schrift die ganze Seite ausfüllt.

Zwei weitere Zeugen sind in der Gestalt von Druckausgaben erschienen:

b = Edition von Antonio Blado (Rom, August 1554), 1-34, die auf der Vatikan HS beruht. Auf Anregung des Erzbischofs von Salerno und ehemaligen Ordensgenerals der Augustiner-Eremiten, Girolamo Seripando (+ 1563), und des Kardinals und späteren Papstes Marcellus II, Marcello Cervini (+ April 1555), schuf Antonio Blado einen Sammelband von zwanzig Werken des Aegidius religiösen Inhalts, der als Ordensstudiensammlung konzipiert war.[3]

r = Edition von Juan Toma de Roccaberti (Rom 1695), die lediglich einen Nachdruck des Blado Textes darstellt.[4]

Zur Datierung: *terminus a quo*: 10.5.1297 - *terminus ante quem*: 3.3.1298. Nach der Aussage im Kapitel 24/2 des Traktats hat der Autor *De renunciatione pape* vor der Veröffentlichung der Dekretale im *Liber Sextus*

---

[3]Gutiérrez, "Gilles," Sp.387 f.; Um 1545 beschäftigte sich Cervini mit der Primatsfrage und seit 1548 spornte er Blado in seiner Tätigkeit an. Für Cervini, Kardinalprotektor der Augustiner-Eremiten, und Seripando war die Konstanz-Basler Theorie von der Superiorität des Konzils über den Papst ein Dorn im Auge. Daher mögen sie die Aufnahme von *De renunciatione pape* in den Aegidius-Sammelband für wünschenswert erachtet haben. Es ist bezeichnend, daß sowohl dieses Werk (21.8.1554) als auch *Contra exemptos* bei Blado zum ersten Mal im Druck erschienen sind. Vgl. Pastor, *Geschichte der Päpste*, VI, 334; H. Jedin, *Girolamo Seripando. Sein Leben und Denken im Geisteskampf des 16. Jahrhunderts*, 2 Bde. (Würzburg 1937), als *Cassiciacum* II/III; Über Seripando zu Martin Luther vgl. oben Teil I, Anm.91a; Über A. Blado (1490-1567) vgl. F. Barberi, "Antonio Blado," *Dizionario biografico degli Italiani*, Bd.10 (Rom 1968), Sp.753-757; G. Fumagalli, *Antonio Blado tipografo Romano del secolo XVI* (Mailand 1893); R. Ridolfi, "Nuovi contributi sulle 'Stamperie Papali' di Paolo III," *La Bibliofilia* 50 (1948), 183-197.

[4]Über Juan Toma de Rocaberti de Perelada (c.1624 - Juni 1699) geben die Standardwerke und Boase, *Boniface*, 175 Anm.6, Auskunft. G. Gieraths, "Rocaberti," *LThK*, Bd.8, Sp.1345, sieht das besondere Anliegen des Dominikaner-Ordensgenerals in der Verteidigung des Papsttums gegen den Gallikanismus und die Protestanten.

(1.7.1) abgeschlossen, also vor dem 3. März 1298.[5] Ob die Vermutung von
A. Maier stimmt, daß der Traktat vor der Veröffentlichung der dritten
Denkschrift der Colonna (15. Juni 1297) verfaßt worden sei, muß als
Möglichkeit hingestellt werden; es gibt jedoch keine anderen handfesten
Indizien, die für diese Annahme sprechen könnten.[6] Daher müssen wir uns
mit der Feststellung begnügen, daß die Ausführung und Fertigstellung dieses
Traktats zwischen dem 10. Mai 1297 - die Bekanntmachung des ersten
Manifests der Colonna - und dem 3. März 1298 liegen.

Die erste Nachricht über das Vorhandensein dieses Traktats ist in
dem Verzeichnis der päpstlichen Bibliothek vom Jahre 1311 enthalten.[7]
Dort heißt es: *Item capitula sive tractatus de renuntiatione pape editus a fratre
Egidio Bituricensi archiepiscopo, qui incipit in secondo folio 'noscant' et finit in
penultimo 'et fortem ad' et non est illuminatus et habet coperturam de grossa
carta alba.* Auf dem Transport von Perugia ging er im Jahre 1314 offenbar
bei Wirren in oder um Lucca verloren.[8]

Möglicherweise beruhen P und V auf einer solchen aus der
päpstlichen Bibliothek stammenden Abschrift.[9] Diese Abschrift, indirekt die
Vorlage von P und V, weist hinsichtlich der lateinischen Syntax
verhältnismäßig viele Verderbnisse auf. Man könnte sich fragen, wie solche
grammatische Fehler Eingang in die Vorlage fanden. Ob deren Schreiber

---

[5]Edition unten S. 355: *quod fiat statutum; Liber Sextus Decretalium D. Bonifacii Papae VIII. ...*
(Venetiis 1591), 134 f. - liber I titulus VII 'De renuntiatione' capitulum I. "Quoniam aliqui
curiosi disceptantes de his, quae & plura sapere, quam oporteat, contra doctrinam Apostoli,
temere appetentes, in dubitationem, an Romanus Pontifex (maxime cum se insufficientem
agnoscit ad regendem universalem ecclesiam, & summi Pontificates onera supportanda)
renunciare valeat Papatui: eiusque oneri, & honori, deducere minus providere videbantur:
Caelestinus Papa quintus ..."; vgl. Herde, *Cölestin V.*, 137 ff.

[6]Vgl. A. Maier, "Due documenti," 360 f. mit Anm.37; oben Einleitung S.(ix); In diesem
Zeitraum hat sich Nikolaus von Nonancour auch zur Frage der Papstabdankung geäußert.
Vgl. Maier, 352 ff., 360; Eastman, *Papal Abdication*, 69 f.

[7]Wenck, "Über päpstliche Schatzverzeichnisse," 270 ff.

[8]Ebd. 284.

[9]P und V gehen indirekt auf die gleiche Vorlage zurück. Vgl. Edition unten S. 198[r].

mit mäßiger Schulkenntnis des Lateins seine Vorlage bzw. das Original hin und wieder frei übertrug?

Die folgende Edition wird aus einem gemischten Text bestehen müssen, wo möglich, nach dem Wortlaut von P, da dieser dem Urtext am nächsten liegt; aber weil P häufig Zeilensprünge (Homoioteleuta) macht, wird aufgrund der resultierenden Lückenhaftigkeit V der Vollständigkeit wegen oft vorgezogen werden müssen. Die Lachmannsche Methode, die auf der Verwendung nicht kontaminierten Kodizes beruht, läßt sich hier nicht einwandfrei anwenden, da die Mängel einer zu erstellenden Vorlage aufgrund eines Vergleichs der beiden kontaminierten Handschriften nicht auf einen Urtext schließen lassen. Wie G. Pasquali meint, es kümmerte Lachmann nicht, wie ein Archetypus ins Mittelalter gekommen war.[10]

Um die Gedankengänge des Autors zu eruieren, muß man sich daher Freiheiten nehmen, dies mit bedingter Rücksicht auf die *lectiones difficiliores*, wobei das lexikalische Umfeld und die grammatische Form des in Frage stehenden Wortes bzw. Wörter von besonderem Gewicht sind. Andere Faktoren wie verwendete Quellen, Eigenarten des Autors, die Erkennung von kontaminierten Stellen und, wenn möglich, andere edierte oder unedierte zeitgenössische Dokumente, müssen berücksichtigt werden. In unserem Fall hätte die mechanische Anwendung der Lachmannschen Methode zu einer Annäherung der Vorlage bzw. des Archetyps von P und V geführt, die aber dem Urtext in mehrerer Hinsicht nicht entsprochen hätte. Der Grad der Kontaminierung bestimmt nämlich die Dimension der Kontaminierung des zu erstellenden Textes, die Entfernung vom Urtext also, aber weiter nichts.

Eine weitere Überlegung betrifft die Verbreitung des Traktats. In Rom ließ Aegidius oder Bonifaz VIII. eine oder mehrere Abschriften des Traktats anfertigen. Eine davon wurde nach Paris geschickt, woraus

---

[10]Zur Textkritik vgl. P. Maas, *Textkritik* (Leipzig [2]1950); G. Pasquali, *Storia della Tradizione e Critica del Testo* (Florenz [2]1952); S. Kuttner, "Editing Works of the Decretists and Decretalists," *Traditio* 15 (1959), 452-464; H. Fuhrmann, "Über Ziel und Aussehen von Texteditionen," *Mittelalterliche Textüberlieferungen und ihre kritische Aufarbeitung*, Beiträge der MGH (München 1976), 12-27; zur Lachmannschen Methode siehe auch Herde, "Marinus von Eboli," 167 f.

möglicherweise Johannes von Paris[11] und gewiß P schöpften. Eine in Rom verbliebene Abschrift des Traktats muß anläßlich des Wiederauflebens der Frage der Papstabdankung um 1400 von V in etwas feierlicher Weise abgeschrieben worden sein.[12] Seitdem ist diese Vorlage verschollen, während wir vom Original keine Nachrichten haben. In seinem ersten Testament vom 30. April 1310 hatte Aegidius Haus und Herrschaft über S. Martino di Campiano in der Diözese Savona dem Pariser Konvent seines Ordens in Aussicht gestellt. In einem zweiten Testament vom 19. Dezember 1316 vermachte er dem Pariser Konvent seine in Bourges befindlichen Bücher.[13] Ob die Vorlage seines Traktats S. Campiano in Savona vermacht wurde oder sich in Bourges befand, gibt es keine Auskunft.

### Zur Charakterisierung der Schreiber

P ist sicherlich ein Pecia-Schreiber französischer Herkunft aus dem Kreis des Pariser Universitätsbetriebs, der den oben erwähnten Apograph anfertigte. In der Orthographie gleitet er manchmal in die französische Variante ab. Der Schrifttyp ist eine urtümliche, kräftige gotische Minuskel.

V ist wohl ein kurialer Schreiber italienischer Herkunft. Er schreibt eine spätgotische Minuskel in gehaltener Kursive. Des Lateins ist er mächtiger als P.[14] Auf fol.6r und 7r haben wir eine seltene Gelegenheit, zwei Abschriften der gleichen Textstelle von gleicher Hand zu sehen. Hier

---

[11]Vgl. Edition unten Kap.III. Für ihn käme außer dem Aegidius' Traktat auch die "Determinatio" der Pariser Magister oder auch eine andere Abschrift der Einwände der Colonna in Betracht.

[12]Als Indiz für das neu erweckte Interesse an der Frage der Papstabdankung steht der Dominikaner Johannes von Falkenberg ein, der zur Zeit des Konzils von Pisa (1409) eine Schrift "De renunciatione pape" in Prag schrieb. Siehe J. Mirus, 235 Anm.14; Pastor, Geschichte der Päpste I, 144 Anm.5; Es wäre angemessen, die Entstehung von V nach dem Pontifikat Bonifaz' IX. anzusetzen, also nach dem 1.10.1404. Vgl. Franzen/Bäumer, Papstgeschichte, 254; Catalogue (wie Anm.2) enthält HSS datiert zwischen 1390/1415, die V ähnlich sind: Bd.I, Nr.64, 80; Bd. II, Nr.69,71; Bd.III, Nr.129.

[13]Vgl. Eastman, "Das Leben," 337.

[14]Über Mittellatein im allg. vgl. A. Önnerfors (hg.), Mittellateinische Philologie. Beiträge zur Erforschung der mittelalterlichen Latinität, WdF 292 (1975).

wird uns deutlich vor Augen geführt, wie Schreibfehler entstehen können.[15] P und V enthalten sehr oft dieselben Verderbnisse (S.146, S. 152 *specialem*, S.161 *in*, S.158 *XII*); diese Tatsache läßt auf eine gemeinsame Vorlage schließen.

## Die Orthographie

Der Schreibwert und Lautwert zwischen *t, c* und *s* sind fließend (S.143 *expulcio*, S.143 *intencionem*, S.243 *falsem* und S.260 *assenciendo*) so bei PV; (S.173 *concistere*, S.190 *locatur - c* statt *qu*, S.286 *mundicime*) so bei V, was für dessen italienische Herkunft spricht, wie auch S.144 *dirivatur*. Schreiber P hingegen ist eindeutig französischer Herkunft (S.203 *dissessit*, S.233 *descendente*, S.243 *falsem*). P nahm *designere* (S.174[w]) von seiner Vorlage, die diesen Italianismus enthielt, oder dieses Wort dient als Indiz, daß er möglicherweise romanischer Herkunft ist, also aus dem südfranzösischen Sprachraum.[16]

## Vergleich mit Ausgaben von anderen Werken des Aegidius

Es wäre hilfreich andere kritische Editionen heranzuziehen, um eine Grundlage für die Urteilsbildung zu schaffen, damit wir die richtige Orthographie für *De renunciatione pape* rekonstruieren können. Als erstes können wir den Traktat *Theoremata de esse et essentia* unter die Lupe nehmen. Edgar Hocedez hat dieses von Aegidius im Jahre 1278 geschriebene Werk 1930 kritisch ediert. Im *apparatus criticus* hat er

---

[15]Eastman, "Editing Medieval," 108 f.: "He transcribed fol.6r, beginning with '*quia, etsi duo passeres ...*' and repeated this passage on fol.7r for seventeen and a half lines before noticing this repetition when he then made the following comment in the text: '*ut inferiora in medio latere sequenti. aliud vacat.*' *va* is also written in the left-hand margin with a line connecting it with *cat* halfway down the page where the repetition ends." Zwischen der Lesart von V und V[1], der Wiederholung der Textstelle, gibt es 18 Varianten. Sowohl V als auch V[1] enthalten die richtige Lesung neunmal. Vgl. Edition unten S.161, 167.

[16]Für die schwer zu lesende Passagen in P - fol. 110 c Zeile 36, fol.111b Zeilen 5, 22, 43 - kam mir Mme. Marie-Héléne Tesnière von der Bibliothèque Nationale mit hilfreicher Auskunft entgegen.

orthographische Varianten notiert, aber da der kritische Text in klassischem Latein gedruckt wurde, haben wir kaum Anhaltspunkte für das mögliche Aussehen des mittellateinischen Textes.[17] Das zweite ist ein Brief, den Aegidius an einen Dominikaner Oliverius schrieb, *De differentia rhetoricae, ethicae et politicae*, von ca.1279. 1932 hat Gerardo Bruni ihn kritisch ediert. Bruni ist sehr hilfreich und im allgemeinen kann man den Lösungen, die er uns anbietet, zustimmen. Er verwendet *y* an der Stelle von *i* in der ersten Silbe von Wörtern wie *dyalectice* und *yconomicam*, und die *m*-Form in Wörtern wie *composita* und *comprehendere*. Auch hat er die Schreibweise für die von Aegidius verwendete Form des Wortes *rhetorica* beibehalten, *rethorica* nämlich. Wo Bruni *hujusmodi* mit einem *j* schreibt, würde ich ein *i* an dieser Stelle vorziehen.[18]

Schließlich gibt es den von Aegidius in den frühen 1270er geschriebenen Traktat *Errores philosophorum*, den Josef Koch 1944 kritisch ediert hat. Kochs Rezeption des Mittellateins ist in diesem Falle nicht sehr konsequent. Zum Beispiel schreibt er *nunquam* mit *n*, obwohl er die *m*-Form in *impossibilia, imponitur* und *compositam* verwendet. Er macht keinen Gebrauch von dem mittellateinischen E-ligatur, sondern behält das klassische *ae* in Wörten wie *aeternum, caelum* und *praeter* bei. Auch beim Wort *Christianum* behält er das *h* bei.[19]

Ein letzter Punkt betrifft die Verwendung von *t* oder *c* in den Nachsilben *-tia* und *-tio*. Bruni, Koch und Hocedez natürlich verwenden die *t*-Form, obwohl es anhand der mir zur Verfügung stehenden HSS eindeutig sein müßte, daß die *c*-Form in Wörtern wie *perfeccio, informacio* und *sapiencia* zu lesen ist; jedoch bei den Wörtern *perfectior* und *infecti* ist die *ct*-Schreibung ganz offensichtlich.[20]

---

[17]Eastman, "Editing Medieval," 109; Hocedez, ed., *Theoremata de esse et essentia.*

[18]Eastman, "Editing Medieval," 109;Bruni, ed., "De Differentia," 1 ff.

[19]Eastman, "Editing Medieval," 109; Koch/Riedl, edd., *Errores Philosophorum.*

[20]Eastman, "Editing Medieval," 109.

Zur Einrichtung der Ausgabe

Der handschriftliche Gebrauch von *v* und *u* (in HS V ggf. auch *w*) ist nicht beibehalten; vielmehr steht für den Konsonanten stets *v*, für den Vokal stets *u*.

Orthographische Varianten, die nicht im Apparat vermerkt sind:

| | |
|---|---|
| condempsetur P | condensetur V |
| dyaconum P | diaconum V |
| dyabolus P | diabolus V |
| eucarista P | eucharista V |
| glosa P | gloza V (gelegentlich) |
| hierarcia P | ierarchia V |
| inportant P | important V, (aber) inpugnare |
| in ... P | impossibile V |
| legittimus P | legitimus V |
| mysticus P | misticus PV |
| nunquam P | numquam V |
| paradysus P | paradisus V |
| syllogizat P | sylogizat V |
| sillogizat P | silogizat V |

Das Kürzel *pt* mit einem Querstrich über dem *p* bei V wird im kritischen Apparat und im Text grundsätzlich als *potest* aufgelöst, obwohl auch *possit* oder *posset* dafür gelesen werden könnten.

Fälle, die in den kritischen Apparat nicht durchgehend aufgenommen werden:

- expungierte oder getilgte Wörter, die nicht zum Verständnis des Textes beitragen.
- Emendationen nach *b* (Blado) werden nur von Fall zu Fall berücksichtigt.

- P formt sein *o* und *e* fast gleich (S.149 *excellit*). Daher werden solche zu verwechselnde Lesungen nicht unbedingt vermerkt.
- die Schreibung *iuridiccio* (S.171 f.) bei V.

Andere Bemerkungen: Typisch für das Mittelalter ist die Schreibweise ex*s*poliata (S.145) und ex*s*poliari (S.169). Der Italianismus *intendimenta* (S.333) stammt vom Autor Aegidius selbst.

### Die Druckausgaben

V diente als Vorlage für den Blado-Druck. Gegen eine andere Vorlage spricht die Übereinstimmung der Homoioteleuta und der Wortwahl (S.181 *excipere*). Der Editor Blado ließ den Text nach den Prinzipien des klassischen Lateins durch die Augustiner-Eremiten Augustin Moreschini und Fabriano de Gênes emendieren.[21] Sie haben lückenhafte Bibelzitate und Stellen aus den kanonischen Rechtsbüchern ergänzt und verderbte Textstellen berichtigt. Daher wird wohl ihr Rigorismus bei der Herstellung eines sauberen lateinischen Textes verantwortlich für die meisten Abweichungen des Druckes von V sein.[22] Die Auflösung des Kürzels *cata* mit einem waagerechten Strich über dem *c* (V fol.15v) in der Überschrift von Kapitel IX und im folgenden Text haben die Redaktoren Blados mit *causata* wiedergegeben. Diese Auflösung ist an dieser Stelle nicht stichhaltig, weil dieses Kürzel im Text mit *creata* ausgeschrieben wird. Daher ist die Bemerkung von F.X. Seppelt, *Studien*, 41 Anm.1, nicht zutreffend.

Der Roccaberti-Druck ist ohne Zweifel ein mangelhafter Abdruck des Blado-Textes. Daher trägt er nichts zu näherer Klärung der Überlieferungsproblematik bei. Lediglich fügt er neue Randglossen zu den Glossen der Blado-Ausgabe hinzu.

---

[21]Vgl. Gutiérrez, "Gilles," Sp.387; zu A. Moreschini vgl. H. Jedin, "Agostino Moreschini (+1559) und seine Apologie Augustins," *Aurelius Augustinus. Die Festschrift der Görresgesellschaft, zum 1500. Todestage des hl. Augustinus*, edd. M. Grabmann/J. Mausbach (Köln 1930), 137-153.

[22]Für die Divergenz zwischen P und V vgl. unten S.341[c]. Für die rigorose Emendierung durch *b* vgl. dort wie auch S.341[y].

Die Handschriften/die Druckausgaben: Eine Bilanz

Wenn wir den Begriff Variantenträger von P. Maas übernehmen, sehen wir Folgendes: Von den vier Variantenträgern P, V, *b* und *r* hat Variantenträger P den reineren Text. Er besitzt einen genaueren Stil, enthält jedoch zahlreichere *lacunae*. Variantenträger V ist vollständiger aber ungenauer. Subvariantenträger *b* (Blado) benützt V, den er emendiert, zeitweise, sehr rigoros. Subvariantenträger *r* (Roccaberti) ist lediglich ein Nachdruck von *b* (Blado). In groben Zügen läßt sich sagen, daß P daher als Vorlage für die kritische Edition zugrunde gelegt wird mit der Heranziehung von V.

Die von Aegidius benützten Werke im *Apparatus fontium* vermerkt

Auffallend ist die Tatsache, daß die von Aegidius verwendeten Zitate aus den Werken des Aristoteles nicht immer nach den Ausgaben Bekkers und des 'Aristoteles Latinus' erkennbar sind. Da Aegidius in den siebziger Jahren des 13. Jahrhunderts beinah das gesamte seinerzeit bekannte aristotelische Schrifttum kommentiert hatte, hat er bei der Niederschrift von *De renunciatione pape* in Rom nicht unbedingt auf die Übersetzungen des Stagiriten zurückzugreifen brauchen. Er paraphrasiert den Philosophen sehr stark, und daher sind die unmittelbaren Zitate nur vereinzelt erkennbar.[23] Für Pseudo-Dionysius Areopagita benützt Aegidius die lateinischen freien Übertragungen von dessen Werken durch Thomas Gallus (+ 1246), den Abt von S. Andreas in Vercelli.[24] Er scheint auch die Übersetzungen durch Johannes Sarracenus (um 1167) benützt zu haben, wie Albertus Magnus und Thomas von Aquin vor ihm.[25]

---

[23]Bartolus von Sassoferrato (+ 1357) bemerkte, daß Aegidius das aristotelische Werk viel klarer bringt als die Übersetzungen. Scholz (ed.), *De ecclesiastica*, XII Anm.5.

[24]Vgl. Edition Kap.X/6, S.386; G. Théry, "Recherches pour une édition grecque historique du Pseudo-Denys," *The New Scholasticism* 3 (1929), 353-443; Ders., "Thomas Gallus. Aperçu biographique," *AHDLMA* 12 (1939), 141-208.

[25]Vgl. M.-D. Chenu, *Das Werk des Hl. Thomas von Aquin* (Graz 1960), 259.

Für die Verifizierung von Zitaten waren die in den HSS und Druckausgaben befindlichen Marginalien hilfreich. Interne Kriterien waren auch nützlich, wo Aegidius beispielsweise den betreffenden Autor, Werk, Buch und Kapitel zitiert hatte. Von den zitierten Quellen kam die Bibel am häufigsten vor,[26] gefolgt von Stellen aus dem kanonischen Recht,[27] Aristoteles,[28] hl. Augustinus,[29] Pseudo-Dionysius Areopagita,[30] Petrus Lombardus[31] und Huguccio.[32]

Einige technische Angaben:

<     > =   In spitzen Klammern stehen die einleitenden Ergänzungen der Kapitelüberschriften, die Kapitelzählungen und Auflösungen von Abkürzungen im kritischen Apparat, deren Buchstabenbestand nicht eindeutig ist.

[     ] =   In eckigen Klammern stehen Interpolationen im Text.

korr.   =   korrigiert.

---

[26]Von den biblischen Büchern waren am häufigsten zitiert: *ad Hebraeos* (18 Stellen/29mal), *ad Corinthios I* (9 Stellen), *Psalmi* (7 Stellen/ 9mal), *secundum Matthaeum* (7 Stellen/ 8 mal), *secundum Lucam* (6 Stellen), *ad Romanos* 13.1 (4mal), *Isaias* (4 Stellen/ 5mal), und *Iob* (4 Stellen).

[27]Aus dem kanonischen Recht wurden 15 Stellen aus dem Dekret und den Dekretalen und 4 Stellen aus den dazugehörigen Glossen zitiert, insgesamt 36mal. *Liber Extra* 1.7.2. wurde allein 8mal angeführt. Für die Auffindung einer Stelle des kanonischen Rechts wurde Stephano Daoyz, *Juris pontificii summa seu index* (Mediolani 1745) zu Rate gezogen. Vgl. Edition Kap.VIII, S.195.

[28]Acht Werke, 16 Stellen wurden 22mal zitiert: *Ethica* (4 Stellen/7mal), *Metaphysica* (3), usf.

[29]Neun Werke, 16 Stellen wurden 22mal zitiert: *De civ. Dei*(5 Stellen/8mal), *Confessiones* (1 Stelle/2mal), *De Trinitate* (1 Stelle/3mal), usf.

[30]Zehnmal zitiert: *De ecclesiastica hierarchia* (3 Kapitel/7mal), *De divinis nominibus* (2mal), usf.

[31]Zehnmal zitiert: *Libri IV Sententiarum* (7 Stellen/9mal), usf.

[32]Seine *Summa ad Decretum* wurde 4mal angeführt.

# DE RENUNCIATIONE PAPE

Parisiensis B.N. lat. 3160 (fol.86 ra - 111 va) = P.
Vaticanus latinus 4141 (fol.1 r - 50 r) = V.

## < Capitulum I >

　　　　De[a] renunciatione pape

Capitulum primum, in quo est prologus huius libri, ubi ostenditur, que fuit necessitas componendi hunc librum, in quo agitur, quod papa renunciare potest.

*Non[a] ei placebit vecordia sua et sicut tela aranearum fiducia eius*[b].[1] Quidam moderni temporis de suo sensu nimium presumentes quasdam raciones sophisticas[2] ad includendum[d] mentes fidelium ediderunt[e]. Exinde confidentes de sua vecordia in summum nostrum pontificem[f] sanctissimum patrem dominum Bonifacium papam VIII[3] divina providencia verum dei vicarium[4] ac sacrosancte Romane et[g] universalis ecclesie sponsum[5] legitimum impugnare sunt conati.

Contra quos in persona dei dici potest verbum propositum, quod legitur Iob VIII,[6] quod *non placebit ei*, id est deo, *vecordia sua*, id est insipiencia sua, et *sicut tela aranearum fiducia eius*, id est cuiuslibet eorum. Dicitur enim esse vecors[ga] vel dicitur habere vecordiam, qui habet ve in corde, id est qui habet malum in corde.[7] Itaque sicut in istis sensibilibus, qui haberet malum in oculis suis, non bene videret, qui sunt sensibilia, sic qui habet vecordiam et qui habet malum in corde, non bene percipit, que sunt intelligibilia.[8] Et quia ex hoc dicitur[gb] quis insipiens, quia habet obscuratum cor et non bene percipit huiusmodi intelligibilia, ipsa vecordia, de qua tractatur in auctoritate proposita[h], insipiencia dici potest.

---

[a] Incipit liber sive tractatus de P.　[b] Non - eius *mit Tinte unterstrichen* P.　[d] involvendum P.　[e] eddiderunt P.　[f] pontificum P.　[g] ac P.　[ga] vecordia V.[gb] dicit V.　[h] proponit P; propositus V.

[1] Iob 8,14　[2] Gemeint sind wohl die Pariser Juristen. Vgl. Eastman, *Papal Abdication*, 60 ff.　[3] In seinem Auftrag schrieb Aegidius diesen Traktat. Vgl. oben S.8.　[4] Zur Bezeichnung 'Vicarius dei' vgl. Miethke, 597; Ullmann, *Medieval Political*, 78; Wilks, 168 Anm.3; Aeg. Rom., *De eccl. pot.*, ed. Scholz, 190 ff.; Smolinsky, 351 ff.　[5] Zum Bischof als 'sponsus' der Kirche vgl. Eastman, *Papal Abdication*, 95 ff.　[6] Iob 8,14　[7] Vgl. Isidor v. Sevilla, *Etymologiae*, ed. Lindsay, 279.　[8] Dazu vgl. Egenter, 6, 56 f.; Zumkeller, 179; Schmaus, 206.

Vere ergo predicti homines de sua vecordia sunt confisi[i], quando credunt[j] raciones facere efficaces: Tela aranearum est eorum fiducia,[9] quia aranearum telas texere convincuntur. De quibus dici potest, quod dicitur Ysaie LIX,[10] quod *telas*[k] *aranee texuerunt*[l].

Omnis enim verborum ordinacio, quia[m], si ordinate proferuntur verba, sibi invicem sunt connexa, textura quedam merito nuncupatur. Et exinde communiter inolevit, quod liber aliquis, ubi ordinata et connexa sunt verba, textus esse dicitur[n]. Sed textura huius libri[o] aliquando est ferrea et[p] quasi adamantina, secundum quem modum Proclus in De divina providencia[11] volens commendare Platonem dicens, quod *Plato adamantinis*, ut est dicere, *sermonibus nos cogit*. Ille quidem cogit aliquos adamantinis sermonibus, qui racionibus inrefragabilibus, que[r] frangi[r] non possunt, auditores coget[ra] suis sermonibus consentire. Sed licet aliquando ita sit, ut textura verborum possit dici ferrea vel adamantina, multocies[s] tamen vel ex malicia affectus intelligencium[t] excecante vel ex ignorancia racionis mentem obscurante verba prolata et raciones confecte sunt sicut tele aranearum, que sic rumpuntur de facili, quod inefficaces esse liquido decernantur.

Verum quia, quamvis aranearum tela sic scindatur faciliter, aliqua tamen animalia debilia, quantumcumque sint aliis[u] dotata, quibus super terram sunt apta[v] nata efferri, aranearum eciam telis, ut visibiliter percipimus, capiuntur, sic et multi hominum, licet[w] alas habeant racionis, quibus hec terrena debent volatu transcendere, illas quidem alas habent in tantum debiles, ut texturis verborum invalidis et racionibus debilibus capiantur, que telis aranearum similes esse cernuntur.

Hinc ergo apparere potest, que fuit necessitas, que nos movit ad componendum tractatum huiusmodi, ut solveremus raciones quasdam, quod summus pontifex renunciare non potest, factas[x] per prefatos viros de sua

---

[i] confissi PV. [j] credentes PV. [k] telis V. [l] texerunt V. [m] quod P. [n] dicatur P. [o] *fehlt* V. [p] *fehlt* P. [r] *fehlt* V. [ra] cogit V. [s] multociens V. [t] intellectum P. [u] aliis P. [v] acta P. [w] liceat V. [x] factus P.

[9] Is 59,9  [10] Is 59,9  [11] Proclus Diadochus: *Tria opuscula* (*De providentia, libertate, malo*), ed. Boese, 3.

vecordia confidentes. In quo eciam tractatu obviamus quibus-/ (**fol.86 rb**) dam aliis additamentis,[12] que eciam super vecordia sunt fundata. Nam etsi omnia talia sunt tele aranearum, tamen, quia debilia volatilia aliquando telis talibus involvuntur, bonum est telas disrumpere antedictas, ut ceteri / (**fol.lv**) Cristiani tamquam vera membra summum presulem dominum Bonifacium suum caput legitimum recognoscant.

Hec ergo vecordia, super qua [argumenta][y] huiusmodi sunt fundata, minime placet deo, et qui tales telas ordiri vel texere sunt conati[z], non divino consilio nec divino spiritu movebantur. Ipsi ergo sunt desertores filii, quia deserunt summum patrem et vias aliorum tenere fidelium[a] contempserunt. Istis igitur sic habentibus "ve"[b] in corde non facientibus secundum divinum consilium nec ordinantibus telam secundum divinum spiritum dici potest, quod dicitur Ysaie XXX:[13] *Ve,*[c] *filii*[c] *desertores, dicit dominus, ut faceretis consilium*[d] *et non ex me et* ordinemini[e] *telam*[f] *non per spiritum meum.*


## \<Capitulum II\>

Capitulum II. Quis sit ordo dicendorum.

Dixerunt philosophi duplex esse *opus scientis*, id est sapientis, in unaquaque[g] re:[1] *Non mentiri, de quibus novit*, veritatem asserendo, et *mentientem*[h] *manifestare posse* falsitatem destruendo; hec enim duo - veritatem asserire et falsitatem destruere - sunt duo opera sapientis in omni negocio. Hec autem dicimus, non quod simus illius demencie, quod inter sapientes nos connumerare velimus; dicimus tamen nos sapienciam diligere et, quantum humana fragilitas sinit, sapientes imitari velle. Nec est[i] arrogancie verbum, quod quis dicat se velle imitari sapientes, cum et

---

[y] cumque P; queque V. [z] ornati P. [a] *fehlt* P. [b] ut V. [c] *fehlt* P. [d] concilium V. [e] ordiremini Vulgata. [f] *folgt* et Vulgata. [g] unaqueque V. [h] mensientem P. [i] eciam P.

[12] Über das Wort 'additamentis' vgl. Seppelt, *Studien*, 45 Anm.1. [13] Is 30,1 [1] Aristoteles, *De sophisticis elenchis*, ed. Dod, 6 (165 a25 ff.).

142

apostolus Paulus ad Ephesios V[2] ad imitandum[j] deum, qui est ipsa sapiencia, viriliter nos inducat dicens: *Estote ergo imitatores dei, sicut filii karissimi*[k]. Et quia debemus in omni negocio sapientes[l] pro viribus imitari, ideo in hoc tractatu, quem habemus pre[m] manibus[m], in quo[n] declarare intendimus, quod summus pontifex potest suo officio sive sue iurisdiccioni[o] cedere, ut per[p] cessionem desinat esse papa, et[q] non[qa] amplius habeat iurisdiccionem papalem[qa]. [Nam] volumus[qb] illud duplex opus sapientis pretactum[qb] pro viribus exercere, videlicet non mentiri, de quibus novimus, veritatem asserendo et mentientes manifestare falsitatem destruendo.

Sed hiis dictis, ut habeamus ordinem dictorum, de quo agitur in hoc capitulo, oritur nobis racionalis questio, quod predictorum operum[r] primum[r] est faciendum. Utrum[t] prius sit extirpanda falsitas quam veritas[u] declaranda[ua] an pocius econverso? Huic autem questioni videntur satisfacere verba philosophi.[3] Nam prius ait, quod *opus sapientis* est *non mentiri, de quibus*[v] *novit*[va], quod[vb] pertinet ad declaracionem veritatis, et postea subdit,[4] quod *opus* sapientis sive[w] *scientis*[x] est *mentientes manifestare*[y], quod pertinet ad extirpacionem falsitatis. Igitur prius erit declaracio veritatis[z] quam extirpacio falsitatis. Sed ille modus prioritatis non satisfacit questioni nostre, de qua agitur in hoc capitulo. Certum est enim, quod declarare veritatem est prius quam extirpare falsitatem, sed non oportet, quod sit prius tempore vel prius in execucione, sed est prius in intencione. Nam extirpacio falsitatis est propter seminare et inserere veritatem. Et quia declaracio veritatis in hoc negocio se habet[a], finis oportet,

---

[j] dim[an]dum P. [k] carissimi V. [l] sapientis P. [m] primo iubet V. [n] qua P. [o] iurisdiccioni V. [p] post V. [q] ut P; Nam V. [qa] non - papalem *fehlt* V. [qb] volumus - pretactum *fehlt* P. [r] prius V. [t] verum dicit P; ut verum *und* queritur *als Randglosse von anderer Hand* V. [u] *fehlt* V. [ua] *fehlt* P; declarando V. [v] qua V. [va] venit P; *folgt* veritatem V. [vb] *folgt* non P. [w] *fehlt* V. [x] sanctitatis P; *fehlt* V. [y] manifeste P. [z] veritas P; virtutis V. [a] *folgt* ut PV.

[2] Eph 5,1; vgl. Arist., *Ethica* IX,11 (1171 b12). [3] Arist., *De sophisticis elenchis* (165 a25) vgl. oben Anm.1; DERS., *Rhetorica* I,12 (1355 a21); DERS., *Ethica* VII,15 (1154 a23 f.). [4] Arist., *De soph. elenchis* (165 a26).

quod hoc sit prius[b] in nostra intencione, quia prius debet esse intentus finis quam ea, que sunt ad finem.

Vel si volumus loqui de prioritate, sicut loquitur Augustinus XII Confessionum,[5] ubi distinguit modos prioritatis, dicemus, quod declarare veritatem est prius eleccione; non tamen oportet, quod sit prius tempore vel prius in execucione. Nam et flos precedit fructum et fructus florem, ut idem ibidem Augustinus tangit,[6] quia flos precedit fructum[c] tempore, et secundum execucionem natura quidem prius exequitur et prius / (fol.86 va) facit flores et postea fructus; sed fructus precedit florem eleccione, quia eligibilior est fructus flore.

Vel possumus tercio dicere, quod declaracio veritatis est prius extirpacione falsitatis perfeccione, quia hoc est perfeccius quam illud.[7] Igitur si philosophus[8] enumerando[d] prefata opera prius locutus est de assercione / (fol.2 r) veritatis quam de[f] destruccione falsitatis, non[g] propter hoc soluta est questio nostra, ut sciamus, quo ordine procedendum est in hoc tractatu, utrum debeamus ipsum incipere a declaracione veritatis et consumpmare ipsum in destruccione falsitatis vel[h] pocius econverso. Nam si philosophus[9] prius locutus est de declaracione veritatis quam de destruccione falsitatis[h], dicere possumus, quod illa prioritas referenda est ad prioritatem secundum intencionem vel secundum[i] eleccionem vel secundum perfeccionem?. Nam hoc[j] est eligibilius et debet esse, quid magis intentum. Sciendum ergo[k], quod hec duo secundum unum modum accipiendi sunt simul tempore, et secundum alium modum accipiendi possunt esse non simul tempore. Sunt enim simul tempore, quia insercio veritatis et amocio falsitatis se videntur habere ad intellectum, sicut induccio forme proposite et expulsio[l] forme

---

[b] primum V. [c] folgt ein langgezogener Strich (Beginn einer Folioseite der Vorlage) V. [d] enumerator P. [f] fehlt PV; ergänzt nach b. [g] nam P. [h] vel - falsitatis fehlt P (Homoioteleuton). [i] fehlt P. [j] folgt est perfectius P. [k] fehlt P. [l] expulcio PV.

[5] Augustinus, Confessiones XII,29 (PL 32,842), ed. Verheijan, 239. [6] Ebd. [7] Vgl. Thomas von Aquin, Summa theologiae I q.17 a.4; I q.42 a.3. [8] Vgl. oben Anm.3 und 4. [9] Vgl. oben Anm.3 und 4.

opposite se<sup>m</sup> habent<sup>m</sup> ad materiam. Expellendo enim formam oppositam a materia inducimus in eam formam propositam, et econverso. Sic et in proposito<sup>n</sup> destruendo falsitatem aliquomodo affirmamus veritatem, et econverso, propter quod sic loquendo de hiis duobus operibus erunt simul tempore. Sed si queratur accipiendo hec duo opera, ut sunt simul tempore, utrum sit inter ea aliquis modus<sup>o</sup> prioritatis<sup>o</sup>, dici potest, quod<sup>p</sup>, ut tetigimus<sup>q</sup>, idem est de veritate inserenda<sup>r</sup> in animo et<sup>s</sup> falsitate<sup>s</sup> expellenda ab eo, et de forma proposita introducenda in materia et de opposita expellenda, quia, licet illa<sup>t</sup> sint<sup>u</sup> simul<sup>u</sup> tempore, tamen origine<sup>v</sup>, generacione et natura se precedunt.

Dicimus enim, quod unum precedit alium natura, id est naturali intelligencia et naturali origine sive naturali generacione. Simul enim tempore facta fuerunt sol et splendor, quia statim, cum fuit sol, incepit splendere, tamen natura, id est naturali intelligencia, sol precessit suum splendorem. Naturale est enim, quod prius intelligamus solem esse factum et postea intelligamus ipsum splendere. Sic eciam naturali origine vel naturali origine vel naturali generacione sol precedit splendorem, quia, cum natura splendoris derivetur<sup>w</sup> a natura solis, naturale est, quod prius fuit<sup>x</sup> faccio et generacio solis et postea fuit splendor ortus ab eo.

Secundum hunc autem modum loquitur Augustinus XII<sup>z</sup> Confessionum,[10] quod sonus et cantus sunt simul tempore, sed sonus est prior cantu origine. Cantores enim simul<sup>a</sup> tempore<sup>a</sup> emittunt sonum et cantant; sed cum cantus sit modulacio soni<sup>b</sup> - quia hoc est cantus: sonus modulatus -, cum modulacio soni sit quedam proprietas eius, quia subiectum naturali origine et naturali intelligencia est prius sua proprietate, ideo dictum est, quod origine et generacione et eciam natura sonus precedit cantum, licet sint simul tempore.

---

<sup>m</sup> habent se V. <sup>n</sup> proposita P. <sup>o</sup> prioritatis modus V. <sup>p</sup> quia P. <sup>q</sup> tetigamus V. <sup>r</sup> inserendi V. <sup>s</sup> *hinter* veritate P. <sup>t</sup> *fehlt* P. <sup>u</sup> simul sint V. <sup>v</sup> ordine V; *folgt* generate V. <sup>w</sup> dirivatur V. <sup>x</sup> fuerit *und folgt* fuit *gestrichen* V. <sup>z</sup> VII P. <sup>a</sup> prius V. <sup>b</sup> sonus V.

<sup>10</sup> Augustinus, Confessiones XII,29 (PL 32,843), ed. Verheijan, 239.

Que si velimus[c] ad propositum adaptare[d], dicemus[e], quod naturali origine et naturali intelligencia expulsio[f] forme opposite uno modo precedit introduccionem forme proposite, et alio modo econverso. Sic et expulsio falsitatis ab animo secundum unum modum precedit introduccionem veritatis, et secundum modum[g] alium[g] econverso. Nam hec expulsio et introduccio formarum vel comparantur[h] ad materiam, que exspoliata una forma induitur[i] alia, vel comparantur ad agens, qui introducendo unam forman expellit aliam. Si ergo hec duo comparantur[j] ad materiam, quia forma proposita non potest esse in materia nec[k] potest habere locum in ea, nisi expellatur inde forma opposita, ideo quantum ad materiam prius[l] est expulsio forme opposite quam introduccio proposite.

Sed[*] si hec comparantur ad agens, quia, cum agentis sit imprimere, sicut[m] materie est recipere, / (fol.86 vb) quia materia non potest[n] recipere, / (fol.2 v) nisi prius evacuetur[o], ideo secundum naturalem nostram intelligenciam prius[p] materia[q] evacuatur[q] et exspoliatur quam[r] induatur[s] et perficiatur, sic, cum agentis sit imprimere, sicut[u] materia[v] recipiendo perficitur, sic agens imprimendo perficit[*]. Agens ergo imprimendo formam propositam expellit oppositam, materia[x] autem, quia evacuatur a forma opposita, ideo[y] induitur proposita; eapropter respectu materie prius est exspoliari quam indui, respectu autem agentis prius est induere quam exspoliare. Sic et de veritate et falsitate, ut, si sit falsitas sive error in animo et aliquis velit inde expellere falsitatem, quantum est ex parte animi, prius est expellenda[z] falsitas quam inducatur veritas, sed quantum est ex parte agentis - cum agens sive doctor expellat falsitatem inducendo veritatem -, prius intelligitur[a], quod agens veritatem[b] inducat[c] quam quod falsitatem expellat[d].

[c] volumus P. [d] aptare V. [e] dm *mit Kürzel über dem m* P. [f] exspoliata P. [g] alium modum V. [h] comp<ar>avit P. [i] introducitur V. [j] comparamus P. [k] *fehlt* P. [l] primum V. [m] sic V. [n] est P. [o] evacuatur V. [p] primo V. [q] evacuatur materia V. [r] quod P. [s] introducitur V. [u] sic V. [v] *folgt* est P. [*] Satz unvollständig. [x] materiam P, [y] in deo P. [z] expellere PV. [a] intelligit<ur> P; intellige V. [b] *fehlt* P. [c] *hinter* falsitatem V. [d] expellit V.

Hiis itaque prelibatis patet, quomodo loquendum est de prioritate et posterioritate, prout hec duo sunt simul tempore. Sed[e] possumus loqui de hiis duobus eciam prout tempore[e] se precedunt[f]. Dicemus[g] enim, quod[h] declarando aliquid duo sunt ibi fienda, videlicet argumenta ad oppositum destruere et argumenta ad propositum construere. Et licet utrumque faciendo destruatur[i] falsitas et asseratur[j] veritas, quia et qui solvit argumenta opposita, falsitatem destruit et veritatem asserit, et eciam qui construit argumenta proposita, quodammodo utrumque facit, attamen in destruendo argumenta opposita magis videmur exstirpare falsitatem, in construendo autem argumenta proposita magis videmur asserere veritatem. Hoc ergo[l] modo[l] veritatem asserere et falsitatem destruere possunt se invicem tempore precedere, quia potest quis primum[m] argumenta opposita destruere et postea proposita[n] construere, et potest eciam econverso. In hoc ergo stat questio nostra principaliter, an sint argumenta opposita per adversarios facta prius solvenda, ut destruatur falsitas, et postea sint[o] argumenta proposita construenda, ut asseratur[p] veritas, vel fiendum sit econverso?

Advertendum itaque, quod, si instruendi per doctrinam aliquam non essent ipsi infecti nec infecissent alios[q], racionabiliter posset[r] dubitari, a quo esset[s] inchoandum, utrum ab informacione[t] veritatis argumenta ad propositum[u] construendo vel ab expulsione falsitatis argumenta opposita dissolvendo; sed si instruendi per doctrinam aliquam vel si compellendi ad confitendum aliquam veritatem sunt infecti vel, quod peius est[v], si alios[w] infecerunt, quia animus infectus non recipit doctrinam nisi expulsa infeccione, rebus sic se habentibus primum[x] est expellenda[y] falsitas et infeccio ab animo dissolvendo argumenta opposita et postea inserenda est veritas construendo et firmando argumenta proposita, quia, ut vult

---

[e] Sed - tempore *fehlt* P (Homoioteleuton). [f] precedenti P. [g] dicimus V, [h] *folgt* in P. [i] destruitur V. [j] asseritatur V. [l] modo ergo V. [m] prius P. [n] composita P. [o] sit P. [p] asseritatur V. [q] alias PV. [r] posse PV; *ergänzt nach* b. [s] esse P. [t] infeccione P. [u] proposita V. [v] *fehlt* P. [w] aliqui V. [x] prius P. [y] compellenda P.

philosophus in Rethoricis,[11] *oportet facere* locum *future* oracioni. Animus ergo falsitate plenus non potest veritate repleri, nisi prius inde falsitas expellatur, sicut vas amaritudine plenum non potest repleri dulcedine, nisi prius amaritudine[a] inde[a] evacuetur[a+]. In vase enim amaritudine[a+] repleto non est locus, ubi recipiatur dulcedo.[12]

Si ergo volumus facere locum dulcedini recipiende, sunt inde prius amaritudines repellende[b]. Sic cum est in animo[c] error et falsitas, non est ibi locus, ubi recipiatur veritas, nisi inde falsitas expellatur; quilibet enim abhominatur quodcumque contrarium. Ita[d] prius ostendendum est adversario, quod sua dicta sunt falsa, ut ex hoc possit acquiescere veritati. Etsi dicatur, quod sic arguentes vel sic[e] asserentes[e] non credunt corde, quod proferunt ore - quod in hac materia credimus verum esse, ut eciam[f] ipsi huic veritati[g] / (**fol.87 ra**) adversarii corde / (**fol.3 r**) non credant[h], quod ore pronunciant -, dicemus[i], quod tanto magis est, cum eis prius extirpanda sit falsitas[j] et sint[k] dissolvenda eorum[l] argumenta[l] opposita quam sit[m] construenda proposita, quia tales pertinaciores esse consueverunt in eorum dictis quam alii.

Hiis itaque omnibus enarratis hoc ordine procedemus in hoc tractatu, quia primo enarrabimus argumenta opposita huic veritati, quod papa renunciare potest. Secundo illa argumenta opposita dissolvemus. Tercio, quia adversarii preter falsitatem, quam asserunt, quod papa renunciare non potest, aliqua eciam alia plura superaddiderunt, ideo illa superaddita enunciabimus. Quarto hiis superadditis obviabimus, ex quibus omnibus

---

[a] inde amaritudine P. [a+] evacuetur - amaritudine *fehlt* P (Homoioteleuton). [b] expellende P. [c] animis P. [d] ideo P. [e] satisfacientes V. [f] et V. [g] *folgt* et P. [h] credunt V. [i] dicimus V. [j] *hinter* prius P. [k] sunt PV. [l] argumenta eorum *doppelt* P. [m] habent P.

[11] Aristoteles, *Rhetorica* III,14 (1414 b19,21,25 f.), ed. Schneider, 149; vgl. ebd. I,1 (1350 a 20 ff.), ed. Schneider, 5f. [12] Vgl. Aristoteles, *Physica* IV,7 (213 a30 ff.).

destruetur[n] falsitas. Quinto et ultimo faciemus argumenta et raciones ydoneas ad nostrum propositum, quod papa renunciare possit, ex quibus declarabitur veritas. Quo facto[o] imponemus finem hiis nostris dictis et consumabimus opus nostrum.

## < Capitulum III >

Capitulum[p] III, in quo ponuntur duodecim raciones, quas faciunt adversarii[q] veritatis, quod papa renunciare non[r] potest[p].

Premisso itaque ordine[s] dicendorum volumus exequi hunc tractatum secundum ordinem[t] pretaxatum, secundum quem ordinem primo ponende sunt raciones, quas faciunt adversarii nostri (et[u] in hac parte adversarii veritatis) volentes[v] probare, quod papa renunciare non potest[w].

Quarum racio prima[1] ex[x] eo[x] sumitur[x], quod papatus, ut dicunt, a solo deo est, sed que a deo vel ab alio[y] superiori committuntur, a nullo possunt inferiori removeri; et sic papalis potestas[z], que[a] a solo deo committitur, a nullo inferiori removeri posse videtur.

Secunda racio[2] sumitur[c] ex eo, quia nullus potest auctoritatem et[d] potestatem[d] aliquam[e] auferre, quam conferre non potest, sed auctoritatem papalem nullus conferre potest nisi deus, ergo neque eam auferre. Sed si teneret renunciacio, auferretur[f] papalis potestas; ergo renunciacio non[g] videtur fieri posse.

---

[n] destrueretur V. [o] facte P. [p] Capitulum - potest *am Rande eingefügt:* Capitulum tercium declarans quomodo omnis potestas et specialiter ecclesiastica potestas *getilgt* V. (Vgl. 4. Kapitel). [q] *folgt* nostri nec non et a distinccio P. [r] *über der Zeile* P. [s] ordinem P. [t] *fehlt* V. [u] cum V. [v] volentis PV. [w] possit P. [x] sumitur ex eo V. [y] aliquo V. [z] dignitas *ed. Leclercq, 251, ed. Bleienstein, 197 (Vgl. unten Anm.1).* [a] quo V. [c] *fehlt* P. [d] vel dignitatem V. [e] *folgt* spiritualem *ed. Denifle, 510 (Vgl. unten Anm.1).* [f] auferetur P. [g] *hinter* fieri V.

[1] Vgl. Denifle, *Die Denkschriften,* 510 ff., für einen Abdruck der Einwände der Colonna, die Aegidius in fast gleichem Wortlaut wiedergibt. Bzgl. einer anderen Abschrift dieser Einwände vgl. Johannes von Paris, *De potestate regia et papali,* ed. Leclercq, und ed. Bleienstein, die einige Abweichungen von P, V und ed. Denifle enthalten, von welchen einige im kritischen Apparat vermerkt werden. Zu den Einwänden vgl. Eastman, *Papal Abdication,* 62 ff. [2] Ed. Denifle, 510.

Tercio racio[3] eciam decretali[ga] *Inter corporalia*[4] expresse innititur[gb], quod deposicio[h] episcoporum, translacio eorum et absolucio eorum per cessionem soli pape est reservata nec eciam ipsi pape concederetur, nisi inquantum papa quodammodo deus est, id[i] est[i] dei vicarius,[5] ut patet ex textu. Ergo remocio ipsius pape, quia papatus omnes dignitates excellit, per superiorem, quam sit papa, voluit ipse deus tantummodo fieri, id[*] est[*] per semetipsum[j]. Nulla enim racio capit[k], quod deus voluerit inferiores dignitates per ipsum deum tantum aut per eorum superiorem dignitatum tolli posse nec per ipsum superiorem, nisi inquantum ipse[l] superior, scilicet papa, est dei vicarius, et tamen voluerit[m] ipsum papatum, que est summa dignitas, que proprie Cristi est, nedum per inferiorem deo, sed[n] eciam per inferiorem se ipsa dignitate tolli posse. Et sic solus deus videtur tollere posse papatum et nullus alius[o], sicut multipliciter videtur colligi ex textu predicte decretalis.

Quarta racio[6] sumitur[p] ex eo, quod summa virtus creata per nullam virtutem creatam videtur posse tolli. Sed papatus est summa potestas[pa] in creatura[pa], ergo per nullam virtutem creatam tolli posse videtur.

Quinta racio[7] sumitur[q] ex eo, quod nec papa nec tota creaturarum[r] universitas potest[s] facere, quod aliquis[s] pontifex non sit pontifex. Ergo multo magis non videtur posse facere, quod summus pontifex non sit summus pontifex. Nam minus est tollere simplicem[t] pontificem quam summum pontificem. Ergo cum simplicem[u] pontificem[v] nullus possit[w] tollere nisi deus, nec[x] summum pontificem videtur aliquis posse tollere nisi deus[x], quod fieret, si renunciare posset ita, quod valeret eius renunciacio.

---

[ga] decretalia V. [gb] innuit PV. [h] de posicio P. [i] quod P. [*] idem PV. [j] semet P. [k] capitis V. [l] ipso V. [m] voluit V. [n] si P. [o] alter V. [p] *fehlt* P. [pa] potestas - creatura: virtus creata *ed. Leclercq, 251, ed. Bleienstein, 198 (Vgl. oben Anm.1)*. [q] fehlt P. [r] *folgt* potestas P. [s] potest - aliquis *fehlt* P. [t] simpliciter PV. [u] simplex P; simpliciter V. [v] pontifex P. [w] potest V. [x] nec - deus *fehlt* P. (Homoioteleuton).

---

[3] Ed. Denifle, 510. [4] Extra 1.7.2., ed Friedberg II,97. [5] Vgl. oben Kap.I. Anm.4. [6] Ed. Denifle, 511. [7] Ed. Denifle,511.

Sexta racio[8] ex eo, quod papa non est papa nisi / (**fol.87 rb**) per legem divinam et non per legem alicuius creature nec omnium creaturarum simul. Ergo nullo modo videtur, quod papa possit eximi, quin sit papa. Non enim papa, ex quo consensit[y] et subiecit se legi[z] / (**fol.3 v**) sponse,[9] potest esse non papa per aliquam creaturam neque per omnes simul, ut videtur.

Septima racio [10] ex eo, quod nullus potest tollere votum alicuius seu ab ipso absolvere nisi ille, qui est supra votum. Sed papatus est quoddam votum maximum super omnia vota. Nam vovet papa de facto[a] ipsi deo, quod curam habebit universaliter gregis sui, tocius scilicet universalis ecclesie, et quod de ipsis reddet racionem. Ergo ab isto solus eum deus absolvere posse videtur. Ergo de papa nullus[b] videtur posse[c] fieri[c] non papa, nisi tantummodo a solo deo aliqua racione. Nullus enim alicui obligatus potest ab[d] obligacione seipsum absolvere, qua tenetur obnoxius, maxime superiori obligatus. Sed papa nullum habet superiorem nisi deum, et propter[e] papatum se deo obligavit. Ergo a nullo posse videtur[f] absolvi nisi[g] a deo[g].

Octava racio[11] ex eo, quod nullus videtur seipsum absolvere[h] posse[h], sed si valeret[i] renunciacio, videretur[j], quod seipsum posset absolvere.

Nona racio[12] ex eo, quod papalis obligacio non videtur posse tolli nisi per maiorem potestatem, quam papalis sit. Sed nulla potencia creata est maior quam papalis. Ergo fieri non potest per papam nec per aliquid aliud nisi per deum, ut, qui semel est papa, non sit semper papa, dum vivit, ut videtur.

Decima racio[13] ex eo, quod nulla dignitas ecclesiastica post legitimam confirmacionem potest tolli nisi per eius superiorem, sed papa[k] solus est[l] deus[l] maior, ergo a solo deo tolli posse videtur.

---

[y] consentit PV; consensit *ed. Lecercq, 252, ed. Bleienstein, 198 (Vgl. oben Anm.1).* [z] legis PV. [a] faccio P. [b] nullo modo V. [c] fieri posse V. [d] *fehlt* P. [e] per V. [f] videre P. [g] nisi - deo *fehlt* P. [h] posse absolvere V; *folgt* a peccato *ed. Leclercq, 252 (Vgl. oben Anm.1).* [i] valet P. [j] videtur P. [k] pape V. [l] deus est V.

[8] Ebd. 511. [9] Über den Papst als 'sponsus' der Kirche vgl. Eastman, *Papal Abdication,* 95 ff. [10] Ed. Denifle, 511. [11] Ebd. 511. [12] Ed. Denifle, 511. [13] Ebd. 511.

Undecima racio[14] ex eo, quod apostolus vult et probat sacerdocium Cristi esse in eternum et advivere in eternum in sacerdotem, sequitur ipsum esse sacerdotem[m] in eternum. Ergo nullo modo potest esse vita summi pontificis et summi sacerdotis sine summo sacerdocio, ergo renunciare non[n] potest[o], ut videtur. Et nimis[p] extraneum et a racione remotum[q] apparet, quod summus pontifex, qui est verus successor et vicarius Iesu Cristi, qui est sacerdos in eternum, possit[r] absolvi ab alio[s] quam ab ipso deo et quod[t], quamdiu vixerit, non[u] maneat summus pontifex et quod aliquo[v] modo possit[w] esse vita summi sacerdotis sine summo sacerdocio, ut videtur.

Duodecima racio[15] ex eo, quod, si diceretur, quod vita summi sacerdotis esse [possit] sine summo sacerdocio, argumentum apostoli,[16] ubi dicit, secundum legem Mosaycam[x] *plures facti sunt sacerdotes* etc., penitus nullum videretur esse, sed falsitatem contineret. Nam posset argui contra ipsum, quare Cristus sempiternum habet sacerdocium. Respondet apostolus, *eo quod* manet *in eternum.* Dico tibi, beate apostole, non est verum, quia[y] potest in[z] vita sua renunciare et non erit sacerdos amplius. Ex[a] hac ergo posicione, quod papa renunciare posset[b], tocius scripture[c] sacre[c] et verbi apostoli falsitas sequi videretur, et ex multis aliis racionabilibus et evidentibus causis hoc ipsum, utrum[d] papa renunciare possit[e], videtur verisimiliter[f] et[g] iustissime in dubitacionem deduci.

Hee igitur sunt ille XII raciones, quas faciunt prefati adversarii veritatis, quod papa renunciare non potest[h].

---

[m] sacerdotum V. [n] *über der Zeile* P. [o] *fehlt* P. [p] minus P. [q] *doppelt* P. [r] potest V. [s] aliquo V. [t] *fehlt* V. [u] *fehlt* P. [v] aliud P. [w] potest V. [x] moysaicam V. [y] quod P. [z] ita V. [a] in P. [b] potest V. [c] sacre scripture V. [d] ut P. [e] potest V. [f] verissimiliter P. [g] *fehlt* P. [h] possit P.

[14] Ebd. 512. [15] Ed. Denifle, 512. [16] Heb 7,23 f.

## &lt; Capitulum IV &gt;

Capitulum IIII declarans, quomodo omnis potestas et[i] specialiter potestas[i] ecclesiastica est a deo.

Premissis racionibus adversariorum secundum ordinem antefactum consequens est, quod omnes raciones dictas per singula persolvamus. Habent[j] autem raciones[ja] ille pro magna parte hoc fundamentum: quod, quia potestas papalis est a deo, ideo[k] per solum deum tolli potest.

Et quia secundum philosophum[l] vero verum[1] consonat[m], falso autem cito dissonat verum, racio, que[n] verum dicit in aliqua materia, quanto[o] magis pertractat materiam[p] illam[p], tanto magis apparet / (fol.87 va) dictum suum esse verum. Si autem falsum dicat pertractando[q] veritatem, in materia illa cito veritas dissonabit falsitati et cito apparere poterit dictum illud esse falsum. Eapropter de potestate, quomodo est a deo, volumus speciale[r] capitulum facere, ut veritate huiusmodi pertractata clare apparere possit[s], quod, licet potestas / (fol.4 r) papalis sit a deo, hoc tamen non[t] obstante papa renunciare potest.

Continet ergo hoc capitulum, ut patet ex sua rubrica, duo: primum quidem est, quod omnis potestas est a deo; secundum quidem est, quod potestas ecclesiastica quodam speciali modo dicitur esse a deo. Propter primum sciendum, quod, quantum ad presens spectat, quinque viis probare possumus, quod omnis potestas est a deo, ut ex hiis viis habeamus materiam investigandi[u], quod multa sunt a deo, que possunt tolli opere[v] humano. Prima quidem via sumitur ex ipsa potestate; secunda vero ex ipsis rebus, quibus[w] innititur potestas; tercia quidem ex ordine, quem

---

[i] et - potestas *fehlt* (Homoioteleuton). [j] habens P. [ja] *fehlt Kürzungsstrich* P. [k] *fehlt* P. [l] omnia PV. [m] consonant P. [n] qui P. [o] tanto P. [p] illam materiam V. [q] pertractanda V. [r] specialem PV. [s] potest V. [t] *fehlt* P. [u] inrefrigandi P; investigari V. [v] opero V. [w] qua V.

---

[1] Aristoteles, *Analytica Priora* I,27 (43 b10 f.), ed. Minio-Paluello, 234.

videmus in potestatibus; quarta autem ex causalitate, que competit[x] potestati; quinta et ultima ex actibus vel ex operibus, ex[y] quibus habet esse potestas.

Prima autem via[z] sic patet: possumus enim dare quandam maximam generalem, quod, quando aliquid reperitur[a] in superioribus et in inferioribus, illud repertum in superioribus est causa repertorum in inferioribus, ut puta si motus reperitur in celestibus - tamquam in superioribus -, et in istis aliis - tamquam in inferioribus -, consequens est, quod motus celi sit causa omnium aliorum motuum. Propter quod in VIII Physicorum[2] dicitur[b] motus celi esse vita in entibus, quia sicut vivum differt a non vivo ex eo, quod vivum movetur, non vivum non movetur, cum omnia moveantur[d] propter motum celi, ideo[e] motus celi[e], per quem moventur omnia, erit quasi vita omnium. Etsi hoc dictum est dubium in creaturis, prout comparantur ad creaturas, nullo autem modo dubium est, prout creature comparantur ad deum. Quia si quid[f] reperitur[g] in deo et in creaturis, oportet[h], quod illud repertum in deo sit causa repertorum in creaturis[h], ut, si sapiencia reperitur in deo et in creaturis, oportet, quod sapiencia reperta in deo sit causa cuiusque sapiencie reperte in creaturis.

Secundum quem modum habetur Ecclesiastici primo:[3] *Omnis sapiencia a domino deo est.* Et ibidem subditur,[4] quod *fons sapiencie verbum dei in excelsis.* Igitur si sapiencia est in deo sive in excelsis, oportet, quod illa sapiencia se habeat ut fons, a quo omnis alia sapiencia derivatur[i]. Secundum[j] hunc eciam modum loquitur apostolus ad Ephesios III,[5] cum ait: *Huius rei gracia flecto genua mea ad patrem domini nostri Iesu Cristi, ex quo omnis paternitas in celo[k] et in terra nominatur.*

---

[x] componit PV. [y] *fehlt* P. [z] prima via *zusätzlich als Randglosse von anderer Hand* V. [a] *fehlt* P. [b] *hinter* quod V. [d] moveatur P. [e] ideo - celi *fehlt* P (Homoioteleuton). [f] quidem P. [g] invenitur P. [h] oportet - creaturis *fehlt* P (Homoioteleuton). [i] dirivatur V. [j] igitur V. [k] celis Vulgata.

[2] Aristoteles, *Physica* VIII,6 (259 b26 ff.). [3] Eccli 1,1. [4] Eccli 1,5. [5] Eph 3,14 f.

Videtur enim esse racio apostoli, quia, quia[l] est paternitas in divinis, oportet, quod ex illa paternitate esse habeat quecumque alia[m] paternitas[n], sive paternitas illa sit in celis quantum ad[o] angelos, qui sunt patres nostri, inquantum intendunt saluti nostre, sive sit in terris, quantum ad homines, qui, ut alios generant vel ut alios regunt, sunt eorum patres. Si ergo potencia est in divinis, quia deus est summe omnipotens, oportet, quod ab illa potencia omnis alia potencia derivetur[p].

Secundum hunc itaque[q] modum potest exponi illud, quod habetur Iob XXXVI:[6] *Deus potentes[r] non abicit[s], cum et ipse sit potens.* Spectat enim ad quemlibet agentem diligere opera sua, iuxta illud Sapiencie XI[t]:[7] *Diligis enim omnia, que sunt, et nichil odisti* eorum[u], *que fecisti.* Quia ergo omnia sunt opera dei, omnia diliguntur a[v] deo[v], inquantum sunt opera eius. Si ergo potencia reperitur in deo et in creaturis, oportet, quod potencia creaturarum derivata[w] sit a potencia dei.

Exponatur ergo sic verbum, quod habetur in Iob,[8] quod, cum deus potens sit, oportet, quod a potencia eius sint omnes alii potentes; et quia nullus abicit[x] opera sua, consequens est, quod deus potentes non abicit, cum et ipse sit potens, a[y] qua[y] potencia omnis alia / (**fol.87 vb**) potencia derivatur[z].

Secunda[a] via[a] ad hoc idem sumitur ex ipsis rebus, quibus innititur ipsa potencia. Huiusmodi autem res, quibus potencia innititur, sunt bona interiora nostra et eciam[b] bona exteriora. Nam per utraque[c] bona sumus potentes ad aliqua, ad que non essemus, si careremus illis bonis. Vocamus enim bona interiora, quecumque sint in nobis, sive sint bona corporalia[d], / (**fol.4 v**) cuiusmodi[e] sunt membra nostra, sive[f] sunt[g] virtutes fundate in corporalibus, sicut sunt potencie motive et sensitive - tam potencie[h]

---

[l] *fehlt* P.  [m] aliqua P.  [n] *getilgt* V.  [o] in P.  [p] dirivatur V.  [q] tercium P.  [r] potens P.  [s] obicit V.  [t] XV P.  [u] horum Vulgata.  [v] ad est P.  [w] dirivata V.  [x] obicit P.  [y] aliqua P.  [z] dirivatur V.  [a] *zusätzlich als Randglosse von anderer Hand* V.  [b] *fehlt* P.  [c] utrumque V.  [d] *folgt* eius P.  [e] cuius P.  [f] *fehlt* P.  [g] *folgt* sicut P.  [h] *fehlt* V.

[6] Iob 36,5.  [7] Sap 11,25 f.  [8] Iob 36,5.

exteriores, sicut sunt quinque sensus, quam eciam interiores, sicut sunt sensus communis, ymaginacio, estimativa, memoria et huiusmodi -, sive[i] sint[i] potencie non organice, sicut sunt intellectus et voluntas.[9] Per omnia enim illa bona, que sunt in nobis, sumus potentes ad aliqua facienda, ut per membra multa facimus, que sine membris facere non possemus, et per potencias motivas et per sensitivas exteriores, ut per visum, auditum et huiusmodi, multa possumus, que sine illis non possemus[j]. Sic per potencias sensitivas interiores, ut per sensum communem et estimativam et per[k] memoriam, multa operari possumus, que non possemus sine illis. Per potencias enim non organicas, ut per intellectum et racionem, multa possumus, que non possemus sine illis. Immo philosophus in primo Politicorum[10] vocat intellectum et racionem esse sevissima arma. Propter quod hominem perfectum virtute dicit esse animalium optimum, separatum[l] autem[l] a lege et iusticia dicit esse animalium pessimum, quia, ut ait, habet sevissima arma - habet enim intellectum et racionem -, que[m] si vult convertere ad bonum, erit optimum animalium, si ad malum, erit pessimum.

Fundatur ergo nostra[n] potencia[n] in bonis, que sunt[o] in nobis. Fundatur eciam et in bonis, que sunt extra nos, ut puta in divitiis et in facultatibus. Multa enim possumus per facultates et per divicias, que sine illis non possemus. In hiis ergo duobus generibus bonorum, ut in bonis exterioribus et interioribus, consistit omnis[p] potenica nostra vel eciam cuiuscumque creature. Quod si dicatur, quod eciam potencia nostra consistit in habendo amicos, in habendo subiectos[pa], constat, quod et hec reducuntur ad illa, quia, si subditi vel amici non haberent[q] bona exteriora vel interiora, in nullo essemus potenciores propter eos. Si ergo omnis potencia nostra vel cuiuscumque creature[r] fundatur in bonis exterioribus vel interioribus, dubitare an omnis potencia sit a deo, est dubitare an omnia

---

[i] sunt sicut P. [j] possimus PV. [k] *fehlt* V. [l] *fehlt* P. [m] qui P. [n] potencia nostra V. [o] *folgt* que V. [p] eius P. [pa] *fehlt Kürzungsstrich* P. [q] habere P. [r] creatura P.

---

[9] Über die Psychologie des Aegidius vgl. Kap.I Anm.8; Aristoteles, *De anima* III (414 a29-b2, 415 a10); VI (418 a1120) u.a. [10] Aristoteles, *Politica* I,2 (1253 a34 ff.), ed. Michaud-Quantin, 6.

bona sint a deo. Cum ergo certum sit omnia bona esse a deo, certum est omnem potenciam esse ab ipso. Et ex hoc ergo illa consideracio Thopica[11] dicit potenciam esse de genere bonorum, quia semper fundatur in aliquibus bonis. Omnis ergo potencia, ut diximus, est a deo, quia omnia bona$^{ra}$ sunt a deo. Et$^s$ exinde sequitur, quod potencia semper sit bona, quia res, in quibus$^t$ potencia$^t$ fundatur, semper bone sunt. Usus tamen potencie$^u$ potest esse bonus et non bonus.[11a] Nam et$^v$ membris propriis possumus uti bene$^x$ et non bene, et potentiis tam$^y$ sensitivis$^z$ quam motivis, quibus$^a$ eciam potentes sumus, uti possumus bene et non bene. Ipso enim$^b$ intellectu et ipsa racione et ipsis actibus et scientiis, que sunt sevissima arma, quando eis male utimur, et optima arma, quando$^c$ bene utimur ipsis$^d$ possumus uti bene et non bene.

Divitiis eciam$^e$ et facultatibus potest quis bene et non bene uti. Ideo dicitur in primo Rethoricorum,[12] quod hoc est commune omnibus bonis, exceptis virtutibus, puta robore, sanitate, divitiis, amiticia$^f$; talibus enim quis$^g$ proderit$^h$ utens iuste, et nocebit supple utens$^i$ iniuste. Omnium enim talium bonorum, per que potentes / (fol.88 ra) sumus, usus potest esse bonus et non bonus. Ipsis eciam virtutibus non formaliter, sed materialiter contingit$^j$ aliquando male uti, ut puta quando de virtutibus superbimus. Formaliter enim$^k$ virtutibus semper$^l$ bene utimur, quia virtutes$^m$ de se semper inclinant ad$^n$ bonum. Sed materialiter accipiendo virtutes, non prout per eas perfecti et informati agimus, sed prout sunt materia et obiectum nostre consideracionis, et prout de eis possumus superbire, sic virtutibus possumus male uti. Ipsis eciam bonis exterioribus, per que multociens potentes$^o$ sumus$^o$, bene et male uti possumus. Et quia loquendum est de potestate, sicut loquimur de rebus, super quibus fundatur potestas, sicut res semper sunt bone, sed earum$^{o+}$ / (fol.5 r) usus potest esse non$^p$ bonus, sic potestas

---

$^{ra}$ *fehlt* P. $^s$ *fehlt* P. $^t$ qua V. $^u$ racione P. $^v$ ex P. $^x$ bona P. $^y$ tamen P. $^z$ subiectivis V. $^a$ quantum P. $^b$ eciam P. $^c$ ipsa P. $^d$ *folgt* et P. $^e$ *fehlt* P. $^f$ milicia PV; *ergänzt nach* b. $^g$ quibus P. $^h$ poterit V. $^i$ utes P. $^j$ *doppelt* V. $^k$ *folgt* quod P. $^l$ *fehlt* P. $^m$ virtutibus P. $^n$ in P. $^o$ potentissimus P. $^{o+}$ eorum PV. $^p$ *fehlt* P.

[11] Aristoteles, *Topica* VIII,13 (163 b12 ff.), ed. Minio-Paluello, 72. [11a] Vgl. Aristoteles, *Rhetorica* I,6 (1362 a17 ff.). [12] Aristoteles, *Rhetorica* I,6 (1362 b2 ff.), ed. Schneider, 188.

semper est bona, sed eius usus potest esse non^q bonus. Non enim viciatur aurum nec dicitur aurum esse^r non bonum propter hoc, quod aliquis malus male utitur eo^s. Ideo dicitur in V Ethicorum,[13] quod debemus orare, quod divicie, que sunt bone in se, sint bone nobis. Bone enim sunt divicie, sed sunt male ei, qui eis male utitur^t. Sicut^u eciam^u res^v omnes^v bone sunt, sed male^x sunt male utenti. Ita et potestas quelibet bona est, sed potest esse mala^z male utenti.

Advertendum tamen, quod, licet res quelibet bone sint, multociens bonum est abstinere a multis bonis, ut vacemus maioribus bonis, ut^a, quamvis coniugium sit^b bonum^b, bonum^c est a connubio abstinere, ut virgines existentes magis possimus^d vacare divinis. Ideo dicit apostolus prima ad Corinthios VII,[14] quod, *qui matrimonio iungit virginem suam, bene facit: et qui non iungit, melius facit.* Sic et de rebus temporalibus, licet ipse^e bone^e sint, abrenunciare tamen eis, ut possit^f quis liberius vacare divinis, potest esse perfectionis materia. Sic et potestates^g quantumcumque^g bone sint^h, a multis tamen potestatibus abstinere^i potest nobis esse ad meritum. Attamen propter commune bonum potest multociens esse maioris meriti se potestatibus implicare quam a potestatibus abstinere. Sed de hac materia non oportet hic loqui diffusius^j. Sufficit enim scire, quantum ad presens spectat, quod potestas semper bona est et a deo est, usus tamen^k potestatis potest esse non bonus. Advertendum eciam, quod id^l, quod dictum est de usu potestatis^m, veritatem habere potest de acquisicione potestatis. Nam licet res iste exteriores bone sint, eas tamen possumus aliis usurpare et iniuste eas possidere; tamen propter^n iniusticiam nostram res non viciantur nec fiunt male. Et quod dictum est de rebus, verum est de potestate, quod ipsa semper bona est, usus tamen et acquisicio eius potest esse non bona.

---

^q *fehlt* P. ^r *doppelt* P. ^s *fehlt* V. ^t *folgt* rebus P. ^u *sic* cum V. ^v omnes res V. ^x *hinter* sunt V. ^z *korr. aus* male P. ^a Et V. ^b bonum sit V. ^c *fehlt* P. ^d possumus PV. ^e ipso bono P. ^f posset V. ^g quantumcumque potestas P. ^h sunt V. ^i abstinendo PV; *emendiert nach* b. ^j diffisius V. ^k tam P. ^l illud V. ^m *folgt* in P. ^n potest P.

[13] Aristoteles, Ethica V,2 (1129 b5 ff.), ed. Gauthier, 227. [14] I Cor 7,38.

158

Tercia° via° sumitur ex ordine, quem videmus in potestatibus. Vult enim deus quodam ordine gubernare universum, ut inferiora regantur per superiora et sint subdita superioribus. Secundum quem modum loquitur Augustinus tercio De trinitate, capitulo quarto,[15] ubi$^p$ ait, quod *voluntas dei est prima et$^q$ summa$^q$ causa omnium.* Et ibidem vult,[16] quod per$^r$ voluntatem dei quodam ordine regatur$^s$ universa creatura, ut corpora grossiora per subtiliora et omnia corpora per spiritum. Si ergo sic est in regimine naturali, quod quodam$^{sa}$ ordine regitur$^t$ universa creatura, ita quod creatura inferior regitur per superiorem, oportet, quod sic sit in regimine hominum et in regimine morali, ut subditi regantur per potestates sibi presidentes et potestas inferior per superiorem, in quo ordine maxime refulget divina sapiencia et divina bonitas. Nam ordinare potissime attribuitur sapienti$^u$. Nam / (fol.88 rb) ex hoc omnia in sapiencia sunt$^v$ facta$^v$, quia omnia per divinam$^w$ sapienciam sunt congrue ordinata. Et exinde est, quod sapientes philosophi distinxerunt$^x$ duplex bonum, scilicet$^y$ bonum$^y$ ducis et bonum ordinis, ut patet ex duodecimo Methaphysicorum.[17] Dixerunt enim, quod post bonum ducis non est tantum bonum sicut est bonum ordinis. Nam quod omnia ordinate sint sub duce, hoc est magis bonum post bonum ducis: sed$^a$ quod omnia ordinate sunt sub deo, hoc est maius bonum post divinum bonum. Quod ergo hoc$^c$ bonum ordinis, quod est tantum bonum, non sit a deo, est inconveniens dicere. Et quia ex huiusmodi ordine, quod unum sit sub alio, sumitur racio potestatis, ideo dicitur omnia potestas esse a deo. Propter quod et apostolus ad Romanos XIII$^d$,[18] cum prius dixisset, quod *non est potestas, nisi* sit$^e$ *a deo,* statim$^f$ subdit:[19] *Que autem a deo sunt, ordinata sunt.* Vult ergo ex ipso ordine potestatum probare apostolus, quod non sit potestas nisi a deo. / (fol.5 v)

---

° *zusätzlich als Randglosse von anderer Hand* V. $^p$ ut P. $^q$ *fehlt* P. $^r$ *fehlt* P. $^s$ regantur P. $^{sa}$ quoda P. $^t$ regatur V. $^u$ *fehlt* P. $^v$ facta sunt V. $^w$ *folgt* essenciam V. $^x$ dixerunt V. $^y$ *fehlt* P. $^a$ sic V. $^c$ licet P. $^d$ XII PV. $^e$ *fehlt* P. $^f$ *korr. aus* statim V.

[15] Augustinus, De trinitate III,4 (PL 42,873), ed. Mountain, 136. [16] Ebd. 135 f. [17] Aristoteles, *Metaphysica* XII,10 (1075 a13 ff.), ed. Vuillemin-Diem, 221. [18] Rom 13,1. [19] Ebd.

Quarta[h] via[h] ad hoc idem sumitur ex causalitate, que competit potestati. Nam potestas, ut potestas est, est[i] causa efficiens. Si autem sit causa deficiens, hoc non habet potestas, ut est[j] potestas[j] et ut est[k] potencia, sed ut est impotencia. Secundum quem modum loquitur Augustinus XII De civitate dei, capitulo VIII[l] [20], cum ait: nemo igitur querat efficientem causam male voluntatis. Non enim est[m] efficiens, sed deficiens. Unde et ibidem vult,[21] quod malum non habeat causam efficientem, sed deficientem. Exinde eciam est, quod tam Augustinus[22] quam Origenes[23] exponentes illud Iohannis primo:[24] *Et sine ipso factum est nichil* dicunt hoc intelligendum esse de peccato, quod secundum[n] se nichil[n] est, quia secundum se non habet causam efficientem, sed deficientem. Ex nobis enim est[o], quod deficiamus, sed ex ipso deo[p] est, quod aliquid faciamus, iuxta illud:[25] *Sine me nichil potestis facere.* Omnes ergo cause efficientes reducuntur in primum[q] efficiens et sunt a primo efficiente ut a deo. Et quia potestas, ut diximus, secundum quod huiusmodi est causa efficiens, consequens est, quod non sit[r] nisi a deo.

Quinta et ultima via[s] sumitur ex actibus vel ex operibus, ex quibus habet esse potestas. Et hec via potissime respicit ordinem potestatum in actibus humanis vel in moralibus. Prime enim quatuor vie et ad naturalia et ad moralia adaptari possunt. Nam ubicumque[t] contingat potestas ex actibus hominum, sive contingit[u] ex actu generacionis, ut in hiis, qui[v] succedunt[w] iure hereditario, aut[wa] [x] in hiis, qui iure hereditario[x] habent aliquam potestatem, sive fit ex consensu, ut in hiis, que fiunt per eleccionem. Vel eciam dato,

---

[h] *zusätzlich als Randglosse von anderer Hand* V. [i] *fehlt* P. [j] potestas est V. [k] *fehlt* V. [l] VII in potencia scilicet P. [m] esto V. [n] secundum - nichil: sensibile P. [o] *fehlt* P. [p] *fehlt* PV; *ergänzt nach* b. [q] ipsum P. [r] est V. [s] quinta via *zusätzlich als Randglosse von anderer Hand* V. [t] undecumque P. [u] contingat V. [v] que V. [w] *fehlt* P. [wa] ut V. [x] aut - hereditario *fehlt* P (Homoioteleuton).

---

[20] Augustinus, *De civitate dei* XII,8 (PL 41,356), ed. Dombart-Kalb, 362. [21] Ebd. 362. [22] Augustinus, *In Iohannis Evangelium tractatus CXXIV* (PL 35,1385), ed. Mayer, 7 ff. [23] Origenes, *Commentaria in Evangelium Joannis* (PG 14,134 ff.). [24] Ioh 1,3. [25] Ioh 15,5.

quod non sit potestas legitima, sed usurpata, ipsa potestas semper[y] de genere bonorum esset, licet forte possessor esset malus vel male uteretur ea vel non legitimo[z] modo[a] acquisivisset illam, et quia, ut diximus, loquendum est de potestate sicut loquimur de rebus, super quibus fundatur huiusmodi potestas.

Nam[b] qui habet potestatem, vel habet eam, quia habet sub se castra, civitates et homines, vel quia habet divicias artificiales, sicut sunt numismata, vel quia habet divicias naturales, sicut sunt ea, que sunt in substentamentum[c] corporis[b] - qualitercumque sumatur huiusmodi potestas, ipsa quidem[d] bona erit sicut et res bone sunt, licet usus sive acquisicio rerum sive[e] potestatis[f] possit[g] esse non bona[h].[26] Quantumcumque enim furtive habeatur aurum, ipsum quidem aurum bonum erit, licet modus habendi vel modus[i] utendi possit[j] esse non bonus[k]. Dicemus quidem, quod totus mundus regitur divina providencia et quod hic[l] homo assumatur ad potestatem vel assumatur ille[m] alius homo, hoc est ex divino opere vel ex divina permissione[n], ut ex hoc omnis potestas dicatur esse a deo.

Ex hoc autem patere potest, secundum quod proponebatur in rubrica huius capituli, videlicet quod omnis potestas est a deo et specialiter potestas ecclesiastica. Nam sicut dicimus[o] de rebus, prout sunt a deo, sic dicimus de modis essendi, prout deus est in rebus. Dicimus enim, quod per presenciam, essenciam et potenciam est deus in rebus omnibus generaliter; sed in hiis, que spectant ad salutem nostram, dicitur deus esse[p] specialiter. Nam licet illis tribus modis sit deus in omnibus rebus / (fol.88 va) generaliter, speciali tamen modo est in hominibus iustis per graciam, in beatis per gloriam.[27] Unde dicitur deus ad nos venire[q], cum[r] in[s] nobis suam dat graciam, et a nobis recedere, cum suam graciam perdimus.

---

[y] *fehlt* PV; *ergänzt nach* b. [z] legitime P. [a] *fehlt* P. [b] Nam - corporis *fehlt* P. [c] sustamentum V. [d] quedam P. [e] vel V. [f] *korr. aus* potestas P; potestas V. [g] potest V. [h] bonum PV; *emendiert nach* b. [i] sed modum P. [j] potest V. [k] *folgt* ut P. [l] *fehlt* V. [m] illo P. [n] promissione P. [o] dicemus PV; *emendiert nach* b. [p] *fehlt* P. [q] veniet P. [r] *fehlt* P. [s] *fehlt* V.

---

[26] Hierzu vgl. im allg. Aristoteles, *Politica* I,8 und 9 (1256) al ff.). [27] Aeg. Rom., *De reg. pr.* I,pars III, ed. Zannettum, 182: "Gratia ... quidam motus animi."

Igitur quia deus speciali modo dicitur esse in nobis quantum ad ea, que spectant ad salutem nostram, ideo, licet quadam providencia totum mundum regat generaliter et de toto universo sit sibi cura[t] generaliter, quodam tamen speciali modo curam gerit[u] de ecclesia sua et de hominibus salvandis, iuxta[v] illud prima ad Corinthios IX:[28] *Numquid[w] de bobus[x] cura est deo?* Certum est quidem, quod deus et de bobus[y] et de omnibus suis creaturis habet curam et providenciam, / (**fol.6 r**) quia[ya], etsi *duo passeres[z] asse[a] veneunt[a], unus[b]* tamen illorum *non cadit[c] super[d] terram sine patre nostro,[29]* id est providencia patris nostri. De omnibus ergo habet providenciam et[e] curam[e], sed illam curam et illam providenciam specialem, quam habet de sua ecclesia et de nobis, non habet de animalibus[f] aliis[f], ut[g] ex hoc dicat apostolus,[30] quod deo non sit cura[h] de bobus[g]. Et quia quandam specialem curam[i] et[j] providenciam[k] habet deus[l] de nobis et de ecclesia sua, ideo omnino est fatendum, quod nullus ad potestatem ecclesiasticam assumitur sine speciali divino opere vel sine[m] speciali[n] divina[o] permissione.

Etsi aliquando, ut habetur Iob XII,[31] *adducit consiliarios in stultum finem et iudices in stuporem,* quia illi, qui debent consulere de persona ecclesiastica eligenda et qui[p] debent iudicare, que persona sit assumenda[q] ad ecclesiasticum regimen, ducuntur in stultum finem, quia preficiunt hominem non ydoneum et non habentem sufficientem scienciam ad regendum, hoc[r] eciam speciali[s] quodam[s] modo divino operi vel divine permissioni est[t] tribuendum, ut huiusmodi eligentes non de se ipsis confidunt[u], sed iactent suum[v] cogitatum in dominum[w],[32] quia aliqui[x], quanto[y] plus cogitant, tanto

---

[t] cure PV. [u] gerat P. [v] Iux V. [w] non quid P. [x] *verderbt* V; bubus Vulgata. [y] lobus V. [ya] (Siehe fol.7r, wo Schreiber V diese Textstelle wiederholt. Die Wiederholung der Textstelle wird als V[1] bezeichnet). [z] passiones P. [a] ad se veniunt PV[1] [b] uno P. [c] cadat V. [d] in PV [e] *fehlt* V. [f] aliis animalibus P. [g] ut - bobus *fehlt* V. [h] cure PV[1]. [i] providenciam P. [j] *fehlt* PVV[1]. [k] *fehlt* V. [l] *fehlt* V. [m] *folgt* eius V[1]. [n] *folgt* eius P. [o] eius V. [p] que PV[1]. [q] ad sumenda P. [r] hoc - deficiunt *fehlt* V. [s] quodam speciali V[1]. [t] *fehlt* V[1]. [u] confidant P; confident V[1]. [v] summum P. [w] deum P. [x] alique P; aliquando V[1].

[28] I Cor 9,9. [29] Matth 10,29. [30] I Cor 9,9. [31] Iob 12,17. [32] Vgl. Ps. 54,23: "Iacta super dominum curam tuam, ..."

magis in eligendo deficiunt[r]. Omnis ergo potestas est a deo secundum quendam modum generalem, et[z] totus mundus regitur divina providencia, ut sine dei providencia nullus assumatur ad aliquod regimen et sine ea nulli competat[a] habere aliquam potestatem. Quodam tamen speciali modo potestas ecclesiastica est a deo, quia quodam speciali modo deus habet curam et providenciam[b] de sua[c] ecclesia[c] et de nobis[ya]. Diu itaque[d] locuti sumus, quomodo omnis potestas est a deo, ut ex hoc[e] habeamus viam ad solvendum multa argumenta ad oppositum, que fundata[f] sunt super huiusmodi fundamento.

## < Capitulum V >

Capitulum V declarans, quod omnes ille quinque vie, quibus ostendebatur a deo esse quamlibet potestatem, possunt ad nostrum propositum adaptari, videlicet quod papa renunciare potest.

Licet non sit nostra intencio principalis declarare in hoc capitulo, quod papa renunciare possit[g], quia de hoc in sequentibus specialiter prosequemur[h], tamen, cum intendamus solvere raciones oppositas volentes[i] probare[j], quod papa renunciare non possit, ideo volumus declarare, quod omnes ille quinque vie, per quas ostendimus in precedenti capitulo omnem potestatem esse a deo, sunt ad nostrum propositum, non ad oppositum. Ex illis quidem quinque viis erant quatuor generales ostendentes, quod omnis potestas tam in regimine naturali quam in morali est a deo. Quinta vero via specialiter videbatur respicere morale negocium. Et quia raciones adversariorum ex hoc fundamento[k], quod papalis potestas est a deo, nos impugnare conantur, ideo ostendere[l] volumus, quod tam prime quatuor vie generales quam eciam[m] quinta et ultima specialiter[n] nostrum propositum, quod papa renunciare potest, arguunt et affirmant.

---

[r] *folgt* magis PV. [z] cum V[l]. [a] competit V. [b] providencia P. [c] ecclesia sua V. [ya] *S.161-162:* quia etsi duo passeres - nobis (*siehe oben fol.6 r zu Beginn der Folioseite*). [d] itque V. [e] *fehlt* P. [f] fundamenta P. [g] potest V. [h] prosequitur V. [i] voluntates P. [j] inprobare P. [k] fundato V. respondere P. [m] *fehlt* P. [n] specialis PV; *emendiert nach* b.

Erat quidem prima via sumpta ex parte ipsius potencie./ (fol.88 vb) Nam quicquid reperitur in deo et in creaturis, oportet, quod illud repertum in deo sit causa omnium repertorum in creaturis. Et quia potencia reperitur in deo et in creaturis, ideo a potencia reperta in deo erit omnis alia potencia. Arguit enim illa racio, quod non est potestas, que non sit a deo; sed non arguit, quod opere creaturarum non possit potestas tolli vel amoveri[o] vel desinere esse. Nam[p] et sapiencia reperitur in deo et in creaturis, et sapiencia in deo est omnis alia sapiencia. Ideo verbum domini[q], cui appropriatur sapiencia, dicitur esse *fons sapiencie[r] in excelsis*, ut videtur Ecclesiastici primo:[1] a deo enim tamquam a fonte omnis alia sapiencia derivatur. Attamen quod coadiutores dei sumus[2] et opera nostra aliquid cooperantur ad habendam sapienciam, quia, si damus nos circa studium sapiencie, consequens erit, quod, sicut frequenter citharando efficimur cythariste,[3] sic studium sapiencie frequentando, nisi sit nimia ineptitudo ex parte nostra, efficiemur sapientes. Sic eciam studia sapiencie deserendo poterimus oblivioni tradere, quod de sapiencia didicimus, propter quod poterimus perdere sapienciam, quam eramus adepti[p]. Ista ergo proposicio generalis, quod omnis potestas[s] est a deo vel omnis sapiencia est a deo propter pretaxatam regulam, quia a potencia in deo est omnis alia potencia et a[t] sapiencia in deo est omnis alia sapiencia et a perfeccionibus in deo sunt omnes alie perfecciones - ista quidem universalis regula non tollit operacionem creaturarum, quin[u] ipse creature cooperentur ad huiusmodi perfecciones. Non sunt enim super vacua opera divine sapiencie nec sunt creature ociose, quod[v] sint destitute propriis operacionibus. Posset enim deus totum facere, sed ut non sint super vacua opera sapiencie sue et ut non sint creature ociose, vult, quod res create cooperentur in operibus suis[v], ut potest haberi Sapiencie XIV.[4] Et quia in hiis, que sunt a deo, cooperantur ipse creature, ideo, sicut creature cooperantur, ut illud sit, sic opere creaturarum fieri potest, ut illud non sit.

---

[o] ammoveri V. [p] Nam - adepti *fehlt* V. [q] divinum P. [r] *folgt* verbum dei Vulgata. [s] potencia P. [t] *fehlt* P. [u] quando V. [v] quod - sius *fehlt* V.

[1] Eccli 1,5. [2] Vgl. Vollmer, Die göttliche Mitwirkung, 460 f.; Edition unten S.174f.
[3] Aristoteles, *Ethica* II,1 (1003 a34 ff.), ed. Gauthier, 151. [4] Sap 14,5.

Prima ergo via, qua concludebatur in precedenti capitulo, quod omnis potestas est a deo et quod papatus est a deo sicut et alia bona sunt a deo, non obviat dicto nostro, quod papa renunciare potest; sed pocius, quantum ad presens spectat, asserit dictum nostrum, quod papa renunciare potest, quia illud[w], quod sic[x] est a deo, quod ad illud possunt cooperari creature, creaturarum opere[y] tolli potest[z], ut patet per habita. Nam[a] et si sapiencia nostra est a deo, tamen, quia nos cooperamur, ut sumus sapientes, circa studia sapiencie in studendo, poterimus fieri non[b] sapientes a studiis sapiencie nos retrahendo[c], ita quod ex eisdem, ut ex operibus nostris contrario modo factis sinet in nobis sapiencia et quod obliviscemur sapienciam et per consequens perdemus sapienciam[a]. Sicut[d] quamvis papatus sit a deo, cum[e] ex eisdem contrario modo[f] factis ut ex consensu eligencium et ex assensu electi, quod iste sit papa, fiet de non papa papa, et ex eisdem contrario modo factis, ut quod et[g] eligentes consenciant[h], quod papa renunciet et fit non papa, et ipse assenciat[i], cessabit in eo papalis potestas et fiet de papa non papa.

Via ergo prima, quod omnis potencia est a deo sumpta ex ipsa potencia, est pro nobis et[j], ad nostrum propositum[j], quod papa renunciare potest. Sed[k] dices, quod optime procedit racio accipiendo hanc proposicionem, quod papatus est a deo, quod multa sunt a deo, ad que operantur creature et que opere creaturarum tolli possunt. Sed racio plus stringit et arguit. Dicit enim, quod papatus est a solo deo, sicut[l] non videntur ad ea cooperari creature et per consequens non videtur[m] / (fol.89 ra) opere creaturarum tolli non posse. Sed de hoc in sequenti capitulo[5] agetur, nisi cum deus quomodo papatus est a solo deo et quomodo ad papatum cooperantur creature, ut ex hoc clarius solvatur racio facta et

---

[w] id P.  [x] fehlt P.  [y] opposicio P.  [z] possunt V.  [a] Nam - sapienciam fehlt V.  [b] über der Zeile P.  [c] Lesung unsicher P.  [d] quia V.  [e] tamen quia V.  [f] fehlt V.  [g] fehlt V.  [h] consensiant V.  [i] assensiat V.  [j] et - propositum fehlt V.  [k] Sed - potest fehlt V.  [l] sunt P.  [m] videntur P.

[5] Vgl. unten Kap. VI.

claro clarius declararetur, quod ex huiusmodi racione non obviatur nec concluditur, quod papa renunciare non possit. In presenti[n] tamen capitulo discurrimus[o] per illas quinque vias, quod, quamvis omnis potestas et specialiter papalis potestas sit a deo, papa tamen renunciare potest[k]./(fol.6 v)

Erat autem secunda via sumpta ex ipsis rebus. Nam quia omnis potestas fundatur[p] in aliquibus rebus: sicut omnes res bone sunt et omnes res sunt a deo, sic omnis potestas est genere bonorum et non est potestas nisi a deo.[6] Ex illa igitur secunda via non arguitur, quod non possint opere creaturarum[q] amoveri[r] potestates. Nam etsi potestates sunt a deo sicut et res, tamen ad produccionem rerum[s] aliquid cooperantur creature. Ille ergo res, ad quarum produccionem aliquid cooperantur creature, nullum videtur inconveniens, si[t] opere creaturarum tolli possunt, ut si ad produccionem pluvie operatur sol vapores humidos elevans, eadem accione solis incontrarium facta vapores scilicet humidos desiccante[u] tolletur pluvia. Sic quia ad hoc, quod persona[v] aliqua[v] sit papa, cooperantur homines ipsum eligando et[w] cooperatur ipsemet eleccioni de se facte[x] assenciendo[x], ideo, sicut opera humana ad hoc cooperantur, ita[y] operibus humanis poterit hoc tolli. Ista ergo[z] secunda via non[a] est contra nos, sed magis asserit propositum nostrum[a], quod papa renunciare potest.

Sed dices, numquid autem[b] omnia, ad que cooperantur[c] creature, possunt[d] opere creaturarum tolli? Dicemus, quod, si illa operacio non excedit facultatem creature, si potest opere creaturarum fieri, poterit opere creaturarum tolli. Nam licet destructa non possint[e] semper refici, quia non semper a privacione ad habitum sit regressus[f], constructa tamen possunt[g] destrui. Etsi instanciam videatur[h] habere in spiritualibus, apparebit in sequentibus, quod non est instancia[i], ubi creditur esse instancia, quia spiritualia, que sic possunt construi[j], non possunt destrui, hoc est, quia aliis[k]

---

[n] precedenti P. [o] discurremus P. [p] fundatur V. [q] creature P. [r] ammoveri V. [s] *fehlt* P. [t] in P. [u] desiccare P. [v] aliqua persona V. [w] *folgt* ut P. [x] facta associando P. [y] in P. [z] go V. [a] non - nostrum: est pro nobis V. [b] *fehlt* V. [c] operantur V. [d] poterunt V. [e] possunt V. [f] adversus P. [g] potest P. [h] videtur PV; *emendiert nach* b. [i] instanti P. [j] *folgt* que PV. [k] illis P.

[6] Vgl. Rom 13,1.

corporalibus, que ad illa spiritualia cooperantur aliquid, est collatum supra facultatem nature. Sed de hoc in sequentibus capitulis[l] clarius prosequemur.

Nunc autem scire sufficit[m], quod, si ex ipsis rebus volumus arguere omnem potestatem esse a deo, non propter hoc concluditur[n], quod papa renunciare non[o] possit, sed pocius asseritur[p], quod renunciare possit[q]. Nam[r] quantumcumque res sint[s] a deo et omnes eciam potestates sint a deo, cum, sicut res ille tolli possunt opere creaturarum, ad quarum produccionem cooperantur creature, sic et potestas papalis poterit desinere esse in hoc homine opere humano, quia, ut fuerit[t] in illo homine huiusmodi potestas, ad hoc cooperati sunt homines[r].

Erat quidem tercia via, per quam verabamur[u] omnem potestatem esse a deo, sumpta ex ipso ordine, quem videmus in potestatibus. Vult enim deus, ut dicebatur, quodam[v] ordine gubernare universum, ut inferiora regantur[w] per superiora, et[x] corpora terrestria gubernentur[+] per supercelestia[x]. Iste eciam modus, quem videmus in regimine universi, voluit deus, quod esset in regimine hominum, ut quod aliqui essent superiores, aliqui inferiores, aliqui essent[y] subditi, aliqui prelati.[7] Ex quo ordine sumitur racio potestatis. Et quia iste[z] ordo est a deo institutus et ordinatus tam in regimine rerum quam in regimine hominum, ideo[a], ut dicebatur, apostolus[*], cum prius dixisset[a,b]:[8] *non est potestas nisi a deo*, statim postea subdit:[9] *que autem* a deo *sunt, ordinata sunt*, ut ex ipso ordine, / (**fol.89 rb**) unde sumitur racio potestatis, sufficienter appareat, quod non est potestas nisi a deo. Sed ex illa via non obviatur nostro[c] proposito[c], immo magis concluditur propositum nostrum, quod papa renunciare potest.

Nam, si ex ordine, quem videmus in rebus, arguimus omnem potestatem esse a deo, ad istum tamen ordinem ipse res cooperantur, ut si aer[10] est supra aquam ordine naturali, tamen ad hoc, quod hec materia, in

---

[l] *fehlt* V. [m] sufficiat P. [n] concludit V. [o] *fehlt* P. [p] *fehlt* V. [q] potest V. [r] Nam - homines *fehlt* V. [s] fuit P. [t] fuit P. [u] venebamur V. [v] quadam V. [w] reguntur P. [x] et - supercelestia *fehlt* V. [+] gubernatur P. [y] erunt P. [z] ille V. [a] ideo - dixisset *fehlt* P. [*] *folgt* significavit V. [b] dixissent V. [c] proposito nostro V.

[7] Eine klassische Formulierung der gottgewollten Weltordnung. [8] Rom 13,1. [9] Ebd. [10] Vgl. Aristoteles, *De caelo et mundo* III,5 (303 b14 ff.); Arist., *Physica* VIII,5 (256 a17 ff.).

qua est forma aeris, sit supra[d] materiam, in qua est forma aque, cooperantur corpora supercelestia[da] et eciam ista inferiora, quia potest subtiliari aqua et fieri inde aer et ex hoc habebit esse[e] superius. Sic eciam potest aer ingrossari opere creaturarum, et fiet inde aqua et habebit esse[g] inferius.

Et quod dictum est de ordine rerum naturalium, quod opere nature sit hec res superior et hec inferior, sic[h] eodem opere creaturarum incontrarium facta, quod est superius, fiet inferius, ut si accione naturali aqua subtilietur et fiat aer, quod erat inferius, fiet superius; sic eadem accione naturali incontrarium facta, ut puta si aer ingrossetur, fiet aqua, et quod erat superius, fiet inferius[h], hoc eciam in regimine hominum veritatem habet. Nam et homines, sive[j] sit regimen seculare sive[k] ecclesiasticum, possunt igitur[l] sibi preficere[m] alios supra se, ita quod ad huiusmodi regimen et ad huiusmodi potestatem cooperantur ipsi homines sibi aliquem preficiendo et cooperatur ipsi, qui est prefectus, huiusmodi regimini assenciendo.

Et ut descendamus ad potestatem papalem, licet huiusmodi potestas fundetur[n] in quodam ordine, prout omnes alii sunt inferiores et ipse est superior, ad hunc tamen ordinem cooperati sunt ipsi homines, videlicet ipsi homines[o] electores consenciendo, ut hec persona[p] sit superior; cooperatus[q] est eciam ipse electus[r] / (fol.7 r) huic superioritati de se facte[s] assenciendo. Sicut[t] ergo in naturalibus opere nature fit inferius superius et opere nature incontrarium facto superius fit inferius[u], ideo dictum est nichil esse tam naturale quam quod per eadem[v] incontrarium facta res destruitur[w], per que

[d] gracia P. [da] celestia V. [e] fehlt PV. [g] fehlt V. [h] sic - inferius fehlt P. (Homoioteleuton). [j] si V. [k] folgt scal V. [l] fehlt V. [m] fehlt P. [n] fundatur P. [o] fehlt V. [p] papa V. [q] cooperatur P; operatus V. [r] folgt ut inferiora in medio latere sequenti. aliud vacat: zu Beginn von fol.7 r va--- cat am Rande eine halbe Folioseite lang, wo die Textstelle von fol.6 r wiederholt wird: quia, et si duo passeres - de nobis zum Schluß des vorhergehenden Kapitels. Es folgt cooperatus est eciam ipse electus V. [s] fecit V. [t] sic V. [u] folgt et P. [v] korr. aus eandem P. [w] destruatur P.

est condita. Secundum quem modum philosophus ait in secundo Ethicorum,[11] quod ex eisdem virtus generatur et corrumpitur[x]; ex eisdem enim ut ex operibus nostris incontrarium tamen factis generantur virtutes et corrumpuntur[y]. Sic ex[z] eisdem ut[a] ex[a] consensu eligencium et assensu electi incontrarium tamen factis[b] fiet et tolletur papalis[c] potestas[c], ut, si eligentes consenciant et electus assenciat, quod sit papa, erit in eo potestas papalis; sic ex eisdem incontrarium factis, ut, si et eligentes renunciacioni consenciant et, qui fuerat electus, renunciet[d] et assenciat[e], quod non sit papa, non erit amplius papa et[f] desinet[g] esse in eo[h] potestas papalis. Immo plus credimus, quod, si preficientes aliquem in papam nullo modo assentirent, quod prefectus renunciaret, ipse tamen sic prefectus libere et sponte renunciaret coram eis, qui eum prefecerint, non ulterius esset papa, quia non oportet, quod tot requiruntur ad destruendum quot ad[j] construendum.[12] Nam si ad construendum et ad hoc, quod aliquis sit papa, requiritur utrumque: et[k] consensus preficiencium et assensus prefecti, non tamen oportet, quod ambo concurrant[l] ad destruendum et ad hoc, quod prefectus non ulterius[m] sit papa; sed ex superhabundanti est, quod ibi[n] utrumque concurrat.

Quarta vero via ad ostendendum omnem potestatem esse a deo sumebatur ex causalitate, que competit potestati. Dicebatur enim, quod potestas secundum quod huiusmodi est causa efficiens, non deficiens. Nam si sit potestas deficiens[o], hoc non[p] competit ei, ut est potestas vel ut est potencia, sed ut est impotencia. Posse enim deficere non est posse, sed est non posse. Et quia omnes cause efficientes[pa] reducuntur in causam efficientem primam et, quod sint cause, hoc habent ex causa prima, consequens est, / (fol.7 v) quod omnes potestates reducantur in potestatem primam[q] et quod sint[r] potestates hoc[s] habent per potestatem primam,

---

[x] corrumpitus P.  [y] corumpyntur P.  [z] *fehlt* P.  [a] *fehlt* P.  [b] fons P.  [c] potestas papalis V.  [d] renunciat V.  [e] assenciet P.  [f] ve P.  [g] desinit V.  [h] *folgt* esse P.  [j] a P.  [k] *fehlt* P.  [l] concurrunt V.  [m] *folgt* non V.  [n] ? P.  [o] *fehlt Kürzungsstrich* P.  [p] vero V.  [pa] *fehlt Kürzungsstrich* P.  [q] terciam P.  [r] sicut P; sit V.  [s] hee V.

[11] Aristoteles, *Ethica* II,1 (1103 b7 ff.), ed. Gauthier, 164: "Adhuc ex eisdem et per eadem, et fit omnis virtus et corrumpitur...."  [12] Grundsatz in der von Aristoteles abgeleiteten Beweisführung des Aegidius.

videlicet per potestatem divinam. Ideo concludere possumus, quod non est potestas nisi a deo. Sed ex hac via generali, que arguit de omni potestate, quod sit a deo, / (fol.89 va) non concluditur[t], quod papa renunciare non possit[u], sed pocius, quod renunciare possit[v].

Nam quod hec sit causa et hoc sit[w] causatum, ex opere nature contingere potest, quia loquendo de causis agentibus, ut hic loquimur[x], ad causam spectat agere, ad causatum vero[y] pertinet suscipere accionem agentis. Sed quodlibet agens agit, ut est[z] in actu, et agit per suam formam; et illud, quod recipitur in passo ab agente, est forma vel[a] perfeccio[a] aliqua, per quam passum assimilatur[b] agenti. Sed cum formam inducere in materiam et removere formam a materia sit opus nature, quia naturale est ipsi materie, ut est subiecta contrariis formis[c], quod possit[d] exspoliari[e] una forma et indui alia, ad opus nature[f] reducere possumus, quod hec sit causa et hoc sit causatum vel quod hoc sit activum et hoc passivum. Et quia, que opere nature fiunt, per opus nature tolli possunt, ergo a[g] simili[g] potestas ecclesiastica, ad quam cooperatur[h] opus humanum, opere[i] humano tolli[j] potest[j]. Immo si volumus descendere ad summe activum in istis naturalibus et ad summam potestatem in ecclesiasticis, dicemus, quod[k], ut hoc sit multum[l] et summe activum, hoc autem multum passivum, per opus nature fit contrario modo factum. Nam si materia, que est sub forma aeris, multum rarefiat[m] et incendatur in calore, fiet inde ignis, qui est maxime activus[n]. Si vero contrario modo[o] fiat, ut puta si materia, que est sub forma ignis[p], condempsetur[q] et remittatur in ea calor[r], fiet inde aer, qui est multum passivus, ita quod opere nature contrario modo facto[s] activum fiet[t] passivum et econverso.

---

[t] excluditur P. [u] potest V. [v] potest V. [w] *fehlt* V. [x] *folgt* spectat V. [y] vere P. [z] *fehlt* P. [a] *fehlt* P. [b] similatur P. [c] factus P. [d] potest V. [e] expoliari V. [f] nec P. [g] assimili P. [h] et operantur P. [i] *fehlt* P. [j] tollit poterit P. [k] quia P. [l] nullum P. [m] *korr. aus* rarefacit P. [n] actimi V. [o] *doppelt* V. [p] igni V. [q] condensetur V. [r] color P. [s] fecit V. [t] fit P.

Ex ista$^u$ itaque via generali, per quam arguitur omnem potestatem esse a deo ex causalitate et accione$^v$ rerum, patet, quod per idem contrario modo factum aliquid generatur et corrumpitur$^w$, ut si opere nature per$^x$ rarefaccionem generatur ignis, opere nature per condempsacionem$^y$, que opponitur rarefaccioni, corrumpitur$^z$ ignis. Et quia ignis est summe activus et summe habet potenciam agendi inter hec inferiora, consequens est, quod summa potencia agendi in istis$^a$ inferioribus per idem contrario modo factum$^b$ generabitur et destruetur.

Quapropter si hoc volumus adaptare ad summam potestatem de regimine hominum, que dicitur potestas papalis, dicemus, quod, sicut potestates, quas videmus in rebus naturalibus, sunt a deo, tamen, quia ad potestates illas cooperatur natura$^d$, ideo tales potestates sicut possunt per naturam fieri, sic opere nature contrario modo facte$^e$ possunt corrumpi$^f$ et tolli, ita quod eciam summa potestas in hac sphera activorum et passivorum per opus nature generatur et tollitur; sic et potestas ecclesiastica$^g$, licet sit a deo, tamen, quia ad huiusmodi potestatem ecclesiasticam cooperantur homines, consequens est, quod per opus humanum contrario modo factum$^h$ possit talis potestas esse et desinere esse, ita quod$^i$ et summa potestas ecclesiastica, cuiusmodi est potestas papalis$^j$, tolli poterit, si ex istis naturalibus volumus sumere exemplum et$^k$ si ea, que videmus in naturalibus, volumus adaptare ad regimen hominum et ad potestatem ecclesiasticam.

Dicemus ergo, quod potestas ecclesiastica et eciam summa potestas, sicut est potestas papalis, quoniam$^l$ ad huiusmodi potestatem cooperantur homines, ut sepius dictum est, quia cooperatur ibi$^m$ consensus preficiencium et assensus prefecti, ideo, si hoc incontrarium$^n$ fiat,$^o$ prefectus huiusmodi in $^p$ papam$^p$ non ulterius habebit iurisdiccionem papalem, ut, si postea eligatur et preficiatur alius, non erunt duo capita nec erit$^r$ propter hoc ecclesia$^s$ monstruosa$^t$, quia primus, qui renunciavit, desinit$^u$ esse caput.

$^u$ illa V. $^v$ actore V. $^w$ corumpitur P. $^x$ *folgt* condempsacionem que opponitur P. $^y$ condensacionem V. $^z$ corumpietur V. $^a$ *folgt* corporibus P. $^b$ faccio P. $^d$ *folgt* et P. $^e$ factus P. $^f$ corumpi P. $^g$ ecclesiasticas P. $^h$ formari V. $^i$ eciam P; *über der Zeile* V; *emendiert nach* b. $^j$ papa P. $^k$ cum V. $^l$ quam P. $^m$ *folgt* potestate per P. $^n$ in hoc contrarium P. $^o$ sinit P. $^p$ *fehlt* V. $^r$ erunt P. $^s$ ecclesiastica P. $^t$ menstruosa P. $^u$ *doppelt* V.

Sed dicet[v] aliquis nos involvere sentencias[w] sermonibus imperitis[x], quia dicet nos accipere fundamentum invalidum, contra quod multe possunt[y] in- / (fol.89 vb) stancie[y] assignari, quoniam non, / (fol.8 r) quicquid sit opere humano, potest per opus[z] humanum tolli. Est enim instancia in matrimonio. Nam si solus consensus facit matrimonium, si post consensum coniuges dissenciant, matrimonii vinculum non tolletur[a].[13] Est eciam[b] instancia in impressione caracteris, quia, si in ordinibus sacris caracter imprimitur et eciam in baptismo et in confirmacione, per nullum opus humanum poterit caracter[c] huiusmodi[c] removeri.[14]

Possunt[d] enim multe alie instancie assignari quantum ad spiritualia, que facilius fiunt quam destruantur. Sed quia raciones sequentes aliqualiter ista tangunt, ideo in prosequendo omnia ista solventur. Ad presens autem in tantum sit dictum, quod per se est hec proposicio[e] vera, videlicet quod, quicquid opere humano sit, humano opere tolli potest. Si autem in aliquibus habetur[f] instancia[g], hoc est, quia aliquid aliud obviat. Ideo, ut in prosequendo patebit, omnes huiusmodi instancie non sunt contra nostrum propositum, quia in nostro proposito nichil obviat, ut in sequentibus capitulis clarius ostendetur. Eapropter si ex consensu preficiencium et assensu prefecti preficitur quis in papam, hiis incontrarium factis non amplius erit papa, id est non amplius habebit iurisdiccionem[h] papalem[i].

Viso quomodo ille vie quatuor generales, per quas arguitur, quod non est potestas nisi a deo, non sunt contra nos, sed pocius sunt pro nobis, quia ex qualibet earum concludere possumus, quod papa renunciare potest. Volumus exequi de via quinta, prout specialiter adaptatur ad hanc materiam,

---

[v] diceret V. [w] sciencias V. [x] imperatis PV; *emendiert nach* b. [y] instancia possunt V. [z] *fehlt* P. [a] *folgt* et P. [b] enim V. [c] huiusmodi caracter V. [d] *prout* P. [e] proprio P. [f] habet PV. [g] instanciam V. [h] iuridiccionem V; iuridiccionem P (*V löst die Abkürzung der Vorlage falsch auf, während P sie überhaupt nicht auflöst*). [i] specialem P.

[13] Über die Unauflöslichkeit der fleischlichen Ehe von der Naturgrundlage her vgl. Aeg. Rom., *De reg. pr.* II,1, c.9-11, ed. Zannettum, 243-253. [14] Für das Verhältnis Taufe-Ordo vgl. Text unten S. 215 f.

prout deus specialem[j] habet[j] providenciam de sua ecclesia et specialiter de capite ecclesie, ut nullus preficiatur, ut sit caput ecclesie, sine speciali dei opere vel sine speciali eius permissione, ut ex hoc potestas papalis specialiter dicatur esse a deo. Nam si deus habet specialem curam de sua ecclesia, si assumptus ad tale[k] regimen sit insufficiens nec sciat ecclesiam gubernare, nonne[l] quilibet existimare debet, quod sit specialis divinus instinctus, quod sic assumptus cedat et alius expertus et sciencia preditus[m] preficiatur in papam?

Sed dicet[n] aliquis: si deus habet specialem curam de sua ecclesia et de capite ecclesie, quomodo[o] fieri potuit[p], quod sic simplex preficeretur in caput[q]? Sed, ut diximus, potestas papalis specialiter est a deo, sed quod sit in hoc vel in illo, non est semper ex speciali[r] divino opere, sed esse potest ex speciali divina permissione; ita quod semper est hec potestas specialiter a deo in hac persona vel in illa, vel ex speciali eius opere vel ex speciali[s] ipsius permissione.

Etsi volumus assumpcionem et cessionem Celestini[15] adaptare ad hec duo, assumpcionem eius adaptabimus ad specialem dei permissionem et cessionem ad specialem eius operacionem. In assumpcione quidem refulgebat divina permissio, in cessione vero[t] divina operacio. Quod si tamen[u] de hiis nesciremus reddere causam vel racionem, diceremus cum Augustino XXI De civitate dei, capitulo V,[16] qui ait, quod *fixam tamen racionem apud nos esse, non sine racione omnipotentem facere*, unde animus infirmus[v] racionem non potest reddere. Ergo si animus[v] noster nesciret racionem[w] reddere[w], nullo tamen modo concedere debemus omnipotentem dominum[x] aliquid sine racione facere vel sine aliquid[y] racione[y] permittere.

[j] habet specialem V. [k] talem V. [l] racione P. [m] *folgt* et PV. [n] diceret V. [o] *folgt* sic V. [p] potest V. [q] capud V. [r] *folgt* et P. [s] *hinter* permissione V. [t] *fehlt* V. [u] tam P. [v] infirmus - animus *fehlt* P. (Homoioteleuton). [w] reddere racionem V. [x] damnum b. [y] racione aliquid V.

[15] Zum ersten Mal Papst Cölestin V. namentlich erwähnt. [16] Augustinus, *De civitate dei* XXI,5,65, ed. Dombart-Kalb, 766.

Nam et si permittit mala, hoc tamen facit[z], ut inde eliciat bona, iuxta illud Augustini in Enchirydion[a],[17] quod omnipotens non sineret mala fieri, nisi[b] adeo omnipotens esset, quod posset[c] de malis bona eligere[d]. Immo si nulla esset alia racio, quare deus illud permisit, hoc esset satis sufficiens, quia tunc adimpletum est, quod dicitur prima ad Corinthios primo:[18] *Perdam* / (**fol.90 ra**) *sapienciam* sapientum[f] *et prudenciam prudencium reprobabo*.

Quia enim tanto tempore vacaveret[g] ecclesia, quam vacacionem, qui habebant caput eligere, fecerant, quia forte / (**fol.8 v**) nimis de sua prudencia confidebant, congruum fuit, ut eorum reprobaretur prudencia et talem eligerent, de quo evidenter appareret[h], quod nesciret dei ecclesiam gubernare. Sed volens Cristus compati ecclesie sponse sue, nolens ecclesiam[i] suam[i] sub imperito gubernatore diu consistere[j], pie debemus credere, quod fuit eius speciale opus et specialis instinctus, quod sic assumptus renunciaret et cederet.

### < Capitulum VI >

Capitulum VI, in quo solvitur racio prima arguens, quod non possit[k] papa renunciare vel cedere, quia papatus est a solo deo.

Arguebatur superius contra renunciationem pape, quod, cum papatus sit a solo deo et, que a deo vel ab alio superiori committuntur, a nullo possunt inferiori removeri, papatus, qui a solo deo est, a nullo inferiori removeri potest,[1] propter quod volunt adversarii concludere, quod papa nec cedere nec renunciare possit[ka]. Sed hec racio falsa quidem recipit, quia peccat[m] in materia, et non[n] syllogizat, quia peccat in forma.

---

[z] faciat V. [a] enceridian. V. [b] *doppelt* V. [c] possit P. [d] elicere V. [f] sapientium Vulgata. [g] vacavat P. [h] apparet P. [1] suam ecclesiam V. [j] existere P; concistere V. [k] potest V. [ka] potest V. [m] spectat P; *fehlt* V; *emendiert nach* b. [n] *über der Zeile* V.

[17] Augustinus, *Enchiridion ad Laurentium* III,11 (PL 40,236), ed. Evans, 53: "Neque enim deus omnipotens ... ullo modo sineret mali esse aliquid in operibus suis nisi usque adeo esset omnipotens et bonus ut bene faceret et de malo." vgl. Aeg. Rom., *De eccl. pot.* II,3, Übers. von Dyson, 42. [18] I Cor 1,19. [1] Vgl. oben Kap.III, S. 148.

Distinguendum est ergo, quomodo potestas papalis est a solo deo et[o] quomodo non est a solo deo[o]. Nam si loquimur de hac potestate in se, dicemus omnia esse a solo deo; quia quis posset illam[p] potestatem dare hominibus, quod ligatus in terra sit ligatus in celo et solutus in[q] terra[q] sit solutus in celo,[1a] nisi solus deus? Nam illa est tanta potestas, quod solus deus eam conferre potest. Sed si consideratur huiusmodi potestas, prout est in hoc vel in illo, sic[r] pro tanto est a solo deo, quia omnia opera nostra attribuenda sunt deo iuxta Ysaie XXVI:[2] *Omnia enim opera nostra operatus es nobis.* Ipse est[s] enim, qui operatur omnia in omnibus et *qui operatur in* nobis *velle et perficere.*[2a] Sed que[t] sunt sic[u] a solo deo - quia ei soli debet attribui omne opus nostrum, quia ab ipso est, si operamur, a nobis est, si in opere deficimus -, non excludunt cooperacionem nostram, quia coadiutores dei sumus.[3] Ipsi enim soli hec omnia sunt attribuenda, quia ipse solus in bonis nostris operibus est laudandus; nos tamen sumus cooperatores eius[v].

Igitur si a solo deo est papatus, est tamen in hac persona vel in illa per cooperacionem[va] humanam. Et quia ad talem potestatem habendam intervenit opus humanum, ideo opere humano desinere[w] potest, quia cooperacione[x] humana[y] esse habuit. Exemplum autem habemus in naturalibus et[z] in gratuitis: in naturalibus[z] quidem de anima humana, in gratuitis vero de gracia. Nam quis dubitare potest, quod anima humana est a solo deo? *Nam anima humana immaterialis[a] est,* quia, ut dicit ille Boecius,[4] *nulla spiritualis substancia alicuius materie innititur fundamento.*

---

[o] et - deo *fehlt* P.  [p] aliam P.  [q] *fehlt* P.  [r] sicut P.  [s] *fehlt* P.  [t] qui P.  [u] sicut P.  [v] *folgt* si P.  [va] comparacionem V.  [w] designere P.  [x] cooperatorem P.  [y] humanam P.  [z] et - naturalibus *fehlt* P (Homoioteleuton).  [a] in naturalis P.

[1a] Vgl. Mt 16,19.  [2] Is 26,12.  [2a] Phil 2,13.  [3] Aeg. Rom., *Commentarius in secundum sententiarum* II Pars 2 D.26 q.2 a.3, ed. Rocco, 331.  [4] Boethius, *Liber de persona et duabus naturis,* PL 64,1350 B.

Dato[b] tamen, quod anima humana haberet materiam[c] partem sui, non tamen sit ex materia preiacente, ita quod oportet, quod per creacionem producatur[d] in esse; que autem non nisi per creacionem producuntur, a solo deo produci possunt iuxta illud Ezechielis:[5] *Omnes anime mee sunt*, quia[e] per creacionem a solo deo anima in esse producitur. Sed licet anima humana sit a solo deo, est tamen in hoc corpore per operacionem nature, ut per operacionem virtutis, que est in semine[f], formantis membra et deputantis[g] humidum radicale in membris;[6] quod faciendo disponitur corpus ad suscepcionem anime, ita[h] quod humidum radicale deputatur[i] est disposicio corporis,[7] ut sit in eo anima. Idem humidum factum[j] impurum disponit corpus, ut separetur ab eo anima. Hoc enim modo moritur homo[k], quia calor naturalis depascit humidum radicale et consumit carnem nostram. Istud tamen consumptum restaur- / (**fol.90 rb**) atur per cibum sive per alimentum; sed istud, quod restauratur per[l] cibum[l], non est ita purum sicut[m] est illud, quod consumitur. Sicut, si[n] aliquis extraheret vinum ab aliquo dolio et poneret ibi aquam[o], tociens enim posset[p] hoc[q] facere, quod esset vinum[r] ita[s] aquosum, quod non possit[t] facere vini opus, sic et in proposito semper / (**fol.9 r**) consumitur illud, quod est magis purum, et restauratur, quod est minus[u] purum[v]. Tantum ergo potest homo vivere et tociens potest sic fieri, quod erit caro ita impura, quod non poterit[w] facere carnis opus; propter quod oportet animam recedere a corpore.

Per idem ergo contrario modo se habens infunditur anima corpori et desinit esse in corpore. Nam per humidum radicale purum in membris formatis disponitur corpus, ut infundatur ibi[x] anima, et deus infundit ibi[y] animam; et per idem humidum factum impurum disponitur corpus, ut separetur[z] inde anima.

---

[b] data V. [c] materialem V. [d] producantur V. [e] produccionem P. [f] sci[i]e = scire/sciencie V. [g] depurantis P. [h] ia P. [i] depuratum P. [j] factam V. [k] *fehlt* P. [l] *fehlt* V. [m] sicuti P. [n] *fehlt* P. [o] aqua P. [p] possit P. [q] hec V. [r] vicium P. [s] in P. [t] potest V. [u] nimis P. [v] *fehlt* V. [w] potest V. [x] illi V. [y] illi V. [z] separatur V.

[5] Ez 18,4. [6] Im allg. vgl. Aristoteles, De *generatione animalium* V,3 (783 b18 ff.), ed. Drossaart Lulofs, 166 ff. [7] Im allg. vgl. ebd. II,4 (740 a8), ed. Drossaart Lulofs, 61.

Exemplum eciam habemus in gratuitis de gracia. Nam nullus dubitare potest, quin gracia sit a solo deo; tamen quod sit in hoc homine vel in illo, cooperatur ibi voluntas humana, ut voluntas eius[a], qui[b] suscipit graciam.[8] Nam nullus adultus potest suscipere graciam, nisi per voluntatem convertat se ad deum, a quo est gracia. Nam si deus creavit te sine te, loquendo de adultis, *non iustificabit te sine te*.[9] Oportet enim, quod per voluntatem te convertas ad deum, a quo est gracia, si[c] vis[c] suscipere graciam. Nam si[d] vis[d] illuminari, oportet, quod te convertas ad[e] lumen. Sic si vis habere graciam, oportet, quod te convertas[e] ad fontem gracie.[10]

Arguatur ergo sic: "A solo deo est anima humana et a solo deo infunditur in hoc[f] corpore, ergo non nisi per solam virtutem divinam potest separari ab hoc corpore."[11] Constat, quod istud argumentum est falsum. Peccat enim in materia, quia falsa recipit; et peccat in forma, quia non concludit vel non syllogizat. Falsum quidem[g] recipit, quia[h], cum dicis, quod anima humana est a solo deo, si intelligas[i], quod ita sit a solo deo et in se et in hoc[j] corpore, quod nichil cooperetur[k] ibi natura, falsum est. Et quia aliter non concludit racio prefata nisi sub hoc sensu, quod anima humana ita[l] sit a deo et[m] in[n] se[n] et in hoc corpore, quod ad hoc nichil cooperetur[o] natura, ideo bene dictum est, quod predicta racio falsa recipit et peccat in materia.

Rursus racio prefata non syllogizat vel non concludit, quia peccat in forma. Nam, cum dicitur: "Anima humana a solo deo infunditur in hoc corpore, ergo non potest ab hoc corpore tolli nec opere nature nec[p] opere[q] alio[q] quam divino, ita quod nec calor[r] naturalis potest per suam naturam

---

[a] est V. [b] que P. [c] finis P. [d] finiş P. [e] ad ̣ convertas *fehlt* P (Homoioteleuton). [f] hac V. [g] quid P. [h] quod P. [i] intelligis P. [j] *fehlt* P. [k] cooperatur V. [l] *fehlt* P. [m] cum V. [n] ita P. [o] operatur V. [p] esset P. [q] alio opere V. [r] color P.

[8] Über die *gratia cooperans* vgl. Auer, 173 f., 190. [9] Augustinus, *Sermones ad populum*: Sermo 169 c.13 (XI,), *Opera omnia* V/1, Sp.1178 D: "Qui fecit te sine te, non te iustificat sine te." [10] Vgl. Ps 35,10 [11] Für die Widerlegung dieser These vgl. oben S. 175.

tantum depascere humidum radicale, quod[s] corrumpat hominem, nec aliquid[t] aliud poterit hominem permutare[u], sed[v] solum opere divino poterit hoc fieri,"[12] patet falsum esse.

Peccat enim hec racio per accidens. Accidit enim[w] humane anime, ut infunditur huic corpori[x] a solo deo, quod tollatur ab hoc corpore opere nature vel opere alio quam[y] divino, quia non tollitur anima ab hoc corpore opere nature, prout infunditur illi corpori a solo[z] deo, sed prout[a] illi infusioni[b] cooperatur natura. Nam si natura[c] potest[c] disponere corpus, ut infundatur ei anima, poterit[d] natura[e] sic[e] transmutare corpus[f] et reddere ipsum sic[g] indispositum[h], quod ab eo separabitur anima. Accidit ergo anime, quod dictum est, quia hoc non competit ei prout a solo deo est infusa, sed prout[i] illi infusioni alia sunt cooperata. Nam si[j] alia possunt cooperari, ut huic corpori infundatur anima, poterunt eciam[k] alia cooperari, ut ab illo corpore eciam[l] separetur anima.

Et quia accidens, ut hic de accidente loquimur, est[m] una de XIII fallaciis, cum ergo omnes ille XIII fallacie, de quibus agitur in Elenchis,[13] non syllogizant[n] nec concludunt et peccant in forma, consequens est, quod prefata racio, que[o] peccat per fallaciam accidentis, non syllogizat / (fol.90 va) nec concludit et peccat in forma, quod declarare volebamus. Ostensum est itaque, quod racio[p] arguens, quod anima racionalis, que est infusa huic corpori, a solo deo est[q], non potest ab illo corpore opere nature vel alio opere quam divino / (fol.9 v) tolli vel separari, peccat in materia, quia falsa recipit, et peccat in forma, quia non arguit nec concludit nec syllogizat.

---

[s] quia P. [t] ad V. [u] permittere P. [v] si P. [w] *fehlt* V. [x] videtur P. [y] quod P. [z] soli V. [a] ut P. [b] confusioni V. [c] potest natura V. [d] potest V. [e] sic natura V. [f] *fehlt* P. [g] scilicet P. [h] *über der Zeile* V. [i] ut P. [j] *fehlt* P. [k] illa P. [l] *fehlt* P. [m] *folgt* ex P. [n] syllogizentur P. [o] non P. [p] raco P. [q] *fehlt* P.

[12] Für diese Beweisführung vgl. Text oben S. 174 f. [13] Aristoteles, *De sophisticis elenchis* (168 a35 ff.), ed. Dod, 15 ff.

Ideo per simile manifeste patet, quod racio arguens, quod, quia potestas papalis est a solo deo, ideo non potest opere humano ab hoc[r] homine tolli, peccat in materia, quia falsa recipit, et peccat in forma, quia non syllogizat nec concludit. Nam si dicatur, quod potestas papalis sic est a solo deo in hoc homine, quia ad hoc, quod ille homo fit papa, nichil cooperati sunt homines, patet falsum esse; et quia huiusmodi racio non concludit aliter nisi sub hoc sensu, ideo bene[s] dictum[s] est, quod falsa recipit et peccat in materia. Rursus[t] non concludit et non syllogizat et peccat in forma[t]. Peccat enim huiusmodi racio per fallaciam accidentis. Accidit enim ipsi potestati papali, quod possit[u] tolli per opus humanum, inquantum est a deo, quia, prout huiusmodi potestas est a deo, non tollitur per opus humanum[v]; sed prout talis potestas, quod sit in hoc homine, cooperantur et[w] ad hoc ipsum homines, poterit per opus humanum tolli ab hoc homine vel desinere esse in illo homine.[14]

Erat autem ad[x] hoc idem aliud exemplum de gracia. Nam si dictus modus arguendi valeret, sequeretur, quod numquam per culpam nec per peccatum aliquod tolleretur gracia. Arguatur ergo[y] sic: "A solo deo[z] gracia infunditur anime, ergo non[a] nisi a deo poterit gracia removeri ab anima."[15] Sed culpa et peccatum non sunt a deo, quia, ut supra tetigimus,[16] *omnia per ipsum facta sunt et sine ipso factum est nichil*, id est peccatum vel culpa, secundum quod plures sanctorum exponunt.[17] Culpa itaque et peccatum, que non sunt a deo, non poterunt tollere graciam ab anima, que a solo deo infunditur anime. Constat, quod et hec racio, sicut et alia, falsa recipit et non

---

[r] *fehlt* V.  [s] benedictum V.  [t] Rursus - forma *fehlt* V.  [u] potest V.  [v] *fehlt* V.  [w] *fehlt* V.  [x] ab V.
[y] quod P.  [z] *über der Zeile* V.  [a] *fehlt* P.

[14] Aegidius formuliert an dieser Stelle den Mitwirkungsgedanken in bezug auf die päpstliche Macht. Vgl. oben S. 174.  [15] Die zu widerlegende These.  [16] Ioh 1,3 vgl. Text oben S. 159.  [17] Gemeint sind u.a. Augustinus und Origenes vgl. Text oben S. 159.

syllogizat. Peccat enim in materia et in forma. Nam si[b] sic esset gracia[c] a deo, quod nichil cooperaretur homo vel nichil posset ibi[d] cooperari homo ad graciam habendam, non posset[e] opere humano tolli, ad quod nichil cooperari potest opus humanum. Oportet ergo, quod illa racio: "Gracia est a solo deo, ergo non nisi opere divino tolli potest[f],"[18] sub hoc sensu intelligatur, quod[g] ita sit gracia a solo deo, quod ad eam[h] habendam nichil[i] cooperetur vel cooperari[j] possit[k] homo. Secundum quem modum est proposicio falsa, propter quod prefata racio falsa recipit et peccat in materia.

Rursus non syllogizat et peccat in forma, quia peccat per fallaciam accidentis. Accidit enim gracie[l], quod tollatur per voluntatem[19] nostram se avertentem[m] a deo, prout huiusmodi gracia[n] est a solo deo. Non enim tollitur[o] gracia ab homine prout est[oa] a[p] solo deo, sed prout ad eam habendam cooperari potest humana voluntas.

Eadem enim voluntas contrario modo se habens cooperabitur, ut sit in nobis gracia et ut perdamus graciam. Sicut idem homo aliter et aliter se habens cooperari potest, ut illuminetur, si se convertat ad lumen, et ut obtenebretur, si se avertat a lumine, sic eadem voluntas cooperabitur, ut sit in nobis gracia, si se convertat ad deum, qui est fons gracie et qui illuminat hominem per graciam, et cooperabitur, ut perdamus graciam, si se avertare a fonte gracie. Quia igitur[q] ad habendam graciam cooperatur homo, si se convertat ad deum, sic contrario modo se habens tolletur ab eo gracia, si se / (fol.90 vb) avertat a deo. Sic et in proposito, quia, quod papalis potestas sit in hoc[r] homine, cooperantur preficientes et eciam ipse prefectus assenciendo. Si hec incontrarium fiant, desinit[s] esse papalis potestas in homine illo.

---

[b] *fehlt* V.  [c] *ergo* P.  [d] *fehlt* V.  [e] *possit* P.  [f] *fehlt* V.  [g] *quia* P.  [h] *cum* P.  [i] *vel* p.  [j] *comparari* P.  [k] *potest* V.  [l] *ergo* P.  [m] *avertendem* P.  [n] *ergo* P.  [o] *fehlt* P.  [oa] *fehlt* V.  [p] *fehlt* P.  *ergo* P.  [r] *fehlt* V.  [s] *desinat* P.

[18] Die zu widerlegende These.  [19] Vgl. oben Anm.3.

Est ergo diligenter notandum, quod, quantum ad presens spectat, quasi simile est de papatu, ut est in hoc homine, et de gracia, ut est in hac anima. Nam non possumus per nos ipsos habere graciam, quia, ut ait apostolus ad Romanos VIIII[t]:[20] *Non est volentis velle neque currentis currere, sed miserentis est dei*, non est[u] in potestate nostra, / (**fol.10 r**) nisi iuvaremur a deo, quod possimus[v] converti ad ipsum. Ideo[w] habetur Ieremie[x] XXXI[y]:[21] *Converte me et revertar[z]*. Nisi enim deus nos converteret, non possemus[a] converti ad ipsum. Ipsum enim velle nostrum, si bonum est et perfectum, operatur in nobis deus iuxta illud,[22] *qui operatur in vobis velle et perficere.* Possumus ergo per nos ipsos deficere et avertere nos a deo, sed non possumus per nos ipsos perficere[b] et convertere nos ad ipsum. Sic et in proposito: per seipsum potest quis renunciare papatui et[c] non esse papa, sed non sufficit, quod assenciat papatui[c], ad hoc, quod sit papa. Ad construendum enim hoc, quod homo[d] aliquis sit papa, duo oportet concurrere, ut supra tetigimus,[23] assensum preficiencium et assensum prefecti. Sed ad hoc, quod non sit papa, sufficit solus assensus prefecti, quia[f] assenciat renunciare et quod renunciet, ut non sit ulterius papa.

Est eciam[g] notandum diligenter, quod in aliis prelacionibus inferioribus, ut puta in episcopatibus, in archiepiscopatibus[h], non[h] potest quis pro libito renunciare, quod non teneatur habere curam de grege[i] sibi commisso, quia[j] huic obviat statutum superioris. Nec propter hoc infringitur[k] illa regula generalis - per eadem[l] contrario modo facta res construitur et destruitur -, ut si aliquis eligatur in episcopum, per assensum eligencium et assensum electi et assensum metropolitani confirmantis eum[m] ille[n] erit[n]

[t] VIII PV. [u] *folgt* enim V. [v] possumus V. [w] racio P. [x] Iheremie V. [y] XXXII V. [z] convertar Vulgata. [a] possumus V. [b] proficere V. [c] et - papatui *fehlt* P (Homoioteleuton). [d] *fehlt* V. [f] quod V. [g] *fehlt* P. [h] archiepiscopis non, *wobei ... is non auf einer Rasur stehen* P. [i] rege P. [j] quod P. [k] infungitur P. [l] eandem P. [m] cum PV; *emendiert nach* b. [n] erit ille V.

[20] Rom 9,16. [21] Ier 31,18. [22] Phil 2,13. [23] Vgl. Text oben S. 164.

episcopus. Dato tamen, quod omnia ista contrario modo fiant, ut quod eligentes et prefectus iam in episcopum et metropolitanus contrario modo se habeant, ita quod omnibus eis placeat, quod iste cedat, non propter hoc poterit[o] cedere, quia episcoporum translacio, deposicio et[p] cessio[q] soli est Romano[r] pontifici reservata, ut dicitur Extra[s], De translacione episcoporum Inter corporalia.[24] Dedit enim Romanus pontifex[sa] electoribus et metropolitano, quod possint[t] episcopum statuere, sed non dedit eis potestatem, quod possint[u] eius cessionem[v] recipere[w]. Propter quod ad constituendum[x] episcopum quatuor concurrunt, videlicet assensus eligencium, assensus electi, assensus metropolitani confirmantis ipsum et voluntas pape, de cuius voluntate est, quod metropolitanus possit episcopum confirmare.

Ideo nisi assit[y] voluntas pape et nisi papa sit de hoc specialiter requisitus, episcopus confirmatus non poterit[z] cedere. Sed cum papa nullum habeat superiorem, totum est in potestate sua. Nullo enim iure[a] ligatur, quin possit cedere, quando velit. Posset[b] enim cedendo peccare et posset[c] cedendo mereri. Si enim videret[d] se utilem ecclesie et ad[e] fugiendum[e] laborem et, ut parceret carni sue, cederet, graviter peccaret. Sed[f] si videret se insufficientem ad gubernandam ecclesiam et quia nollet, quod bonum publicum sub ipso langueret, si hoc modo cederet, multum mereretur. In potestate quidem sua est cedere, cum vult. Et si cedat, tenebit[g] eius cessio. Sed caveat, quo[h] animo id[i] faciat[j].

---

[o] *fehlt* P.  [p] *fehlt* P.  [q] concessio PVb.  [r] remocio P.  [s] exemplum P.  [sa] *folgt* in PV.  [t] possit P.  [u] possent P.  [v] cessione P.  [w] recipere *getilgt* V; *folgt* excipere V.  [x] construendum PV.  [y] aliquid sit P; adsit b.  [z] potest V.  [a] *fehlt* P.  [b] possit V.  [c] potest V.  [d] videri P; viderit V.  [e] affugiendum P.  [f] *fehlt* P.  [g] tenebre V.  [h] quod P; quomodo V.  [i] illud V.  [j] facit P.

[24] Decretales I tit.7 c.2, ed. Friedberg, 97.

Sed dicet[k] aliquis, non potest eciam papa cedere, si / (**fol.91 ra**) velit, quia, sicut episcopus confirmatur per superiorem, id est per papam, qui vel ipsum[l] confirmat vel legem condidit, qualiter debeat confirmari sine consensu pape, ita[m] quod non potest cedere[m], ita eleccio papalis confirmatur per deum, ita quod sine assensu divino non poterit cedere. Sed tales obiecciones sunt modici ponderis. Nam huiusmodi divina confirmacio non est aliud nisi, quia ex quo rite ipse[n] potest esse papa, quia est a *duabus partibus* eligencium electus et acceptatus, si ipse assenciat eleccioni, deus confirmat, id est acceptat, quod factum est.[25]

Sic et[o] in proposito, cum nulla iura possint[p] papam ligare. / (**fol.10 v**) Sicut in potestate sua est assentire eleccioni et assumere illud onus, sic, postquam assumpsit, in potestate sua est deponere huiusmodi onus et renunciare illi oneri. Si enim appareret aliquod divinum statutum, quod papa[q] renunciare non posset[r] - sicut apparet papale statutum, quod episcopus sine assensu pape non potest cedere -, certum esset, quod racione statuti superioris papa renunciare non[s] posset[t], quia, et si papa non habet superiorem hominem loquendo de homine puro, habet tamen superiorem deum[u] vel habet superiorem[u] Cristum, qui non est homo purus, id est non est homo tantum, sed est homo et deus, cuius statuto ligari potest. Sed numquam Cristus hoc statuit. Immo[v] possumus dicere, quod est impossibile, quod ipse Cristus hoc statuisset. Eo enim modo, quo est impossibile, quod statuisset legem iniquam[w] est[w], eciam impossibile est[x], quod statuisset, quod papa renunciare non posset[y]. Iniqua enim esset lex, quod non possit[z] cedere, qui manifeste esset insufficiens ad ecclesiam gubernandam[a].

Quicumque enim papa cederet, ex quo nullum statutum superioris eum ligat, quin possit[b] hoc facere, teneret cessio sua et non haberet ulterius

---

[k] diceret V. [l] *fehlt* P. [m] ita - cedere *hinter* confirmari P. [n] *fehlt* P. [o] *fehlt* P. [p] possunt P. [q] potest P. [r] possit P. [s] *fehlt* P. [t] possit P; potest V; *emendiert nach* b. [u] deum - superiorem *fehlt* P (Homoioteleuton). [v] primo P. [w] ita quasi V. [x] *fehlt* P. [y] possit P; potest V; *emendiert nach* b. [z] potest V. [a] gubernandum V. [b] potest V.

[25] Decretales I. tit.6 c.6 'Licet', ed. Friedberg, 51; vgl. Edition Kap.XXIII, unten S. 340.

iurisdiccionem papalem. Et quia deus sic administrat res, ut eas proprios cursus agere sinat, ut dicit Augustinus in[c] De civitate dei, libro VII, capitulo XXX,[26] cum iste sit proprius cursus rerum, quod quilibet possit[d] proprie[e] officium assumptum deponere, nisi ad id faciendum superiori statuto prohibeatur, nullam causam videmus, nullam racionem conspicimus, quare papa renunciare non possit et quod deus non[f] acceptet[g] suam renunciacionem, eo ipso, quod ipse sic vult gubernare mundum, quod res suos[h] proprios[i] cursus agere sinat.

Notandum eciam, quod in administracione[j] rerum et in eo, quod deus sinit[k] res agere suos cursus, aliquid fit divina permissione, aliquid divina operacione. In papa quidem duo sunt, de quibus locuti sumus, assumpcio et cessio. Non oportet tamen, quod semper utrumque fit divina operacione, sed aliquando unum est divina permissione, aliud vero divina operacione; aliquando potest[n] esse[o] econverso: Si ergo[p] assumatur[q], qui manifeste est insufficiens, hoc pertinebit ad divinam permissionem. Si autem talis cedat, videbitur pertinere ad divinum instinctum et ad divinam operacionem. Si autem esset econverso, quod eligeretur, qui[r], secundum quod patitur humana fragilitas, esset manifeste sufficiens et ille propter peccata nostra cederet, assumpcio esset attribuenda divino[s] instinctui et divine operacioni, cessio vero divine permissioni.

Ex hiis autem revertamur unde[t] venit sermo[u] prius, dicentes contra adversarios, qui forte per confirmacionem, id est per acceptacionem divinam, se[w] vellent[w] iuvare volentes ex hoc, quod papa non possit[x] cedere, quia, ex

---

[c] *fehlt* P.  [d] potest V.  [e] *fehlt.* P.  [f] *fehlt* PV; *ergänzt nach* b.  [g] acceptat PV; *emendiert nach* b.  [h] suas PV; *emendiert nach* b.  [i] proprias P.  [j] amministracione V.  [k] sunt P; siniit V.  [n] *fehlt* P.  [o] omne P.  [p] *folgt* in V.  [q] assumantur P.  [r] quoniam P.  [s] divine P.  [t] scilicet de P.  [u] ferme *bzw.* sermo P.  [w] vellent se V.  [x] potest V.

[26] Augustinus, *De civitate dei* VII,30,38 (PL 41,220), ed. Dombart-Kalb, 212.

quo assensit papatui, deus hoc acceptavit, racione cuius nullatenus renunciare potest. Sed quis esset illius demencie, qui diceret, quod deus acceptaret assumpcionem hominis / (fol.91 rb) manifeste insufficientis et cessionem non acceptaret? Quis eciam esset illius demencie, qui diceret, quod illud$^y$, quod pro caritate factum est, contra caritatem militare debeat? Et quod pro bono publico factum est, debeat contra bonum publicum militare? Cum ergo constitucio capitis pro bono publico facta sit, eapropter, si tale sit caput, quod non sit sufficiens ad habendam debitam$^z$ curam de membris, quis diceret, quod deus assumpcionem talis capitis acceptaret, non$^a$ autem acceptaret$^a$ cessionem ipsius?

Nonne ita$^b$ racio indicat$^c$, quod assumpcio esset attribuenda divine permissioni, cessio autem$^d$ / (fol.11 r) divino$^e$ instinctui et operacioni, propter quod$^f$ tanto magis acceptaret deus eius cessionem quam assumpcionem, quanto ea, que fiunt$^g$ divino instinctu$^h$ et operacione$^i$, magis videntur procedere ex beneplacito$^j$ divino$^{j,k}$ quam$^l$ que fiunt ex eius permissione?

Concludamus ergo et dicamus, quod, sive sit papa inscius sive scius, cum ad hoc nullo superioris obligetur mandato, renunciare et cedere potest, et si cedat aut renunciet, tenebit$^m$ eius cessio et eius$^n$ renunciacio, propter quod, quantum ad posse cedere vel renunciare, nulla est differencia. Sed differencia esse potest et ex parte dei et ex parte cedentis.

Ex parte quidem dei, quia, si forte propter peccata nostra cederet, qui esset ad regimen$^o$ utilis iuxta fragilitatem humanam, fieret ex divina permissione. Sed si cederet, qui non esset sufficiens, fieret ex divino instinctu$^p$ et ex divina operacione. Rursus potest esse differencia ex parte cedentis, quia, si cedens hoc$^q$ faciat videns se non sufficientem et timens, ne

---

$^y$ id P. $^z$ *fehlt* V. $^a$ non - acceptaret *fehlt* P (Homoioteleuton). $^b$ ira *mit Kürzel über dem r* V. $^c$ iudicat *möglich zu lesen* P. $^d$ quidem P. $^e$ divine P. $^f$ quos P. $^g$ sicut P. $^h$ *folgt* et P; instintui V. $^j$ divino beneplacito V. $^k$ *folgt* et P. $^l$ qua P. $^m$ tenebre V. $^n$ *fehlt* V. $^o$ regnum V. $^p$ instincto P. $^q$ hec V.

bonum publicum sub[r] ipso langueat, merebitur, si autem hoc faciat non amore boni publici, sed volens laborem fugere, demerebitur et[s] peccabit[s].[27]

## < Capitulum VII >

Capitulum VII, in quo solvitur racio[t] secunda[t], quod nullus nisi solus deus potest auctoritatem et potestatem[u] papalem[u] auferre, cum nullus nisi deus possit[v] eam[w] conferre.

Arguunt[x] adversarii nostri et, ut diximus, in hac parte adversarii[y] veritatis, quod papa renunciare non potest. Est enim hec eorum secunda racio,[1] quod[z], quia[z] nullus potest auctoritatem et potestatem aliquam auferre[a], quam conferre non potest - cum ergo auctoritatem papalem nullus conferre possit[a+] nisi deus, ergo, ut aiunt[b], neque eam auferre. Sed si teneret, ut dicunt, renunciacio papalis, auferretur papalis potestas. Eapropter concludunt, quod papalis renunciacio non videtur fieri posse. Dicimus[c] itaque, quod hec secunda racio non videtur habere[d] aliud[d] fundamentum quam racio prima.

Arguebat quidem prima racio, quod, quia papalis potestas est a solo deo, ideo a nullo inferiori removeri potest. Et hec secunda racio hoc idem arguit, videlicet quod, quia papalem potestatem nullus alius a deo potest conferre, ergo nullus alius[e] potest[e] auferre. Patet quidem, quod[f] per illa duo exempla, per qua[g] nos iuvabamur[h] contra racionem primam, possumus nos sufficienter iuvare contra hanc racionem secundam. Dicemus enim, quod animam racionalem solus deus creare potest et solus deus eam[i] huic corpori infundit et solus deus potest eam huic corpori dare,[2] ergo secundum hunc modum arguendi, sicut[j] solus deus potest animam[k] humanam[k] huic corpori dare, ergo solus ipse potest eam ab hoc corpore separare. Secundum quem

---

[r] super P.  [s] *fehlt* V.  [t] secunda racio V.  [u] papalem potestatem V.  [v] potest V.  [w] enim P.  [x] Arguit secundo ad hoc idem P.  [y] *fehlt* P.  [z] quia quod P.  [a] aufferre P.  [a+] potest V.  [b] *folgt* neque eam conferre P.  [c] Dicamus P.  [d] aliud habere V.  [e] *fehlt* P.  [f] *fehlt* V.  [g] quos P.  [h] iuvabamus P.  [1] *fehlt* V.  [j] sic V.  [k] humanum naturam P.

[27] Für die Ansicht verschiedener Scholastiker und Kanonisten über das *bonum commune* bzw. *bonum publicum* vgl. Eastman, *Papal Abdication*, 80, 100, 110, 118; Text Kap.VIII unten S. 204 f.  [1] Vgl. Text Kap.III oben S. 148.  [2] Ein entscheidender Satz für das einfältige Gottesverständnis der von den Spiritualen angehauchten Gegner.

modum loquendi homo non moritur naturaliter nec potest mori violenter, sed solum opere divino et miraculose[l] potest homo mori, quod, quante demencie sit hoc dicere, claro[m] clarius esse [non] potest.

Propter quod, ut prius diximus,[3] eciam nunc dicemus, quod, licet anima humana a solo deo infundatur[n] in hoc corpore, tamen ad huiusmodi infusionem / (fol.91 va) alia[o] cooperantur[p], videlicet eciam[q] natura et ars:[4] natura quidem formando membra et purificando humidum radicale in membris; ars quidem, quia medicus est minister nature et potest in multis iuvare naturam, ut per industriam artis in muliere pregnante magis purificetur huiusmodi humidum radicale.

Ideo sicut ad huiusmodi infusionem ad disponendum fetum cooperatur natura et potest cooperari humanum ingenium, ut ibi infundatur anima, quia non infunditur nisi corpori disposito, sic, quia anima non separatur nisi a corpore indisposito, poterit animam a corpore separare natura et humanum ingenium et omne illud, quod potest corpus sic indispositum[s] reddere, quod non possit[t] ibi ulterius anima remanere.

Eodem eciam modo arguemus de gracia. Nam licet gracia sit in hac anima a solo deo, tamen, quia deus non infundit[u] graciam nisi anime disposite ad suscipiendam graciam, ideo, quicquid potest reddere animam indispositam ad graciam, potest ab anima graciam tollere. Opere ergo divino infunditur / (fol.11 v) gracia, et per culpam et per peccatum, que non sunt opera divina, tollitur[v] gracia.[5] Concludit ergo racio manifeste falsum, tam

---

[l] miraculoso V. [m] elato V. [n] infunditur V. [o] qua Vb. [p] operantur V. [q] *vor* ars V. [s] dispositum V. [t] potest V. [u] infunditur *gestrichen* V. [v] tollit P.

[3] Vgl. Text oben S. 174 f. [4] Über 'humidum naturale' vgl. Aristoteles, *De generatione animalium* V,4 (784 b26 ff.); über die Definition von Trockenheit und Feuchtigkeit vgl. Ders., *De generatione et corruptione* II,2 (320 b30 ff.); über die Geburt vgl. Ders., *Historia animalium* VII,4 (584 a5 ff.). [5] Grundsatz der christlichen Gnadenlehre. Für Aegidius' Gnadenlehre vgl. Zumkeller, 184 ff.; Schmaus, 206 f.

prima quam secunda. Dicebat enim prima, quod illud, quod a solo deo est, a nullo alio auferri potest.

Dicebat autem racio secunda, quod id, quod solus deus potest[w] conferre, nullus alius potest auferre. Sed manifeste patet falsum esse, quod dicitur. Nam anima humana a solo deo infunditur corpori et eam solus deus confert corpori, tamen[x] ex[y] opere nature et opere humano potest auferri[z] a corpore; et graciam solus deus infundit anime et solus deus eam confert anime, et tamen culpa et peccatum, que sunt[a] opera[b] nostra, eam tollunt[c] ab anima.

Que omnia ideo contingunt[d], quia et ad infusionem[e] anime et ad collacionem[f] gracie aliquid cooperantur vel cooperari[g] possunt creature, ideo opere creaturarum possunt hec tolli. Sic et in proposito, quantumcumque papatus sit a solo deo, tamen, quia ad hoc, quod[h] papatus sit in hoc homine[i] vel in illo, cooperantur ipsi homines, ideo opere humano tolli potest. Idem ergo et eodem modo videntur[j] arguere racio secunda et prima, propter quod soluta racione prima solvitur et[k] hec[k] secunda.

Possumus tamen[l], si volumus[m], aliqualiter diversificare racionem hanc secundam a racione[m+] prima, ut dicamus, quod hec racio secunda sit supplementum[n] racionis prime. Nam non valet, si dicatur, quod hoc[o] est a solo deo et ad id nichil cooperata[p] est creatura, ergo non potest corrumpi opere creature. Nam si deus nunc[q] de nichilo crearet unum animal, ut puta

---

[w] *hinter* quod V. [x] tam P. [y] *fehlt* V. [z] aufferri P. [a] sut P. [b] *fehlt* P. [c] tollit V. [d] contingant P. [e] infusione P. [f] collcionem V. [g] cooperiri P. [h] *fehlt* P. [i] hoc P. [j] videtur V. [k] *fehlt* V. [l] *fehlt* P. [m] voluimus P. [m+] *folgt gestrichen* secunda P. [n] supplimente V. [o] hec V. [p] cooperta P. [q] non P.

unum bovem[r] vel unum equum, ad produccionem[s] illius animalis nichil cooperaretur creatura. Attamen ille bos vel ille equus sic productus esset eiusdem speciei cum aliis bobus vel cum aliis equis. Quapropter animal sic productum, nisi deus miraculose ipsum[t] sustentaret[t], posset occidi et posset[ta] mori senio sicut et alii equi vel sicut[u] et alii[u] boves.[6]

Propter quod supplenda est illa racio et[v] dicendum est, quod, si hoc[va] est a solo deo, ergo non potest tolli a creatura. Supplendum est enim ibi, quod si hoc sic est a solo deo et ad illud vel ad simile illi non potest cooperari creatura, quod[vb] non potest illud tolli opere creature. Nam et si deus posset[w] facere unum equum, quantumcumque ad produccionem illius equi nichil fuisset cooperata creatura, attamen, quia equus producitur vel produci potest opere creature, ideo ille equus sicut et alii equi corrumpi[x] possit[y] opere creature.

Dicebat ergo[z] racio prima, quod[a] papatus est a solo deo. Dicit autem hec racio secunda[a], quod papatus non potest conferri ab alio quam a deo, ita quod plus dicit hec racio secunda quam dixerit[b] racio prima[c]. Addit eciam hec racio secunda supra primam, quod[d] papatus[e] non quocumque modo / (fol.91 vb) est a solo deo, sed ita a solo deo, quod solus deus potest ipsum conferre[f].

Sed licet aliqualiter diversificata[g] sit ista[h] racio secunda a racione prima, attamen eandem solucionem habet cum illa. Nam nec esse nec[i] posse esse[j] competit anime racionali[k] vel gracie[l] nisi a solo deo. Nam et solus deus infundit animam huic corpori, et solus ipse potest eam[m] conferre vel

---

[r] hominem *getilgt mit* bovem *am Rande eingefügt* V. [s] produccionis P. [t] sustentaret ipsum V. [ta] potest V. [u] sicut - alii *fehlt* V. [v] *fehlt* V. [va] hec V. [vb] quia P. [w] potest V, [x] corrumpit P. [y] possunt V. [z] *folgt* quod PV. [a] quod - secunda *fehlt* V (Homoioteleuton). [b] dixit V. [c] *hinter* quam V. [d] quia P. [e] papa P. [f] conferri V. [g] diversificatas P. [h] illa P. [i] non P. [j] *fehlt* V. [k] irracionali P. [l] aliquis P. [m] eum P.

---

[6] Über den Wunderglauben vgl. im allg. P. Browe, *Die Eucharistie Wunder des Mittelalters* (Breslau 1938).

infundere huic corpori. Sic eciam solus deus infundit graciam huic anime, et solus ipse potest eam infundere huic anime. Sed ut potest patere ex habitis, licet in ipsam animam et in ipsam graciam non possit creatura aliqua, attamen potest creatura aliquid facere in hoc corpore, quia potest disponere ipsum ad suscepcionem anime. Propter quod dicebatur[ma], quod ad infusionem anime aliquid cooperatur creatura, quia cooperatur ibi virtus, que est in semine,[7] non quod huiusmodi virtus ipsam animam producat, nec[n] quod[n] huiusmodi virtus animam infundit in hoc corpore, sed aliquid cooperatur talis virtus in tali corpore, ut sit dispositum ad suscepcionem anime, racione cuius disposicionis dicitur cooperari ad hoc, quod ibi anima infundatur[o].

Sed cum sic sit de anima, numquid sic est de gracia, / (**fol.12 r**) quod opere creature sit disposicio ad graciam, non autem ipsa gracia? Dicemus ergo non esse omnino simile de anima infusa corpori et de gracia infusa anime, quia disposicio ad animam est per operacionem creature, ipsa tamen anima est a deo. Non autem sic est de gracia, quia tam gracia quam disposicio ad graciam sunt a deo. Unde Damascenus libro secundo capitulo[p] XXX dicit,[8] quod virtus ex deo data est, et ipse[q] est omnis boni principium et causa, et sine eius cooperacione et auxilio impossibile est bonum velle vel facere.

Constat autem, quod disposicio ad virtutem[q+] et ad graciam est per nostrum bonum velle. Et quia a deo est, quod volumus[r] bonum, oportet, quod ab eo sit tam gracia quam disposicio ad[s] graciam[s]. Sed licet non sit per

---

[ma] *folgt* gracia PV. [n] *fehlt* V; qui nec P; nec b. [o] infunditur P. [p] *folgt* c *mit senkrechtem Strich durchkreuzt* P. [q] iste P. [q+] unitatem P. [r] vellimus P. [s] *fehlt* P.

[7] Über die 'racio seminalis' vgl. Vollmer, 77; Zumkeller, 184; Dyson, 222 Anm.9; Aristoteles, *Metaphysik* XII,7 (1072 b35 ff.); Nach Hocedez, 81 Anm.2, vertritt Aegidius in dieser Frage eine andere Meinung als Thomas. [8] Johannes Damascenus, *De fide orthodoxa* II,30 (PG 94,971-974), ed. Buytaert, 161.

omnia simile de anima infusa corpori et de gracia infusa anime, tamen, quantum ad propositum spectat, eius[t], potencia simile est[u], quia, sicut ad infusionem anime aliquid cooperatur creatura, ita ad infusionem gracie aliquid cooperatur ipse homo, cui[v] infunditur gracia, vel aliquid cooperari possunt eciam alii homines. Nam licet deus operetur in nobis velle et perficere, tamen in nostra potestate est vel sequi deum[w] vocantem ad virtutem vel sequi dyabolum vocantem ad maliciam, ut dicit Damascenus prefato libro et capitulo.[9]

Dicemus ergo cum psalmista:[10] *Audiam, quid loquatur[x] in me deus[y]*. Multi enim nolunt audire illud, quod loquitur in eis deus, et nolunt sequi divinos[z] instinctus. Aliquid ergo cooperamur[a] ad infusionem[b] gracie, quia sequimur vocacionem divinam, sic eciam aliquid cooperari possunt ad hoc alii homines. Nam cum unus homo inducit alium, ut bene faciat et sequatur vocacionem divinam, consequens est, quod tam[c] inductus, prout sequitur vocacionem divinam, et eciam inducens aliquid cooperantur ad gracie infusionem.

Revertamur ergo ad propositum et dicamus, quod, licet hec secunda racio aliquid superaddat prime, quia prima dicebat, quod papatus est a solo deo, hec autem secunda superaddit et dicit, quod non solum papatus est a solo deo, sed eciam[d] non potest esse ab alio et non potest ipsum papatum conferre alius quam solus deus, attamen eadem solucione et per eadem exempla solvitur hec[e] secunda racio et prima. Nam ut diximus: anima humana a solo deo infunditur corpori et non potest nisi a solo deo infundi corpori[f], et gracia a solo deo infunditur anime et non potest nisi a solo deo infundi anime, tamen[g], quia et / (**fol.92 ra**) ad hoc, quod anima infundatur corpori et gracia infundatur anime, aliquid cooperatur creatura, ideo opere[h] creature anima potest separari a corpore et gracia potest desinere esse in anima.

---

[t] est V. [u] *fehlt* V. [v] *fehlt* P. [w] dominum V. [x] locatur V. [y] dominus P; dominus deus Vulgata. [z] divines P. [a] cooperantur V. [b] confusionem P. [c] cum P. [d] cum V. [e] huius P. [f] *fehlt* V. [g] *fehlt* P. [h] operacio V.

[9] Ebd. [10] Ps 84,9.

Et quia nullus negare potest, quin papatus sit in isto vel in illo homine operacione humana, quia est in eo per assensum scilicet preficiencium et per assensum prefecti, ideo hiis[i] contrario modo se habentibus et specialiter prefecto contrario modo se habente desinet[j] in ipso esse papalis potestas; quod[k] maxime veritatem habet in potestate papali, cum nullum sit statutum superioris et cum Cristus numquam statuerit[l] oppositum[l] , quod papa renunciare non possit.

Sicut ergo diximus[m] de corpore respectu anime et de anima respectu gracie[n], sic dicemus de[o] papa respectu potestatis papalis. Nam corpore disposito infunditur sibi[p] anima; et postquam infusa est ei anima, si contrario modo se habeat et fiat indispositum, separabitur ab eo anima. Sic et anima, si sequatur deum vocantem et convertat se ad deum, erit in ea gracia; et postquam habet graciam, si contrario modo se habeat et avertat se a deo, desinet[q] in ea esse gracia.

Sic eciam se habet de potestate papali, si rite electus consenciat eleccioni de se facte[r], erit papa / (**fol.12 v**) et habebit papalem potestatem; et postquam est papa, si contrario modo se habeat et dissenciat et renunciet papatui, desinet[s] esse papa, id est non habebit ulterius potestatem papalem.

Cum enim nullum sit statutum ligans papam, quod renunciare[t] non possit[u],[11] et cum potestas papalis non magis sit a deo in hoc homine quam[v] anima humana in hoc corpore vel quam gracia[w] in hac anima[x], quid potest movere adversarios huic veritati, cum clare videant, quod corpore, postquam infusa est sibi[y] anima, contrario modo se habente separetur ab eo anima, et anima, postquam infusa est sibi[z] gracia, contrario modo se habente desinat[a] in ea esse gracia, quare papa, postquam est papa,

---

[i] habens P. [j] desinit V. [k] quia P. [l] oppositum statutum P. [m] dicimus P. [n] *fehlt* V. [o] quod P. [p] eciam V. [q] desinit V. [r] facta V. [s] desinit V. [t] renuncia P. [u] potest V. [v] quia P. [w] graciam P. [x] *folgt gestrichen* humana in hoc corpore P. [y] *folgt gestrichen* gracia V. [z] *fehlt* V. [a] desinit V.

[11] Vgl. Eastman, *Papal Abdication*, 22 u.ö.

contrario modo se habente et eo renunciante papatui non[b] desinet[c] esse papa?

Et post resurreccionem quidem anima[d] non poterit separari a corpore, quia[e] non poterit corpus fieri ita[f] indispositum, quod separetur ab eo anima; et anima beata non potest graciam perdere, quia[g] ita conversa est ad deum, quod non potest contrario modo se habere nec potest[h] peccare nec[h] potest se avertere a deo, quod graciam perdat. Si enim anima in patria posset[i] bene et male facere, sicut potest, cum est in via, posset[j] graciam habere et habitam perdere. Quid ergo obstat[k], quare anima per[m] operacionem bonam adipiscitur graciam, per operacionem malam desinit habere graciam, quod non simili modo prefectus in papam per loquelam consenciendo eleccioni de se facte est papa, per loquelam eciam renunciando papatui[n] desinet esse papa? Nullum scimus statutum in contrarium, nullam videmus racionem ad oppositum, quin papa renunciante desinet[o] esse papa.

Verum quia intellectus[p] hominis non quiescit,[12] volumus dicere, quod est divinum statutum, et quod deus statuit, quod papa[q] renunciare possit[r], quia, ut diximus, Augustinus in De[s] civitate dei libro VII capitulo XXX,[13] dicit, quod deus[t] sic[t] administrat[u] res, ut eas proprios cursus agere sinat. Statutum est ergo divinum[v], quod deus[w] sic administrat res, secundum quod requirit[x] ordo[x] et condicio rerum. Et quia ordo et condicio ecclesie hoc requirit, quod papa renunciare[y] possit, quia talis potest esse assumptus, quod

---

[b] *fehlt* V.   [c] desinat PV; *emendiert nach* b.   [d] nam P.   [e] quod P.   [f] *fehlt* P.   [g] quod P.   [h] potest - nec *fehlt* P (Homoioteleuton).   [i] potest V.   [j] possit P; potest V; *emendiert nach* b.   [k] *folgt* et P.   [m] post V.   [n] *folgt* quare non P.   [o] desinat P.   [p] intellectum PV; *emendiert nach* b.   [q] *fehlt* V.   [r] potest V.   [s] *fehlt* V.   [t] sic deus V.   [u] amministrat V.   [v] *fehlt* P.   [w] ipse P.   [x] ordo requirit V.   [y] *folgt* non P.

---

[12] Aeg. Rom., De *ecclesiastica potestate*, ed. Scholz, 54: "sed quia cor hominis non quiescit." Vgl. Augustinus, *Confessiones* I,1 ff. (PL 32,661 f.), ed. Verheijan, 1 ff.   [13] Augustinus, *De civitate dei* VII,30,38 ed. Dombart-Kalb, 212.

langueret sub eo bonum publicum, ideo papa renunciare potest[ya]. Ergo dicere possumus, quod sit divinum statutum, quod renunciare possit, cum hoc requirat ordo et condicio rerum.

## < Capitulum VIII >

/ (fol.92 rb) Capitulum VIII in quo solvitur racio tercia arguens, quod papatus nullo modo tolli[z] potest[z] ab aliquo, quia[a], cum sit suprema potestas, consequens esset[b], quod maior dignitas per minorem tolleretur[c].

Solutis duabus racionibus volumus in hoc capitulo solvere racionem terciam.[1] Arguunt enim, quod decretalis illa Extra, De translacione episcoporum, capitulo Inter corporalia,[2] expresse innuit, quod deposicio episcoporum, translacio et absolucio eorum post[d] confirmacionem[d] soli pape est reservata. Immo in eadem decretali dicitur,[3] quod spirituale vinculum est forcius quam carnale. Non[e] ergo, ut ibidem dicitur,[4] humana[e], sed pocius divina potestate coniugium spirituale[5] dissolvitur.

Ex quo, ut[f] dicitur[f], manifeste patet, quod, si papa potest aliquem episcopum absolvere vel si potest cessionem alicuius episcopi recipere, quia hoc faciendo spirituale coniugium separat, quia igitur, ut dictum est, hoc non fit nisi per potestatem divinam, ideo ipse papa hoc non potest facere, nisi inquantum est vicarius dei.[6] Et[g] arguitur[h] ergo sic: spirituale coniugium[i] non potest separari nisi per divinam potestatem; ergo, cum inter papam et ecclesiam sit spirituale coniugium, consequens est, quod[j] papa nullo modo renunciare poterit, cum non sit[k] aliquis alius dei vicarius, in cuius manibus possit cedere, racione[l] cuius dicatur per[m] potestatem divinam, id est per[n] potestatem vicarii dei, huiusmodi coniugium separari.

---

[ya] *folgt* Non PV.  [z] potest tolli V.  [a] qui P.  [b] est P.  [c] tolletur P.  [d] per cessionem P; pro cessionem V: *emendiert nach* b.  [e] Non - humana *fehlt* V.  [f] *fehlt* P.  [g] *fehlt* V.  [h] arguatur PVb.  [i] *korr. aus* conigium V.  [j] ergo V; *folgt* aliquis P.,  [k] *fehlt* V.  [l] racionem P.  [m] quod P.  [n] *fehlt* P.

[1] Vgl. Text Kap.III oben S. 149.  [2] Decretales I tit.7 c.2, ed. Friedberg, 97.  [3] Ebd.  [4] Ebd.  [5] Über die geistliche Ehe vgl. Eastman, *Papal Abdication*, 95 ff.  [6] Über die Bezeichnung 'vicarius dei' vgl. oben S. 37 Anm.11; Text S. 139 Anm.4.

Addunt autem isti volentes respondere tacite questioni, ut, quia forte aliquis diceret, quod eciam alii episcopi sunt vicarii dei, propter quod papa renunciare[o] potest[o] in manibus alterius episcopi, / **(fol.13 r)** ideo isti dicunt, quod nulla racio hoc capit, quod deus voluerit inferiores dignitates quam papatus per ipsum deum tantum aut per dignitatem superiorem eis tolli posse, et tamen voluerit ipsum papatum, que est summa dignitas, que proprie est ipsius Cristi, nedum per inferiorem deo, sed eciam per[p] dignitatem[q] inferiorem se ipsa tolli posse.

Advertendum ergo, quod antequam solvamus racionem propositam, est diligenter notandum, quod omnes hee tres raciones facte[s] utuntur hoc modo loquendi, quod papatui[+] non potest renunciari[t], quia nec potest removeri papatus[u], ut dicit racio[v] prima, nec auferri, ut dicit secunda, nec tolli, ut dicit hec tercia, ab eo, qui est papa, nisi per solum deum. Sed cum omnia ista verba sonent in quandam[w] violenciam, si ipsi vellent sic intelligere raciones factas, quod invito summo pontifice[x] non possit[y] ab eo auferri papatus, non esset ulterius cum[z] eis[z] disputandum.

Concederemus quidem propositum verum[a], quia raciones ulterius arguunt, videlicet quod papa renunciare non potest. Volunt enim ex hoc concludere, quod eciam voluntarie papa non potest[b] cedere. Ideo omnia prefata verba, videlicet removeri, auferri et tolli papatum ab eo, qui est papa, accepimus sub quadam significacione generali: pro quacumque renunciacione[c], pro quacumque[d] cessione[c], pro quocumque modo, [quibus], ille, qui[e] est papa, dum vivit, posset[f] desinere esse papa.

[o] potest renunciare V. [p] *folgt* superiorem P. [q] dignitates V. [s] sancte *mögliche Lesung* V. [+] papatus PV. [t] removeri PV; *emendiert nach* b. [u] *fehlt* V. [v] *fehlt* V. [w] quantum P. [x] pontifici P. [y] potest non V. [z] *fehlt* P. [a] *fehlt* P. [b] *folgt* Volunt enim ex hoc concludere quod eciam voluntarie tenere papa non possit sedem P. [c] *beide Wörter gegen einander vertauscht* P. [d] quocumque P. [e] *doppelt* V. [f] potest V.

Advertendum eciam, quod, quia per racionem quartam inferius positam[g] aliquid[h] de[h] hoc tangitur[i], ubi dicitur, quod[j] summa[k] virtus creata, cuiusmodi est potestas papalis, per nullam inferiorem virtutem creatam videtur posse tolli, cum tolli sonet[l] quid in violenciam, ideo in solucione dicte racionis intendimus hoc plenius declarare.

Hiis itaque prelibatis dicemus, quod hec racio tercia videtur super duobus fundari. Quorum[m] primum[m] est, quod, cum spirituale vinculum sit forcius quam carnale, cum inter papam et ecclesiam sit spirituale vinculum sive spirituale coniugium, quia, *quod[n] deus coniunxit, homo non separet*,[7] nullus nisi deus poterit huiusmodi coniugium separare.

Secundum autem fundamentum huiusmodi tercie racionis est, quod nulla racio capit, / (**fol.92 va**) quod deus voluerit, quod cessio inferiorum dignitatum fiat in manibus[o] superiorum. Cessio vero ipsius papatus fiet in manibus ipsorum[p] inferiorum, quia, cum omnes alie dignitates sint inferiores ipso papatu, consequens est, quod, si papa[q] potest cedere, quod cedat[r] in[s] manibus eorum, qui sunt inferiores eo.

Dissolvemus ergo primo hanc racionem terciam quantum ad fundamentum primum. Sciendum ergo, quod aliquando intelligitur prohibitum, quod non invenitur expressum, aliquando autem econtrario intelligitur esse concessum, quod non invenitur esse prohibitum. Ad quam contrarietatem dissolvendam[t] forte dicerent iuriste,[8] quod primum tenet in hiis, que sunt stricti iuris; secundum vero sive secunda regula tenet in aliis. Sed ut loquamur ductu racionis, dicamus, quod aliquando id, de quo agitur,

---

[g] potestas P. [h] ad V. [i] tangatur V. [j] *folgt* in P. [k] summo P. [l] solvet P. [m] quarum prima V. [n] *folgt* ergo Vulgata. [o] *folgt* in V. [p] pape P. [r] ceda P; solucio *am Rande unterstrichen* V. [s] *über der Zeile* V. [t] solvendam V.

---

[7] Matth 19,6. [8] Decretales ... una cum glossis, (Turin 1588): ad Extra I tit.7 c.1 'Quum ex illo', v. 'non invenitur', Sp.245: "Prohibitum intelligitur, quod non est concessum in iudiciis stricti iuris et arbitriis: secus tamen est in iudiciis bonae fidei, in beneficiis, et absolutionis, in quibus omnia, concessa intelliguntur, quae non sunt expresse prohibita, ...".

est supra naturam negocii, supra accionem cause, supra condicionem et exigenciam rerum. Et tunc valet prima regula, quod omne illud est prohibitum, quod non invenitur expressum; vel omne illud est prohibitum, quod non est concessum, vel ut magis proprie loquamur, quicquid in talibus non est concessum, est prohibitum, id est superiori potencie reservatum. Possumus autem ponere exemplum in naturalibus et moralibus.

In naturalibus quidem, ut puta quia ambulare siccis pedibus super aquam est supra[u] accionem nostram humanam, supra naturam negocii nostri, supra condicionem et exigenciam rerum, quia condicio et exigencia rerum hoc[v] non patitur, quod quis vadat siccis pedibus super[w] aquam, ideo nisi hoc alicui homini sit a deo specialiter[x] concessum, dicitur ei esse inhibitum.

Est enim hoc superiori[y] potencie, id est divine potencie, reservatum, ut, quando deus voluerit, poterit hoc illi homini vel alio[z] homini[a] concedere, ut possit super aquam siccis pedibus ambulare. In moralibus quidem possumus de hoc exemplum ponere, quia ordinare / (fol.13 v) totam ecclesiam et statuere, qui sunt[b] episcopi, qui archiepiscopi, qui primates[c] et patriarche, et statuere, quomodo hii confirmentur et quomodo possint cedere vel quomodo possint absolvi vel transferri, spectat ad solum[d] Bonifacium[d], quia, cum ipse solus sit caput tocius universalis[e] ecclesie, ad ipsum spectat statuere ea, que respiciunt ordinem universalis ecclesie, ideo omnia ista sunt supra naturam negocii aliorum, supra accionem omnium aliarum[f] dignitatum, supra condicionem et exigenciam[g] rerum.

Condicio enim et exigencia rerum hoc non patitur, quod ea, que respiciunt ordinem universalis ecclesie, aliqui infra papam possint illa[h] facere[h], nisi quatenus sunt eis a[i] papa concessa. In talibus ergo, quicquid non est concessum, est prohibitum, vel quicquid non est concessum, est[j] superiori potencie reservatum. Eapropter, si episcopus potest ab[k] archiepiscopo vel a metropolitano confirmari et non potest in manibus metropolitani cedere, hoc

---

[u] super PVb. [v] heç V. [w] supra P. [x] hinter sit V. [y] superiore P. [z] alii PVb. [a] fehlt V. [b] sicut P. [c] primtos P. [d] summum pontificem V. [e] fehlt P. [f] aliorum PV; emendiert nach b. [g] exigencia P. [h] facere illa V. [i] et P. [j] fehlt P. [k] folgt alio P.

est, quia iura concedunt confirmacionem, non autem concedunt cessionem. Immo ipsa confirmacio est super vires cuiuscumque alterius a papa. Propter quod omnes alii a papa[l] solum illos episcopos et eo modo confirmare possunt, quo concessum est eis a iure vel quo concessum est eis a papa, cuius est iura condere. Dato ergo, quod iura concederent[m] quod episcopus posset[n] a suo archiepiscopo vel a suo metropolitano confirmari, et nulla iura aliquid tangerent, quod episcopus vel electus in episcopum et confirmatum[o] non possit[p] cedere in manibus sui metropolitani, eo ipso esset hoc suo metropolitano inhibitum et esset[q] superi- / (**fol.92 vb**) ori potencie, id est papali potencie, reservatum.

Sed dices, quare iura hoc[r] dicunt, quare iura hoc inhibent, quod non possit episcopus cedere in manibus metropolitani, cum sufficiat non esse hoc concessum[t] metropolitano ad hoc, quod non potest hec[t] facere, cum in talibus, sicut dictum est, quicquid non est concessum, intelligatur esse inhibitum[u] vel intelligatur[v] esse[u] superiori potencie reservatum? Dicemus[w] ergo, quod, si omnes essent tante prudencie, quod scirent talia conspicere, non fuisset opus hec per iura exprimere. Sed ne aliqui propter ignoranciam facerent de facto, quod non possent[x] de iure, bene se habuit de hoc iura condere. Sed nulli dubium esse debet, quod, sicut papa statuit, quod episcopus possit[y] per suum metropolitanum confirmari, ergo[z], si voluisset vel si[a] adhuc vellet, posset[b] statuere, quod posset[c] in manibus eius cedere. Utrumque enim istorum tam confirmacio quam cessio respicit id, quod pertinet ad ordinacionem universalis ecclesie, propter quod, quantum ad hoc, tantum possunt alii prelati a papa, quantum est eis per papam concessum[d].

---

[l] *folgt* sed P.  [m] concedent P.  [n] possit P.  [o] confirmat P.  [p] potest V.  [q] esse P; eciam Vb.  [r] hec P.  [s] potest V.  [t] concessum - hec *fehlt* P (Homoioteleuton).  [u] inhibitum - esse *fehlt* P (Homoioteleuton).  [v] intelliguntur V.  [w] Dicunt V.  [x] possint P.  [y] potest V.  [z] sic V.  [a] *fehlt* V.  [b] *fehlt* P; potest V.  [c] potest V.  [d] *hinter* eis V.

Ideo decretalis illa Inter corporalia[9] dicit, quod *episcoporum translacio, deposicio et cessio*[e] *est soli* Bonifacio[f] *pontifici reservata*, quia quicquid pertinet ad superiorem potenciam, si non concedatur inferiori, dicitur illud esse[g] superiori potencie reservatum.

Ex hiis itaque patet, quod in talibus arguere de episcopo ad papam et velle concludere, quod, si episcopus non potest cedere nisi in manibus superioris et specialiter in manibus pape, quod papa non possit[h] propria auctoritate cedere sicut[i] nec episcopus, non est arguere pro se, sed contra se.

Credunt enim, quod hoc magis teneat in papa quam in simplici episcopo, et crediderunt ex hoc fundare domum suam supra petram, [sed] fundaverunt[l] ipsam[l] supra[n] arenam.[10] Tenet enim hoc in simplici episcopo et non in papa. Dicebamus[o] quidem, quod in hiis, que sunt supra naturam negocii, supra accionem agentis[p], supra condicionem et exigenciam rerum, quicquid non est concessum, est prohibitum, vel est superiori potencie reservatum. Sed in hiis, que contrario modo se habent, est econtrario[q]. In talibus autem quicquid non est prohibitum, est concessum[r]. Tales quidem sicut superiores confirmantur, ita si volunt cedere, oportet, quod eo[s] modo cedant prout superiores ordinant.

Nam cum confirmacio et cessio[t] et cetera talia respiciant[u] / (**fol.14 r**) ordinem[v] universalis ecclesie, non poterunt alii a papa in eis aliquid facere, nisi quatenus est[x] eis a[y] papa concessum. Illi[z] ergo, qui non habent liberam suscepcionem[a] oneris, et ex solo assensu eleccioni de se facte non habent plenam iurisdiccionem administrandi[z]. Sed cum papa nullum habeat

[e] concessio V.  [f] Romano *steht in der Dekretale 1.7.2.*  [g] *fehlt* V.  [h] potest V.  [i] sic V.  [l] fundamentum ipsorum V; cum sit b.  [n] super V.  [o] Dicebimus V.  [p] agendi P.  [q] contrario V.  [r] *folgt* (z) Illi - adminstrandi PV (*Der Schreiber der Vorlage macht einen Zeilensprung, sah seinen Fehler ein und nahm den Text wieder auf, ohne die vorgegriffene Textstelle zu tilgen, wobei er jedoch vergißt sie an richtige Stelle einzusetzen; ein Indiz dafür, obwohl indirekt, daß PV auf die gleiche Vorlage zurückgehen.*).  [t] concessio V.  [u] respiciunt P.  [v] ordine P.  [x] ex P.  [y] fehlt P.  [z] Illi - administrandi *an anderer Stelle* PV (*siehe oben* r).

[9] Vgl. oben Anm.2.  [10] Vgl. Matth 7,24 ff. und Luc 6,48.

superiorem, cum ipse ex libero suo assensu eleccioni de se facte suscipiat huiusmodi onus, ex hoc ipso habeat plenam[b] iurisdiccionem adminstrandi in suo officio, nonne hoc vult[c] natura negocii, hoc postulat accio agentis, hoc exigit ordo et condicio rerum, quod, sicut[e] sufficit suus liber assensus[f] eleccioni de se facte[g] ad suscipiendum onus et[h] ad hoc, quod ipse sit papa et habeat plenam iurisdiccionem papalem, ita eciam sufficiat suus liber dissensus vel sua libera renunciacio ad hoc, quod ipse deponat huiusmodi onus et quod ipse ulterius non sit papa, id est, quod non habeat ulterius[i] iurisdiccionem papalem? In cessione ergo aliorum[j] episcoporum, quod non est concessum, est prohibitum. Sed in[k] cessione summi pontificis est econverso: ibi enim, ut potest patere per habita, quod non est prohibitum, est concessum.[10a]

Cum ergo nullo superiori decreto, nullo statuto divino hoc prohibeatur, consequens est, quod ipso iure hoc sit con- / (fol.93 ra) cessum. Bene ergo supra diximus, quod isti texuerunt telas aranearum:[11] arguendo enim de simplici episcopo ad papam, credunt[l] arguere pro se; sed, ut patet, arguunt contra se. Sed dicet forte aliquis, quod non solum simplex episcopus, sed eciam papa confirmatur per superiorem, quia confirmatur per deum.

Sed, ut supra diximus, ista divina confirmacio nichil est aliud quam divina acceptacio, qui sic administrat res, ut eas proprios cursus agere sinat.[12] Sed cum hoc exigat cursus rerum, quod[m], si quis[n] libere assenciendo suscepcioni[o] oneris habet ex hoc plenam iurisdiccionem secundum onus sibi impositum[p], quod possit[q] libere illi oneri renunciare et ex hoc illa iurisdiccione carere, consequens est et nos ipsos convincit racio[r], quod, cum non videamus aliud signum[s] divinum vel aliud spirituale miraculum[t], cum quis assentit papatui, quam, cum quis[u] renunciat, si ex solo libero assensu ad

---

[a] septorum V. [b] folgt potestatem V. [c] ultra V. [e] sic P. [f] assensu P. [g] facta P. [h] fehlt V. [i] fehlt V. [j] aliquorum P. [k] doppelt P. [l] est dicunt P. [m] quia P. [n] aliquis V. [o] successioni P. [p] inpu[ri] V. [q] potest V. [r] rem P. [s] ligamen V. [t] vinculum nach b. [u] fehlt V.

[10a] Der Papst setzt das Recht, aber wird nicht selbst gesetzt. Vgl. Dempf, 452; Schrübbers,141; Santonastaso, 16; Kantorowicz, 129 ff., 134 f., 148 f. [11] Vgl. Is 59,9. [12] Vgl. Augustinus, De civitate dei VII,30,38, ed. Dombart-Kalb, 212.

suscepcionem[v] dicti oneris deus hoc acceperit[w], ad solam liberam renunciacionem dicti oneris deus hoc acceptabit.

Immo[x], ut dicebamus, si non est sufficiens, qui preficitur in papam ad gubernandam ecclesiam, cum specialis cura sit deo de sua[y] ecclesia[y], nullus debet[z] esse tante demencie, qui diceret, quod deus[a] huiusmodi hominis acceptat assumpcionem et non acceptat cessionem. Immo est diligenter advertendum, quod in hac parte divina acceptacio oportet, quod sumatur valde large, videlicet non tantum pro divino instinctu vel pro divina operacione, sed eciam pro divina permissione; quia, ut supra diximus, si preficiatur insufficiens ad regendum, magis attribuendum[b] est hoc divine permissioni quam eius instinctui[c] vel operacioni nec propter hoc negamus deum habere specialem curam et providenciam de sua ecclesia. Attribuemus enim hoc[d] sue permissioni, ut ideo hoc specialiter permittat, ut aliquod magnum bonum inde eliciat.

Postquam solvimus hanc racionem terciam quantum ad unum fundamentum, quod papa non potest cedere, quia nullum habet superiorem, in cuius cedat, ostendimus quidem hanc racionem esse pro nobis, non pro adversariis. Nam habens superiorem non potest pro libito sue voluntatis cedere, sed oportet, quod cedat secundum iura et secundum leges a superioribus conditas; sed non habens superiorem potest[e] cedere[e] pro libito. Non[f] est enim hoc, ut dicebatur, supra accionem agentis, sed est secundum condicionem et exigenciam rerum: ut qui libere assenciendo oneri, ad quod est electus, ex ipso assumit supra se huiusmodi onus et habet plenam iurisdiccionis administracionem, quod libere dissenciendo dicto oneri deponat huiusmodi et[g] cedat[g] pro libito[f] voluntatis. Ibi enim, ut

---

[v] suscepcione P. [w] acceptat P. [x] Primo P. [y] ecclesia sua V. [z] deberet P. [a] *fehlt* P. [b] atetribuendum P. [c] instinctu PV; *emendiert nach* b. [d] *fehlt* P. [e] *hinter* libito V. [f] Non - libito *fehlt* P (Homoioteleuton). [g] cedere V.

probavimus^h, quod non est concessum, est prohibitum: hic autem econverso, quod non est prohibitum, dicitur esse^i concessum. Restat ergo solvere racionem prefatam quantum ad fundamentum aliud, videlicet quod, quia forcius est spirituale vinculum quam carnale^j, nullo modo humana potestate solvi possit^k spirituale vinculum.

Dicemus^l ergo, ut communiter dicitur, quod spirituale coniugium est forcius dignitate, quia est / (fol.14 v) dignius, sed non est forcius duracione, quod^m sit durabilius. Dissolvitur enim spirituale coniugium eciam post consecracionem et confirmacionem episcopi translacione, quia potest unus episcopus de una ecclesia transferri ad aliam. Dissolvitur enim renunciacione et pluribus aliis modis. Sed numquid dicere sic poterimus de carnali coniugio post consumacionem carnalis copule, quod possit^n quis auctoritate eciam papali transferri de una uxore ad aliam, ut quod^o possit^p unam^q uxorem dimittere et aliam accipere et^r cum ea^r matrimonium consumare, sicut episcopus auctoritate papali, cum esset sponsus unius ecclesie, transfertur ad aliam et sit sponsus alterius?[13]

Dato ergo, quod nesciremus distinguere, quomodo spirituale vinculum est forcius quam carnale^s et quomodo non est forcius, tamen, quantum ad propositum spectat, patet / (fol.93 rb) quod racio peccat in materia et assumit falsa^t supponens, quod sit forcius spirituale vinculum quam carnale et quod minus possit^u separari spirituale^v coniugium quam carnale, quod patet esse falsum. Utrum autem eciam quantum ad hunc sensum habeat^w veritatem, quod spirituale vinculum est forcius quam carnale, in illo capitulo apparebit, ubi solvemus racionem^x quintam^x. Ostendemus enim ibi, quod, si aliquo modo esset^y indissolubilius vinculum spirituale quam carnale, illa tamen indissolubilitas non obviat nostro proposito.

---

^h probamus V. ^i est V. ^j folgt quod V. ^k potest V. ^l Dicere V. ^m quid V. ^n potest V. ^o quia P. ^p potest V. ^q fehlt P. ^r et - ea: circa P. ^s carnali V. ^t falsas P. ^u potest V. ^v folgt vinculum V. ^w hanc P. ^x quintam racionem V. ^y est P.

[13] Über die 'matrimonium spirituale' vgl. Eastman, *Papal Abdication*, 95 ff.

Distinximus ergo de fortitudine vinculi secundum distinccionem communem. Volumus autem nunc distinguere secundum distinccionem aliam. Dicemus[z] quidem, quod[a] spirituale vinculum forcius[b] est[b] quam carnale, quia plus angit[c] et plus stringit; sed non est forcius, quod plus duret[d] vel plus permaneat. Est ergo huiusmodi vinculum forcius intensive, quia, quamdiu manet, plus stringit; sed non est forcius extensive loquendo de extensione temporis, videlicet quia[e] plus duret, quod non possit[f] dissolvi nisi per mortem. Magis enim constringit[g] coniugium spirituale quam carnale, quoniam[h] maiorem curam et maiorem diligenciam debet habere sponsus spiritualis de ecclesia sibi commissa quam sponsus carnalis de uxore sibi[i] carnaliter[i] copulata.

Etsi dicatur, quod apostolus ait ad Ephesios V:[14] *Viri, diligite uxores vestras, sicut[j] Cristus dilexit ecclesiam*, propter quod videtur secundum sentenciam apostoli, quod equalem[k] diligenciam debet habere vir de uxore sicut prelatus de ecclesia, dici[l] ergo potest, quod "sicut" dicit similitudinem, non equalem[la]. Si[m] ergo est mandatum domini: *Diliges proximum tuum sicut te ipsum*,[15] non[n] tamen oportet, quod diligas eum tantum sicut te ipsum[n], sed sufficit, quod diligas[o] eum eo modo, sicut[p] debes diligere te ipsum, quia sicut debes diligere te ipsum ad vitam eternam, sic ad illum eundem finem, videlicet ad vitam eternam, debes diligere proximum. Sic et in proposito vir debet diligere uxorem sicut prelatus ecclesiam. Sed non oportet, quod tantam diligenciam habeat vir de uxore[q] quantam[r] debet habere[ra] prelatus de ecclesia. Sed sufficit, quod ad illum finem diligat vir[s] uxorem, ad quem Cristus sive prelatus diligit ecclesiam.

---

[z] Dicimus V. [a] quia V. [b] est forcius V. [c] nungit (iungit) P. [d] daret P. [e] quod V. [f] potest V. [g] stringit P. [h] quam PV; *emendiert nach* b. [i] carnaliter sibi V. [j] *fehlt* PV; sicut et Vulgata. [k] *hinter* secundum V. [l] Dicit V. [la] *zu erwarten wäre* equalitatem. [m] sic V. [n] Non - teipsum *fehlt* V (Homoioteleuton). [o] *korr. aus* diliges P. [p] *fehlt* P. [q] *folgt* quantum P. [r] quantum P. [ra] *fehlt* P. [s] *fehlt* P.

[14] Eph 5,25. [15] Matth 22,39.

Hic autem finis est sanctificacio. Nam ut dicitur ad Ephesios V:[16] *Cristus dilexit ecclesiam et* tradidit[t] se[t] ipsum[t] *pro ea, ut illam sanctificaret.* Sed[u] viri debent diligenciam apponere, ut sue uxores bene vivant et fiant[v] spirituales et sancte. Quod autem maiorem diligenciam teneatur habere sponsus de ecclesia quam vir de uxore, patet per apostolum dicentem prima ad Corinthios[w] XIII,[17] quod[x] caritas *non querit, que sua sunt.* Quod Augustinus exponens in libro, quem vocavit Speculum Clericorum,[18] ait, quod caritas, de qua scripta est, que *non querit, que sua sunt,* sic intelligitur, quod omnia[y] propriis, non propria communibus anteponit. Maior ergo diligencia[z] habenda est de bono communi quam de bono privato sive de bono proprio. Et quia uxor spiritualis, cuiusmodi[a] est ecclesia, est[b] quedam res publica et quoddam bonum commune[c], uxor autem carnalis est quoddam bonum particulare, ideo maior diligencia est habenda[d] de sponsa spirituali quam de carnali. Propter quod et primo Ethicorum[19] scribitur, quod, etsi[e] idem[e] sit bonum civitatis et unius solius singularis, semper tamen melius et[f] divinius[f] est bonum gentis et civitatis quam unius solius. Possumus autem et terciam distinccionem facere de fortitudine[g] vinculi, ut dicamus, quod vinculum spirituale forcius sit[h] quam carnale, quantum est de se, sed quod[i] carnale sit forcius / (**fol.15 r**) et durabilius et quod separari non possit[k], quam / (**fol.93 va**) diu vivunt coniuges. Hoc potissime habet ex mandato domini[l], id est ex mandato[l] Cristi, qui hoc precepit[m] et mandavit in evangelio[n] dicens, quod *deus coniuxit*[o] etcetera.[20]

Ideo ait apostolus prima ad Corinthios VII:[21] *precipio, non ego, sed deus*[p] *uxorem a viro non discedere, quod si discesserit*[q], *manere innuptam*[r] *aut*

---

[t] semetipsum P; seipsum tradidit Vulgata. [u] et P. [v] sint V. [w] corp. V. [x] nam P. [y] quia V. [z] dileccio Y. [a] cuius P. [b] quare P. [c] que P. [d] *fehlt* V. [e] et illud P. [f] *fehlt* V. [g] distinccione V. [h] est P. [i] *fehlt* V. [k] possint P. [l] domini - mandato *fehlt* V (Homoioteleuton). [m] precipit P. [n] ewangelio V. [o] coniugem V. [p] dominus P. [q] dissessit P. [r] innutam V.

---

[16] Eph 5,25 f. [17] I Cor 13,5. [18] Augustinus, *Speculum* (= *Liber de divinis scripturis*) PL 34,1006. [19] Aristoteles, *Ethica* I,1 (1094 b7 ff.), ed. Gauthier, 376. [20] Matth 19,6. [21] I Cor 7,10 f.

*viro suo reconciliari*[s], ita quod dato, quod separetur coniugium quantum ad reddicionem debiti vel quantum ad thorum vel quantum ad habitacionem, numquam tamen separatur quantum ad vinculum loquendo de coniugio[t] consumato. Si enim sit legitimum matrimonium et perfectum, quamdiu vivunt, coniuges eciam auctoritate papali non possint[u] separari, quod vir haberet aliam uxorem vel uxor alium virum, ita quod tolleretur vinculum, quod est inter eos.

Ex hiis autem tribus distinccionibus factis de fortitudine vinculi nichil concluditur contra nos, sed semper pro nobis. Nam si dicatur spirituale vinculum esse[v] forcius, quia dignius[w], ut dicebat distinccio communis et prima, dicemus, quod tale vinculum est dignius, quia fundatur super re valde digna, cuiusmodi est ecclesia, que, si bene gubernetur, est res magni meriti; et[x] per locum a contrario, si gubernetur non bene, res[y] est[y] magni demeriti, quia maiori bono maius malum opponitur.

Considerare ergo debet prelatus, qui curam gerit ecclesie sibi commisse, cum quanta diligencia debeat tractare rem tam dignam, et quanto universalior est ecclesia, tanto indiget maiori diligencia. Propter quod summus pontifex, cui commisse sunt omnes[z] oves[z], pre omnibus aliis ad gubernacionem tante rei debet esse diligens, sollicitus et attentus. Quare si videat se non sufficientem et non valentem habere tantam diligenciam, si induret cor suum et renunciare nolit, nec[a] attribuetur hoc divino[b] instinctui[c] nec divine operacioni, sed magis temptacioni dyabolice[d] vel[e] humane elacioni[e]. Valde ergo decipiuntur illi, qui de uxore carnali, que est una persona singularis, quod coniugium, si non dissolvatur, forte potest inde accidere particulare malum, et si solvatur[f], posset inde accidere malum universale, quia ex hoc inducerentur[g] communiter homines, ut suas uxores

---

[s] reconsiliari PV; *emendiert nach* b. [t] convivio PV; *emendiert nach* b. [u] potest V. [v] est P. [w] *unterstrichen von anderer Hand* V. [x] *fehlt* P. [y] est res V. [z] omissiones P. [a] non P. [b] omnia P. [c] instinctu V. [d] dyabolico P. [e] vel - elacioni *fehlt* V. [f] solveretur P. [g] induerentur P.

dimitterent, ex hoc ergo volunt[h] arguere de coniugio spirituali, circa quod, si non sit debita diligencia, accidet inde malum universale, quod[i] est[i] valde inconveniens.

Immo[ia] naturale est, *quod[j] pars exponat se* periculo *pro toto*, sicut homo naturaliter obicit brachium, ut defendat totum corpus.[22] Brachium ergo, quod est particulare membrum, naturaliter se exponit periculo et obicit se ictui, ne ledatur corpus. Sic quia quilibet homo est quedam persona singularis, si commissa sit[ja] sibi cura boni publici et videat se manifeste insufficientem ad hoc agendum et manifeste cognoscat, quod huiusmodi bonum languet sub ipso, racio naturalis dictat, quod omnimodo, quo potest et quam cicius bono modo potest, debet se exonerare ab onere[k] assumpto.

Et ut patet per habita, et eciam prout racio naturalis dictat, oportet, quod et exoneracio sive deposicio oneris respondeat[l] assumpcioni eius, ut per[m] idem opus contrario modo factum esse habeat hoc et illud. Papa itaque, ut sepius tactum est, quia a nullo confirmatur, sed ex libero suo assensu eleccioni de se facte[p] habet plenitudinem potestatis et est sub huiusmodi onere, ex libero suo dissensu et ex libera sua renunciacione erit exoneratus[q] ab huiusmodi onere[r].

Secunda eciam distinccio est pro nobis. Dicebatur quidem, quod spirituale vinculum est forcius intensive, quia intensius[s] stringit et magis angit et requirit diligenciorem curam: propter quod idem quod prius. Nam ut patet, quod, si assumptus ad tantam curam habendam et factus est sponsus tocius[t] ecclesie, circa quam diligentem curam, prout expedit, habere nescit, manifeste hoc dictat racio naturalis, quod huiusmodi coniugium dissolvatur.

---

[h] velle PVb. [i] *fehlt* P. [ia] *folgt* quia PV. [j] *fehlt* P. [ja] est PV. [k] honere P. [l] respondea P. [m] p P. [p] facta P; facto V; *emendiert nach* b. [q] exhonoratus P. [r] tuere P. [s] intencius V. [t] *fehlt* V.

[22] Aeg. Rom., *De reg. pr.* I pars I c.14, ed. Zannettum, 41; vgl. Ders., *Quodlibet* IV q.14, ed. De Coninck, 236.

/ (**fol.93 vb**)  Cum enim optima racione gubernetur universum, dicere vinculum illud[u] non posse tolli, per quod periclitatur commune bonum, est a racione deficere et est recte[v] racioni se[w] opponere. / (**fol.15 v**)

Tercia eciam distinccio de fortitudine vinculi, quod vinculum spirituale est forcius, verum est ex mandato Cristi, eciam est pro nobis. Nam si ergo[x] queratur causa[y], quare Cristus hoc mandavit de sponsa carnali et non de spirituale, plana est solucio, quia, si posset tolli vinculum coniugii carnalis[z], posset inde consurgere aliquod[a] forte[a] bonum particulare, ut quia forte in[b] coniugio istius fuit error fortune credens accipere uxorem divitem et accepit pauperem; vel fuit error qualitatis credens accipere virginem et[c] accepit corruptam, vel credens[d] accipere bene morigeratam et pacientem et[e] accepit discolam.  Propter quod forte esset sibi bonum, si posset illam[f] dimittere.  Sed ex isto bono particulari oriretur[g] universale malum, quia, cum homines magis sequuntur[h] concupiscenciam quam racionem, communiter homines inducerentur, ut suas uxores dimitterent.  Ex hoc igitur[i] consurgeret[j] universale malum, quia non haberetur debita[k] cura[l] de filiis.  Ideo nil mirum, si Cristus, qui erat ipsa sapiencia, preamans universale bonum mandavit, quod[m] vir[n] non potest[o] suam uxorem dimittere, excipiens inde fornicacionis causam, in qua excepcione, licet a coniuge fornicante, tollatur ius exigendi debitum.  Semper tamen manet vinculum, quia, si fiat separacio fornicacionis causa[p], non poterit vir alie[q] mulieri nubere nec eciam mulier alio[r] viro.

Verum quia scire mandata domini non est scire verba mandatorum, sed vim et intencionem mandantis, quia voluntas quidem principis non fundatur in verbis, sed in vi et in intencione verborum, propter quod dicebat[s]

---

[u] id P.  [v] racione V.  [w] sit V.  [x] *fehlt* P.  [y] *fehlt* P.  [z] *fehlt* V.  [a] forte aliquod V.  [b] *nachgetragen* P.  [c] *fehlt* V.  [d] credit P.  [e] *fehlt* V.  [f] eam P.  [g] orietur P.  [h] sequuntur P.  [i] sibi P.  [j] surgeret V.  [k] debite V.  [l] curam V.  [m] quia P.  [n] virum P.  [o] possit P.  [p] *fehlt* P.  [q] alii PVb.  [r] alii PVb.  [s] dicitur *möglich zu lesen* P.

Cristus[t]: *Servus,*[u] *qui*[u] scit *voluntatem domini sui* et non[t] facit, plagis vapulabitur.[23]   Sed si consideramus voluntatem et intencionem Cristi mandantis non dissolvi coniugium carnale, possumus[v] racionalibiter arguere, quod mandavit posse dissolvi[w] coniugium spirituale.   Nam si dissolveretur coniugium carnale, posset[x] esse bonum privatum, sed esset malum publicum.

In coniugio autem spirituali econtrario, quia si non posset dissolvi, cum huiusmodi coniugium sit inter prelatum et ecclesiam, que est bonum[y] commune et publicum, manifeste[z] patet, quod hoc esset malum publicum[z] et commune. Et si coniugium, quod est inter[a] insufficientem[b] prelatum et suam ecclesiam, est malum publicum et commune[c], coniugium, quod est inter papam et universalem ecclesiam, si papa non esset sufficiens, esset malum publicissimum et communissimum, quia tota ecclesia esset sub ductore inscio non valente habere[d] debitam curam et diligenciam de universitate ovium sibi commissa.

Arguatur ergo sic:   Cristus mandavit, quod non dissolveretur[e] matrimonium carnale, quia oriretur[f] inde commune malum; ergo hoc mandato mandavit, quod posset[g] dissolvi coniugium spirituale, quia, si tale coniugium dissolvi non posset[h], oriretur[i] inde publicum et commune malum. Videant ergo texentes[j] telas aranearum,[24] quid valet racio fundata super coniugio carnali, ut ex hoc procedatur ad coniugium spirituale, quia, ut patet, credentes ex hoc arguere pro se, arguunt contra se, et credentes se[l] protegere[l], discooperiunt se.

---

[t] Cristus - non *fehlt* P. [u] Si quis P. [v] possum V. [w] dissolve P. [x] possit P; potest V; *emendiert nach* b. [y] *fehlt* P. [z] manifeste - publicum *fehlt* P (Homoioteleuton). [a] *fehlt* P. [b] insufficiente P. [c] *folgt* et V. [d] habente V. [e] dissolvetur P. [f] orietur P. [g] possit P. [h] possit P. [i] orietur P. [j] tepentes V. [l] protegere se V.

[23] Luc 12,47 f. [24] Vgl. Is 59,5.

# < Capitulum IX >

Capitulum IX, in quo solvitur racio quarta arguens, quod papatus, qui[m] est summa virtus creata, per nullam virtutem creatam[n] tolli potest.

Quamvis tercia racio sit manifeste distincta a racione prima et secunda, ut patere potest intuenti, hec tamen racio quarta, quod summa virtus creata, cuiusmodi est papatus[o], a nulla virtute creata tolli potest,[1] / (fol.94 ra) non videtur esse distincta a racione prima et secunda. Dicebat enim racio prima, quod papatus a nullo alio nisi[p] a[p] deo potest removeri. Dicebat secunda, quod papatus[q] a nullo alio [nisi] a[r] deo potest auferri. Dicit autem hec racio quarta,[2] quod papatus a nulla virtute creata potest tolli. Per omnia autem hec semper[s] videtur[s] teri aqua in mortario et semper videtur haberi idem in eodem. Tamen quia forte non est bonum sic adversarios vilipendere, quod raciones sue[t] dicant[u] omnino idem, ideo, sicut supra / (fol.16 r) diversificavimus racionem secundam a racione prima, sic in hoc capitulo volumus diversificare hanc racionem quartam a racione secunda et prima. Sed non videmus, quod ista quarta[vw] racio[w] possit[x] diversificari a racione prima et secunda, nisi[y], quod racio prima[y], que dicit papatum[z] non posse[a] removeri nisi a solo deo, et racio secunda, que dicit papatum[b] non posse auferri nisi a solo deo, arguant de quacumque cessione sive voluntaria sive alia, sed hec quarta racio specialiter concludit[d] de amocione involuntaria, videlicet quod papatus invito papa non potest tolli ab ipso, et hec satis videntur sonare verba huius racionis

---

[m] *fehlt* P; que V. [n] creacio P. [o] papalis V. [p] *fehlt* P. [q] papa P. [r] *fehlt* P. [s] *fehlt* V. [t] suas V. [u] dicat P. [v] nota *möglich zu lesen* P. [w] racio quarta V. [x] potest V, [y] nisi - prima *fehlt* V. [z] *fehlt* P. [a] *folgt* per papatum P. [b] papatus PV; *emendiert nach* b. [d] concludat PV; *emendiert nach* b.

[1] Über die 'potestas creata' vgl. Petrus Lombardus, *Sent.* IV d.5 c.3; Hödl, *Die Geschichte*, 124.
[2] Vgl. Text Kap.III oben S. 149.

quarte. Ait enim, quod, quia papatus est suprema[e] virtus, ideo non potest tolli per virtutes alias creatas, que omnes sunt inferiores ea. Propter quod, si loquamur de amocione violenta, verum est, quod concluditur, quia impossibile est, quod nanus[f] inferat violenciam giganti et quod invito gigante moveat ipsum de loco suo: debilis enim non potest violentare forciorem.

Ideo dicitur in Ysaia:[3] *Numquid tolletur a forti preda?* Sed licet non possit debilis prosternere fortem violenter, voluntarie tamen quantumcumque debilis posset prosternere fortem. Si itaque hec quarta racio arguit de quacumque amocione sive voluntaria sive alia[h], habebit eandem solucionem[i] cum racione secunda et prima, in quibus[j] per exempla reperta[k] in[l] naturalibus et gratuitis ostendimus, quod ea, que sunt a solo deo, si ad ea fienda cooperantur vel cooperari possunt creature, quod opere creaturarum tolli possunt. Si vero hec racio specialiter loquitur de amocione violenta, per ea[m], que vidimus[n] in aliis, possumus ad hanc racionem faciliter respondere. Habemus enim exemplum manifestum distinccione XXI in capitulo Nunc autem,[4] ubi dicitur, quod nullus rite[o] potest[o] *ab hiis, qui*[p] *inferioris*[q] sunt *dignitatis vel ordinis, iudicialibus submitti*[r] *diffinicionibus.*

Deinde eciam ponitur exemplum de Marcellino papa,[5] qui compulsus non simpliciter, sed passionis metu ingressus paganorum templum[s] *grana thuris super prunas* imposuit,[6] quod faciendo ydolis sacrificavit. Et cum idem papa coram concilio[t] episcoporum se hoc fecisse confiteretur, *nullus tamen illorum*[u] episcoporum in eum *proferre sentenciam ausus est,*[7] sed sepissime

---

[e] supprema P. [f] vanus P. [h] omnia P. [i] solem P. [j] qua V. [k] repertas P. [l] *fehlt* P. [m] *über der Zeile* V. [n] videmus P. [o] potest rite V. [p] que PV. [q] inferiori PV. [r] *korr. aus* subnite V. [s] templo P. [t] consilio PV. [u] *fehlt* V.

[3] Is 49,24. [4] Decretum D.21 c.7 'Nunc autem', ed. Friedberg, 71. [5] Über die Legende zu diesem Papst vgl. Eastman, *Papal Abdication*, 16. [6] Decretum D.21 c.7 'Nunc autem', ed. Friedberg, 71. [7] Ebd.

dicebant ei: *non nostro iudico, sed ore tuo[v] iudica causam tuam.*[8] Rursus dixerunt sibi:[w] *noli audiri in[x] nostro[x] iudico, sed collige[y] in sinu tuo causam tuam.*[9] Et[z] rursus inquiunt: *ex ore tuo condempnaberis[a].*[10] Assignabant quidem illi episcopi huius racionis causam dicentes, quia[b] *prima sedes non iudicabitur a quoquam.*[11] Propter quod legitur in legenda dicti Marcellini,[12] quod ipse seipsum deposuit, sed omnis turba eum iterum reelegit[c] et sic reassumptus in papam, gloriosus[d] martyr effectus[e] est, quia, cum nullo modo ulterius sacrificare[f] vellet, capite truncatus est.

Ex hiis itaque manifeste patet, quod summus pontifex a nullo iudicari debet, nisi forte in heresim esset lapsus, quia, si vellet pontifex aliquis in errorem contra fidem pertinaciter permanere, ageretur cum eo sicut cum mortuo, ut non esset ulterius papa, quia, cum hereticus[g] / (fol.94 rb) sit mortuus fidei Cristiane, consequens est, quod sic[h] se habens[i] non potest Cristianorum esse caput.[13] Soluta est ergo hec racio quarta per ea, que legimus facta in ipso Marcellino papa, qui a nullo est depositus, nullus in eum sentenciam protulit, sed ipse seipsum deposuit. Quod si dicatur, quod iterum fuit reelectus, argumentum est pro nobis. Consequens est[j] enim[j], quod, si fuit reelectus, ergo non erat papa. Nullus enim eligit papam in papam. Claro enim clarius est, quod ille, qui eligitur, non[k] est papa. Sua ergo deposicio fecit ipsum non papam. Est ergo hoc racioni consentaneum, est rebus gestis consonum, est iuribus approbatum, quod[l], si papa se deponit, non est ulterius papa, nisi iterum reeligatur et iterum sue eleccioni

---

[v] *folgt* te P.  [w] Ergo V.  [x] *doppelt* P.  [y] tollite P.  [z] *fehlt* V.  [a] condempnabis V.  [b] quoniam P; qui V; *emendiert nach* b.  [c] relegit V.  [d] *fehlt* P.  [e] offertus V.  [f] sacrificatur P.  [g] erectus P; *korr. aus* erectus V.  [h] sicut P; *korr. aus* sicut V.  [i] hous *mit Kürzel über dem 'o' und 'u'* P.  [j] enim est V.  [k] *folgt* eligitur non P.  [l] quia P.

[8] Ebd.  [9] Ebd.  [10] Ebd.  [11] Ebd.  [12] *Liber pontificalis*, ed. Duchesne I,162 f.  [13] Über den häretischen Papst vgl. Decretum D.40 c.6 'Si papa'; Eastman, *Papal Abdication*, 95 ff.

consenciat[m]. Nulla[n] igitur[o] virtus creata potest potestatem papalem ab eo, qui est papa, invite tollere. Ipse tamen potest seipsum deponere, ut est per habita manifestum.

Advertendum est tamen, quod in multis est similitudo inter episcopum et ecclesiam et virum et uxorem. / (fol.16 v) Nam episcopus non debet ecclesiam dimittere, nisi sit necessitas quasi inevitabilis vel nisi sit apostolica aut regularis immutacio. Licet ergo vir nullo[q] modo[q] debeat dimittere uxorem suam, et si eam dimittat, non tollitur vinculum, episcopus tamen vel ex[r] necessitate[s] vel ex[t] apostolica et regulari immutacione potest dimittere ecclesiam suam[u], et si dimittat, tollitur illud vinculum, quod erat inter ipsum et ecclesiam, ut possit auctoritate apostolica ad ecclesiam[w] aliam[w] promoveri, et eadem auctoritate possit[x] ecclesia illa alii episcopo sociari. Ideo dicitur causa VII, questione prima, capitulo Sicut,[14] quod *sicut vir non debet dimittere uxorem suam, ita nec episcopus ecclesiam suam, ut illam dimittat, ad quam consecratus[y] est*, absque inevitabili necessitate, aut apostolica vel regulari mutacione. Episcopus ergo nec[z] debet nec potest nisi auctoritate superioris dimittere ecclesiam sibi commissam.

Quia sicut ipse ex solo suo[a] libero consensu non potest plenam vel liberam administracionem habere, ita ex solo suo libero dissensu vel ex sola[b] sua libera[c] renunciacione[c] non potest onus assumptum dimittere. Papa vero, qui superiorem non habet, prout sepius tactum[d] est, sicut ex solo suo[e] libero consensu habet plenam iurisdiccionem, ita ex solo suo libero dissensu et ex sola sua libera renunciacione potest onus assumptum deponere. Semper ergo potest papa assumptum onus deponere, sed non debet nisi ex causa manifesta et in casu hoc facere, quia valde *periculosum est in divinis rebus,*

---

[m] consensiat V. [n] ulla P. [o] ergo P. [q] *hinter* ergo V. [r] *fehlt* P. [s] accidente P. [t] *fehlt* P. [u] sua P. [w] aliam ecclesiam V. [x] potest V. [y] consociatus P. [z] non V. [a] *fehlt* P. [b] *fehlt* P. [c] renunciacione libera V. [d] dictum P. [e] *fehlt* P.

[14] Decretum C.7 q.1 c.11 'Sicut vir', ed. Friedberg, 570.

*quod quis cedat*<sup>g</sup> *iuri suo et potestati,* ut habetur causa VII, questione prima, capitulo Quam periculosum.[15] Ex causa tamen manifesta et in casu - licet non posset ad id cogi - ipse tamen debet hoc facere et debet seipsum deponere, si videat seipsum insufficientem ad gubernandam ecclesiam, ne publicum bonum sub ipso<sup>h</sup> langueat.

## < Capitulum X >

Capitulum X, in quo solvitur racio quinta, et habet<sup>i</sup> hoc capitulum VIII partes. Prima pars capituli, in qua<sup>j</sup> ostenditur, quod in ordine episcopali non imprimitur caracter.

Solutis quatuor racionibus antedictis volumus<sup>k</sup> solvere<sup>k</sup> racionem quintam,[1] que arguit, quod, cum nec<sup>l</sup> papa nec tota creaturarum universitas possit<sup>m</sup> facere, quod aliquis pontifex non sit pontifex, ergo multo magis non videtur posse facere, quod summus pontifex non sit summus pontifex. Addunt enim isti ad confirmacionem sui dicti, quod minus est tollere simplicem<sup>n</sup> pontificem quam summum pontificem. Exinde concludunt, quod, cum simplicem<sup>o</sup> pontificem nullus possit<sup>p</sup> tollere nisi deus, ergo<sup>q</sup> nec summum pontificem aliquis videtur posse tollere nisi deus<sup>q</sup>. Ergo papa renunciare non potest nec sua renunciacio valet.

Videtur autem istis bene arguere, et videtur eis, quod arguant per locum a minori, et quod minus sit tollere simplicem<sup>r</sup> pontificem, ita quod simplex pontifex non sit pontifex, quam tollere summum pontificem, / (fol.94 va) quod non sit summus pontifex. Sed si bene considerant vim dictorum suorum, non arguunt per locum a minori. Immo arguunt per locum a maiori<sup>s</sup>, quia eo modo, quod simplex episcopus opere<sup>t</sup> creature tolli non potest, maius est facere, quod simplex pontifex non<sup>u</sup> sit<sup>u</sup> pontifex, quam quod

---

<sup>g</sup> cedit P. <sup>h</sup> eo V. <sup>i</sup> *fehlt* P. <sup>j</sup> quo P. <sup>k</sup> solvere volumus V. <sup>l</sup> ut P. <sup>m</sup> potest V. <sup>n</sup> simpliciter V. <sup>o</sup> simpliciter V. <sup>p</sup> potest V. <sup>q</sup> ergo - deus *fehlt* P (Homoioteleuton). <sup>s</sup> maiore V. <sup>t</sup> *fehlt* P. <sup>u</sup> est P.

[15] Decretum C.7 q.1 c.8 'Quam periculosum', ed. Friedberg, 569. [1] Vgl. Text Kap.III oben S. 149.

summus pontifex non sit summus pontifex.

Immo secundum communem condicionem rerum maius est desinere a simpliciter esse quam desinere ab optimo esse. Nam quicumque desinit vel quicumque privatur simpliciter esse, consequens est, quod illud privatum sit optimo esse, non[w] autem converso[w], cum enim ipsum simpliciter[x] esse sit fundamentum omnium aliorum. Sicut[y] ergo difficilius est destruere rem in fundamento et arborem evellere a radice, quam destruere ipsam in ramis, sic, quia esse summum pontificem presupponit esse pontificem, non valet, si pontifex non potest desinere esse pontifex, quod summus pontifex non posset[z] desinere esse summus pontifex.

Sed dices, quod ille[b], qui non est pontifex, potest habere plenam iurisdiccionem et auctoritatem summi pontificis, sicut[cd] habet papa[d] electus, antequam ordinetur in episcopum. Tamen, licet[e] possit[f] non pontifex habere iurisdiccionem summi pontificis, / (**fol.17 r**) nullus tamen est[e] summus pontifex, nisi sit pontifex.[2]

Verumtamen[g] quia verba generalia menti non satisfaciunt nec[h] quietant intellectum, ideo volumus ad specialia[i] descendere, et quantum ad presens capitulum spectat, circa episcopatum, de quo[j] est nunc questio nostra VIII intendimus[k] declarare[l].

Primo quidem declarabitur, quod in episcopatu non imprimitur caracter.

Secundo nota, quod, licet in episcopatu non imprimatur[m] caracter, imprimitur tamen ibi perfeccio caracteris. Ille enim, qui ordinatur in

---

[w] non - converso *fehlt* V. [x] simplex P. [y] sic V. [z] possit P. [b] *folgt* idem V. [c] si autem V. [d] sicut - papa: ut si aliquis sit in papam b. [e] licet - est habebit plenam iurisdiccionem summi pontificis, non tamen erit b. [f] posset V. [g] verum P. [h] ut P. [i] spiritualia P. [j] qua V. [k] *fehlt* V. [l] declare P. [m] imprimitur P.

---

[2] Diese wichtige Stelle hatte die Redaktion bei A. Blado sehr einschneidend emendiert. Über den sog."Laien" Papst bzw. den zum Papst Gewählten der die höheren Weihen nicht besitzt vgl. C.G. Fürst, "Statim ordinetur episcopus," in: *Ex aequo et bono Willibald M. Plöchl zum 70, Geburtstag*, hg. v. Peter Leisching (Innsbruck 1977), 45-65; Eastman, *Papal*, 5.

episcopum, non suscipit caracterem, qui sit alius a caractere sacerdotali, sed perficitur in ipso sacerdotalis[n] caracter[n].

Tercio ostendetur, quomodo episcopatus sit ordo et[o] quomodo non sit ordo[o].

Quarto declarabitur, quot sunt ordines[p] episcoporum.

Quinto manifestabitur, quod ultra simplicem episcopatum non imprimitur caracter nec perfeccio caracteris. Propter quod, si episcopus fiat archiepiscopus vel patriarcha vel eciam papa, ex hoc solam iurisdiccionem suscipit, non caracterem nec perfeccionem caracteris.

Sexto demonstrabitur, quod inter episcopum et ecclesiam spirituale coniugium reperitur.

Septimo patefiet[q], quot modis habet esse spirituale coniugium et quomodo potest solvi et non solvi et quomodo est forcius et durabilius, quam sit coniugium carnale, et quod magis potest dissolvi coniugium carnale quam spirituale.

Octavo et ultimo ex hiis, que diximus, solvemus racionem propositam, quomodo summus pontifex potest desinere esse summus pontifex, et tamen simplex pontifex non potest desinere esse simplex pontifex.

Propter primum sciendum, quod caracter secundum se[r] signum directivum importat. Unde et Dyonysius[3] dicit caracterem esse signum sancte communionis et participacionis divinorum, et secundum commune dictum magistrorum[4] caracter est distinccio impressa anime racionali. Sed omnis distinccio et omnis differencia et omnis relacio fundatur in aliquo, ut si aliqui sunt similes, hoc est, quia habent easdem[s] qualitates, et si sunt differentes, hoc est, quia habent[s] alias et alias[t] perfecciones. Aliqua ergo

---

[n] sacerdotali caractere P. [o] et - ordo *fehlt* P (Homoioteleuton). [p] *fehlt* V. [q] patefice P. [r] *fehlt* P; et V; *emendiert nach* b. [s] easdem - habent *fehlt* P (Homoioteleuton). [t] alia V.

[3] Ps. Dionysius Areopagita, *De ecclesiastica hierarchia, translacio Joannis Sarraceni.* Cap.II 'De his que fiunt in illuminatione', DIONYSII CARTUSIANI, *Opera omnia*, XV, S.603. [4] Petrus Lombardus, *Libri IV Sententiarum*, liber IV d.24 c.13, ed. (Ad Claras Aquas), Bd.II, 902 (PL 192,904 cap.10).

perfeccio imprimitur in anima, postquam distinguitur ab alia anima[u], racione cuius dicitur illi anime esse caracter impressus. Si ergo queratur, quid sit ille[v] caracter, dicemus, quod est quoddam signaculum et quedam potestas impressa anime, per quam ad spiritualia dedicatur. Propter quod et[w] magister quarto Sentenciarum distinccione XXIIII[5] volens diffinire ordinem quantum ad ipsum caracterem ait, quod ordo est signaculum *quoddam, quo spiritualis potestas traditur ordinato*[x]. Et ideo ibidem[6] ait, / (**fol.94 vb**) quod caracter spiritualis est promocio potestatis.

Verum quia per[y] hec sensibilia sumus apti[z] nati manuduci in intelligibilia, cum caracter non sit aliud quam potencia quedam spiritualis, per quam anima habens huiusmodi potenciam quasi per quoddam signaculum et per quendam[a] caracterem distinguitur[b] ab alia anima huiusmodi potenciam non habente[c]; cum ergo inveniamus triplicem potenciam in rebus corporalibus, videlicet potenciam recipiendi, cuiusmodi est potencia materie, potenciam resistendi, sicut dura et forcia habent potenciam, ut resistant, et potenciam agendi, ideo non ponimus[d] nisi triplicem caracterem, videlicet caracterem baptismalem, qui est potencia spiritualis, ut possint[e] spiritualia recipere, et caracterem impressum in confirmacione, qui est potencia spiritualis, ut possint[f] spiritualiter resistere et spiritualiter resistendo possint nomen Cristi in noticiam deducere, et[g] caracterem impressum in ordinibus, qui est potencia spiritualia[h] agendi vel spiritualia ministrandi.

Imprimitur quidem caracter in baptismo, ut possimus[i] spirituales potencias[j] et[j] caracteres recipere[k]. Ideo si quis ordinaretur et non esset

---

[u] *fehlt* P. [v] *ipse* P. [w] *fehlt* V. [x] ordinata PV. [y] *fehlt* V. [z] aiti P. [a] quandam P, [b] distinctum V. [c] habendem P. [d] *korr. aus* possumus P. [e] possit V. [f] possit V. [g] id est V. [h] spiritualis V. [i] possit P; possumus V; *emendiert nach* b. [j] *fehlt* P. [k] *fehlt* V.

[5] Ebd. [6] Ebd.

baptizatus, nichil¹ recipere¹, sed esset baptizandus et iterum ordinandus. Imprimitur eciam caracter in confirmacione, ut confirmati et firmi existentes possimus^m nomen Cristi audacter confiteri et obviantibus resistere. Imprimitur et tercio^n caracter in ordinibus, ut possimus° / (fol.17 v) spiritualia ministrare.

Hiis itaque prelibatis dicemus, quod, cum caracter sit quedam potencia spiritualis, ille, qui ordinatur in episcopum, non suscipit caracterem alium a caractere sacerdotali. Nam si episcopatus esset ordo imprimens alium caracterem a sacerdotali, sicut sacerdocium est ordo imprimens alium caracterem a caractere diaconali, sequeretur illud inconveniens, quod quis posset fieri episcopus, eciam si non esset sacerdos: ordinacio itaque episcopalis, que est supra sacerdotalem, posset^p fieri per saltum, ut posset quis fieri episcopus non factus sacerdos, quod falsum est.

Est tamen diligenter advertendum, quod Huguccio LII distinccione in^q capitulo Sollicitudo⁷ notavit tria notanda: primo, quod pretermisso baptismo nullus ordo potest recipi; secundo notavit, quod pretermissis omnibus minoribus ordinibus sacer ordo non confertur; tercio quidem dicit, quod pretermisso sacerdocio episcopalis ordo non datur.

Primum^r quidem, quod^s pretermisso baptismo^t non confertur aliquis ordo, et tercium, quod pretermisso sacerdocio non confertur ordo episcopalis, vera sunt, sed ob aliam et aliam causam. Nam in baptismo confertur caracter, qui est potencia receptiva, per quam sumus apti^u ad recipiendum alios caracteres. Ideo si illo caractere et illa potencia careamus, caracteres ordinis non poterimus recipere. Sed quod pretermisso sacerdocio

---

¹ quod non reciperet V. ^m possumus PV. ^n ergo V. ° possumus P. ^p possit P. ^q fehlt V. ^r p^u V. ^s fehlt P. ^t sacerdocio P. ^u acti P.

⁷ Huguccio, Summa ad D.52 c.1 'Sollicitudo dilectionis'; Im allg. vgl. Decretum ... una cum glossis, ad D.40 c.8 'Sicut vir' s.v. clericatus; ad D.52 c.1 'Sollicitudo dilectionis' s.v. subdiaconatus, (Turin 1588), Sp.227, 317 f.

non imprimatur nobis ordo episcopalis ex hoc veritatem habet, quia in sacerdocio imprimitur caracter sacerdotalis, qui caracter per ordinem episcopalem perficitur. Nec videtur differencia inter sacerdotem et episcopum nisi illa, que est inter hominem puerum et hominem virum, quia homo vir est homo magnus et est homo perfectus, homo puer non est homo[v] magnus nec est homo usquequaque perfectus.[8]

Ideo de quolibet pontifice dicitur, quod est sacerdos magnus. Et Dyonysius in De angelica hierarchia in capitulo De sacerdotalibus[w] perfeccionibus,[9] diaconibus attribuit purificare, sacerdotibus illuminare, episcopis perficere.

Sicut ergo secundum hunc ordinem, quem / (**fol.94 ra**) videmus, prius[x] habet esse aliquid simpliciter quam habeat esse perfectum, ut[y] prius est puer quam sit vir, ita prius oportet, quod sit sacerdocium, in quo imprimitur caracter sacerdotalis, quam detur episcopalis ordo, in quo imprimitur perfeccio illius caracteris. Sed illud secundum notabile, quod non recipiatur sacer ordo, nisi prius recipiatur aliquis de minoribus[z] ordinibus, falsum est. Nam omnes ordines habent suos[a] caracteres[a] distinctos, ut possit unus ordo sine alio[b] recipi et possit quis per saltum ordinari.[10] Et si ordinetur per saltum, non reordinatur, sed imponitur sibi penitencia et suppletur[c], quod est obmissum. Unde et purus laycus potest[d] recipere ordinem sacrum[e], sicut dicitur in glosa super distinccione XL, capitulo[f]

---

[v] *fehlt* P. [w] sacerdotibus V. [x] *fehlt* V. [y] et P. [z] maioribus P. [a] caracteres suos V. [b] alia V. [c] supplere P. [d] posset P. [e] caractere P. [f] *folgt* XL P.

---

[8] Vgl. Aeg. Rom., *De reg. pr.* I pars I c.2, ed. Zannettum, 5. Aus dieser Vorstellung wird der Gedanke des vollkommenen Priesters abgeleitet. [9] Ps. Dionysius Areopagita, *De ecclesiastica hierarchia*, Cap.V. De sacerdotalibus perfectionis, DIONYSII CARTUSIANI, *Opera omnia*, XV,616-620. [10] Vgl. Aeg. Rom., *De charactere* q.3, ed. Blado (Rom 1554), 36.b.

Sicut.[11] Tamen si nulla glosa diceret, ex quo caracteres[g] sunt[h] distincti et impressiones[h] sunt distincte, consequens est, quod possit imprimi caracter superior sine inferiori, ut communiter theologi tenent.

Revertamur ergo ad propositum et dicamus, quod, quia ordines se invicem non presupponunt de necessitate, sed de congruitate, quia potest conferri quicumque ordo superior[i] sine quocumque ordine inferiori, consequens est, quod quilibet ordo tam sacer quam non sacer habeat suum proprium[j] caracterem. Sed cum ordo episcopalis non possit conferri sine sacerdocio, ut communiter tenent[k] theologi et iuriste, consequens est, quod ordo episcopalis non habet per se distinctum caracterem ab ordine sacerdotali. Quod primo[l] declarare volebamus.

### < Secunda pars >

Incipit secunda pars huius capituli declarans, quod, licet in ordine episcopali non imprimatur[m] caracter, imprimitur tamen ibi[n] perfeccio caracteris.

Viso, quomodo in ordine episcopali non imprimitur per[o] se caracter alius a caractere sacerdotali, quia tunc posset conferri episcopatus sine sacerdocio, volumus declarare, quod secundo proponebatur, videlicet quod in ordine episcopali, quamvis non imprimatur ibi caracter, imprimitur tamen ibi perfeccio caracteris non cuiuscumque, sed caracteris sacerdotalis. Hoc ergo fit in ordine episcopali, quod[p] ex huiusmodi ordine[q] perficitur et completur caracter sacerdotalis, quod sic / (**fol.18 r**) declaratur, quia, si sunt duo

---

[g] caractere P. [h] sunt - impressiones *fehlt* P (Homoioteleuton). [i] superiori P. [j] propositum P. [k] tenerent P. [l] prima P. [m] imprimitur PV; *emendiert nach* b. [n] sic P. [o] in P. [p] quia P. [q] *folgt* episcopali quia ex huiusmodi ordine P.

---

[11] Glosse zum Dekret D.40 c.8 'Sicut viri' s.v. clericatus, ed. *Decretum ... una cum glossis* (Turin 1588), 227.

agencia, quorum unum$^{qa}$ possit$^r$ aliquid, quod non potest aliud, ex duplici$^s$ causa ceteris paribus hoc potest contingere: vel quia aliquam potenciam habet hoc agens, quam$^t$ non habet illud, vel quia illam eandem potenciam perfecciorem tamen habet hoc agens, quam$^u$ habeat illud, ut si aliquis potest videre vel legere aliquid, quod non potest alius, vel$^v$ hoc est, quia hoc habet virtutem visivam, quam non habet alius$^v$, vel si utrumque habent virtutem visivam, completiori tamen modo habet huiusmodi virtutem ille quam alius.

Constat quidem, quod multa potest facere episcopus, que non potest simplex sacerdos, quia potest consecrare et conferre ordines, non solum minores, sed eciam maiores, quod non potest simplex sacerdos, nec ex commissione nec alio modo; numquam enim simplex sacerdos possit$^w$ consecrare aliquem in episcopum nec$^x$ possit conferre sacros ordines. Vel ergo hoc est, quia$^y$ aliqua potencia spiritualis est in episcopo, que non est in simplici sacerdote, vel quia perfecciori modo est in episcopo quam in sacerdote. Sed primum stare non potest, quod$^z$ potencia spiritualis aliqua sit in episcopo, que non sit in simplici sacerdote, quia huiusmodi spiritualis potencia, de qua hic loquimur, nichil est aliud quam caracter.

Si enim ordo episcopalis haberet per se distinctum caracterem a sacerdotali, sequeretur$^a$ illud inconveniens, quod$^b$ supra tetigimus, quod possit fieri quis episcopus absque eo, quod esset sacerdos, sicut potest fieri sacerdos absque eo, quod sit dyaconus. Poterit ergo aliqua episcopus, que non potest sacerdos, / (fol.95 rb) non propter modum primum, quod aliqua potencia spiritualis vel aliquis caracter imprimatur in ordine episcopali alius a caractere sacerdotali. Consequens est, quod hoc fit secundo modo, videlicet quod episcopus non habeat alium caracterem nec aliam spiritualem potenciam, sed habeat perfecciorem huiusmodi caracterem et perfecciorem huiusmodi potestatem. Propter quod bene dictum est, quod

---

$^{qa}$ *folgt* non PV.  $^r$ potest V.  $^s$ *folgt* de P.  $^t$ quod V.  $^u$ quod V.  $^v$ vel - alius *fehlt* P (Homoioteleuton).  $^w$ potest V.  $^x$ non P.  $^y$ quod P.  $^z$ quia P.  $^a$ sequatur P.  $^b$ quia P.

in ordine episcopali non imprimitur caracter, sed perfeccio caracteris. Nichil est enim aliud episcopus quam sacerdos perfectus[d], vel est sacerdos, qui potest alios sacerdotes facere.    Sic enim dicemus de sacerdote et de huiusmodi ordinibus, sicut dicimus de aliis naturalibus rebus.

Aliud est enim esse hominem, et aliud esse hominem, qui potest alios homines generare.  Nam homo puer homo est, sed non est homo perfectus, hoc est homo, qui possit[f] alios[g] homines generare.  Et si ille, qui est homo puer, crescat et fiat vir, ut possit[h] alios homines generare, non est factus homo alius, sed factus est homo perfectus.[1]  Sic sacerdos simplex sacerdos est, sed non est sacerdos, qui possit[i] alios sacerdotes facere.  Si ergo simplex sacerdos episcopetur, non imprimitur[j] ei alia sacerdotalis potencia nec imprimitur[k] ei alius caracter, sed ille caracter sacerdotalis, quem[l] habebat, perficitur[m], ut ex hoc fiat sacerdos perfectus et possit alios sacerdotes facere. Quia secundum sapientum sentenciam unumquodque perfectum est, cum potest sibi simile[n] generare.[2]   Sacerdos ille, qui non potest alios sacerdotes facere, non est sacerdos usquequaque perfectus.  Episcopus autem, qui hoc potest, dicitur esse sacerdos perfectus.

Advertendum ergo[o], quod multum[p] videtur simile de sacerdote simplici et de sacerdote episcopo, et de homine puero et de homine viro. Puer enim per potenciam caloris naturalis, quam habet, potest cibum convertere in alimentum, sed non est tante potencie ille calor, quod possit semen decoquere vel quod possit hominem alium generare.[3]  Sic et simplex

---

[d] perfeccionis V. [f] potest V. [g] *fehlt* P. [h] posset V. [i] potest V. [j] imprimetur P. [k] imprimetur P. [l] quam P. [m] perficietur P. [n] similem P. [o] est P. [p] nullum P.

[1] Vgl. Edition unten Kap.10 - Teil III Anm.4.  [2] Für die Definition der Ähnlichkeit vgl. Aristoteles, *Metaphysica* X,3 (1054 b3 ff.).  [3] Für die Lehre der '*ratio seminalis*' bei Aegidius vgl. oben Kap.VII Anm.7.

sacerdos per potenciam spiritualem sive potenciam$^q$ caracteris$^q$, quem$^r$ habet, potest substanciam$^s$ panis convertere in verum corpus Cristi, qui est noster cibus et nostrum spirituale alimentum. Sed non est tante potencie ille caracter, quod possit alium in sacerdotem ordinare, ita quod, quantum ad sacerdocium, non potest sibi similem$^t$ generare, sicut et homo puer, quantum ad naturam / (fol.18 v) humanam, non potest sibi similem generare. Homo autem magnus et$^u$ perfectus potest sibi similem facere et potest hominem$^v$ alium$^v$ generare. Sic$^w$ et$^w$ episcopus, quasi sacerdos perfectus, potest alios sacerdotes facere vel potest alios in sacerdocium ordinare.

Est tamen nichilominus diligenter notandum, quod Dionysius in De ecclesiastica hierarchia in capitulo De sacerdotalibus$^x$ perfeccionibus,[4] ubi episcopum$^y$ vocat sacerdotem$^z$ perfectum, quicquid perfeccionis est, attribuit episcopo, ita quod, quamvis$^a$ sacerdos simplex possit baptizare et possit conficere corpus Cristi, modo tamen perfecto, id est modo sollempni, non potest sine episcopo, id est sine adiutorio episcopi, quia, ut innuit, licet quedam mysteria per sacerdotes impleantur, ut baptismus et confeccio eucaristie, tamen, ut ait, baptismus non celebratur sollempniter sine crismate, et eucaristia non conficitur sine altari, quod altare non nisi ab episcopo consecratur. Potest ergo simplex sacerdos baptizare, quia$^b$ hoc$^b$ potest quicumque alius homo, et potest corpus Cristi conficere. Attamen, ut hec fiant sollempniter et secundum ritum ecclesie, non$^c$ fiunt$^c$ sine episcopali$^d$ accione$^d$, quia secundum Dyonysium[5] non fit sollempniter baptismus sine crismate et secundum ritum ecclesie non conficitur corpus Cristi nisi in altari consecrato. Eciam ipse presbyter conficiens secundum ritum ecclesie debet esse indutus vestibus ab episcopo benedictis.

---

$^q$ per < alium *gestrichen* > caracterem V. $^r$ quam P. $^s$ potenciam P. $^t$ simile V. $^u$ cum V. $^v$ alium hominem V. $^w$ Sicut P. $^x$ sacerdotibus P. $^y$ episcopus P. $^z$ sacerdote V. $^a$ quisquis P. $^b$ quod hec P. $^c$ notatur sic P. $^d$ accione episcopali V.

---

[4] Ps. Dionysius Areopagita, De *ecclesiastica hierarchia*, Cap.V. De sacerdotalibus perfectionis, DIONYSII CARTUSIANI, *Opera omnia* XV, 616-620. [5] Ps. Dionysius Areopagita, *De ecclesiastica hierarchia*, Cap.II, DIONYSII CARTUSIANI, *Opera omnia* XV, 600 ff., 407 ff., 381 ff.

222

Episcopus ergo est sacerdos perfectus, cum quia potest alios sacerdotes facere, quod perfeccioni attribuitur, quia, ut diximus, unumquodque perfectum est, cum potest sibi$^e$ simile$^f$ generare, tamen eciam, quia, que potest simplex sacerdos, sicut est baptizare et eucaristiam conficere, non potest / (fol.95 va) ea$^g$ perfecte, id est sollempniter et secundum ritum ecclesie, sine accione episcopali, id est sine unguento$^h$, ut dicit Dyonysius predicto$^i$ libro$^i$ et capitulo$^6$ appellat enim ibi unguentum sanctum crisma, quod, ut dicit, requiritur$^j$ ad sollempnitatem baptismi et ad consecracionem altaris, in quo$^k$ conficitur corpus Cristi.

Concludamus igitur et dicamus, quod, quia episcopus nichil est aliud quam sacerdos perfectus, ideo in ordine episcopali et cum quis efficitur episcopus, non imprimitur ei alius caracter a suo caractere sacerdotali, sed ille caracter perficitur. Propter quod bene dictum est, quod supra dicebatur, quod in ordine episcopali non imprimitur caracter, sed perfeccio caracteris.

## < Tercia pars >

Incipit tercia pars$^l$ huius capituli declarans, quomodo episcopatus sit ordo et quomodo non$^m$ sit ordo.

Hiis itaque prelibatis volumus declarare, quod tercio proponebatur declarandum, videlicet an$^n$ episcopatus sit ordo. Dicemus quidem, quod magister quarto Sentenciarum distinccione$^o$ XXIIII$^7$ diffiniens ordinem$^p$ dicit, quod ordo est signaculum quoddam, quo spiritualis potestas traditur ordinato. In qua diffinicione duo tanguntur, videlicet ipsum signaculum

---

$^e$ ergo P. $^f$ similem PV. $^g$ eam P. $^h$ unguendo P. $^i$ libro predicto V. $^j$ requiratur P. $^k$ qua PV; *emendiert nach* b. $^l$ *fehlt* V. $^m$ *fehlt* P. $^n$ in V. $^o$ distinccio P. $^p$ ordinetur P.

$^6$ Ebd. $^7$ Petrus Lombardus, *Libri IV Sententiarum*, liber IV d.24 c.13, ed. (Ad Claras Aquas), II,902 (PL 192,904 - cap.10).

et potestas spiritualis, que traditur^q in huiusmodi signaculo. Que licet sint duo, tamen possunt referri ad unum et idem secundum rem, quia unum et idem secundum rem, videlicet caracter impressus in ordine, est signaculum, quod datur, et est potestas quedam spiritualis. Ipse enim caracter sacerdotalis vel cuiuscumque alterius ordinis signaculum quoddam est, per quod distinguitur huiusmodi ordinatus ab hiis, qui non habeant^r huiusmodi ordinem; et potestas quedam spiritualis est, quia per illum caracterem quis dedicatur deo ad aliquid spirituale agendum, ut ex tunc possit preparare materiam, que requiritur in sacramento^s eucaristie, quod pertinet ad subdiaconum; vel ex tunc dedicetur^t deo, ut possit ministrare immediate^u sacerdoti^v in hiis, que aguntur in huiusmodi sacramento, quod pertinet ad diaconum; vel sic dedicetur deo, ut ex tunc possit conficere eucaristie sacramentum, quod pertinet ad caracterem sacerdotalem. Omnes enim ordines accipiendi sunt, prout ordinantur ad eucaristie sacramentum, quia huiusmodi sacramentum est finis non solum omnium ordinum, sed eciam omnium sacramentorum, ut dicit Dyonysius in De ecclesiastica hierarchia in capitulo De contemplacione ministerii illuminacionis:[8] cum ergo / (fol.19 r) sacerdos possit conficere corpus Cristi, consequens^w est, quod respectu sacramenti eucaristie^x nullus sit maior ordo quam sacerdotalis. Episcopatus itaque, qui est supra sacerdocium, non est ordo, ut hic^y de ordine loquimur, sed est dignitas vel officium. Propter quod et magister quarto Sentenciarum distinccione XXIIII[9] loquens de episcopatibus ait, quod sunt episcopi^z *quedam non ordinum, sed dignitatum vel officiorum nomina.* Et subdit,[10] quod *dignitatis simul et officii nomen est episcopus*^a. Ergo secundum magistri sentenciam episcopus non est nomen ordinis, sed dignitatis et officii.

---

^q creditur P. ^r habent P. ^s sacro V. ^t *korr. aus* didicetur P. ^u *unterstrichen* V. ^v *verderbt* P. ^w *folgt* quod P. ^x *korr. aus* ecaristie P. ^y hinc P. ^z ex alia P. ^a episcopi P.

[8] Ps. Dionysius Areopagita, De *ecclesiastica hierarchia*, Cap.V, DIONYSII CARTUSIANI, *Opera omnia* XV, 616 ff., 532 ff., 516. [9] Petrus Lombardus, *Libri IV Sententiarum*, liber IV d.24 c.14, ed. (Ad Claras Aquas) II, 902 (PL 192,905). [10] Ebd.

Advertendum ergo, quod, ut diximus, ordo non est nisi quedam potestas, qua quis ad spiritualia dedicatur. Sed potestas potest dici alia et alia vel secundum essenciam vel secundum actum. Dicetur enim aliquis habere aliam potenciam quam alius, si illa potencia sit alia in essencia a potencia, quam habet alius.

Dicetur eciam aliquo modo habere aliam potenciam, si possit[b] in aliquem actum, in quem non possit alius. Nam et si non est alius calor per essenciam in homine iam facto viro, quam[ba] cum erat puer, tamen quia aliqua potest homo vir, que non poterat, cum erat puer, quia potest decoquere[c] semen et generare, quod non poterat, cum erat puer, dici potest aliqua potencia esse in viro, que non est in puero. Est ergo ad unum dicere, quia sicut et alie res sic et ipsa potencia diversificari potest per aliam et aliam essenciam vel per perfectum et imperfectum[d].[11] / (fol.95 vb)

Primo quidem modo habent distinctos caracteres et[e] distinctas spirituales potencias omnes septem ordines, quia caracter et spiritualis potencia, quam imprimit[f] unus ordo, est alia per essenciam a caractere et a spirituali potencia, quam imprimit alter. Et inde est, quod, licet de congruitate semper inferiores ordines debent precedere ordines superiores, non tamen hoc est de necessitate, quia potest quis suscipere superiorem ordinem pretermisso inferiori. Sed secundo modo differt caracter et potencia per imperfectum et perfectum in sacerdote[g] et episcopo, quia, ut patuit, in ordine episcopali non imprimitur alius caracter a caractere sacerdotali, sed ille caracter perficitur et completur.

Querere[h] ergo[h], utrum episcopatus sit per se ordo distinctus ab aliis ordinibus, est querere, utrum in ordine episcopali imprimatur alia spiritualis potencia ab omnibus aliis septem ordinibus. Si ergo loqueris[i] de alietate

---

[b] posset V. [ba] et PV. [c] de eo querere P; deqoquere V. [d] imperfeccione PV; *emendiert nach* b. [e] *fehlt* P. [f] *fehlt* P. [g] sacramento P. [h] *fehlt* P. [i] loquens P.

[11] Aeg. Rom., *De reg. pr.* I pars I c.2, ed. Zannettum, 5: "Natura enim semper ex imperfecto ad perfectum procedit; ut prius est quis naturaliter imperfectus et puer, quam perfectus et vir."; vgl. Berges, *Die Fürstenspiegel*, 213.

potencie per essenciam, patet[j], quod non est alius caracter vel alia spiritualis[k] potencia quantum ad ea, que sunt ordinis in sacerdote et episcopo. Sed si loqueris de alietate potencie non secundum essenciam, sed secundum perfectum et imperfectum, sic in episcopo est[l] alia spiritualis[m] potencia, quia est in eo[n] perfeccior potencia et perfeccior caracter quam in simplici sacerdote. Et quia potencia perfecta potest in aliqua, in que non potest potencia imperfecta, ideo non solum, quantum ad ea, que sunt iurisdiccionis, sed eciam, quantum ad ea, que sunt ordinis, potest aliqua episcopus, que non potest simplex sacerdos.

Episcopatus itaque non est per se ordo, quod[o] secundum se imprimat caracterem, sed est per se ordo, prout per[p] se imprimit perfeccionem[q] caracteris. Ideo magister libro IIII[r], distinccione XXIIII,[12] cum prius dixisset, quod episcopus non est nomen ordinis, sed dignitatis et officii, postea dixit,[13] quod ordo episcoporum quadripartitus est. Prius ergo negavit episcopatum[s] esse nomen ordinis, et postea concessit, quod episcopus erat nomen ordinis. Et Dyonysius in De ecclesiastica hierarchia in capitulo De sacerdotalibus perfeccionibus[14] dicit[t] esse tres ordines in ecclesiastica hierarchia, videlicet ordinem episcoporum, sacerdotum et aliorum ministrorum, ita[u] quod sub ordine ministrorum[u] comprehendit sex ordines, videlicet quatuor ordines minores et[v] subdiaconatum[w] et[w], diaconatum[w], quia omnes isti ministrant sacerdoti, cuius est conficere corpus Cristi. Potest ergo concedi, quod episcopus sit nomen ordinis et potest negari secundum aliam et aliam accepcionem, ut est per habita manifestum. / **(fol.19 v)**

---

[j] *fehlt* P.  [k] *fehlt* V.  [l] cum P.  [m] *fehlt* P.  [n] deo P.  [o] quia P.  [p] secundum P.  [q] perfectum P.  [r] vii V.  [s] episcopatus P.  [t] debent P.  [u] ita - ministrorum *fehlt* P (Homoioteleuton).  [v] cum V.  [w] diaconatum et subdiaconatum V.

---

[12] Petrus Lombardus, *Libri IV Sententiarum*, liber IV d.24 c.14, ed. (Ad Claras Aquas) II,902 (PL 192,905, cap.11).  [13] Ebd. c.17, ed. (Ad Claras Aquas) II,903 (PL 192,905, cap.12).  [14] Ps. Dionysius Areopagita, *De ecclesiastica hierarchia*, Cap.V, (wie Anm.8), 616 ff., 532 ff., 519 f.

## < Quarta pars >

Incipit quarta pars huius capituli distinguens, quot sunt ordines episcoporum.

Quoniam ostensum est, quod secundum unum modum accipiendi episcopus est nomen ordinis, ideo volumus[y] distinguere, quot sunt ordines episcoporum. Dicit autem magister quarto[z] Sentenciarum distinccione XXIIII,[1] quod ordo episcoporum quadripartitus est, in patriarchis, archiepiscopis, metropolitanis et episcopis. Videtur ergo magister distinguere inter metropolitanum et archiepiscopum, quia, ut ipse ait, archiepiscopum accipit[a] pro primate[b], secundum quem modum accipiendi, erit distinccio inter primatem[c] et patriarcham.

Sed nos distinguemus de patriarchis. Est enim patriarcha, ut ait magister in distinccione prefata,[2] idem quod summus patrum. Et quia, quod per subhabundanciam dicitur, uni soli convenit, ideo sequendo ethymologiam nominis non est in ecclesia nisi unus summus patrum, videlicet Romanus pontifex.[3]

Distinguemus ergo Romanum pontificem ab omnibus aliis. Patriarchis[d] ergo alios associabimus ipsis primatibus, ut dicamus, / **(fol.96 ra)** quod idem sit esse[e] primatem[e] et patriarcham. Sed quia inter ipsos primates aliqui sunt maiores dignitatis, aliqui minoris, illi, qui sunt[f] maioris dignitatis, dicti sunt patriarche, illi, qui sunt[fa] minoris, retinuerunt sibi nomen commune et vocati sunt primates. Pro eodem ergo[g] possumus accipere primatem et patriarcham. Sic eciam pro eodem possumus accipere

---

[y] volum V. [z] quarta V. [a] accipere V. [b] *folgt* et patriarcham P. [c] primatam V. [d] patriarchas V. [e] racio primacie P. [f] *fehlt* V. [fa] *fehlt* PV; *ergänzt nach* b. [g] genere V.

[1] Petrus Lombardus, *Libri IV Sententiarum*, liber IV d.24 c.17, ed. (Ad Claras Aquas) II,903 (PL 192,905, cap.12). [2] Ebd. [3] Vgl. Isidor v. Sevilla, *Ethymologiae* XII, ed. Lindsay, 13.

archiepiscopum et metropolitanum. Dicitur enim archiepiscopus quasi princeps episcoporum. Dicitur autem metropolitanus quasi mensura civitatis,[4] archos[h] quidem idem est quod princeps, et[i] metrum idem est quod mensura, ut idem magister in eadem distinccione exponit[j].[5] Et quia[k] princeps episcoporum debet regulare et mensurare civitates suffraganeorum, que sunt sub ipso, ideo pro eodem accipiemus[l] archiepiscopum et metropolitanum.

Quatuor ergo sunt ordines episcoporum, quia infimo gradu sunt episcopi, supra[m] quos sunt metropolitani seu archiepiscopi[n], supra eos[o] vero sunt primates[p] seu[p] patriarche[p], super omnes quidem est Romanus pontifex, que omnia secundum[r] magistrum[r] in distinccione prefata[6] accepta sunt a gentilibus.

Sed dicet aliquis[s], quare in hoc magis[t] immitamur[u] gentiles quam Iudeos, cum *salus ex Iudeis* sit[v][6a] et cum pater noster dicatur esse Abraham[w] et cum Testamentum Novum contineatur in Veteri, sicut rota in rota iuxta visionem Ezechielis[x]?[7] Dicemus ergo, quod gens Iudaica[y] erat unus populus, et lex illa mosayca[z] data fuit uni populo, ita quod tempore legis scripte poterat quis salvari in[a] gentilitate. Non enim tenebantur ad ceremonias illius legis nisi soli Iudei vel illi, qui volebant se convertere ad ritum Iudeorum. Sed nostra ecclesia est catholica et universalis, ut extra eam non possit esse salus.[8]

Quantum est ergo de iure, ecclesia occupat totum mundum: quia de iure omnes deberent obedire evangelio[b], omnes deberent esse sub summo pontifice. Illud enim tenetur de iure quisque agere, sine quo non potest iuste

---

[h] *fehlt* P. [i] inter P. [j] exponitur P. [k] quasi P. [l] accipimus P. [m] *fehlt* P. [n] archidiaconi V. [o] quos V. [p] patriarche sue primates P. [r] *fehlt* P. [s] quis V. [t] magister b. [u] immitamur V. [v] *fehlt* V. [w] habraham P. [x] ezechiel V. [y] iudayca P. [z] moysayca V. [a] *fehlt* P. [b] ewangelio V.

---

[4] Isidor v. Sevilla, *Ethymologiae* XII, ed. Lindsay, 7 f.: "Metropolitani autem a mensura civitatum vocati." [5] Petrus Lombardus, *Libri IV Sententiarum*, liber IV d.24 c.17, ed. (Ad Claras Aquas) II,903 (PL 192,905, cap.12). [6] Ebd. [6a] Ioh 4,22. [7] Ez 10,9-17 [8] Vgl. Sohm, 69, Cyprianus, *De catholicae ecclesiae unitate*, c.5 f., ed. Hartel, 213 ff.; die Bulle "Unam sanctam," ed. Friedberg II,1245.

vivere vel sine quo non potest iustus esse vel sine quo non potest salutem consequi. Extra enim ecclesiam non est salus. Sic est[c] ergo de iure, quod ecclesia totum contineat[d], et eciam de facto multo magis est[e] dilatata ecclesia, quam fuit synagoga. Ideo ordo istarum[f] dignitatum dicitur a gentilibus sumpsisse originem, quia, sicut gentiles propter sui diffusionem, ut, quia multi erant et erant[g] valde diffusi, ideo erant in eis diversi gradus dignitatum[h], sic, quia ecclesia est sic diffusa et quia lex[i] evangelica[j] non respicit unum populum tantum, oportet, quod secundum tam diffusam et tam universalem auctoritatem et iurisdiccionem sint[k] in ecclesia diversi ordines dignitatum[l].

Possumus autem, quantum ad presens spectat, assignare sex genera communitatum[m], secundum que sex[n] genera communitatum accipientur quatuor gradus sive quatuor ordines episcoporum. Dicemus quidem, quod ex pluribus personis fit prima communitas, que dicitur communitas domus; secundo, ex pluribus domibus fit communitas vici; tercio, ex pluribus vicis fit communitas civitatis; quarto, ex pluribus civitatibus et ex pluribus castris fit communitas provincie; / (fol.20 r) quinto, ex pluribus provinciis fit communitas regni; ultimo, ex pluribus regnis fit communitas tocius mundi sive tocius orbis.[9]

Secundum quidem communitatem primam sive secundum communitatem domus non sumitur nec rectoria nec dignitas ecclesiastica. Non enim stare potest, quod in qualibet domo esset rector ecclesiasticus, ut quod esset ibi sacerdos vel episcopus. Quantum autem ad secundam communitatem, ut quantum ad communitatem vici, sumi potest rectoria ecclesiastica. Nam communitas vici est similis communitati parochie, ut, sicut in uno / (fol.96 rb) vico sunt multe domus, sic sub una parochia sunt multe domus, quibus spiritualiter preest parochialis sacerdos.

---

[c] *fehlt* P. [d] *continet* V. [e] *fehlt* P. [f] *istorum* P. [g] *fehlt* V. [h] *dignitatis* V. [i] *folgt* et P. [j] *ewangelio* V. [k] *sit* P. [l] *dignitatis* V. [m] *communitatis* V. [n] *fehlt* P.

---

[9] Vgl. Aeg. Rom., *De reg. pr.* III pars I c.1, ed. Zannettum, 401-403; Thomas von Aquin, *De veritate catholicae fidei contra gentiles. Libri quatuor* (Luxemburg 1881), liber IV c.76, 614.

Secundum quidem communitatem terciam, ut secundum communitatem civitatis, sumitur[o] dignitas episcopalis. Ad episcopum enim pertinet[p] superintendere omnibus, qui sunt in civitate sua et eciam in circumadiacentibus partibus. Habet enim episcopus curam de civitate et de[q] diocesi, que circumstat civitati. Est enim civitas, ut dicitur in primo Politicorum,[10] communitas perfecta. Igitur[s] sacerdos simplex, qui non est sacerdos usquequaque[t] perfectus, non debet preesse toti civitati, que est communitas perfecta; sed debet civitati preesse episcopus, qui est sacerdos perfectus[u].

Hinc ergo accipitur primus ordo episcoporum secundum preeminenciam civitatum, ut ille, qui spiritualiter preest civitati, vocatur episcopus. Verum quia supra communitatem civitatis est communitas provincie, et supra communitatem provincie potest esse communitas regni, quia sub uno regno possunt contineri plures provincie, et supra communitatem regni est monarchia et est communitas tocius mundi, ideo, sicut gentiles dividebant orbem in civitates, provincias, regna et monarchias, ita secundum huiusmodi[v] quatuor accipiuntur quasi quatuor ordines episcoporum, quia simplices episcopi presunt civitatibus, archiepiscopi vero presunt provinciis, ita quod illud, quod subest archiepiscopo, potest dici provincia. Primates[w] autem et patriarche quasi presunt regnis, summus autem pontifex preest toti mundo.

## \<Quinta pars\>

Incipit quinta pars huius capituli declarans, quod ultra simplicem episcopatum[x] non imprimitur caracter nec perfeccio caracteris.

---

[o] sive P. [p] folgt enim P. [q] fehlt P. [s] sic P. [t] am Rande eingefügt V. [u] fehlt V. [v] hec V. [w] postea V. [x] fehlt V.

---

[10] Aristoteles, *Politica* I,2 (1253 a), ed. Michaud-Quantin, 5 f.; vgl. Watt, *The Theory of Papal Monarchy*, 96 Anm.78.

Satis potest patere ex dictis, quod in sacerdocio et in aliis sex ordinibus imprimitur caracter, in ordine vero episcopali imprimitur perfeccio caracteris. In aliis vero dignitatibus, que sunt supra episcopatum, cuiusmodi sunt archiepiscopi et primates et cuiusmodi est papa, non[y] imprimitur caracter nec perfeccio caracteris[y]. Talia enim, ut patet, accepta sunt secundum maiorem et minorem communitatem, ut, quia communitas provincie est maior quam communitas civitatis, eum[z], qui preest provincie, vocamus archiepiscopum, et eum, qui preest archiepiscopo, vocamus primatem, et eum, qui preest omnibus, vocamus papam.

Unde et[a] si archiepiscopi habent potestatem ampliorem, quam habeant episcopi, et in collacione pallii confertur ei quedam plenitudo pontificalis officii, iuxta illud Extra, De usu pallii, capitulo Nisi,[1] quod in pallio pontificalis officii plenitudo cum archiepiscopalis nominis appellacione confertur - ante enim accepcionem pallii non vocatur archiepiscopus - propter quod tunc sibi confertur hoc nomen, quod vocetur[b] archiepiscopus[c], et tunc eciam[d] dicitur sibi conferri plenitudo pontificalis officii quantum ad iurisdiccionem, quia habet pleniorem sive ampliorem iurisdiccionem, quam habeat episcopus. Sic[e] esse primatem vel patriarcham[e], iurisdiccionem nominat[f] ampliorem.

Papatus vero omnem iurisdiccionem continet. Et quia ea, sunt iurisdiccionis, ex sola commissione possunt habere vigorem, ideo in talibus non imprimitur caracter nec perfeccio caracteris. Habet enim episcopus aliqua, que sunt ordinis, supra sacerdotem, quia aliqua potest episcopus, que

---

[y] non - caracteris *fehlt* P. [z] cum P. [a] *fehlt* P. [b] vocatur Vb. [c] *folgt* sine ampliorem P. [d] *fehlt* V. [e] Sic - patriarcham: Si eciam primates vel patriarche b. [f] nominant b.

[1] Decretales I tit.8 c.3 'Nisi specialis', ed. Friedberg, 101; Glosse zu Extra I tit.8 c.3 'Nisi specialis' s.v. Nominis, (Turin 1588), 251: "Et ita licet consecratus sit in episcopum, non est appellandus archiepiscopus ante pallii receptionem."

non possent<sup>g</sup> committi simplici<sup>h</sup> sacerdoti<sup>h</sup>; sed quamvis episcopus habeat<sup>j</sup> aliqua, que sunt ordinis, [supra]<sup>l</sup> simplicem<sup>l</sup> sacerdotem<sup>l</sup>, ea tamen, que supra episcopum sunt, solam iurisdiccionem nominant.

Sed diceret<sup>m</sup> aliquis, quod, cum / (**fol.**20 v) summus pontifex habeat plenitudinem potestatis, non solum secundum partem, sicut alii prelati habere possunt, iuxta illud Extra, De usu pallii capitulo Ad honorem,[2] *quoniam vocati sunt in partem sollicitudinis, non in plenitudinem potestatis.* Dicemus ergo, quod illa<sup>n</sup> plenitudo potestatis, licet ex multis causis posset<sup>o</sup> ostendi, ex ipsa tamen iurisdiccione universali competit sibi<sup>p</sup> potestatis<sup>q</sup> plenitudo.

Est ergo diligenter notandum, quod semper habens curam universalioris boni habet ordinare de aliis, quibus commissum est bonum minus universale. / (**fol.**96 va) Ideo ars gubernandi civitatem, que dicitur politica, cuius<sup>r</sup> est habere curam de universali bono et toto populo, debet ponere mensuram et regulam in omnibus aliis artibus. Ideo<sup>s</sup> dicitur<sup>s</sup> primo Ethicorum,[3] quod videbitur autem utique<sup>t</sup> hec esse per obmissionem<sup>t</sup> et<sup>u</sup> architectonice<sup>v</sup> talis utique est civilis, hec enim preordinat, qualis<sup>w</sup> unusquisque<sup>x</sup> convenit addiscere et usquequo. Spectat enim ad gubernatorem civitatis, qui habet curam de bono universali, imponere mensuram et regulam artibus mechanicis, ut puta fabrili, qualiter se intromittat<sup>y</sup> de ferro, et carpentario, qualiter de ligno, et sic de aliis. Immo

---

<sup>g</sup> potest V. <sup>h</sup> *fehlt* V. <sup>j</sup> habet V. <sup>l</sup>*fehlt* P; simplicis sacerdotis V; simplici sacerdoti b. <sup>m</sup> dicet P. <sup>n</sup> ista P. <sup>o</sup> potest V. <sup>p</sup> igitur P. <sup>q</sup> *korr. aus* potestas P. <sup>r</sup> eius V. <sup>s</sup> *fehlt* P. <sup>t</sup> utique - obmissionem: hic esse principalissime et maxime P; *dort* obmissionem *verderbt* V. <sup>u</sup>*fehlt* P. <sup>v</sup> architetonice V. <sup>w</sup> quales PV; *emendiert nach* b. <sup>x</sup> undequemque P; unumquemque V; *emendiert nach* b. <sup>y</sup> intromutat V.

[2] Decretales I tit.8 c.4 'Ad honorem', ed. Friedberg, 101. [3] Aristoteles, *Ethica* I,1 (1094 a27 f.), ed. Gauthier, 142.

non solum artibus mechanicis, sed eciam aliis artibus imponit politica[z] mensuram et modum. Cuius[a] enim est determinare, qualiter rethores[b] utantur rethorica, et qualiter medici medicina, et qualiter milites utantur milicia.

Ideo dicitur Ethicorum primo,[4] sub hac autem - id est sub politica sive sub rectore civitatis - preciosissimas virtutes[d] existere[e], ut puta militarem[f] et rethoricam et sic de aliis artibus. Ipsa enim cura[g] boni publici hoc agit, ut ad eum spectat leges condere hiis, que sunt sub ipso[h].

Et quia summus pontifex habet curam de universo mundo, consequens est, quod ad ipsum spectat omnibus aliis leges imponere, et omnes alii tenentur secundum leges ab eo conditas vivere.[5] Ista ergo plenitudo potestatis ex sua iurisdiccione universali et ex sua universali cura sufficienter concludi potest, que, si bene aspicimus, non solum patriarchatus vel archiepiscopatus[i], sed eciam papatus supra simplicem episcopum, non que sunt ordinis, sed[j] que sunt iurisdiccionis, dicunt. Et quia, que solius iurisdiccionis sunt, non respiciunt caracterem nec perfeccionem caracteris, ideo bene dictum est, quod supra simplices episcopos non est impressio caracteris nec perfeccionis caracteris.

Et ut hec magis pateant, dicemus, quod, si electus in papam non sit nec sacerdos nec episcopus, non poterit ea, que sunt ordinis, quia[k] non poterit conficere corpus Cristi nec poterit conferre ordines; poterit tamen ea, que sunt iurisdiccionis, ut poterit conferre[l] prebendas, dignitates et alia huiusmodi facere.

---

[z] *fehlt* V.  [a] Eius V.  [b] rectores PV; rhetores *b*.  [d] virtutem P.  [e] ponentes P; existentes Vb.  [f] militalem P.  [g] circa P.  [h] episcopo P.  [i] episcopatus V.  [j] que V.  [k] que P.  [l] *fehlt* P.

---

[4] Ebd. I,1 (1094 bl ff.), ed. Gauthier, 142.  [5] Über den Gesetzgeber nach dem positiven Recht vgl. oben S. 77 Anm.104.

Distincta ergo sunt ea^m, que sunt ordinis, que respiciunt caracterem vel perfeccionem caracteris^n, que potest simplex episcopus, et ea, que sunt iurisdiccionis, cuius^o plenitudinem habet papa in papatu. Ergo ultra simplicem ordinem episcopalem, et per consequens in esse primatem seu patriarcham ad esse archiepiscopum seu metropolitanum non imprimitur^q caracter nec perfeccio caracteris.

Verum quia ex hoc dicto multum dependet tota materia presentis negocii, quia ea, que sunt ordinis, non possunt^r tolli nec desinere esse, ea vero, que sunt iurisdiccionis, tolli possunt vel desinere esse, ideo volumus perfeccius declarare, quomodo in papatu ultra episcopatum simplicem non imprimitur caracter nec perfeccio caracteris, sed solum ex hoc acquiritur plena iurisdiccio potestatis. Tenetur autem communiter, quod papalis potestas perpetua est, ex qua perpetuitate dicitur ecclesia non posse mori. Iuxta illud causa XII, questione II, capitulo Liberti,[6] ubi dicitur, quod ecclesia numquam moritur et XXIIII, questione prima, capitulo Pudenda,[7] ubi Augustini testimonio comprobatur, quod^s ecclesia non potest esse nulla, quod debet^t esse^ta racione^tb potestatis papalis / (**fol.21 r**) verum est, quod^u numquam illa potestas moritur, quia papa decedente^v remanet huiusmodi potestas, ut quidem dicunt in Romana ecclesia sive in collegio^w cardinalium sive in ipsa ecclesia. Quodcumque enim horum ponatur, semper habemus intentum, videlicet quod in aliquo collegio vel^x in aliqua multitudine reservatur potestas papalis de- / (**fol.96 vb**) cedente papa.

Arguatur ergo sic^y: illud^y, quod respicit caracterem vel perfeccionem caracteris per se loquendo, non potest competere collegio, ut collegium est, vel multitudini, ut multitudo est, quia caracter vel perfeccio caracteris semper imprimitur huic et illi. Et si multi sunt^z habentes caracterem vel

---

^m *fehlt* P. ^n *fehlt* P. ^o eius V. ^q imprimetur P. ^r potissime P. ^s quia P. ^t qui debuit V. ^ta *fehlt* P. ^tb *fehlt* V. ^u quia V. ^v descendente P. ^w cellulo V. ^x ille P. ^y illud sic P. ^z semper P.

[6] Decretum C.12 q.6 c.65 'Liberti ecclesie', ed. Friedberg, 707. [7] Decretum C.24 q.1 c.23 'Pudenda, ut', ed. Friedberg, 978 f.

perfeccionem caracteris, tot erunt caracteres et[a] perfecciones caracteris[a], quot erunt habentes huiusmodi caracterem seu perfeccionem caracteris[b]. Sed una eadem potestas vel illa eadem potestas, que est in papa, eo vivente, remanet in collegio aliquo sive[c] in ecclesia. Ergo huiusmodi papalis potestas nec dicit caracterem nec perfeccionem caracteris, sed solam iurisdiccionem. Immo[ca] quis[d] assereret[e]: propter[f] quod[f] potestas papalis dicit caracterem vel perfeccionem caracteris, oportere[g], quod tot essent tales potestates, quot essent illi, in quibus potestas huiusmodi servaretur. Quod est erroneum dicere, quia[h], cum non possit esse nisi unus papa, non potest esse nisi una potestas papalis, que potestas, si reservatur in collegio cardinalium, erit[i] in toto huiusmodi collegio, ita quod secundum[j] huiusmodi potestatem agere ea, que expediunt ecclesie, non poterit nisi totum collegium simul vel illi, qui habent[k] tocius collegii potestatem, quia[l], si sufficienter vocetur capitulum, dato, quod aliqui deessent, habebunt illi, qui sunt in capitulo, tocius capituli potestatem[l].

Exinde ergo claro apparet, quod talis potestas non est[m] caracter nec perfeccio caracteris, quia tunc quilibet de collegio[n] haberet potestatem papalem insolidum, ut possit agere omnia, que sunt pape. Quod[o] esset magne demencie ponere. Et[p] quod dictum est de collegio cardinalium, si[q] in eo residet potestas papalis non vivente papa, veritatem habet de ecclesia sive de multitudine fidelium, si in ea residet talis[r] potestas[r]. Nam si papatus sive potestas papalis diceret caracterem sive perfeccionem caracteris, cum tam caracter quam perfeccio caracteris imprimatur singularibus personis et cum tam caracter quam perfeccio caracteris et multiplicari habeant iuxta numerum eorum, quibus imprimuntur, omnia prefata inconveniencia sequerentur, videlicet quod huiusmodi potestas non remaneret in ipsa

[a] et - caracteris *fehlt* V. [b] *fehlt* PV; *ergänzt nach* b. [c] seu P. [ca] *folgt* si PV. [d] *folgt* volens P. [e] asserere P; *fehlt* V. [f] *fehlt* P. [g] oportet V. [h] quod P. [i] erat V. [j] si P. [k] habentur P. [l] quia - potestatem *fehlt* P (Homoioteleuton). [m] *fehlt* P. [n] colligio P. [o] quia P. [p] *fehlt* P. [q] Sed. P. [r] potestas talis V.

multitudine, sed in singularibus personis ipsius multitudinis. Multiplicetur eciam huiusmodi potestas iuxta numerum talium personarum, que, ut patet, omnia falsa sunt.

Amplius quia, ut[s] supra tetigimus, ex hoc dicto, utrum potestas papalis ultra simplicem episcopum dicat caracterem vel perfeccionem caracteris aut dicat[t] meram[u] iurisdiccionem, in hoc enim dependet tota materia presentis negocii, quod[v] papa renunciare possit[v], ideo volumus ab omnibus predictis hoc aliter declarare.

Nam, ut patet, ea, que sunt pape, eciam[w] vivente papa, possunt committi aliis, qui non sunt papa. Nam si papa constitueret in ecclesia archidiaconum, sicut Laurentius[8] fuit archidiaconus Sisti, apud quem erant thesauri ecclesie reconditi, qui dispersit eos et dedit pauperibus, et constitueret cancellarium, ita quod ad archidiaconum spectaret[x] recipere omnes thesauros et omnia tributa et omnia numismata et quecumque possent[y] numismate mensurari - et non solum spectaret ad eum hec recipere, sed [autem] dispensare et expendere -, ad cancellarium vero spectaret beneficia conferre et causas negocia decidere; tunc papa nichil haberet facere, nisi forte, si oriretur aliqua questio de fide, quod ad[z] eum spectaret huiusmodi questionem decidere. Verum quia congregata aliqua multitudine sapientum posset eis illius questionis decisionem committere, consequens est, / (**fol.97 ra**) quod ea, que potest[a] papa[a], committi possunt hiis, que non sunt papa. Sed si in papatu imprimeretur[b] caracter alius / (**fol.21 v**) a sacerdotali, ille caracter esset longe alcior quam caracter sacerdotalis. Vel si imprimeretur[c] ibi non caracter, sed perfeccio caracteris, illa perfeccio[d]

---

[s] *fehlt* P.  [t] dicam V.  [u] metum P.  [v] quod - possit *fehlt* V.  [w] est P.  [x] spectat V.  [y] possunt V.  [z] *fehlt* P.  [a] papa potest P.  [b] imprimuntur P.  [c] imprimentur P.  [d] perfeccior P.

[8] Jacobus a Voragine, *Legenda aurea*, cap.112: De sancto Laurentio martire, ed. Graesse, 488-501.

esset longe alcior et nobilior quam perfeccio, que imprimitur in simplici ordine episcopali.

Arguatur ergo sic, ea, que sunt sacerdotis, non possunt committi non sacerdoti propter caracterem, qui[e] imprimitur in ordine sacerdotali; et ea, que sunt episcopi, non possunt committi non episcopo propter perfeccionem caracteris, que imprimitur in ordine episcopali. Si ergo in papatu imprimeretur caracter vel perfeccio caracteris, cum papatus sit longe quid alcius et quid nobilius quam simplex sacerdocium vel quam simplex episcopatus, ea, que sunt pape, non possent[g] committi ei, qui non est papa. Quod cum falsum sit, manifeste concluditur, quod potestas papalis ultra potestatem simplicis episcopi non dat[h] caracterem nec perfeccionem caracteris nec dat[i] ea, que sunt ordinis, sed solum, que sunt iurisdiccionis. Potest ergo[ia] papa renunciare et potest in eo desinere esse potestas papalis, eciam eo vivente, quia, licet ea, que sunt ordinis, non possunt desinere esse in eo, in quo sunt; ea tamen, que sunt iurisdiccionis, tolli possunt vel possunt[l] desinere esse.

Immo si potestas papalis diceret caracterem vel perfeccionem caracteris vel diceret ea, que sunt ordinis, nec[m] pro heresi[9] nec pro quocumque alio possit papa, dum viveret, desinere esse papa. Hoc enim posito semper[n] haberet potestatem papalem, quia eciam heretici, si sunt sacerdotes, possunt, quod possunt sacerdotes quantum ad ea, que sunt ordinis, quia[o] possunt conficere, et si sunt episcopi, possunt, quod possunt episcopi, quia possunt alios ordinare et ordinati ab[r] eis[r], dum tamen sint ordinati secundum ritum ecclesie, non sunt reordinandi, sed sunt de perpetrato scelere corrigendi.

---

[e] que V. [g] possunt PVb. [h] dicit PVb. [i] dicit PVb. [ia] *folgt* quod PV. [l] possent V. [m] ut P. [n] sunt P. [o] et V. [r] *doppelt* V.

[9] Über die Häresie des Papstes vgl. Eastman, *Papal Abdication*, 113 ff.

Propter quod patet, quod^s fundamentum adversariorum nostrorum et in hac parte adversariorum veritatis^t erat falsum et sophisticum,[10] quia volebant loqui de hiis, que sunt iurisdiccionis, tamquam de hiis, que sunt ordinis.

## < Sexta pars >

Incipit sexta pars huius capituli declarans, quod inter episcopum et ecclesiam spirituale coniugium reperitur.

Quod inter episcopum et ecclesiam sit quoddam spirituale coniugium, potest^u multis auctoritatibus probari^v. Nam ut habetur Extra, De translacione episcoporum, capitulo Inter corporalia[1] inter episcopum et ecclesiam est spirituale coniugium, quod^w dissolvendum deus omnipotens suo tantum iudicio reservavit. Et causa VII, questione I, capitulo Sicut[2] dicitur, quod, *sicut vir non debet dimittere uxorem suam, ita nec episcopus ecclesiam suam*. Innuitur enim ibi, quod episcopus sit sponsus ecclesie sicut^x vir est sponsus uxoris.

Verum quia, prout^y habetur in rubrica huius sexte partis, inter episcopum et ecclesiam est spirituale coniugium, ideo declarare volumus in^z hoc capitulo^z, quomodo et qualiter huiusmodi spirituale coniugium habet^a esse, ut ex hoc in sequenti capitulo descendamus, quot modis potest accipi tale spirituale coniugium^a et ex hoc habeamus viam ad investigandum, qualiter huiusmodi coniugium potest solvi et qualiter non^b potest solvi. Nam ut patebit, taliter potest accipi tale coniugium, quod

---

^s *fehlt* P. ^t voluntatis P. ^u propter P. ^v approbari P. ^w quia P. ^x sic V. ^y ut V. ^z in - capitulo *hinter* qualiter V *möglicherweise mit Umstellungszeichen.* ^a habet - coniugium *doppelt* P. ^b racio P.

[10] Vgl. oben Kap.I Anm.2. [1] Decretales I tit.7 c.2 'Inter corporalia', ed. Friedberg, 97. [2] Decretum C.VII q.1 c.11 'Sicut vir', ed. Friedberg, 570.

potest^c solvi, eciam vivente episcopo, et taliter, quod non^c poterit solvi^d nisi per mortem, et tercio taliter poterit accipi tale coniugium, quod eciam per mortem non poterit tolli illud, quod erat fundamentum istius coniugii.

Propter primum sciendum, quod, licet sint auctoritates inducte, quod est quoddam spirituale coniugium inter episcopum et ecclesiam, volumus^e tamen aliquid^f declarare, qualiter habet esse tale coniugium, ut ex hoc possumus descendere ad declarandum, / (fol.97 rb) quot modis huiusmodi coniugium sumi potest^g. Dicemus quidem, quod episcopus est sponsus ecclesie.[3] Nam officium sponsi est ex sponsa filios generare. Nam coniugium carnale, ut est in remedium, non debet transferri ad spirituale, ut sumantur similitudines de coniugio carnali ad spirituale. Summende quidem sunt huiusmodi similitudines, prout coniugium / (fol.22 r) carnale est, in^h officium, secundum quem modum fuisset^i coniugium^i in statu innocencie sive in paradyso^j, si primi parentes non peccassent.

Debemus enim dicere, cum apostolo ad^k Phillipenses III:[4] *Nostra autem^l conversacio in celis est.* Nam illi, qui prave ambulant, sunt, qui^m terrena sapiunt, et illorum conversacio est in terra, nostra autem^n conversacio debet esse in celis, id est in altitudine innocencie. Cum ergo coniugium carnale sit hoc modo in officium causa generande et promovende prolis, consequens est, quod^na coniugium spirituale inter episcopum et ecclesiam sit, quia ex officio suo potest in ecclesia^o spirituales filios generare et promovere et^p de eis curam habere^q.

Sed dices^r, ergo quilibet homo eciam laycus dicetur^s sponsus ecclesie, quia ipse potest filios generare, quia potest sacramentum baptismi conferre, per quod baptizati fiunt Cristiani et filii ecclesie; vel saltem ipse sacerdos, cui ex^t officio competit baptizare, poterit dici sponsus ecclesie.

---

^c potest - non *fehlt* P (Homoioteleuton). ^d *fehlt* P. ^e *fehlt* P. ^f iure P. ^g possit P. ^h de P. ^i coniugium fuisset V. ^j paradiso V. ^k *fehlt* P. ^l *fehlt* V. ^m que V. ^n aut P. ^na *folgt si* PV. ^o ecclesiam P. ^p quin V. ^q habeat V. ^r dicet P. ^s dicere P. ^t *fehlt* P.

[3] Über den Begriff 'sponsus ecclesie' vgl. Eastman, *Papal Abdication*, 95 ff.  [4] Phil 3,20.

Advertendum itaque, quod ex officio coniugii carnalis primo homo generatur, ut habeat naturale esse, secundo roboratur, ut possit obviantibus aliqualiter resistere. Nam homo ita nasciter tener in primordio sue nativitatis, quod[ta], nisi fascia[u] stringeretur, de levi lederentur[v] eius membra; secundo[w] postquam natus est, roboratur, cum membra eius magis se possint[x] continere et magis possint lesivis[y] resistere; tercio postquam roboratus[z] est[z], sic vigoratur, ut possit stare, sedere, ambulare et hec opera naturalia facere; quarto et ultimo roboratus et vigoratus sic perficitur, ut possit sibi similem generare.[a,5]

Sic est ergo in coniugio carnali, sed[b] in[c] coniugio spirituali illi, qui non sunt episcopi vel non possunt hoc ex officio vel, si possunt aliqua ex istis, non possunt omnia vel ea, que possunt, non possunt usquequaque perfecte. Ex quibus concluditur, quod ipsi episcopi proprie sint sponsi ecclesie.

Dicemus enim, quod illa quatuor, que narravimus in coniugio carnali, possumus adaptare ad ea, que videmus in ecclesia. Nam generacioni correspondet[d] baptismus; roboracioni, ut possit obviantibus resistere, correspondet confirmacio; vigoracioni, ut possit spiritualia agere, correspondet ordo; perfeccioni vero, ut possit sibi simile generare, correspondet episcopatus. Nam per baptismum quis regeneratur et accipit spirituale esse; per confirmacionem roboratur, ut possit obviantibus resistere et audacter nomen Cristi in noticiam deducere; per ordines vero homo vigoratur, ut possit spirituales acciones agere; sed per episcopatum quis perficitur, ut possit alios ordinare et sibi similes facere. Est[e] enim[e] episcopus sacerdos perfectus, ut possit alios in sacerdocium ordinare et ut possit consecranda consecrare. Illi ergo, qui non sunt episcopi, vel non possunt aliquid predictorum ex officio vel non possunt omnia predicta vel eciam ea, que possunt ex officio, non possunt illa[g] perfecte[g].

[ta] *fehlt* P. [u] *fehlt* P. [v] stringerentur V; cederentur b. [w] sed P; *fehlt* V. [x] possunt V. [y] levius P. [z] *fehlt* V. [a] generari V. [b] *folgt* cum PV. [c] *fehlt* P. [d] cum respondet P. [e] enim est P. [g] illam perfeccio P.

5 Vgl. Aristoteles, *Topica* III,1-2 (116 b20 ff.), ed. Minio-Paluello, 52 ff.

Propter quod sciendum, quod, si layci possunt baptizare, hoc non possunt[h] ex officio, sed ex divina dispensacione. Nam quia baptismus maxime[i] est[i] necessitatis, quia sine baptismo - vel in re vel in voto - non potest quis salvus fieri, ideo materia baptismi est maxime communis, quia aqua et minister baptismi est maxime communis, quia quilibet homo [potest baptizare].

Tamen[j] licet[j] sic sit, hoc est ex divina dispensacione et in casu necessitatis. Nam laycus vir vel mulier non debet baptizare, nisi magna adsit[k] necessitas; et quamvis, si[l] / (fol.97 va) baptizat aliquem, ille baptizatus sit[m], tamen, nisi immineat necessitas, si laycus baptizat, peccat, quia hoc non competit laycis ex officio. Immo eciam clericis exceptis[n] sacerdotibus non competit hoc ex officio. Ipsi enim[o] dyaconi[p], qui post sacerdotes tenent supremum gradum, ex suo officio non competit eis, quod baptizent. Nam secundum Dyonysium in De ecclesiastica[q] hierarchia, In[r] ordine[ra] de[s] perfeccionibus,[6] dyaconibus competit purgare, sacerdotibus illuminare, episcopis perficere. Dyaconi enim purgant, cum separant mundos ab immundis. Ad ipsos[t] enim spectat in ecclesia clamare, / (fol.22 v) quod cathecumini recedant, quod, qui non sunt apti[u] ad suscipiendam[v] eucaristiam, quod non accedant[w] - quod[x] faciendo, quia separant mundos ab immundis, eorum officium[y] est purgare. Sacerdotum autem est illuminare. Et quia in baptismo quis illuminatur per graciam, non competit dyaconibus ex suo[z] officio[z], quod baptizant, sed sacerdotibus.

---

[h] est P. [i] est maxime V. [j] licet tamen V. [k] assit V. [l] sic P. [m] est V. [n] *fehlt* V. [o] *fehlt* V. [p] *fehlt* P. [q] ecclesie V. [r] *fehlt* P. [ra] *fehlt* P; *bzw.* origine V. [s] *folgt* sacerdotibus V. [t] *gestrichen. Dafür* dyaconis V. [u] arti P. [v] recipiendam V. [w] accedunt V. [x] quin P. [y] effectum V. [z] officio suo V.

[6] Ps. Dionysius Areopagita, *De ecclesia hierarchia*, cap.VI, DIONYSII CARTUSIANI, *Opera omnia* XV, 553D-554A.

Revertamur ergo ad propositum et dicamus, quod ad officium carnalis coniugii spectat, quod filii generentur; et quod geniti sic nutriantur, quod roborentur, ut possint[a] lesivis[b] resistere; et roborati sic vigorentur, ut possint acciones naturales agere; et vigorati sic perficiantur[c], ut possint sibi similes generare. Que quatuor adaptamus ad quatuor, que videmus in ecclesia, quia per baptismum accipimus spirituale esse[d]; per confirmacionem, quod possumus spiritualiter resistere; per ordinem, quod possumus spirtualia agere vel spiritualia ministrare; per episcopatum, quod possumus omnia hec perficiere.

Et quia alii ab episcopis vel non possunt aliquid predictorum[e] ex officio - sicut omnes, qui non sunt sacerdotes, non possunt aliquid predictorum ex officio -, vel[f] si possunt aliquid predictorum ex officio[f] - sicut sacerdotes, qui possunt[g] ex[g] officio baptizare -, non tamen possunt omnia prefata, quia sacerdotes, secundum quod habuimus[h], non possunt confirmare nec possunt alios in sacerdocium ordinare, illud eciam, quod possunt[i] ex officio [scilicet] baptizare, non possunt omni modo perfecte sine opere episcopali.

Nam licet possint[j] conferre baptismum, prout est quoddam sacramentum, non tamen possunt ipsum perfecte conferre, quantum ad sollempnitatem sine opere episcopali, quia secundum Dyonysium[7] non fit sollempniter baptismus sine crismate, et crisma non fit sine episcopo. Consequens ergo est, quod illi, qui possunt omnia prefata ex officio et perfecte[k], cuiusmodi sunt episcopi, sint sponsi ecclesie, inter quos et ecclesiam spirtuale coniugium habet esse.

---

[a] possunt V. [b] levius P. [c] perficiuntur V. [d] folgt et V. [e] istorum P; illorum V; emendiert nach b. [f] vel - officio fehlt P (Homoioteleuton). [g] ex possunt P. [h] huiusmodi V. [i] folgt quia possunt V. [j] folgt perfecte P. [k] ex - perfecte doppelt P.

[7] Ps Dionysius Areopagita, De ecclesiastica hierarchia, cap.V, DIONYSII CARTUSIANI, Opera omnia, 533D.

### < Septima pars >

Incipit septima pars huius capituli declarans, quot modis habet esse spirituale coniugium et quomodo potest solvi et non solvi.

Dicebatur quidem supra, quod, sicut racione generande et promovende prolis carnaliter sumebatur coniugium carnale, sicut[l] racione generande et promovende prolis spiritualiter[m] sumitur coniugium spirituale; et dicebatur, quod maxime sunt spirituales[ma] sponsi, qui ex officio et perfecte possunt prolem spiritualiter gignere et promovere.

Dicemus ergo, quod, sicut in aliis tria sunt consideranda: primo posse, secundo agere, tercio rite et debite hoc facere, sic et in coniugio spirituali essent illa[n] tria consideranda.

Primo quidem posse filios generare et promovere ex officio et perfecte, secundo vero[o] illud[o] agere, tercio autem illud rite facere. Episcopus autem racione perfecti caracteris potest filios generare et[p] promovere. Secundo ex hac potencia potest in actum exire[p] et illud facere. Nam aliud est posse agere et aliud est agere. Nam posse quidem agere respicit ipsam potenciam, agere vero respicit actum vel usum potencie.

Erit ergo primum posse opera spiritualis coniugii[q] agere; / (fol.97 vb) secundum vero erit in actum illorum operum exire; tercium autem erit huiusmodi opera spiritualis coniugii rite et debite facere. Primum respicit perfeccionem potencie, secundum usum potencie, tercium vero respicit ipsam iurisdiccionem. Perfeccio quidem potencie est perfeccio caracteris. Ille ergo, qui habet caracterem sacerdotalem perfectum, sicut est episcopus, qui est sacerdos perfectus et sacerdos consecratus, ex ipsa perfeccione caracteris habet potenciam, ut possit opera spiritualis[r] coniugii facere. Sed si faciat huiusmodi opera consecrando crisma, confirmando infantes et

---

[l] Sic V.  [m] spiritualis V.  [ma] folgt et PV.  [n] ista P.  [o] id P.  [p] et - exire fehlt P (Homoioteleuton).  [q] fehlt V.  [r] spirituali P.

tribuendo ordines, habebit usum illius potencie, que potencia nichil est[s] aliud[s] quam caracter sacerdotalis perfectus vel perfeccio sacerdotalis caracteris. Tercio quidem, si rite et debite hoc faciat, habebit iurisdiccionem ad id[t] agendum.

Propter quod bene dictum est, quod posse facere opera spiritualis coniugii respicit caracterem sacerdotalem perfectum - et quia caracter ille est quedam potencia, ideo respicit perfeccionem illius[u] potencie -, sed talia opera facere / (fol.23 r) respicit usum dicte potencie; rite autem[v] et debite illa opera agere respicit iurisdiccionem. Quia nemo[w] debet mittere[x] falcem[y] in messem alienam, ideo episcopus prefata opera spiritualis coniugii non debet facere, nisi ubi habet iurisdiccionem vel ordinariam vel commissam.

Ex dictis ergo patet[z], quod spirituale coniugium, quod est inter episcopum et ecclesiam, tripliciter sumi potest, quia vel[a] sumitur ex ipsa potencia, prout potest secundum ritum et formam ecclesie filios generare et alios ordinare et ipsos in sacerdocium promovere; vel sumitur secundo ex usu istius potencie, quo[b] prefata opera actu exercet et actu facit; vel sumitur tercio ex ipsa iurisdiccione, prout prefata opera debite et rite facit. Erit ergo episcopus sponsus ecclesie, vel[c] quia[c] habet perfectum caracterem, qui est potencia, per quam fiunt opera spiritualis coniugii; vel quia illa opera facit et habet usum illius potencie; vel quia dicta opera rite facit et[d] habet iurisdiccionem ad id faciendum.

Advertendum ergo, quod, si hoc spirituale coniugium respiciat ipsam iurisdiccionem, secundum quam huiusmodi opera debite et rite fiunt, sic eo[e] vivente potest episcopus desinere esse sponsus ecclesie et potest separari huiusmodi coniugium, quia potest ab eo tolli omnis iurisdiccio, ut nichil tale

---

[s] aliud est V. [t] illud P. [u] alius P. [v] *fehlt* V. [w] *fehlt* P. [x] iiire *mit Kürzel über dem r* = (vitare) P. [y] falsem PV; *emendiert nach* b. [z] patere potest V. [a] *folgt* quia P. [b] *fehlt* PV; *ergänzt nach* b. [c] quia vel V. [d] *fehlt* P. [e] ex P.

vel nulla huiusmodi opera possit debite et rite facere, nisi forte in casu necessitatis, in quo posset$^f$ baptizare, quia possunt hoc et layci. Sed si accipiatur coniugium secundo modo quantum ad usum potencie, sive huiusmodi usus fiat rite vel non rite, sive hoc faciendo peccet vel non peccet, sic vivente episcopo vel vivente eo, qui$^g$ est ordinatus in episcopum, nec papa nec tota ecclesia potest tale coniugium tollere vel eciam separare.

Nam ex quo quis ordinatus est in episcopum et iam impressa est$^h$ ei perfeccio caracteris et iam habet caracterem sacerdotalem perfectum - id est potenciam perfectam ad ordinandum alios et ad faciendum eos sacerdotes -, si exeat in usum istius potencie et teneat ordines et faciat alios sacerdotes vel conferat$^i$ eis alios ordines - qui sic ordinati sunt, veros ordines suscipiunt nec sunt de cetero reordinandi; sunt tamen corrigendi, et est eis penitencia imponenda, si susceperunt$^j$ ordines ab hiis, qui sunt heretici vel sunt ab ecclesia separati vel per ecclesiam depositi.

Dixerunt enim aliqui iuriste, quod$^k$, si suscipiantur ordines ab episcopis, qui sunt per ecclesiam degradati, quod$^l$ sic$^m$ ordinati nichil$^n$ suscipiunt. Sed cum caracter et perfeccio caracteris sint$^o$ quid indelebile$^p$, [ea], que respiciunt caracterem vel perfeccionem caracteris, vel ea, que sunt ordinis, indelebilia sunt, ut semper habeant suum effectum.

Dicemus enim, quod, sicut conficere corpus Cristi respicit caracterem sacerdotalem / (fol.98 ra) simpliciter, sed posse$^q$ alios in$^r$ sacerdotes ordinare respicit huiusmodi caracterem perfectum, sic, quando$^s$ simplex sacerdos quantumcumque degradatus vel eciam hereticus, dum tamen$^t$ intendat$^u$ facere, quod facit ecclesia - sine$^v$ aliqua distinccione$^w$ tenent communiter theologi, quod$^x$, si super materiam panis cum intencione conficiendi dicat verba, que sunt de forma

---

$^f$ potest V. $^g$ *folgt* eo P. $^h$ *fehlt* V. $^i$ confirmat P. $^j$ suscipiunt P. $^k$ *fehlt* P. $^l$ et V. $^m$ sicut P. $^n$ vel P. $^o$ *fehlt* P. $^p$ indelibile PV. $^q$ posset P. $^r$ *fehlt* P. $^s$ quia PV. $^t$ tam P. $^u$ intendit P. $^v$ *fehlt* P $^w$ distinccione V. $^x$ quos P.

consecracionis videlicet *hoc est corpus meum*,[1] verum corpus Cristi conficit.

Et quia sicut caracter sacerdotalis est potencia spiritualis, qua corpus Cristi conficitur, sic[y] perfeccio[y] illius caracteris, que imprimitur in ordine episcopali, est potencia conferendi ordines et faciendi sacerdotes, si[z] ideo episcopus sive scismaticus[a] sive degradatus sive eciam hereticus, dum tamen intendat facere, quod facit ecclesia, et secundum ritum et formam ecclesie ordinet aliquos, illi vero erunt ordinati. Et si dispensetur[b] cum eis, non erunt reordinandi, sed erit[c] eis[c] penitencia imponenda, quia contra mandata ecclesie ordines susceperunt.

Spirituale ergo coniugium sumptum hoc secundo modo, prout[d] non[e] respicit iurisdiccionem, sed solum usum / (**fol.23 v**) potencie, prout per perfeccionem sacerdotalis caracteris potest episcopus alios ordinare, numquam separari vel[f] tolli[f] potest vivente episcopo, quia et caracter et perfeccio caracteris quid indelebile[g] nominant. Solus autem deus posset[h] coniugium spirituale sic acceptum tollere, quia posset[i] tollere ab anima caracterem et perfeccionem caracteris. Ipse enim papa, nec ut vicarius dei nec aliquo modo potest huiusmodi caracterem vel perfeccionem caracteris tollere; sed solus deus hoc potest facere[j] et sibi soli hoc[k] reservavit et nulli alio[l] hoc concessit. Secundum hoc ergo potest exponi, quod dicitur in decretali illa Inter corporalia,[2] quod *dubitari non debet, quin omnipotens deus spirituale coniugium, quod, est[m] inter episcopum et ecclesiam, suo tantum iudicio reservavit dissolvendum.*

---

[y] *fehlt* P.  [z] *fehlt* V; et P.  [a] cismaticus P.  [b] disposiciones V.  [c] eis erit V.  [d] plura P.  [e] *fehlt* P.  [f] *hinter* potest V.  [g] indelibile V.  [h] potest V.  [i] possit P.  [j] *fehlt* V.  [k] hec V.  [l] alii PVb.  [m] *fehlt* V.

[1] Vgl. J. Jungmann, *Missarum Sollemnia. Eine Genetische Erklärung der Römischen Messe*, 2 Bde. (Wien 1948), II, 236 ff.  [2] Decretales I. tit.7 c.2 'Inter corporalia', ed. Friedberg, 97.

Sed si accipiatur istud spirituale coniugium quantum ad alium[n] modum, videlicet non quantum ad iurisdiccionem nec quantum ad usum potencie, sed[o] solum[o] quantum ad ipsam potenciam, que[p] nichil est[q] aliud[q] quam caracter sacerdotalis perfectus, sic non solum vivente[r] episcopo[r], sed eciam mortuo episcopo non tollitur[s] tale coniugium, id est non tollitur ille perfectus caracter, in quo fundabatur tale coniugium. Nam et in anima separata remanet caracter et perfeccio caracteris.

Sed notandum, quod in anima separata remanet caracter et perfeccio caracteris non quantum ad illud usum, qui[t] erat ordines conferre vel corpus Cristi conficere, sed remanet quantum ad decorem et gloriam in beatis et quantum ad pudorem[u] et ignominiam in dampnatis.

Nam sacerdotes et episcopi, si bene vixerunt, anime eorum separate habebunt caracterem sacerdotalem - quantum ad animas sacerdotum - et habebunt illum caracterem perfectum - quantum ad animas episcoporum -, sed non habebunt huiusmodi caracterem[v] vel perfeccionem caracteris quantum ad usum, qui nunc est; sed habebunt illa quantum ad hunc[w] usum, qui est decor et gloria. Si vero[x] male[x] vixerint et sint dampnati, habebunt huiusmodi caracterem et perfeccionem caracteris quantum ad contrarium usum, qui est pudor et[y] ignominia[y]. Nam sicut habere insignia regis est honor et gloria hiis, qui sequuti[z] sunt voluntatem regis[a], ita est pudor et ignominia hiis, qui averterunt[b] se a rege et commiserunt crimen contra regem, quia quanto alcior est quis in curia regis, tanto[c] ignominiosus est ei agere contra regem.

Ergo mortuo episcopo in anima eius separata remanet caracter perfectus, qui erat potencia ad operandum opera spiritualis coniugii et qui

---

[n] omnem V. [o] Solum sed P. [p] qui V. [q] aliud est V. [r] viventem cristo P. [s] taliter V. [t] que V. [u] pudore P. [v] *folgt* perfectum P. [w] *fehlt* P. [x] *fehlt* V. [y] ignominius V. [z] sequti P. [a] *fehlt* V. [b] adverterunt V. [c] raro P.

erat[d] fundamentum istius coniugii, ita quod secundum hunc modum nec vivente episcopo nec eo mortuo tollitur id, quod erat talis potencia et tale fundamentum. Sed tollitur usus talis potencie, quia non remanet ad hunc usum, / (fol.98 rb) qui est facere opera spiritualis coniugii, quod[e] est inter episcopum et ecclesiam, sed remanet ad usum alium, ut est per habita declaratum. Sed vivente episcopo nec huiusmodi caracter perfectus sive huiusmodi potencia nec eciam usus istius[f] potencie potest ab ipso tolli, sed semper, eo vivente, licet forte cum peccato et cum dampnacione anime sue possit exire in usum istius[g] potencie, et potest facere opera spiritualis coniugii. Sed, ut diximus, si accipiatur tale coniugium tercio modo, prout respicit ipsam iurisdiccionem, secundum quam talia opera debite et rite fiunt, eciam vivente episcopo potest tale coniugium tolli et separari.

### < Octava et ultima pars >

Incipit octava et ultima pars huius capituli declarans, quod, si simplex pontifex non potest desinere esse simplex pontifex, summus[h] tamen pontifex[i] potest desinere esse summus[j] pontifex[j], in quo fundatur[k] racio quinta.

Arguunt autem adversarii nostri, quod, si simplex pontifex non potest desinere esse[l] simplex pontifex[m], ergo multo magis summus[n] pontifex[na] non potest desinere esse summus pontifex. Sed, ut supra tetigimus,[1] / (fol.24 r) hoc non est magis, immo est minus, quia, ut patebit, minus est facere, quod summus pontifex[p] non sit simplex pontifex quam quod simplex pontifex non sit simplex pontifex. Ad clariorem tamen solucionem huius racionis queremus a sic dicentibus, cum nomina sint ad placitum, quid intelligunt nomine simplicis pontificis. Nam tale, quid potest significari hoc nomine,

---

[d] *folgt* potencia ad operandum opera P *eine Wiederholung von gerade vorhin.* [e] quia P. [f] ipsius P. [g] *fehlt* V. [h] summum P. [i] pontificem P. [j] *fehlt* P. [k] fatebatur P. [l] eo P. [m] *fehlt* PV; *ergänzt nach* b. [n] *fehlt* P. [na] *folgt* ergo summus P. [p] *folgt* est P.

[1] Vgl. Text Kap.X,5, oben S. 232 f.

quod verum dicunt, tale quid, quod[r] falsum est[s]. Nam si dicitur, quod nomine simplicis sacerdotis non intelligitur alius, nisi quod habeat[t] caracterem sacerdotalem, sic, si volunt, quod nomine simplicis pontificis non intelligatur aliud, nisi quod habeat[u] perfeccionem huiusmodi caracteris et talem perfeccionem, quod possit exire in usum dicte perfeccionis - sic certum est, quod nec papa nec universalis[v] ecclesia potest[w] facere, quod simplex pontifex non sit simplex pontifex, quia non potest ab eo tollere nec caracterem nec perfeccionem caracteris; immo episcopo mortuo eciam in anima eius separata remanet caracter et perfeccio caracteris, sed non ad hunc usum. Eo autem vivente non solum remanet caracter et perfeccio caracteris, qui est spiritualis potencia, qua aguntur opera[x] spiritualis coniugii, sed eciam remanet usus dicte potencie, ut, quando vult, possit dicta[y] opera facere, licet agat ea ad dampnacionem anime sue, si ea faciat contra mandata ecclesie.

Quare, si nomine simplicis pontificis volumus intelligere hanc spiritualem potenciam et usum istius spiritualis potencie, sicut nomine simplicis sacerdotis intelligebatur caracter sacerdotalis cum proprio usu caracteris, cum sit quid[z] indelebile perfeccio caracteris, que imprimitur in ordine episcopali, sicut ipse caracter, qui imprimitur in ordine sacerdotali, dicemus, quod sicut simplex sacerdos numquam potest desinere esse sacerdos, sic[a] simplex episcopus numquam potest desinere esse episcopus.

Loquuti[b] ergo sumus de potencia et de usu potencie tam sacerdotali quam episcopali, que innititur caracteri, qui[c] est in simplici sacerdote, que innititur perfeccioni caracteris, que est in episcopo.

Sed advertendum, quod mencionem fecimus non solum de potencia, sed de usu potencie, quoniam in anima separata sacerdotis vel in anima separata episcopi remanet huiusmodi potencia. Sed tamen, quia non remanet ad suum proprium usum, sed ad alium usum, ut est per habita

[r] *fehlt* P. [s] esse P; *fehlt* V. [t] habeant P; hanc V. [u] hanc V. [v] universa P. [w] possit P. [x] *fehlt* V. [y] *fehlt* P. [z] *fehlt* V. [a] sicut P. [b] locuti V. [c] que PV; *emendiert nach* b.

manifestum; ideo in anima sacerdotis separata non dicimus absolute, quod remaneat[d] potestas sacerdotalis, sed dicere possumus, quod remanet in ea caracter ille, in quo fundabatur[e] sacerdotalis potestas, per quam sacerdos eo vivente poterat conficere corpus Cristi, et in anima episcopi separata remanet caracter ille perfectus, in quo fundabatur spiritualis potencia, per quam episcopus eo vivente faciebat opera episcopalis sive opera spiritualis coniugii.

Revertamur ergo ad pro- / (**fol.98 va**) positum et dicamus, quod, si nomine simplicis pontificis intelligatur sua spiritualis potencia et eciam usus potencie, sic vivente eo[f] non potest desinere esse episcopus, quia eo vivente non potest tolli ab ipso huiusmodi potencia nec eciam usus potencie, quin possit exire de[g] usu potencie predicte, licet, si[h] ea utatur contra mandata ecclesie, graviter peccet. Sed si nomine episcopi vel nomine simplicis pontificis intelligamus[i] non solum potenciam prefatam spiritualem et usum potencie, sed eciam iurisdiccionem, ut possit[j] illa potencia iure et rite uti, sic simplex pontifex, id est habens simplicem iurisdiccionem episcopalem, potest desinere esse simplex pontifex, quia per cessionem vel per deposicionem vel quomodolibet[k] aliter potest carere iurisdiccione prefata.

Cum ergo papa ultra ea, que sunt simplicis episcopi, et ultra ea, que sunt ordinis, non dicat nisi iurisdiccionem, cum iurisdiccio possit committi et possit desinere esse, non[l] valet hec racio: si simplex pontifex non potest desinere esse[l] simplex pontifex, quod summus pontifex non possit desinere esse summus pontifex, quia per simplicem pontificem possumus / (**fol.24 v**) intelligere habentem caracterem sacerdotalem perfectum, qui[m] est potenica

---

[d] remanet V. [e] fundebatur P. [f] episcopo P. [g] in PV; *emendiert nach* b. [h] *fehlt* P. [i] intelligimus V. [j] possint P. [k] quemlibet P. [l] non - esse *fehlt* P (Homoioteleuton). [m] que PV; *emendiert nach* b.

spiritualis perfecta quantum ad ea, que sunt ordinis cum usu illius potencie, et, quia tam spiritualis potencia quam eius usus non possunt tolli, ideo secundum hunc modum loquendi simplex pontifex non potest desinere[n] esse simplex pontifex[o]. Sed nullus diceret, quod diceretur summus pontifex vel diceretur papa, qui solum haberet[p] caracterem sacerdotalem perfectum et posset[q] uti illo caracter.

Propter quod patet cuilibet intuenti, quod plus dicit summus pontifex quam dicat simplex pontifex. Sed cum simplex pontifex dicat[r] omnia, que sunt ordinis, consequens est, quod[ra] ea, que dicit supra simplicem pontificem, non sint ordinis, sed iurisdiccionis. Et quia, ut sepe[s] sepius dictum est, ea, que sunt iurisdiccionis, possunt desinere esse, ideo, cum summus pontifex non dicat solum ea, que sunt ordinis, sed que sunt iurisdiccionis, ideo summus pontifex potest cedere et potest desinere esse.

Numquam tamen potest desinere esse summus pontifex, vocando pontificem, qui habet caracterem et perfeccionem caracteris, quia, quantumcumque renunciet et cedat, numquam desinet in eo esse caracter nec perfeccio caracteris, et quamdiu vivet[t], semper poterit uti illa potencia spirituali, que fundatur in illo perfecto caractere. Numquam ergo carebit nec caractere nec perfeccione caracteris, sed poterit carere et carebit auctoritate et iurisdiccione.

Dicemus[u] itaque, quod quantum ad ea, que sunt ordinis, omnes simplices sacerdotes sunt equales, quia omnes possunt conficere corpus Cristi; quantum autem ad iurisdiccionem non sunt equales, quia forte unus habet curam et habet parochiam, quam curam et quam parochiam non habet alius, vel unus habet maiorem curam et maiorem parochiam, quam habeat alius. Sic quantum ad ea, que sunt ordinis, omnes episcopi sunt equales.

---

[n] deus P. [o] *fehlt* P. [p] habet V. [q] potest V. [r] dicit V. [ra] *folgt* summus pontifex PV. [s] *fehlt* V.
[t] vivit V. [u] Dicamus P.

Et exinde est, quod electus in papam, si non sit sacerdos, omnem iurisdiccionem habet, que potest pertinere ad papam. Sed nichil habet de hiis, que sunt ordinis sacerdotalis[v], nec de hiis, que sunt ordinis[v] episcopalis. Propter quod potest et in sacerdotem et in episcopum[w] ab alio episcopo ordinari, quod fieri non posset[x], si sacerdocium vel episcopatus in eo, qui est papa, quantum ad ea, que sunt ordinis, essent maiora vel alciora quam ea, que sunt in quocumque simplici episcopo; quia secundum quod vult[y] apostolus ad Hebreos VII,[2] quod *sine ulla autem contradiccione, quod minus est, a maiori*[z] *benedicitur.* Papa itaque[a] quantum ad ea, que sunt ordinis, / (fol.98 vb) si non sit sacerdos, est minus quam alii sacerdotes; et si non sit consecratus vel non sit episcopus, est minus quam alii episcopi. Quod si in hiis, que sunt ordinis, papa factus episcopus haberet plus quam alii episcopi, non posset[b] consecrari in episcopum a nullo episcopo, quia tunc maior a minori benediceretur.

Quid ergo ultra egemus testibus?[3] Clare enim patere potest, quod ea, que sunt iurisdiccionis, minuuntur et crescunt, quia hic habet iurisdiccionem minorem, ille autem maiorem, et omnia possunt tolli vel desinere esse, quia potest quis totam suam iurisdiccionem perdere vel per cessionem vel quomodolibet[c] aliter. Sed ea, que sunt ordinis, in eodem ordine nec minuuntur nec crescunt nec possunt desinere esse. Omnes enim sacerdotes sunt pares quantum ad ea, que sunt ordinis simplicis sacerdocii; et omnes episcopi sunt pares quantum ad ea, que sunt ordinis episcopalis. Et exinde est, quod quilibet episcopus potest dici summus sacerdos, quia quilibet

---

[v] sacerdotalis - ordinis *fehlt* P (Homoioteleuton). [w] *folgt* et P. [x] possit PV; *emendiert nach* ħ. [y] *folgt unlesbare Stelle von circa drei Buchstaben* P. [z] minore V; *meliore Vulgata.* [a] in V. [b] possit P. [c] quemlibet P.

[2] Hebr 7,7. [3] Vgl. Matth 26,65.

episcopus potest dici summus quantum ad ea, que sunt ordinis episcopalis. Si ergo papa quantum ad ea, que sunt ordinis, esset maior[d] episcopus quam alii, tunc non posset[e] ab aliquo episcopo ordinari vel consecrari, quia tunc maior a minori benediceretur, quod est contra apostolum.

Ex hiis autem manifeste concluditur, quod, cum ea, que sunt ordinis, sint immobilia, ea autem, que sunt iurisdiccionis, sint[f] mobilia[f] - quod papa potest cedere[g] quantum ad ea, que sunt iurisdiccionis, / (**fol.25 r**) non autem quantum[h] ad ea, que sunt ordinis.

In sacerdocio autem[i] quantum ad ea, que sunt ordinis, sunt[j] gradus[j]. Dicemus quidem, quod est duplex corpus Cristi,[4] videlicet corpus Cristi verum et corpus Cristi mysticum, cuiusmodi sunt fideles. Quantum autem[k] ad corpus Cristi verum non potest esse auctoritas vel potestas[l] nisi solum ordinis, prout[m] quis[n] potest[n] conficere corpus Cristi verum; sed quantum ad corpus Cristi mysticum potest esse auctoritas et [potestas] ordinis, prout quis potest[o] fideles[o] ordinare et facere eos sacerdotes vel eciam episcopos, et potest ibi esse auctoritas[p] iurisdiccionis, prout potest eos absolvere vel ligare.

Ergo quantum ad ea, que sunt ordinis, sunt gradus in sacerdocio, quia episcopi quantum ad ea, que sunt ordinis, plus possunt quam simplices sacerdotes, quia simplices sacerdotes, secundum quod habuimus[q], solum possunt conficere verum corpus Cristi; sed episcopi eciam quantum ad ea, que sunt ordinis, habent auctoritatem non solum, ut possint[r] conficere corpus Cristi verum, sed eciam, ut possint[s] ordinare fideles et facere eos sacerdotes vel consecrare eos in episcopos, qui fideles sunt corpus Cristi mysticum. Et quia quantum[t] ad[t] ea, que sunt ordinis, non plus se extendunt, ideo quantum ad hoc omnes episcopi sunt equales, quantum ad ea, que sunt ordinis.

---

[d] minor P. [e] possit P. [f] *fehlt* V. [g] recedere P. [h] *fehlt* P. [i] *folgt* ergo P. [j] *fehlt* P. [k] aure P. [l] *folgt* ordinis V. [m] *fehlt* P. [n] potest quis P. [o] fideles potest V. [p] auctas P. [q] huiusmodi V. [r] possunt V. [s] possunt V. [t] *fehlt* P; *folgt* hoc *möglicherweise gestrichen* V.

[4] Über den zweifachen Leib Christi vgl. Tierney, *Foundations*, 132 ff.

Propter quod omnes dici possunt summi sacerdotes, quia quantum ad ea, que sunt ordinis, non est unus episcopus perfeccior sacerdos[u] quam[v] alius. Quamvis enim episcopus sit perfeccior[vw] sacerdos quam simplex sacerdos, quia in ordine episcopali recipitur perfeccio[x] caracteris sacerdotalis, nullus tamen episcopus quantum ad ea, que sunt ordinis, est perfeccior sacerdos quam alius episcopus. Propter quod magister quarto Sentenciarum, distinccione XXIIII[5] dicit, quod *pontifex est princeps sacerdotum*[y]. Et quod ipse summus sacerdos nuncupatur, vult enim magister ibi, quod quilibet pontifex possit nuncupari summus sacerdos; et causa II, questione VII in capitulo Accusacio[6] summi sacerdotes[z] dicuntur esse episcopi.

Voluerunt autem quidam, quod quilibet episcopus vel quilibet pontifex possit dici summus pontifex, adherentes illi dicto, quod omnes episcopi dicuntur esse summi[a] sacerdotes. Sed, ut patuit, in sacerdocio sunt gradus / (**fol.99 ra**) eciam quantum ad ea, que sunt ordinis. Ex quibus gradibus arguitur, quod simplex sacerdos non possit[b] dici sacerdos summus, quia simplex sacerdos non potest omnia, que sunt ordinis. Sed quilibet episcopus potest dici sacerdos[c] summus[c], quia quilibet episcopus potest omnia, que sunt ordinis. In episcopatu ergo non sunt gradus quantum ad ea, que sunt ordinis; sed sunt ibi gradus quantum ad ea, que sunt iurisdiccionis. Erit ergo unus pontifex maior alio non quantum ad ea, que sunt ordinis, sed quantum ad ea, que sunt iurisdiccionis. Solus ergo erit ille[d] summus

---

[u] *fehlt* P. [v] quam - perfeccior *fehlt* P (Homoioteleuton). [w] *folgt* sit P. [x] perfecto P. [y] sacerdocium P. [z] sacerdotis P. [a] simplices V. [b] potest V. [c] summus sacerdos V. [d] *fehlt* P.

[5] Petrus Lombardus, *Libri IV Sententiarum* 1.IV d.24 c.16, ed. Ad Claras Aquas) II,902 (PL 192,905). [6] Decretum C.2 q.7 c.15 'Accusacio quoque', ed. Friedberg, 486.

pontifex, qui summam habet iurisdiccionem; et quia solus unus potest habere summam[f] iurisdiccionem, non potest esse nisi unus summus pontifex.

Propter quod, si papa cedat, remanebit pontifex quantum ad ea, que sunt ordinis, sed non remanebit pontifex nec summus pontifex quantum ad ea, que sunt iurisdiccionis.

Sed quereret aliquis, utrum aliquo modo papa cedens possit[g] dici summus pontifex? Ad quod dici potest, quod papa cedens, eciam postquam cesserit, potest dici summus sacerdos, quia potest omnia, que sunt ordinis, sed nec pontifex nec summus pontifex debet ex tunc nominari quantum ad ea, que sunt iurisdiccionis, nisi forte de novo eligeretur in papam et ipse assentiret, sicut legitur fuisse factum de Marcellino,[7] vel de novo committeretur sibi aliqua alia iurisdiccio.

Verum quia usque nunc non distinximus nisi duo membra, videlicet quod aliqua sunt ordinis, aliqua autem sunt iurisdiccionis, possumus autem superaddere tercium membrum, quod aliqua sunt insignia preterite iurisdiccionis, ut, si archiepiscopus de sua ecclesia transferatur ad aliam / (fol.25 v) vel eciam cedat archiepiscopatui, remanebunt eciam ei quedam insignia preterite iurisdiccionis, quia sepelietur cum pallio illo, in quo pontificalis officii plenitudo simul cum archiepiscopalis nominis appellacione sibi collata fuit. Propter quod Extra, De usu pallii, capitulo Ad hoc[h][8] dicitur, quod quisque[i] archiepiscopus cum suo pallio sepeliri debet[j].

---

[f] unam P.  [g] potest P.  [h] hebreos P.  [i] quisquis P.  [j] deberat P.

[7] Vgl. Text Kap.IX, oben S. 209 f.  [8] Decretales I tit.8 c.2 'Ad hoc', ed. Friedberg, 100 f.

Hoc eciam modo posset ordinari de papa^k cedente, quod sepeliretur cum aliquibus insigniis papalibus. Et quia nomina sunt ad placitum, si vellemus^l vocare papam sive summum pontificem, cum, qui cessit, hoc non poterit^m esse quantum ad ea, que sunt ordinis, quia quantum ad^n talia inter ipsos episcopos non sunt gradus, sed quilibet episcopus in talibus dicitur esse summus, nec hoc erit quantum ad ea, que sunt iurisdiccionis, quia papa cedens renunciavit sue iurisdiccioni^o vel^p suo iuri, sed quantum ad aliqua insignia iurisdiccionis preterite, cui iam cessit eo modo, quo diximus, quia nomina sunt ad placitum. Si quis talem vellet vocare papam vel summum pontificem, quia ordinatum^q esset^q de ipso, quod sepeliretur cum aliquibus insigniis papalibus, si fuisset sic ordinatum^r per ecclesiam, quod sic sepeliretur papa cedens, posset^s forte tollerari, quod dicitur.

Vel possumus dicere, quod "summus" positive dicit^t "sub quo alii," et sic loquuti^u sumus de summo pontifice; et hoc modo nullus simplex pontifex potest dici summus pontifex. Sed "summus^v" negative dicit "supra quem^w nullus;"[9] et sic quilibet pontifex quantum ad ea, que sunt ordinis, potest dici summus pontifex, quia hoc modo omnes pontifices sunt equales. Sed sic non loquimur de summo pontifice, ut est per habita manifestum.

---

^k pape V. ^l vellem V. ^m potest V. ^n poterit esse quantum ad ea que sunt ordinis quia quantum ad ea que sunt ordinis quia quantum ad P. ^o *folgt* n P. ^p et P. ^q ordinant esse P. ^r ordinatus V. ^s potest V. ^t dicitur P. ^u locuti V. ^v sumus P. ^w quod P.

[9] *Decretales ... una cum glossis*, ad Extra I tit.6 c.49 'Quum in magistrum', s.v. 'Praeficiendus' (Turin 1588), Sp.215: "Sub alio qui est, alium sub se habere non debet."

Hiis itaque expeditis patet, quod, cum[x] arguitur[x], quod fieri non potest, quod simplex pontifex non sit simplex pontifex, ergo multo magis fieri non potest, quod summus pontifex non sit summus pontifex, / (fol.99 rb) patet, quod non est[y] maius, immo est minus. Nam licet bubalus sit maior mure, tamen quantum ad intrare per foramen bubalus est minor mure, quia minus potest intrare per foramen bubalus quam[z] mus, et mus magis potest intrare per foramen quam bubalus.

Sic et in proposito, quamvis esse summum pontificem sit longe quid maius[a] quam esse simplicem pontificem, tamen quantum ad indissolubilitatem[b] non est maius, immo minus. Magis enim sunt indissolubilia ea, que sunt ordinis, que nullo modo tolli possunt; et minus sunt indissolubilia ea, que sunt iurisdiccionis, que tolli possunt vel desinere esse possunt. Et quia summus pontifex supra simplicem pontificem non dicit, que sunt ordinis, sed que sunt iurisdiccionis, magis est indissolubilis simplex pontificatus, prout dicit ea, que sunt ordinis, quam summus pontificatus, qui super ea, que sunt ordinis, solum dicit, que sunt iurisdiccionis.

## < Capitulum XI >

Capitulum XI, in quo agitur[c] de quinque aliis racionibus, videlicet de racione sexta[d], septima, octava[d], nona et decima, quomodo sunt intelligende et ab invicem distinguende.

Quoniam raciones ad eandem partem nec debent sibi contradicere nec debent[e] idem dicere, quia, si[f] sibi contradicant[g], non[h] erunt ad eandem[i] partem, si autem idem dicant[h], committetur ibi nugacio, que est unius et eiusdem inutilis repeticio. Exinde, ut clare et manifeste appareant soluciones[j] nostrorum adversariorum, quamvis pro maiori parte semper videantur[ja] habere idem fundamentum, volumus tamen laborare, ut eas distinguamus, ut suum fundamentum demus cuilibet racioni.

---

[x] *doppelt* V. [y] *fehlt* P. [z] quod P. [a] *fehlt - Lücke von vier Buchstaben* P. [b] dissolubilitatem P. [c] argitur P. [d] sexta - octava *fehlt* P. [e] debeant V. [f] *fehlt* P. [g] contradicunt V. [h] non - dicant *fehlt* P (Homoioteleuton). [i] ostendendam V. [j] dissoluciones PV; *emendiert nach* b. [ja] videatur P.

Solutis igitur[k] primis quinque racionibus volumus[l] in hoc capitulo de quinque racionibus[l] sequentibus agere et ostendere, quomodo sunt intelligende et ab invicem distinguende. Tractabimus itaque in hoc capitulo de racione sexta, septima, octava, nona et decima, quomodo sunt intelligende[m] et[m] ab invicem distinguende, et postea in sequenti capitulo eas per ordinem dissolvemus[n].

Erat autem sexta racio, quod papatus erat per legem divinam, ergo non nisi / (fol.26 r) per deum dissolvi potest. Ex quo enim papa subiecit se legi sponse, a solo deo potest absolvi ab huiusmodi lege[o]. Septima autem racio erat, quia, cum[p] papatus est quoddam votum, sed nemo potest seipum a[q] voto[q] absolvere, solus ergo deus potest[r] absolvere papam, quod non sit papa. Octava quidem erat, quod, quia[s] nullus potest seipsum absolvere, ergo etcetera. Nona vero erat, quod, quia[t] papa obligavit[u] se deo, ideo a nullo alio potest absolvi. Decima autem erat, quod[v] post legitimam confirmacionem nullus prelatus potest absolvi nisi a suo superiori; papa autem non habet superiorem nisi deum, ideo etcetera.

Advertendum ergo quantum[w] ad racionem sextam, que in hoc capitulo est proposita[w], quod, cum dicitur, quod papa non est papa nisi per legem divinam, non per legem alicuius creature, et quia per huiusmodi legem divinam subiecit se legi[x] sponse[y] ideo a solo deo potest absolvi a tali lege et a tali subieccione et ab hoc, quod[z] sit sponsus ecclesie, dici potest, quod queretur a sic dicentibus, quid intelligunt per legem divinam et quomodo loquuntur[a] de divina lege. Utrum loquantur[b] de ea, sicut loquitur Dyonysius quarto capitulo De[c] celesti[d] hierarchia,[1] qui ait, quod divino legali

---

[k] ergo P. [l] volumus - racionibus *fehlt* P (Homoioteleuton). [m] intelligentes et P; *fehlt* V. [n] dissolvamus PV; *emendiert nach* b. [o] legi P. [p] *fehlt* V. [q] *fehlt* V. [r] *fehlt* P. [s] quod P. [t] si P. [u] obligaverit P. [v] quia Vb. [w] quantum - proposita *fehlt* V (Homoioteleuton). [x] legit P. [y] *folgt* et P. [z] *folgt* non PV. [a] loquitur P; loquntur V. [b] loquntur V. [c] *fehlt* V. [d] celestis P.

[1] Ps. Dionysius Areopagita, *De coelesti hierarchia*, Cap.IV ... Dionysii Cartusiani Art.XXIII: Quod secunda reducantur per prima in deum, DIONYSII CARTUSIANI, *Opera omnia* XV, 101 ff., 93 ff.

ordine hec ponitur lex^e per prima secunda in deum reduci?

Vult enim ibi Dyonysius, quod deus hanc^f legem statuit, quod secunda reducantur in deum per prima^g, id est quod inferiora reducantur in deum per^g superiora. Ordinavit enim deus ecclesiam suam et quosdam posuit primos, quosdam secundos, de quo ordine tractat apostolus prima ad Corinthios XII,[2] ubi ait, quod *posuit deus in ecclesia primo^h apostolos^i, secundo prophetas, tercio doctores,* et sic de aliis. Ad prophetas enim et ad doctores spectat alios docere, / **(fol.99 va)** ad apostolos autem et ad^j prelatos spectat^k alios regere et gubernare, et in huiusmodi rebus gubernare et habere curam de aliis est supremum^l. Ideo apostoli vel illi, qui gerunt^m vices apostolorum, cuiusmodi sunt prelati, quorum est alios regere et gubernare, tenent^n supremum^o locum. Et inter apostolos omnino supremum^p locum tenet Romanus pontifex, qui est successor Petri, qui erat princeps apostolorum, ad quem principaliter^q designandus [erat]. Etsi omnes apostoli habuerunt claves, specialiter tamen dictum fuit Petro: *Tibi dabo claves regni celorum.*[3] Unde super illo verbo Mathei^r XVI: *Tibi dabo claves regni celorum,* dicit glosa,[4] quod specialiter hanc potestatem Petro^s concessit, ut ad unitatem nos invitaret, et subdit,[5] quod ideo Petrum principem apostolorum constituit, ut ecclesia unum principalem^t Cristi haberet vicarium, ad quem diversa membra ecclesie recurrerent, si forte inter se dissentirent.

Et si queres, qui sunt illi in ecclesia, qui gerunt^u vices apostolorum^v,[6] dicemus, quod cardinales et episcopi alii eciam, qui non sunt^w cardinales,

---

^e *fehlt* PV; *ergänzt nach* b. ^f *habeat* P. ^g *prima - per fehlt* P (Homoioteleuton). ^h *primum* V. ^i *alios* V. ^j *fehlt* V. ^k *spectas* P. ^l *suppremum* P. ^m *gerat* P. ^n *tenet* V. ^o *suppremum* P. ^p *suppremum* P. ^q *presentis* P. ^r *methei* P. ^s *petri* P. ^t *principale* P. ^u *egerunt* P. ^v *apostolos* P. ^w *fehlt* P.

[2] I Cor 12,28. [3] Matth 16,19. [4] Glossa ad Matth. 16,19 s.v. 'Et quodcunque ligaveris', *Biblia cum glossa ordinaria ...et interlineari ..,* hg. v. A. Rusch (Straßburg 1481) Bd.4:"sed ideo Petrus specialiter accipit, ut omnes intelligant, quod quicunque ab unitate fidei et societate eius se separaverit." [5] Glossa ad Matth. 18,1 s.v. 'Quis putas', PL 114,145 f.: "Ex aequalitate pretii in tributi redditione domino fuerat comparatus, arbitrati sunt Petrum omnibus apostolis praelatum."; vgl. Aeg. Rom., *De eccl. pot.,* II,8 f., ed. Scholz, 79 ff. [6] Vgl. Aeg. Rom., *Contra exemptos,* cap.XI, ed. Blado (Rom 1555), 8.b.

gerunt vices apostolorum aliter tamen et aliter, quia apostoli et Cristo astiterunt[x] et per diversas partes mundi fuerunt dispersi, quia unus apostolus accepit[y] in sortem predicacionis sue hanc partem orbis et alius aliam partem orbis. Cardinales itaque, qui assistunt pape, gerunt[z] vices apostolorum, prout apostoli Cristo assistebant; episcopi vero, habentes curam secundum diversas partes orbis, gerunt vices apostolorum, prout apostoli per[a] diversas partes orbis fuerunt sparsi. Supremum[b] ergo locum in ecclesia tenent[c] gerentes vices apostolorum, quorum omnium princeps est Romanus pontifex. Post apostolos vero prophete[d] sunt[d] et[e] doctores. Et primo sunt prophete, qui ex divina inspiracione habuerunt rerum cognicionem; et postea sunt doctores, qui per doctrinam possunt de hac noticia aliquid participare.

Cum ergo arguitur, quod[f] per legem divinam habet esse papatus, quia deus hanc[g] legem indidit rebus, quod inferiora reducantur in deum per superiora, et ipsi deus secundum hanc legem ordinavit ecclesiam suam, quod in ea[h] primo[i] apostolos et Petrum ac quemlibet eius successorem constituit principem apostolorum, propter quod per legem divinam / (fol.26 v) habet esse papatus - si vult hec racio se fundare in huiusmodi divina[j] lege[j], per quam inferiora per superiora regantur[k], - et quia hoc est a deo, ideo solus deus potest eam infringere -, respondebimus volentibus sic arguere, quod hanc legem formaliter creatura non potest infringere, quia deus per seipsum hanc legem indidit, quod inferiora per superiora regantur, ut patet per[l] Augustinum tercio De trinitate, capitulo quarto.[7] Sed materialiter potest creaturam[m] ad hanc legem aliquid operari, quia, quod huic persone competat locus superior et sit papa[n] vel[o] huic competat locus immediate post ipsum et sit patriarcha, vel quomodolibet aliter ad hoc cooperatur creatura, quia cooperantur ad hoc homines, per quorum eleccionem et

---

[x] abstiterunt P.  [y] acceperit V.  [z] gerut V.  [a] *fehlt* P.  [b] suppremum P.  [c] tenet P.  [d] sunt prophete V.  [e] *fehlt* P.  [f] *fehlt* P.  [g] habeat P.  [h] capitulo P.  [i] *fehlt* P.  [j] lege divina V.  [k] reguntur V.  [l] *fehlt* V.  [m] creata P.  [n] papalis P.  [o] *fehlt* P.

[7] Augustinus, *De trinitate* III,4 (PL 42,873), ed. Mountain 135 f.

assensum electi hic preficitur in papam. Sic eciam vel per$^p$ eleccionem vel
per$^q$ institucionem preficitur aliquis in patriarcham. Quod ergo papa
existens papa non sit super omnes, hoc est impossibile, quia hoc esset contra
legem divinam. Sed quod ille homo assenciendo eleccioni de se facte sit
papa vel renunciando desinat esse papa, ad hoc cooperatur, et$^r$ ideo opere
creature potest hoc fieri et tolli.

Simile autem videmus in naturalibus. Tota enim creaturarum
universitas non posset$^s$ facere$^t$, quod aer naturaliter non esset super aquam.
Immo ita est$^u$ naturale aeri esse super aquam, quod de plumbo posset$^v$
taliter$^w$ vas concavum fieri, quod nataret super aquam propter aerem, quam$^x$
contineret. Natura ergo non potest facere$^y$ contra$^y$ hanc / (**fol.99 vb**) legem
formaliter, potest tamen ad hanc legem cooperari materialiter, quia potest
ita$^z$ condensare$^a$ materiam aeris, quod fiet aqua, et ita rarefacere aquam,
quod fiet aer. Potest ergo natura facere, quod illud, quod erat materia
superioris, fiat materia inferioris, et econverso. Sed quia, sicut se habet
materia ex opere nature ad suscipiendam formalem perfeccionem, sic se
habent homines, ut opere humano suscipiant ecclesiasticam prelacionem, et
ideo, sicut opere nature id, quod erat materia rei superioris, fit materia rei
inferioris, et econverso, ita quod materialiter loquendo in regimine rerum
naturalium, quod erat superius, fit inferius, et econverso; sic in regimine
hominum$^b$ opere humano homo ille, qui tenebat locum superiorem, potest
tenere locum inferiorem, et econverso. Itaque qui volunt hanc racionem
fundare super ipsam legem divinam, non faciunt racionem novam a
racionibus$^c$ superius dictis. Propter quod hec sexta racio secundum hunc
modum accepta solvitur per dicta in superioribus capitulis.

Dicemus enim de lege divina, sicut dicebamus de opere divino.
Dicebamus quidem, quod ea, que sic fiunt opere divino, quod ad ea fienda
non cooperatur creatura nec potest cooperari creatura, per nullam
creaturam tolli possunt. Et ideo quia ad produccionem

---

$^p$ pre P.  $^q$ *fehlt* P.  $^r$ *fehlt* P.  $^s$ possit P.  $^t$ dicere V.  $^u$ esset V.  $^v$ possit P.  $^w$ clare P.  $^x$ quem
V.  $^y$ *fehlt* P.  $^z$ ipsam P.  $^a$ condempsare P.  $^b$ hominis V.  $^c$ racione P.

intelligenciarum sive angelorum non cooperatur creatura nec potest[e] cooperari, per[f] nullam creaturam tolli possunt[f], quia non est data talis potencia creature, quod possit cooperari deo in opere creacionis.[8]

Utrum autem potuerit creature talis potencia conferri, non est presentis speculacionis. Sufficiat autem nunc scire, quod talis potencia non est collata creature. Exinde ergo est, quod tota creatura non posset[g] destruere unam spiritualem substanciam[h], nec ipsa spiritualis substancia posset[i] destruere se ipsam. Anime enim dampnate querent mortem et non invenient. Dicent[j] enim dampnati secundum sentenciam[k] domini Luce XXIII[9] montibus: 'Cadite super nos', et collibus: 'Operite nos'. Universa ergo creatura non potest destruere unam spiritualem substanciam, quia ad produccionem eius nichil cooperatur creatura. Sed eo modo, quo creatura operatur ad produccionem spiritualis substancie, potest tolli opere creature. Nam licet creatura non cooperetur[l] ad produccionem spiritualis substancie[la] secundum se, cooperatur tamen ad produccionem eius, quod sit in hoc corpore, sicut ponebatur exemplum de anima racionali.[10] Et quia anima racionalis opere creature est in hoc corpore, ideo opere creature potest tolli ab hoc corpore.

Sic eciam dicebamus de papatu. Potestas enim papalis est in ecclesia a deo, et ideo numquam potest tolli / (fol.27 r) potestas[m] papalis[m] secundum se, quin semper huiusmodi potestas sit in ecclesia, que numquam moritur. Sed licet creatura non cooperetur ad ipsam papalem potestatem secundum se, quia huiusmodi potestas secundum se est a deo, fit tamen opere creature, quia[n] fit opere humano, quod[o] papalis potestas sit in hoc

---

[e] posset P. [f] per - possunt fehlt PV; ergänzt nach b. [g] possit P. [h] fehlt V. [i] possit P. [j] dicunt P. [k] servum P. [l] cooperatur V. [la] folgt sed P. [m] auch unten auf fol.26 v als Lagenwechselvermerk V. [n] quod P. [o] quia P.

---

[8] Aeg. Rom., De regimine principum III pars II c.3, ed. Zannettum, 457: "Ubicumque est regnum naturale, semper totum illud regnum reducitur in aliquid unum principans." [9] Luc 23,30. [10] Die menschliche Seele als Inbegriff aller Seelenkräfte entspricht der Auffassung der Antike. Vgl. Sallust, Bellum Iug., 2,1; Cicero, De div. 1,61 und Tus. 2,47.

homine. Ideo ex opere humano fieri potest, quod talis potestas desinat esse in hoc homine. Quomodo autem opere humano quis preficiatur in papam et desinat esse papa, supra diffusius dicebatur.

Quod ergo dictum est de opere divino, quoniam illud, quod sic est opere divino, quod ad illud nec operatur nec operari potest creatura, non potest tolli opere creature, dicetur et de lege divina, quia illud, quod sic est per legem divinam, quod ad illud nichil cooperatur[p] creatura, forte non posset tolli opere creature.

Ad legem ergo illam formaliter, quod inferiora rite et de iure regantur per superiora, nichil cooperatur creatura. Sed quamvis ad huiusmodi legem non cooperetur creatura formaliter[q], cooperatur[r] tamen materialiter[r], quia, quod hoc sit materia superioris et hoc inferioris in naturalibus, / (fol.100 ra) facit creatura, quia potest hoc natura facere, que materiam, que est sub forma corporis superioris et dignioris[s], potest facere sub forma corporis inferioris et grossioris[t], et econverso. Et quod facit natura in naturalibus, possunt homines facere in moralibus, quia opere humano fieri potest, ut persona, que erat subiectum dignitatis inferioris, potest fieri subiectum dignitatis superioris, et econverso.

Si ergo ad papatum nichil cooperarentur homines et nichil cooperaretur ibi consensus eligencium et consensus electi, non posset[u] opere humano desinere esse. Eo ergo modo, quod opere humano fit, potest ex opere humano tolli. Hiis itaque prelibatis dicemus, quod, si hec sexta racio intelligatur eo modo, quo dictum est, erit eadem cum racionibus superius dictis et habet eandem solucionem cum illis, ut est per habita manifestum.

Verum quia, ut diximus, quamvis quasi omnes raciones facte videantur habere unum fundamentum, nos tamen, ut diximus, ad hoc laboramus, ut demus suum fundamentum cuilibet racioni, distingui ergo possunt hee quinque raciones a quibusdam racionibus antedictis, ut raciones ille innitantur[v] huic fundamento, quod illud, quod sit a deo, non potest dissolvi opere creature; et raciones antedicte[w] diversimode innitantur

---

[p] operatur V. [q] *fehlt* V. [r] cooperatur - materialiter *fehlt* V. [s] dignitates P. [t] ex superioris P. [u] possit P. [v] immitantur P. [w] *verderbt und folgt* et P.

huic fundamento, prout nos diversificavimus[x] raciones illas in capitulis antedictis, et eas dissolvimus in eisdem capitulis, ut est per habita declaratum. Sed hee quinque raciones in hoc capitulo posite huic fundamento innitantur[y], quod, cum quis est[z] ligatus vel obligatus ad aliqua, non potest de illis vel ab illis seipsum dissolvere.

Dicemus itaque, quod quinque modis, quantum ad presens spectat, quis potest obligari ad aliqua. Primo per mancipacionem vel per servitutem, quam contraxit; secundo per votum, quod emisit[a]; tercio per culpam, quam voluntarie incurrit[b]; quarto per iuramentum, quod prestitit; quinto per onus, cui se supposuit[c]. Mancipacioni[d] autem et servituti, quam[f] quis contrahit, innititur racio sexta.

Nam ille, qui est prelatus et efficitur sponsus ecclesie, mancipatur divinis obsequiis, et quodam[g] speciali modo in quadam servitute redigitur, ut subiciat se legi sponse et ut curam habeat de sponsa, scilicet[h] de ecclesia sibi commissa, sive sit ecclesia tota et universalis, que commissa est pape, sive sit ecclesia particularis, que commissa est huic prelato vel illi prelato. Huic ergo fundamento innititur racio sexta, ut, quia papa subiecit se legi sponse et quia seipsum mancipavit et in servitutem redegit, ut esset ecclesie sponsus, et cum lex divina videatur hoc velle, quod non possit quis se servum faciens a servitute illa pro libito voluntatis sue se amovere, non poterit, ut videtur papa suo renunciare papatui.

Primo ergo fundamento / (fol.27 v) quantum est ex parte mancipacionis[i] vel servitutis, quam quis contrahit, innititur racio sexta.

Sed secundo fundamento, quantum est ex parte voti, quod quis emisit, potest inniti racio septima. Dicebatur enim in racione illa, quod nullus potest tollere votum alicuius nec potest ipsum a suo voto absolvere nisi ille, qui est supra votum. Ideo, quia papatus est quoddam votum maximum super omnia vota, eo quod papa vovet de facto ipsi deo, quod curam habebit universaliter tocius divini gregis, ideo solus deus potest papam ab hoc voto absolvere.

---

[x] diversificamus V. [y] innitatur P. [z] *fehlt* V. [a] commissit V. [b] incurrit P. [c] subposuit V. [d] mancipacione V. [f] quod P; quem V; *emendiert nach* b. [g] quodammodo P. [h] sive PVb. [i] emancipacionis P.

Sed tercio fundamento ex parte culpe, quam[j] quis[k] voluntarie incurrit, innititur racio octava. Potest enim ex racione octava argui a[l] simili[l] ex parte culpe, quam quis voluntarie incurrit[m], et ex parte prelacionis, quam quis[n] voluntarie[m] suscepit.

Arguatur ergo sic: nullus potest sibi ipsi confiteri et nullus potest seipsum a culpa absolvere, quantumcumque illam culpam voluntarie incurrerit[o]. Ergo nullus potest seipsum subtrahere a prelacione, quantumcumque prelacionem illam voluntarie susceperit[p]. Sicut ergo per culpam quis[q] fit[q] debitor dei, ita[r] per prelacionem susceptam fit quis debitor dei[r], aliter tamen et aliter; quia per culpam fit quis debitor dei quantum ad penam sibi debitam, sed per prelacionem fit quis debitor dei quantum ad animarum curam sibi commissam, quia de omnibus animabus[s] sibi commissis reddet prelatus ante tribunal Cristi in die iudicii racionem. Si[t] ergo quis factus debitor per culpam non potest sibi ipsi confiteri[u] nec potest seipsum absolvere, ergo quis factus debitor per curam animarum susceptam non poterit per[v] seipsum renunciare nec poterit seipsum deponere.

Quarto quidem fundamento, prout quis se obligavit per iuramentum, quod prestitit, potest inniti racio nona, que[w] ait, quod papalis obligacio non videtur posse tolli nisi per maiorem potestatem. Nulla autem est maior potestas quam papalis, nisi potestas divina, ergo etcetera. Si igitur isti racioni[x] none[x], que de obligacione loquitur, volumus dare[y] proprium fundamentum, oportet, quod demus sibi fundamentum de obligacione iuramento firmata, quia, si vellemus sibi[z] dare fundamentum de obligacione per mancipacionem vel per[a] servitutem, contracta esset hec racio nona eadem cum racione sexta. Si vero vellemus sibi dare fundamentum de obligacione per votum emissa, esset eadem cum racione septima. Ut ergo huic racioni none demus[b] proprium fundamentum, dicemus, quod intelligatur de obligacione per iuramentum[c] prestita, ut dicamus,

---

[j] quod P. [k] quamvis P. [l] assimile P. [m] incurrit - voluntarie *fehlt* V (Homoioteleuton). [n] *folgt* incurrit P. [o] incurreret PV; *emendiert nach* b. [p] suscepit P. [q] fit quis V. [r] ita - dei *fehlt* P (Homoioteleuton). [s] *fehlt* V. [t] Sic V. [u] conficere P. [v] *fehlt* P. [w] qui P. [x] none racioni V. [y] *fehlt* V. [z] *fehlt* P. [a] *fehlt* P. [b] dicemus P. [c] iuramenta V.

quod papa in suscepcione papatus non solum vovet et promittit se debitam curam habere de toto grege, sed$^d$ hunc votum et hanc promissionem quasi quodam iuramento firmat; et quia sic obligatus est per iuramentum prestitum$^e$ ad habendam$^f$ curam de grege$^g$ sibi commisso, non potest seipsum a tali obligacione absolvere.

Fundamento autem quinto, quantum ad onus, cui se subposuit, innititur racio decima, que ait, quod$^h$ nulla dignitas ecclesiastica post legitimam confirmacionem potest tolli nisi per eius superiorem; et quia papa$^i$ non habet superiorem nisi deum, per solum deum poterit tolli papatus. Videtur enim hec$^{ia}$ racio inniti huic fundamento, quia, ex quo papa consensit suscipere huiusmodi onus, cum suus consensus sit una confirmacio, ex ipso consensu est legitime confirmatus et habet super se huiusmodi onus, ut habeat$^j$ curam de toto grege dominico, non ergo potest se absolvere ab huiusmodi onere, cum post suscepcionem istius oneris intelligatur esse legitime confirmatus.

## \<Capitulum XII\>

Capitulum XII, in quo solvitur racio sexta arguens, quod, quia papa est papa per legem divinam et quia iam$^k$ consensit et iam se subiecit legi sponse, ideo non potest renunciare$^l$.

/ (**fol.28 r**) Postquam in capitulo precedenti prefatas quinque raciones distinximus$^m$ et cuilibet racioni suum proprium fundamentum dedimus, volumus in hoc capitulo sextam racionem solvere, que innititur huic$^n$ fundamento$^n$, quod$^o$, quia papa est obligatus deo, non potest seipsum deponere$^p$ nec potest seipsum$^p$ absolvere, ut in hac racione soluta solvantur raciones$^q$ alie, que idem accipiunt fundamentum.

Dicebatur quidem supra, quod omnes dicte quinque raciones innituntur huic fundamento, quod obligatus ad

---

$^d$ secundum V. $^e$ prestitam P. $^f$ habendum V. $^g$ grego V. $^h$ quem P. $^i$ potencia V. $^{ia}$ huiusmodi P. $^j$ *hinter* dominico P. $^k$ *doppelt* V. $^l$ *hinter* ideo V. $^m$ distinguimus PV; *emendiert nach* b. $^n$ fundamento huic V. $^o$ quia P. $^p$ deponere - seipsum *fehlt* P (Homoioteleuton). $^q$ racione V.

aliqua non potest seipsum dissolvere. Iuxta ergo quinque modos obligacionis superius traditos[r], ut diximus, sumi possunt ille quinque raciones, / (fol.100 va) videlicet racio sexta, septima, [octava], nona et decima. Sed sexta racio satis specificat suum fundamentum. Legitur enim de lege divina, per quam quis subditur legi sponse. Ille autem, qui est sponsus ecclesie, dedicatur et mancipatur divinis obsequiis. Ergo illa racio loquitur de obligacione per mancipacionem.

Et eciam racio septima satis specificat fundamentum suum, quia loquitur de obligacione per votum. Et eciam racio decima satis[s] specificat fundamentum suum, quia loquitur de dignitate ecclesiastica post legitimam confirmacionem, per quam acquiritur iurisdiccio; ideo loquitur de obligacione per assumptam iurisdiccionem.

Sed raciones[t] octava et nona non specificant fundamentum suum. Dicit enim racio octava, quod nullus potest seipsum absolvere, sed[u] non specificat, de qua absolucione loquitur. Sic eciam et racio nona generaliter loquitur de obligacione. Dicit enim, quod papalis obligacio non potest sumi multis modis, [sed] non specificat, de qua obligacione loquitur. Nos vero, ut utrique racioni prefate daremus proprium fundamentum, adaptavimus racionem octavam[v] ad obligacionem per culpam commissam et racionem nonam ad obligacionem per iuramentum firmatam. Hiis itaque prelibatis volumus, ut dicebamus, in hoc capitulo solvere racionem sextam.

Arguit enim illa racio, quod papa per[w] legem divinam est papa et est sponsus ecclesie. Videtur enim esse lex divina, quod[x], ex quo consentit, quod sit sponsus ecclesie, quod ipse sit subiectus legi sponse et[y] quod ipse mancipetur obsequiis sponse, ut ipse sit servus servorum dei,[1] et quod tota intencio sua sit, quod intendat circa[z] obsequia sponse, id est circa[a] obsequia universalis ecclesie, ut dicat cum apostolo secunda ad Corinthios[b] XI:[2] *Instancia mea cotidiana sollicitudo omnium ecclesiarum.* Sollicitabatur enim cotidie apostolus circa ea, que instabant, et circa ea,

---

[r] traditis V. [s] *fehlt* P. [t] racio P. [u] Si P. [v] ecclesiasticam P. [w] *fehlt* P. [x] *fehlt* P. [y] ut V. [z] *fehlt* V. [a] tota V. [b] Romanos V.

[1] Vgl. Aeg. Rom., *Quodlibet* III q.6, ed. De Coninck, 144. [2] II Cor 11,28.

que poterant insurgere de quibuscumque ecclesiis, vel ad hec potissime instabat et laborabat apostolus, ut sollicitaretur[c] circa omnes ecclesias[d]. Papa ergo sic mancipatus[e], sic dedicatus, sic in servitutem redactus, ut sit sponsus ecclesie et ut intendat circa obsequia ecclesie, non videtur, quod possit ab ista servitute seipsum absolvere.

Sciendum ergo, quod, ut supra tetigimus, episcopus potest dici sponsus ecclesie tripliciter: vel quantum ad potenciam, quia potest facere opera spiritualis coniugii; vel quantum ad usum potencie, quia facit huiusmodi opera; vel quantum ad iurisdiccionem, quia rite et debite facit huiusmodi opera. Quantum autem[f] ad ipsam potenciam certum est, quod episcopus dedicatur et mancipatur divinis obsequiis, a qua dedicacione et mancipacione non potest absolvi.

Exinde autem est, quod quilibet caracter et eciam[g] perfeccio caracteris quid indelebile[h] dicunt[i], quia in impressione cuiuslibet caracteris et eciam perfeccionis[j] efficitur quis servus Cristi. Nam in impressione caracteris baptismalis efficitur quis servus Cristi, ut ex tunc sit regeneratus spiritualiter et habeat spirituale esse et sit ascriptus in numero fidelium, et ex tunc denominatur a Cristo, cuius servus / (fol.28 v) factus est, et vocatur Cristianus.

In caractere vero, qui imprimitur in confirmacione efficitur quis ulteriori[k] modo servus Cristi, ut non solum Cristianus [sit] et habeat spirituale esse, sed eciam ut possit spiritualiter resistere et audacter nomen Cristi confiteri. Per illos autem septem ordines efficitur[l] quis ulteriori modo servus Cristi, quia dedicatur et mancipatur divinis obsequiis, ut possit non solum spiritualiter resistere, sed eciam possit[m] spiritualia ministrare et circa spiritualia se exercere. In or- / (fol.100 vb) dine quidem episcopali, ubi imprimitur perfeccio caracteris, perfecte quis dedicatur obsequiis ecclesie, ut ex tunc dicatur sponsus ecclesie et possit agere opera

---

[c] sollicitatem V; sollicitacionem b.  [d] folgt haberet Vb.  [e] noncupatus P.  [f] est V.  [g] fehlt V.  [h] indelibile V.  [i] dicitur b.  [j] fehlt V.  [k] alteriori P.  [l] als Randglosse eingefügt P.  [m] posset V.

spiritualis coniugii. Quantum ergo hanc potenciam, que fundatur in caractere perfecto vel in[o] perfeccione[o] caracteris, per quam episcopus potest agere opera spiritualis coniugii, et eciam quantum ad usum istius potencie, indissolubile est coniugium inter episcopum et ecclesiam; et quantum ad hoc dicitur esse dedicatus vel mancipatus obsequiis[p] ecclesie[p]. Sed quantum ad iurisdiccionem non est indissolubile huiusmodi coniugium. Immo, si bene advertimus[q], non est ibi dedicacio quantum ad suscepcionem iurisdiccionis, quia datur talis iurisdiccio absque eo, quod imprimatur[r] ibi caracter vel perfeccio caracteris.

Nam electus in papam, si assenciat eleccioni, dato quod non sit sacerdos, et dato quod non habeat caracterem sacerdotalem nec perfeccionem illius caracteris, plenam iurisdiccionem habebit. Cum ergo arguitur, quod per legem divinam est papa subiectus legi sponse, dicemus, quod dedicatus in episcopum et factus sponsus ecclesie secundum divinam legem semper erit sponsus ecclesie quantum ad dedicacionem; sed non oportet, quod sit semper sponsus ecclesie quantum ad iurisdiccionem. Esset enim iniqua illa[s] lex divina, si papa videns se insufficientem ad exercendam iurisdiccionem sibi commissam, si deus statuisset legem vel ordinasset, quod non posset[t] illi iurisdiccioni cedere, quia langueret sub ipso commune bonum.

Igitur si hec racio innitatur obligacioni per mancipacionem, prout quis est[v] mancipatus ad aliqua, et si hec mancipacio accipiatur secundum ipsam dedicacionem et secundum perfeccionem caracteris, certum est, quod talis mancipacio non potest tolli. Sed si accipiatur[x] huiusmodi mancipacio quantum ad iurisdiccionem, que non innititur rei indelebili, quia nec innititur caracteri nec perfeccioni caracteris, quid[y] nos movere potest, quam racionem habere possumus[a], quod[b] sit illud indelebile, quod rei indelebili[c] non innititur? Iurisdiccio ergo poterit tolli et poterit desinere esse[d] in aliquo, que non[e] innititur rei indelebili[ea], cum non innitatur nec

[o] imperfeccione V. [p] ecclesie obsequiis V. [q] avertimus V. [r] imprimitur V. [s] *fehlt* P. [t] possit P. [v] *fehlt* V. [x] capiatur V. [y] quis P. [a] poterimus P. [b] quid V. [c] indebili V. [d] *fehlt* V. [e] nunc V. [ea] indebili V.

caracteri nec perfeccioni caracteris.[eb]

Et si dicatur,. quod ipsi in hoc consensit vel votum emisit vel iuramentum prestitit, quod esset subiectus legi sponse et quod haberet curam de universali ecclesia et quod esset servus servorum dei, omnia talia intelligenda sunt, quamdiu vult tale officium retinere et[f] vult esse sub huiusmodi onere. Quamdiu enim vult hoc et quamdiu vult habere huiusmodi iurisdiccionem, tamdiu obligabitur[g] ad talem curam habendam. Sed si velit renunciare et velit onus deponere, cessabit obligacio et remanebit coniugium quantum ad ea, que sunt ordinis, non quantum ad ea, que sunt iurisdiccionis. Tolletur onus iurisdiccionis et remanebit honor episcopalis. Erit quidem episcopali dignitate preditus, nullius tamen ecclesie erit episcopus, quod secundum iura fieri potest, / (fol.29 r) ut patet in decretali illa Inter corporalia.[3]

Quod ergo dicebatur de promissione vel de voto seu de iuramento, quia[h] sequentes raciones hoc specialiter tangunt, ideo omnia hec in suis locis clarius dissolvemus. Sufficiat autem nunc scire, que est illa lex sponse[i], que est perpetua et que non perpetua. Ex hiis autem patere potest, quod prefata racio non concludit. Nam cum papatus non solum dicat ea, que sunt ordinis, sed eciam, que sunt iurisdiccionis, quia tunc quilibet episcopus esset[j] papa, cum quilibet episcopus[j] habeat omnia, que sunt ordinis, - si papa renunciet, non ulterius erit papa. / (fol.101 ra) Nam quantumcumque summus pontifex secundum divinam legem subiecit[k] se[k] legi sponse, tamen[l] per divinam legem non oportet[m] eum perpetuari sub lege sponse quantum ad ea, que sunt iurisdiccionis. Non concludit racio, quod, si

---

[eb] *folgt* va x cat, *wobei das X über fünf Zeilen sich erstreckt, um die folgende Stelle zu tilgen.* V - Si ergo accipiatur lex sponse vel accipiatur lex divina quam ipsum subicit legi sponse et facit ipsam quantum ad ea que sunt ordinis indelibile est tale commune sed sed si accipiatur lex sponse vel accipiatur lex divina quam subiecit ipsum legi sponse et fecit ipsum sponsum ecclesie quantum ad ea que sunt iurisdiccionis non est indebile huiusmodi coniugium.   [f] quod P.   [g] obligatur P.   [h] quod P.   [i] sponsi P.   [j] esset - episcopus *fehlt* P (Homoioteleuton).   [k] subiecerit se P; se subie V; se subiecit b.   [l] tam V.   [m] oporteat P.

[3] Decretales I tit.7 c.2, ed. Friedberg, 97.

renunciet, quod remaneat summus pontifex, sed solum quod remaneat pontifex, id est, quod remaneat episcopali dignitate preditus. Nullam tamen habebit iurisdiccionem nec erit alicuius ecclesie episcopus, sed dicetur sponsus ecclesie, quia secundum formam et ritum ecclesie potest ea, que sunt ordinis, conferre.

Si quis tamen vellet appellare summum pontificem quemlibet episcopali dignitate preditum vel quemlibet consecratum in episcopum, quia consecracio est perpetua et numquam consecratus in episcopum est iterum consecrandus, non discordaret a nobis quantum ad mentem et quantum ad intencionem, sed quantum ad verba. Non enim negamus, quod pape non remaneant omnia, que prius habebat, quantum ad ea, que sunt ordinis; sed dicimus[n], quod non remanent[o] sibi, que sunt iurisdiccionis.

Verum quia intellectus hominis non quiescit et adversarii nostri forte libenter nos[p] cum nostro[q] proprio baculo verberarent[r], dicent, quare possunt tolli, que sunt iurisdiccionis, non autem, que sunt ordinis? Nonne istud est fundamentum nostrum generale, quod[s] per eadem contrario modo facta res construitur et[t] destruitur[t]? Sicut ergo per idem contrario modo[u] factum, ut per assensum pape eleccioni de se facte et per eius assensum, ut renunciet suo iuri, fit papa et desinit esse papa, ergo a[v] simili[v], si aliqua fiant, ut possit ea, que sunt ordinis - si[w] illa contrario modo fiant, non ulterius poterit, que sunt ordinis[w]. Sed de hoc in capitulo XVI in solucione illius racionis, quod[x] nulla dignitas ecclesiastica post legitimam confirmacionem tolli potest, diffusius intendimus pertractare.

## < Capitulum XIII >

Capitulum XIII, in quo solvitur racio septima arguens, quod propter[y] votum[z], quod[a] papa emisit de cura habenda de grege dominico, non potest renunciare nec potest[b] seipsum deponere.

---

[n] dicamus P.  [o] remaneret V.  [p] *hinter* verberarent V.  [q] *fehlt* V.  [r] verbarent P.  [s] quia P.  [t] *fehlt* P.  [u] *fehlt* V.  [v] assimili P.  [w] si - ordinis *fehlt* V (Homoioteleuton).  [x] quia P.  [y] *fehlt* P.  [z] *hinter* papa P.  [a] *über der Zeile* P.  [b] *fehlt* V.

Soluta racione sexta[c], que fundabatur super obligacione papali et specialiter fundabatur super lege divina, per quam papa obligatur et subditur legi sponse, volumus solvere alias sequentes quatuor[d] raciones, que, quamvis aliter et aliter[e], ex papali tamen obligacione unum[f] accipiunt[g] fundamentum. Et primo solvemus racionem septimam de voto, que[h] sic arguebat, quod nullus potest solvere[i] votum alicuius nisi ille, qui est supra votum. Sed papatus, ut dicunt, est quoddam votum maximum, quia[j] super omnia vota, quia papa de facto, ut aiunt, vovet ipsi deo, quod curam habebit universaliter gregis sui tocius, id est universalis ecclesie, et quod de ipsis reddet deo in die iudicii racionem. Solus ergo deus potest papam ab hoc voto solvere[k]. Non ergo, ut concludunt[l], potest papa renunciare.

Volunt itaque isti, quod papa de necessitate habebit curam gregis sibi commissi, ut non possit deponere assumptum onus. Distinguemus ergo de necessitate dicentes, quod duplex est necessitas, consequencie et consequentis. Aliud est enim, quod ipsa consequencia sit necessaria, et aliud, quod[m] partes consequencie, cuiusmodi sunt antecedens et consequens, sint necessarie. Ista est enim consequencia necessaria, quod, si[n] currit, movetur et quod, quamdiu currit, movetur.[1] Partes tamen istius consequencie non sunt necessarie, quia nec est necessarium, quod quis currat, nec est necessarium, quod moveatur. Sic hec est consequencia necessaria, quod, si est papa, quod tenetur habere curam de grege / (fol.29 v) suo et[o] quod, quamdiu est papa, tamdiu tenetur habere curam de grege suo[o]. Partes tamen istius consequencie[p] non sunt necessarie, quia potest cedere papatui, cui cedendo non tenebitur illam curam habere, ad quam obligabatur[q], dum erat papa et antequam / (fol.101 rb) cederet. Sed dices, ipse emisit votum, propter quod oportet, quod sit quid perpetuum.

---

[c] septima PV; *emendiert nach* b, [d] *fehlt* P. [e] *folgt* proçedunt b. [f] universaliter P. [g] accipe P; accipere V; *emendiert nach* b. [h] *hinter* septimam P. [i] tollere P. [j] *fehlt* P. [k] absolvere P. [l] concludit V. [m] ad P. [n] sicut P. [o] et - suo *fehlt* V (Homoioteleuton). [p] *fehlt* P. [q] obligabababatur P.

[1] Vgl. Aristotles, *Metaphysica* XII,7 (1073 a5 ff.); Goddu, "Wilhelm," 296 ff.; Text unten Kap.14 mit Anm.2, S. 275.

Dicemus ergo, quod in voto et in[r] iuramento et in ceteris talibus condicio bona et debita, eciam non apposita[s] intelligitur[t]; votum enim non est aliud, nisi quedam spontanea promissio facta deo[u] de hiis, que sunt dei, ut ait magister quarto[v] Sentenciarum, distinccione[w] XXXVIII.[2] Si ergo papa emisit votum vel fecit promissionem, quod curam haberet[x] universaliter[y] sui gregis, subintelligendum est: quamdiu erit papa vel quamdiu[z] huiusmodi officium retinebit. Sicut[a] et illi, qui fiunt potestates[b] civitatum[c], iurant tenere statuta illarum civitatum et servare civitates[d] illas[d] in bono statu. Sed omnia hec intelligenda sunt, quamdiu durat eorum officium.

Quod si tamen expresse emitteret votum, quod, quamdiu viveret et quocumque casu contingente ipse habebit curam universalis ecclesie et retinebit sibi officium et nullo modo renunciabit potestati papali, esset votum illicitum, quia, si accideret sibi gravis infirmitas, ita ut alienaretur a mente, ut non posset[e] dei ecclesiam debite gubernare - si haberet[f] aliqua lucida intervalla[g], constat, quod bene faceret, si renunciaret, et contra bonum commune ageret, si papale officium retineret.

Si quis enim promittit virginitatem vel promittit obedienciam, quia hec eo modo, quo servanda sunt, non possunt militare contra bonum publicum, ideo talia vota possunt esse perpetua. Sed emittens votum, quod habebit curam de universali bono et de tam universali bono, sicut est tota universalis ecclesia[h], si videat se insufficientem et manifeste cernat bonum[i] publicum sub ipso languere, malefaceret, si tale votum servaret, et illicitum fuisset tale votum emittere, per quod exponeretur periculo commune bonum. Ideo causa XXII, questione IIII, capitulo[j] Si publicis[3] dicitur, quod tollerabilius est *stulte promissionis vota reicere quam*

---

[r] *fehlt* P. [s] opposita P. [t] *folgt* quia V. [u] *fehlt* V. [v] *fehlt* P. [w] *fehlt* P. [x] habebit P. [y] universale V. [z] quam P. [a] Sic P. [b] (= ital. Podestà); rectores b. [c] civitatis V. [d] *fehlt* V. [e] possit P; potest V; *emendiert nach* b. [f] haberent V. [g] interim V. [h] ecclesie V. [i] *folgt* tam P. [j] *hinter* IIII P.

[2] Petrus Lombardus, *Libri IV Sententiarum*, 1.IV d.38 c.1 'De voto', ed (Ad Claras Aquas) II, 967: "Votum est testificatio quaedem promissionis spontaneae, quae Deo et de his Dei sunt, ...". [3] Decretum C.22 q.4 c.1 'Si publicis', ed. Friedberg, 875.

*per inutilium promissorum custodiam exhorrendam criminum* adimplere mensuram. Quid autem magis horrendum quam periculo exponere et male gubernare totam universalem ecclesiam? Eadem eciam causa et questione scribitur, quod ait Ysidorus:[4] in male promissis rescinde[l] fidem, in turpi voto muta decretum. Et quia, quod sit sapientis[m] consilio, dicendum est, quod debito modo sit factum, si papa vovet[n] se talem curam habere, intelligendum est[o], quamdiu tale officium retinebit. Vel aliter non esset rectum[o] votum, et idem esset iudicium de huiusmodi voto, sicut de aliis votis non debite factis.

### < Capitulum XIIII >

Capitulum XIIII, in quo solvitur racio octava arguens, quod, quia[p] nullus potest seipsum absolvere, ideo papa non renunciare[q] potest[q].

Volumus autem in hoc capitulo solvere racionem octavam, que eciam erat fundata super obligacione papali, ubi dicitur, quod non videtur, quod aliquis possit seipsum absolvere, et ex hoc volunt[r] concludere, quod papa renunciare non possit.

Sed queremus a[t] sic arguentibus, de qua absolucione loquuntur[u], quia, si loquuntur[v] de absolucione facta ex eo, quod quis rebus mancipatur divinis, quod fit, cum quis suscipit caracterem aut perfeccionem caracteris[w], tunc esset hec racio eadem cum racione sexta; si autem[x] hoc intelligatur de absolucione, prout quis se obligavit[y] per votum, esset eadem cum racione septima. Et ut non oporteat nos[z] per omnia discurrere, dicemus, quod non poterimus huic racioni dare proprium fundamentum, nisi[a] intelligatur de absolucione, prout quis ligatus est per peccatum sive per culpam.

Arguatur ergo sic: si papa posset seipsum deponere, et posset[b] seipsum absolvere a papatu, videretur, quod posset[c] seipsum absolvere a culpa et posset[d] sibi ipsi confiteri[e]. Sicut[f] ergo in foro

---

[l] rescindo V. [m] sapienter V. [n] movet P. [o] est - rectum *fehlt* P (Homoioteleuton). [p] *folgt* plus P. [q] potest renunciare V. [r] volum P. [t] de V. [u] loquntur P. [v] locuntur P. [w] *folgt* sciliçet V. [x] aut P. [y] ligavit P. [z] *fehlt* P. [a] Si P. [b] potest V. [c] potest V. [d] possit P. [e] conficere P. [f] Sic P.

[4] Ebd.; Isidor v. *Sevilla, Testimonium a divinae scripturae et Petrum*, c.21 'De voto', PL 83,1210: "Item illis. Statim ut voveris votum domino, non tardabis reddere illud; tu itaque quod voveris, redde; melius est non vovere quam vovisse, et non solvere."

penitentiali alius est, qui absolvit, et<sup>g</sup> alius est, qui absolvitur<sup>g</sup>, ita quod idem non agit in seipsum, ita videtur, quod in omni foro et in omni absolucione alius sit absolvens et alius qui absolvitur, ut idem seipsum non possit absolvere.

Ad hanc / (**fol.101 va**) autem obieccionem possumus tripliciter respondere. Primo quidem, si consideramus, / (**fol.30 r**) quid est culpa et quid est peccatum, quia culpa et peccatum non sunt effectus, sed defectus. Secundo possumus prefatam racionem dissolvere, si consideramus, quomodo fit absolucio a culpa, quia sit per sacramentum penitencie. Tercio hoc idem enim<sup>h</sup> possumus, si advertimus, quare tenemur et quare obligamur ad illud sacramentum.

Propter primum sciendum, quod secundum Augustinum in De civitate dei, libro XII, capitulo VII[1] peccatum non habet causam efficientem, sed deficientem. Et quia sicut loquimur de causa, ita<sup>i</sup> loqui debemus de eo, quod habet esse per illam causam. Sicut<sup>j</sup> peccatum non habet causam efficientem, sed deficientem, sic ipsum peccatum non est effectus, sed defectus. Absolvi ergo a culpa vel a peccato non est absolvi ab<sup>k</sup> effectu<sup>k</sup>, sed a defectu. Propter quod sic absolvi non est deficere, sed proficere. Ille enim, qui absolvitur a defectu, tollitur ab eo, quod<sup>ka</sup> sit deficiens, immo tribuitur ei, quod sit proficiens. Sic ergo absolvi non est descendere, sed ascendere. Sed ille, qui se deponit a papatu, facit seipsum inferiorem, quia cathedra prelatorum tenet supremum<sup>l</sup> locum in ecclesia dei et inter prelatos Romanus pontifex.

Loquendo ergo de altitudine status<sup>m</sup>, multum descendit, qui papatui renunciat. Cum ergo in absolucione a culpa quis ascendat<sup>n</sup>, in hac absolucione quis descendat. Quis esset tante ruditatis, quod<sup>o</sup> diceret, quod, si non potest quis<sup>p</sup> per seipsum

---

<sup>g</sup> et - absolvitur *fehlt* P (Homoioteleuton). <sup>h</sup> *fehlt* P. <sup>i</sup> sic P. <sup>j</sup> sic P. <sup>k</sup> a profectu P. <sup>ka</sup> *folgt* non PV. <sup>l</sup> suppremum P *mit Kürzel über dem ersten u.* <sup>m</sup> stutus V. <sup>n</sup> descendat P. <sup>o</sup> qui P. <sup>p</sup> *hinter* si V.

[1] Augustinus, *De civitate dei* XII,7, ed. Dombart-Kalb, 362.

ascendere, quod non possit per seipsum descendere? Non ergo valet, quod, si quis non potest seipsum absolvere a culpa, quod non possit seipsum deponere a papatu, quia$^q$ in prima absolucione quis ascendit, in hac autem secunda descendit$^q$.

Quod si sic arguentes volunt inniti huic fundamento, quod nullus potest seipsum absolvere, quia nullus potest in seipsum agere, eo quod agens et actum, movens et motum sint distincta loco et subiecto, loquendo de accione et passione, que in istis corporalibus reperiuntur$^r$, prout unum corpus agit in aliud vel movet aliud,[2] plana esset huiusmodi solucio et modici est ponderis, quod dicitur, respondetur$^s$ quidem, quod non sit ista absolucio per modum accionis, sed per modum cessionis. Et quia quilibet potest cedere iuri suo, eapropter, si papa solum cedat iuri suo et renunciet$^t$ iuri suo, se deponit a papatu, licet hoc non sit in aliis prelatis, qui sunt suis superioribus obligati et ab eis sunt$^u$ confirmati. Ideo papa$^v$ potest renunciare et potest se deponere, ut omnia hec sunt superius diffusius pertractata.

Secundo possumus$^{va}$ hanc obieccionem solvere, si consideramus$^w$ sacramentum penitencie, per quod fit$^x$ absolucio a culpa. Omnia enim, que fiunt per sacramenta ecclesie, oportet, quod fiant eo modo, quo requirunt sacramenta. Nam potestatem excellencie circa sacramenta Cristus sibi$^y$ reservavit, et nulli hoc concessit. Unde et magister quarto Sentenciarum distinccione V[3] loquens de potestate baptismi sive de potestate sacramentorum ait, quod aliquam potestatem sibi Cristus reservavit$^z$, quod magistri$^a$ exponunt$^a$ de potestate excellencie, quam dicunt consistere in tribus. Primo, quia merito passionis Cristi habuerunt

---

$^q$ quia - descendit *fehlt* V (Homoioteleuton). $^r$ repitur P; reperitur V; *emendiert nach* b. $^s$ Respondebitur P. $^t$ remanet P. $^u$ *fehlt* V. $^v$ *fehlt* P. $^{va}$ *folgt* ad PV. $^w$ consideremus PV; *emendiert nach* b. $^x$ *fehlt* V. $^y$ *über der Zeile* P. $^z$ *folgt* communiter P. $^a$ magister exponit b.

---

[2] Vgl. Aristoteles, *Metaphysica* XII,7 (1073 a5 ff.). [3] Petrus Lombardus, *Libri IV Sentenciarum*, 1.IV d.5 c.3, ed. (Ad Claras Aquas) II,775 f. (PL 192,852).

efficaciam sacramenta; ideo dicit glosa ad Romanos quinto,[4] quod *ex latere* Cristi *profluxerunt*[b] *sacramenta* ecclesie. Secunda potestas[c] excellencie est, quod Cristus poterat dare effectum sacramenti sine sacramento. Tercia quidem erat, quod[d] in nomine Cristi conferebatur sacramentum.

Ideo dicebat apostolus prima ad Corinthios primo:[5] Numquid *Paulus crucifixus est pro vobis aut in nomine Pauli baptizati estis?* Paulus enim non erat crucifixus pro eis, quia a passione Pauli non habebant efficaciam[f] sacramenta, nec in nomine Pauli baptizati erant, quia in nomine Pauli non conferebantur sacramenta et baptizati[g] huiusmodi non debebant dici esse Pauli nec Cephe sive Petri, quia nec Paulus nec Petrus / (**fol.101 vb**) fuerunt institutores[h] sacramentorum, quod possint[i] sine sacramento dare effectum sacramenti. Cum ergo absolucio a culpa respiciat[j] sacramentum penitencie et hoc Cristus sibi reservaverit[k], quod nullus possit[l] sine sacramento dare effectum sacramenti, quicumque vult absolvi a culpa, oportet, quod hoc fiat per sacramentum / (**fol.30 v**) penitencie, et oportet, quod sic absolutus subdat se alii vel in re vel in voto, prout requirit huiusmodi sacramentum, quia[n], qui non haberet copiam sacerdotis, sufficeret habere conformacionem in voto et quod vellet confiteri ad[o] hoc, quod esset absolutus. Sic ergo se habet absolucio per sacramenta[n], sed cessio pape non respicit nisi solam iurisdiccionem, cui renunciando dicitur renunciare papatui.

Non ergo est simile de hiis, que[p] respiciunt sacramenta[q] ecclesie, et de hiis, que non respiciunt huiusmodi[q] sacramenta, sed solum respiciunt ius aliquod acquisitum, cui potest quis cedere, quando placet. Sed videat, ut supra diximus, quo animo cedat, quia possit cedendo mereri et possit cedendo peccare!

Tercio      possumus      respondere      prefate      obieccioni,      si

---

[b] fluxerunt P. [c] pars P. [d] quia V. [f] efficacia P. [g] *folgt* sed PV. [h] institores V. [i] possunt V. [j] respiciebat V. [k] reservavit V. [l] *fehlt* P. [n] quia - sacramenta *fehlt* V (Homoioteleuton). [o] ab P. [p] *folgt* non P. [q] sacramenta - respiciunt *fehlt* P (Homoioteleuton).

---

[4] Glossa ad Rom. 5,14 i.v. 'Qui est forma', PL 114,486; vgl. Th. v. Aquin, *Summa theologiae* III q.62 a.5; Aeg. Rom., *De eccl. pot.* II,7, ed. Scholz, 73. [5] I Cor 1,13.

consideramus, quare tenemur et quare obligamur, ut confiteamur aliis. Nam ad hoc obligamur ex mandato[r] domini, qui Luce XVII[6] dixit leprosis[s], per[t] quos[t] intelliguntur peccatores, quod ostenderent se sacerdotibus. Et Iacobi quinto[7] dicitur, *confitemini* igitur[u] *alterutrum peccata vestra.* Si ergo volumus facere simile de absolucione a culpa et de absolucione a papatu, dicemus, quod homo quodammodo[v] seipsum[v] absolvit a culpa, quia in sola contriccione dimittuntur peccata, et contriccio nichil est aliud quam dolor de peccato. Ergo per idem aliter et aliter factum homo peccat et absolvitur a peccato. Nam si assenciat prave delectacioni et delectetur in rebus pessimis, incurrit peccatum, si assenciat dolori et doleat de commissis, absolvitur a peccato. Verumptamen istud dolere et istud conteri non est a nobis, sed a deo, quia *omnia*[w] *opera nostra operatus* est dominus.[8] Ipse[x] enim est, *qui operatur in* nobis[y] velle *et perficere pro bona voluntate.*[9] Sic eciam et proposito, si iste, qui non est sufficiens ad gubernandam ecclesiam, renunciet[z] omnino, auctumare[a] debemus, quod instinctu[b] divino[b] hoc fit et quod divino opere hoc perficitur[c].

Ergo si volumus accipere simile de absolucione a culpa et a papatu, dicemus, quod racio est pro nobis, non contra nos. Nam eo modo[ca], quo[d] coadiutores[e] dei sumus, per idem contrario modo factum, ut assenciendo delectacioni et assenciendo dolori, incurrimus peccatum et absolvimus a peccato, et per idem contrario modo factum[f] possumus habere graciam et perdere graciam. Sic et in papatu per idem[g] contrario modo factum, ut quod iste assenciat eleccioni et assenciat renunciacioni et renunciet[h], erit papa et desinet esse papa.

Sed      dices:      quare      ergo      tenemur[i]      alteri[i]      confiteri,

---

[r] mandata P. [s] luprosis V. [t] *fehlt* P. [u] sibi P; ergo Vulgata. [v] seipsum quodammodo V. [w] *folgt* enim Vulgata. [x] Dominus Vulgata [y] vobis et Vulgata. [z] renunciat P. [a] attumari P; auctumari V; *emendiert nach* b. [b] instinctum divine P. [c] *verderbt* V. [ca] *fehlt* V. [d] quod P. [e] adiutores V. [f] facto P. [g] *folgt* a P. [h] renunciat V. [i] alteri tenemur V.

[6] Luc 17,12 ff.  [7] Iac 5,16.  [8] Is 26,12.  [9] Phil 2,13.

ut per alterum absolucionem habeamus? Dicemus, quod hoc est ex mandato domini. Absolucionem[j] tamen possumus consequi[j], eciam antequam confiteamur, iuxta illud Psalmi:[10] *dixi: confitebor, tu remisisti.* Et quando dominus[k] mandavit leprosis, ut ostenderent se sacerdotibus, *dum irent, mundati sunt.*[11] Mandavit ergo dominus[l], quod ostenderemus nos sacerdotibus et quod consequeremur absolucionem per[m] alium.

Et quia hoc mandavit, tenemur hoc facere. Si autem hoc non mandasset, in sola contriccione dimitterentur peccata, et ex eodem contrario modo facto essemus obligati deo racione peccati commissi et essemus absoluti racione contriccionis et racione doloris suscepti. Sed cum deus numquam mandaverit, quod papa non renunciaret[n] et sic se habentibus condicionibus[o] nec potuerit hoc mandare, quia fuisset iniquum mandatum[p], licet absolucio penitencie debeat fieri per alium racione mandati dominici[q], absolucio tamen a papatu, erga quidem[r] / (**fol.102 ra**) non intervenit mandatum[s] dominicum, non oportet, quod fiat per alium, sed per assensum et dissensum[u], vel per assensum et renunciacionem fiet papa et desinet esse papa[v].

## < Capitulum XV >

Capitulum XV, in quo solvitur racio nona arguens, quod, quia nullus potest absolvi ab obligacione, quam deo fecit nisi per suum superiorem, ideo papa non potest seipsum deponere.

Decrevimus[w] autem in hoc capitulo solvere racionem nonam, que eciam fundatur super obligacione papali. Dicit autem prefata racio, quod papalis obligacio non videtur posse tolli nisi per maiorem potestatem, quam sit potestas papalis. Sed nulla potestas creata est[x] maior[x] quam / (**fol.31 r**) papalis, ergo qui semel est papa, semper erit[y] papa, nisi a deo tollatur sibi papalis potestas.

---

[j] absolucionem - qui *doppelt* V. [k] deus P. [l] deus P. [m] p P. [n] renunciet P. [o] condicionalibus P. [p] mendacium P. [q] divini V. [r] quod fit P. [s] madatum P. [u] destensum V. [v] *fehlt* V. [w] Decernimus P. [x] maior est V. [y] esset P.

[10] Ps 31,5. [11] Luc 17,14.

Dici ergo potest, quod, si sic arguentes volunt loqui de eo, quod tollitur[z] ab aliquo violenter, vel loqui volunt de amocione, prout quis iudicetur et amovetur a suo maiori, prout videntur sonare verba racionis prefate, cum papa non[a] habeat maiorem nisi deum, secundum hunc modum a solo deo poterit iudicari. Nam licet[b] eleccio papalis fiat a cardinalibus, eieccio tamen sive amocio est tantum divino iudicio reservata[c], secundum[d] quod habetur distinccione septuagesima nona capitulo Si transitus,[1] ubi dicitur, quod *eleccio summorum sacerdotum a cardinalibus et religiosis clericis debet fieri; eieccio vero[f] eorum[f]* est divino iudicio reservata. Et distinccione eadem capitulo ultimo[2] dicitur, eieccionem[g] vero summorum pontificum vel *sacerdotum sibi dominus reservavit, licet eleccionem eorum bonis sacerdotibus et spiritualibus populis concessisset.* Sed omnia[h] hec intelligenda sunt de eieccione vel amocione[i] involuntaria, quia invite non potest deponi ab aliquo nisi pro heresi tantum.

Nam secundum antiqua iura eciam inferiores prelati non poterant deponi invite. Ideo causa VII, questione prima, capitulo Sicut[3] dicitur, quod, si *aliquis senectute vel infirmitate gravatus susceptum officium administrare non valet, si alium sibi substitui petierit, racionabiliter fieri potest.* Et ibidem subditur,[4] quod eo, id est episcopo, *peticionem[j] scripto dante[k],* quod vult cedere, *cedendum est,* id est concedendum est, quod cedat. Et subdit summus pontifex,[4'] quod *id[l] aliter[m] facere non valemus.* Dicit ergo[n] papa, quod nec pro infirmitate nec pro senectute potest episcopum deponere, nisi ipse petierit deposicionem, cum tamen per infirmitatem possit quis demens fieri et per nimiam senectutem possit quis esse omnino ineptus ad pastorale officium exercendum[o]. Sed dicit[p] papa se hoc non posse, quia forte non poterat secundum scripta iura, poterat tamen de plenitudine potestatis, que est supra iura et per quam[q] conduntur iura.

---

[z] tollit V.  [a] vero P.  [b] *fehlt* V.  [c] reservatus V.  [d] sed P.  [f] votorum P.  [g] eleccionem PV; *emendiert nach* b.  [h] contra *mögliche Lesart* P.  [i] ammocione V.  [j] peticione PV; *emendiert nach* b.  [k] danto V.  [l] et V.  [m] *fehlt* P.  [n] *folgt* quod P.  [o] condendum P.  [p] potest P.  [q] quem P.

[1] Decretum I d.79 c.10 'Si transitus', ed. Friedberg, 279.  [2] Decretum C.7 q.1 c.11 'Sicut vir', ed. Friedberg, 571.  [3] Ebd.  [4] Ebd.  [4'] Ebd.

Si ergo in inferioribus prelatis non est hoc sic indifferenter agendum, ut invite removeantur, dicemus, quod in summo[r] pontifice, qui nullum habet superiorem, nullo modo est hoc faciendum et nullo modo potest nisi a solo deo invite removeri. Verum quia racio plus concludit, quia loquitur de amocione et de[s] absolucione obligacionis, quia non videtur, quod, cum quis est obligatus et maxime si est obligatus deo, quod possit absolvi ab huiusmodi obligacione nisi a suo superiori vel a deo, qui est super omnes.

Ideo dici potest, de qua obligacione hic loquitur, quia, si loquatur[u] de obligacione facta per mancipacionem, sicut quis obligatus est[v] et in servitutem[w] redactus et mancipatus divinis rebus, patet, quod de hac[x] obligacione loquebatur racio sexta. Si autem de obligacione per votum, loquebatur de tali obligacione racio septima, / (fol.102 rb) et, ut non oporteat nos per omnia discurrere, patet, quod, si volumus huic racioni dare proprium fundamentum, dicemus, quod hec racio fundat se super obligacione facta per iuramentum, ut dicamus, quod differencia est inter iuramentum et votum: quia[y] votum est[y] spontanea promissio facta deo de hiis, que sunt dei, sed[z] iurare est deum[a] testem[a] invocare.

Tunc ergo concurrit utrumque, quando quis[b] promittit aliquid se facturum et promissionem illam iuramento[c] confirmat et invocat deum testem, quod[d] ipse observabit promissionem illam. Sic forte volunt dicere adversarii nostri, quod, cum quis assentit papatui, votum emittit, id est promissionem facit, quod curam habebit universalis gregis sibi commissi et quod de hiis reddet deo[f] in die iudicii racionem[g], et[h] ad hoc votum vel ad hanc promissionem servandam invocat deum testem vel eam[i] / (fol.31 v) iuramento confirmat. Ideo arguunt, cum ista sit tanta obligacio, quomodo potest nisi per superiorem tolli, et cum papa non habeat superiorem nisi deum, a solo deo poterit ab hac obligacione absolvi, cui voto et iuramento est obligatus.

Sed hanc racionem nonam de obligacione per

---

[r] summa V. [s] *fehlt* V. [u] loquitur V. [v] *fehlt* V. [w] servitute PV; *emendiert nach* b. [x] hic P. [y] quia - est: et P. [z] Si P. [a] testem deum P; *folgt in möglicherweise getilgt* V. [b] aliquis P. [c] iurando P. [d] quia P. [f] *fehlt* P. [g] *hinter* reddet P. [h] *fehlt* P. [i] cum V.

iuramentum solvemus, sicut solvimus racionem septimam de obligacione per[j] votum[j]. Nam non solum in voto, sed eciam in iuramento condicio bona et debita non apposita intelligitur. Propter quod, si papa vovet habere curam de universali grege et votum illud iuramento firmat, oportet, quod hoc intelligatur: quamdiu tale officium retinebit; quia, si vellet sic se obligare et vellet hoc per iuramentum firmare simpliciter[k] et huiusmodi votum et iuramentum vellemus intelligere simpliciter, obligaret[l] se ad impossibile, quia eciam vivens potest[m] sic demens fieri, quod non possit[n] curam habere de grege, vel obligaret se ad aliquid iniquum et ad aliquid iniustum; quia[o], si assumptus in papam processu temporis cognosceret insufficienciam suam, iniquus et iniustus esset, si vellet huiusmodi officium retinere, et cum manifeste cognosceret, quod non posset[p] prefatum officium debite exercere. Esset ergo illud iuramentum illicitum et per consequens non esset observandum.

Nam Iudicum XI[5] legitur de[q] Iepthe[q], quod occidit filiam suam propter iuramentum, quod[r] emisit, quod, *quicumque primus[s] egressus fuerit de foribus domus* sue, obvians sibi[u], quod illud offerret in holocaustum. De quo iuramento ait magister in Hystoriis,[6] quod Iepthe[v] *fuit in vovendo stultus et in solvendo impius*; et[w], ut habetur primo Regum XXV[7] iuravit, quod de omnibus, que pertinebant ad Nabal, quod non relinqueret usque Achab[x] mingentem ad parietem[y]. Impie autem iuravit, et pie fecit, quod iuramentum non solvens effusionem sanguinis non implevit. Debemus igitur[z] iuramento dare bonos[a] comites, quia debemus ei dare omnes illas condiciones, sine quibus possent[b] impie et iniuste iuramenta servari.

---

[j] parentum P. [k] *fehlt* V. [l] obligare P. [m] possit P. [n] posset P. [o] qui V. [p] possit P. [q] *fehlt* V. [r] *folgt* fecit V. [s] prius P. [u] *fehlt* V. [v] Iepte V. [w] *fehlt* P; *folgt* david ut david V. [x] ad PV; mane b. [y] imparietem V. [z] ergo P. [a] bonas V. [b] possunt V.

[5] Iud 11,30 ff. [6] Petrus Comestor, *Historia scholastica*: Liber Judicum, PL 198,1284; *Randglosse BLADO*: "auctoritate Iosephi lib.5 cap.12. Antiq. iudaicarum." [7] I Reg 25 = III Reg 21,21; vgl. Kempf, *Regestum Innocentii III*,88, wo diese Bibelstelle für die Auseinandersetzung um den deutschen Thron verwendet wurde.

Et quia impie et iniuste servaretur iuramentum, si quocumque casu interveniente et quacumque consciencia urgente vellet quis, dum viveret, habere curam universalis ecclesie[c], oportet, quod, si qua vota vel iuramenta facit papa de habendo curam universalis gregis, quod huiusmodi iuramenta et vota habeant hunc[d] comitem et intelligenda sint cum hac condicione, quod ipsi hec faciet et[e] habebit talem[f] curam, quamdiu papale officium retinebit.

## < Capitulum XVI >

Capitulum XVI, in quo solvitur racio decima arguens, quod, quia dignitas ecclesiastica post confirmacionem legitimam non potest tolli nisi per suum superiorem, ideo papa renunciare non potest.

Iuxta[g] ordinem superius pretaxatum[h] volumus in hoc XVI capitulo solvere decimam racionem, que eciam fundata[i] est super obligacione papali. Sed, ut patet, hec racio decima satis suum specificat fundamentum, de qua obligacione loquatur. Loquitur enim non[j] de obligacione ordinis assumpti, per quam quis dedicatur divinis rebus et divinis obsequiis, sed de obligacione / (fol.102 va) suscepte iurisdiccionis, per quam quis obligatur ad habendam curam de animabus sibi commissis. Ait enim prefata racio, quod nulla dignitas ecclesiastica post legitimam confirmacionem potest tolli nisi per eius superiorem[k], et quia papa non habet superiorem nisi deum, ideo[l] ab hac obligacione a solo deo absolvi poterit.

Verum quia[m] in XII capitulo diximus,[1] quod in hoc[n] capitulo volebamus reddere racionem et causam, quare tolli possunt, que[o] sunt iurisdiccionis, et non, que sunt ordinis, ideo hoc capitulum dividemus[p] in duas partes. In prima enim parte lucide declarabitur, quod dictum est; in secunda vero parte[q] solvemus prefatam decimam racionem. Nam ex declaracione prefata hec racio decima, que fundat se super[r] iurisdiccione

---

[c] gregis P. [d] humano P. [e] cum V. [f] *fehlt* P. [g] Iusta P. [h] pretaxatum V. [i] fundamenta P. [j] *fehlt* P. [k] superioriorem P. [l] racio P. [m] quod P. [n] *fehlt* V. [o] qui V. [p] dividamus P. [q] *fehlt* V. [r] *folgt* se P.

[1] Vgl. Text Kap.XII oben S. 265 ff.

suscepta, et plures alie raciones clarius dissolvuntur.

Advertendum ergo, quod, ut supra tetigimus,[2] aliquando, quicquid non est / (fol.32 r) expressum vel expresse concessum, est superiori potencie reservatum; aliquando vero, quicquid non est prohibitum[t], est concessum[u]. Dicebamus quidem, quod, quando id, de quo agitur, est supra naturam negocii, supra[v] condicionem cause et[w] supra accionem agentis, in talibus solum[v] illa fieri possunt, que sunt concessa vel que sunt per superiorem potenciam ordinata. In talibus quidem non valet, si possunt agere, quod[x] contrario modo se habencia possint destruere; quia sicut[y] non possunt ex sua natura agere, sed possunt, quia collatum[z] est eis ex superiori potencia, illa[a] contrario modo se habencia non poterunt per seipsa destruere, nisi hec eis expresse per superiorem potenciam conferantur[b].

Ideo ponebatur exemplum de metropolitano, quod non valebat, si poterat eleccionem[c] episcopi[d] confirmare, quod posset eius cessionem recipere. Quia statuere, qualiter debeat fieri eleccio prelatorum, qualiter confirmacio, qualiter cessio, et alia huiusmodi ordinare, que respiciunt universalem ecclesiam, quia tota ecclesia regenda est per prelatos, ad solum illum hec omnia pertinent, qui preest universali ecclesie, cuiusmodi est Romanus pontifex. Propter quod, ut dicebatur, in omnibus talibus, quecumque non sunt expresse concessa, sunt prohibita vel sunt superiori potencie reservata. Et quia concessit Romanus pontifex, quod metropolitanus possit[e] electum episcopum confirmare, non autem concessit, quod possit[f] eius cessionem suscipere, ideo illud potest et non aliud[g].

Ex hiis autem habemus viam ad assignandam racionem et causam, quare, que sunt iurisdiccionis[h], possunt tolli, non autem, que sunt ordinis. Nam quod unus homo sit sub alio et quod populus et multitudo aliqua sit

---

[t] prehibitum V. [u] nota quod prohibitum est, quod non est concessum *Randglosse* V. [v] supra - solum *fehlt* P. [w] *fehlt* V; *ergänzt nach* b. [x] *über der Zeile* P. [y] *fehlt* P. [z] *verderbt* V *und am Rande* tolleratum *von anderer Hand (15. Jh.).* [a] in P. [b] conferatur PV; *emendiert nach* b. [c] electum P. [d] *fehlt* P. [e] posset V. [f] posset V. [g] *folgt Verweiszeichen* V. [h] *folgt Verweiszeichen* V; quia que sunt iurisdiccionis possunt tolli *Randglosse* V.

[2] Vgl. Text Kap.VIII oben S. 195 f.

sub aliquo capite, hoc est quasi naturale. Istud non excedit[i] naturam[j] negocii nec[k] est supra condicionem[l] cause nec supra accionem agencium. Ideo in talibus eo modo, quo habent fieri, eo modo possunt dissolvi condicionibus contrarie se habentibus; nec oportet, quod tot concurrant ad destruendum quot ad construendum.

Attamen quando in talibus omnia, que concurrunt ad construendum, concurrunt ad destruendum, nullus dubitare debet, illud esse destructum. Sed dices, quod ad hoc, quod aliquis fit episcopus alicuius ecclesie, concurrunt tria, scilicet[m] assensus eligencium et[n] assensus electi et confirmacio metropolitani. Dato tamen, quod omnia ista, que concurrunt ad construendum, contrario modo se habencia concurrunt[o] ad destruendum, non propter hoc fieret, quod iste non esset episcopus? Cui obieccioni respondebimus, quod ad hoc, quod aliquis fit episcopus alicuius eccelsie, concurrunt quatuor, videlicet prefata tria et quarto concurrit ibi ordinacio pape ordinantis, quod metropolitanus possit electum episcopum confirmare. Si[*] ergo ad cessionem concurreret[p] eciam istud quartum, quod ordinasset pape de metropolitano, quod posset[q] in manibus metropolitani episcopus cedere[*].

Revertamur / (fol.102 vb) itaque ad propositum et dicamus, quod non est supra naturam[r] negocii nec supra condicionem rerum, quod homines hominibus preferuntur[s]. Immo est naturale, quod, qui sunt pociores in intellectu et magis vigent industria, quod illi presint. Et ideo videmus, quod homines naturaliter presunt bestiis, viri feminis, senes[t] pueris. Quod totum ideo est, quia[u] hii magis vigent industria naturali, eo enim ipso, quod deus maiorem industriam dedit hominibus[v] quam bestiis, et consimiliter[w] loquendo maiorem industriam dedit[v] viris quam feminis[x] et adultis quam pueris. Hii debent preesse et hii subesse.

Quod autem mulieres et pueri non ita vigeant

---

[i] credit P; *am Rande eingefügt* V. [j] natura P. [k] non P. [l] ordinem P. [m] *fehlt* P. [n] *fehlt* V. [o] concurrerent V. [p] concurret P. [q] possit P. [*] Si - cedere *Anakoluth (Hauptsatz fehlt).* [r] modo P. [s] preferantur V. [t] senis P. [u] quod P. [v] hominibus - dedit *fehlt* P (Homoioteleuton). [w] communiter V. [x] seminis P.

industria sicut viri, patet, quia in primo Politicorum[3] scribitur, quod mulier habet consilium invalidum, puer autem imperfectum. Inter adultos[y] eciam aliquibus dedit deus maiorem industriam quam aliis. Ex hoc ergo voluit, quod non solum homines bestiis, viri feminis, adulti pueris preessent, / (**fol.32 v**) sed eciam[z] voluit, quod et ipsi adulti aliquem super se preficerent; quia, ut dicitur Proverbiis primo:[4] *intelligens gubernacula possidebit.*

Vult enim sapiens Salomon,[4'] quod intelligenciam[b] habens sit aptus ad alios gubernandum. Sed quamvis sic requirat[c] natura negocii, quod scientes melius pericula previdere aliis preferantur[d], ut sub eorum gubernaculo multitudo salvetur[e], oportet tamen, quod hoc compleatur per consensum hominum. Et sicut per consensum[f] hominum perficitur et completur, ut quis aliis preferatur, sic per consensum hominum contrario modo factum fieri potest, quod prefectus cedat vel[g] eciam deponatur. Hec ergo, quia non[h] sunt supra exigenciam rerum nec supra naturam negocii, fieri et tolli possunt.

Hoc itaque modo se habet in hiis, que sunt iurisdiccionis, ut non oporteat ipsa esse[i] perpetua[j]. Sed in hiis, que sunt ordinis, et in omnibus, in quibus imprimitur caracter vel perfeccio caracteris, non oportet, si possunt fieri, quod possint[k] tolli; quia hec valde excedunt condiciones rerum, naturam[l] negociorum et acciones causarum. Fiunt enim prefata[m] per hec corporalia et per verba sensibilia, que[n] de sui natura nec caracterem nec perfeccionem caracteris nec aliqua talia possunt imprimere. Nam unde hec aque et unde hoc verbo sensibili[n], quod animam mundet et quod in[o] ea[o] caracterem imprimat baptismalem? Et[p] unde hec[q] crismati et verbis, que dicuntur in confirmacione, quod imprimant caracterem confirmacionis in anima? Et unde hec hiis, que fiunt in[r] ordinibus[r], quod possint[s]

---

[y] adultis P. [z] et P. [b] intelligencia P. [c] requiret P. [d] *verderbt* perfiuntur V. [e] solvetur P. [f] *korr. aus* consensus P. [g] *folgt* quod dampnatur V. [h] no P. [i] esset P. [j] quo *oder* ut ea que sunt ordinis non possunt tolli V. [k] possunt V. [l] naturalium P. [m] predicta V; ...dicta *von anderer Hand* V. [n] que - sensibili *fehlt* V (Homoioteleuton). [o] ea in P. [p] *fehlt* V. [q] hoc P. [r] *fehlt* P. [s] possent V.

[3] Aristoteles, *Politica* I,12 (1259 b29 ff.), ed. Michaud-Quantin, 21. [4] Prov 1,5. [4'] Vgl. 3 Reg 3,9 ff.

caracteres imprimere in animabus suscipiencium ordines? Et unde hec hiis, que fiunt in consecracione episcopi, quod possint imprimere perfeccionem caracteris?

Patere enim debet cuilibet intuenti, quod, quecumque sunt ordinis et quecumque respiciunt caracterem et perfeccionem caracteris, cum talia fiant[u] per[v] res naturales et per verba sensibilia, quod talia sunt[v] supra accionem talium causarum et supra naturam talium rerum. Ideo in talibus, quicquid non est collatum, est superiori potencie reservatum, et quicquid non est expresse concessum, est prohibitum. Contulit enim deus huic rei corporali ut elemento aque, quod, si accedat verbum ad[w] tale elementum, quod fiat sacramentum, et quod fit ibi verus baptismus et vere imprimitur[x] in anima caracter baptismalis.

Contulit ergo deus aliquibus rebus sensibilibus, quod possint[y] hec[z] facere; sed non invenimus, quod[a] contulerit[b] aliquibus rebus sensibilibus, quod possint[c] huiusmodi caracterem tollere. Ideo dicit Augustinus, et habetur quarto Sentenciarum, distinccione tercia,[5] accedat *verbum ad elementum et fit sacramentum*. Et subditur,[6] *unde est hec tanta aque*[e], *ut corpus tangat*[f] *et*[g] *cor abluat?* Non enim potest hoc habere aqua ex sui natura, sed hoc habet ex verbis, ex quibus est forma baptismi, et ex vir- / (**fol.103 ra**) tute divinitus sibi collata. Nam ideo dicimus, quod ideo Cristus baptizari voluit, ut tactu suo mundissime[h] carnis vim regenerativam[i] conferret aquis. Propter quod Augustinus loquens de baptismo Cristi in quodam sermone de Epyphania[j] dicit,[7] quod salvator baptizari voluit, non ut sibi mundiciam acquireret[l], sed ut nobis fluenta mundaret. Et subdit,[8] quod ex quo

---

[u] sint P; fiunt V; *emendiert nach* b.  [v] per - sunt *fehlt* P (Homoioteleuton).  [w] aliud V.  [x] imprimatur P.  [y] possunt V.  [z] hoc P.  [a] *fehlt* P.  [b] contulit V.  [c] possunt V.  [e] *fehlt* P.  [f] tangatur V.  [g] *fehlt* V.  [h] mundicime V.  [i] generativam V.  [j] ephiphania V.  [l] acquirreret P.

[5] Petrus Lombardus, *Libri IV Sententiarum*, 1.IV d.3 c.1, ed. (Ad Claras Aquas) II,755 (PL 192,8845).  [6] Ebd.  [7] Diese Predigt entspricht keiner der fünf von Augustinus gehaltenen Predigten zur Epiphanie, die gedruckt worden sind. Vgl. Sancti Aurelii Augustini, *Opera omnia* (Paris 1838) V,1318-1334, Serm.199-204. A. Blado verweist auf *De tempore*, serm.36; vgl. Aeg. Rom., *De eccl. pot.* II,11, ed. Scholz, 100.  [8] Ebd.

ille in aquis$^m$ mergitur, ex eo omnia peccata abluit aqua. Quod ergo aqua abluit peccata et quod potest facere istos$^o$ effectus$^o$ spirituales, ut quod$^p$ potest caracterem imprimere in anima, non habet ex natura sua, sed virtute sibi a Cristo collata. Et quod dictum est de caractere baptismali, eciam$^q$ intelligendum est$^r$ de caractere et de perfeccione caracteris, quantum ad ea, que sunt ordinis; quia verba sensibilia et alia, que fiunt in hiis, que sunt ordinis, non possunt ex sui natura imprimere nec caracterem nec perfeccionem caracteris. Et quia hoc excedit naturam illarum rerum, ideo, quicquid non est eis collatum, est superiori$^s$ potencie$^s$ reservatum, et quicquid ibi$^t$ non$^t$ est$^t$ concessum, est prohibitum. Et quia, ut tetigimus, rebus corporalibus collatum est, quod possunt imprimere ea, que / (fol.33 ra) sunt ordinis, non autem est eis collatum, quod possunt ea tollere. Ideo ea, que sunt ordinis, possunt dari et possunt incipere esse, sed non possunt tolli nec possunt desinere esse; sed ea, que sunt iurisdiccionis, non sunt supra exigenciam rerum nec supra acciones causarum nec supra acciones hominum. Possunt autem esse supra accionem istius hominis vel illius hominis$^u$, ut$^v$ puta confirmare episcopum$^w$ electum vel suscipere cessionem electi confirmati est supra accionem huius hominis, ut puta supra accionem metropolitani, quia nichil potest in talibus, nisi quatenus est sibi concessum a Romano pontifice. Propter quod, si utrumque$^x$ est sibi concessum, utrumque potest; si neutrum, neutrum potest; si unum et non aliud, unum et non aliud potest.

Hec itaque, que sunt iurisdiccionis, ut diximus, possunt esse supra condicionem$^y$ huius hominis vel illius, sed non sunt supra condicionem humanam simpliciter$^y$. Et ideo, quando ex parte hominum omnia, que concurrunt$^z$ ad construendum, contrario modo facta concurrunt ad destruendum, quod erat$^a$ constructum, erit destructum, et qui erat prefectus$^b$, non ulterius erit prefectus$^c$, ut patuit in exemplo, quod posuimus$^d$. Ut si ad hoc, quod aliquis sit episcopus alicuius ecclesie

---

$^m$ aquas P. $^o$ effectus istos P. $^p$ quia P. $^q$ *fehlt* P. $^r$ *fehlt* V. $^s$ potencie superiori V. $^t$ non est illi V. $^u$ *fehlt* P. $^v$ *folgt* et P. $^w$ ipsum V. $^x$ utraque P. $^y$ condicionem - simpliciter *fehlt* P. $^z$ *folgt* ad concurrunt V. $^a$ erit V. $^b$ perfectus P. $^c$ perfectus P. $^d$ possimus P.

et habeat iurisdiccionem super ecclesiam illam, concurrunt quatuor: assensus eligencium, assensus electi, confirmacio metropolitani et ordinacio pape ordinantis, quod metropolitanus possit electum episcopum[e] confirmare, ad hoc, quod habens[f] huiusmodi episcopalem iurisdiccionem desinat talem iurisdiccionem habere, non oportet, quod concurrant ibi[g] omnia prefata quatuor. Sed si omnia prefata quatuor concurrerent[h], videlicet quod concurrerent[i] ibi prefata tria et concurreret ibi quartum, ordinacio pape ordinantis, quod episcopus confirmatus possit in manibus metropolitani cedere, patet, quod, si capitulum vellet, quod cederet, et episcopus assentiret et metropolitanus cessionem acceptaret et ordinacio pape hoc diceret, quod hoc fieri potest[j] - quis tante ruditatis esset, quod dubitare posset quod cessio[k] non teneret? Semper ergo stat regula nostra[l], ut quod[m] in hiis, que[n] non sunt supra naturam negocii, sed[o] supra acciones causarum, cuiusmodi sunt, quecumque sunt iurisdiccionis, quia sunt secundum exigenciam operum humanorum, quandocumque[p] omnia, que requiruntur ad construendum, contrario modo facta concurrunt[q] ad[r] destruendum, oportet talem iurisdiccionem esse desinere et cessare.

### < Secunda pars >

Incipit secunda pars huius capituli, in qua post prefatam[s] preambulam[s] solvitur decima racio antedicta. / (fol.103 rb)

Postquam in prima parte huius capituli premisimus quandam[t] preambulam[u] et ostendimus, quomodo ea[v], que sunt iurisdiccionis, tolli possunt, non autem, que sunt ordinis, volumus in hac secunda parte istius capituli solvere prefatam racionem decimam, que, ut dicebatur, innititur obligacioni papali non quantum ad ea, que sunt ordinis, sed quantum ad ea, que sunt iurisdiccionis. Dicit enim predicta racio, quod post legitimam[w] confirmacionem nulla ecclesiastica dignitas tolli potest nisi per eius superiorem.

---

[e] *fehlt* P. [f] habes V. [g] alii P. [h] concurrent V. [i] concurrere P. [j] posset P. [k] cesset P. [l] *fehlt* V. [m] *fehlt* V. [n] *doppelt* V. [o] *fehlt* V. [p] querunter P. [q] consueverunt P. [r] cond P. [s] prefata preambula PV. [t] quedam PV. [u] preambula P. [v] *fehlt* V. [w] legimam P.

Constat enim[x], quod confirmacio non dat prelato, que sunt ordinis, sed solum, que sunt iurisdiccionis. Hec[y] enim duo, videlicet que sunt ordinis et que sunt iurisdiccionis[y], sic ab invicem sunt distincta, ut unum sine alio esse possit[z]. Potest enim quis habere, que sunt ordinis episcopalis, nichil habendo de hiis, que sunt iurisdiccionis. Ideo dicitur in illa decretali Inter corporalia,[1] quod potest quis esse episcopali dignitate preditus, nullius tamen ecclesie erit episcopus. Et[a] in eadem decretali dicitur,[2] quod *post eleccionem et confirmacionem canonicam episcopalis dignitas nichil*[b] *addit*. Quod verum est quantum ad ea, que sunt ordinis: electus ergo et confirmatus habet, que sunt iurisdiccionis, sed non habet, que sunt ordinis. Cedens vero pontificali oneri et non honori / (**fol.33 v**) habet omnia, que sunt ordinis; sed secundum quod habuimus[c] nichil habet de hiis, que sunt iurisdiccionis.

Quia ergo, ut dictum est, confirmacio dat, que sunt iurisdiccionis, caracter autem et perfeccio caracteris dant, que sunt ordinis, ideo hec racio decima, que loquitur de obligacione post legitimam confirmacionem, ut clare patet, non[d] loquitur[e] de obligacione prout est dedicatus[f] et[f] mancipatus[f] rebus[g] divinis[g] quantum ad ea, que sunt ordinis, sed prout quis est obligatus ad habendam curam de grege quantum ad ea, que sunt iurisdiccionis.

Dicemus ergo, quod hec obieccio decima satis solvi potest[h] per preambulam[i] antedictam[i] in prima parte huius capituli, in qua ostensum est, quod, que sunt ordinis, semper[k] manent, que autem sunt iurisdiccionis[k], tolli possunt. Obligacio ergo quantum ad ea, que sunt iurisdiccionis, sicut humano opere cepit esse, sic et humano opere tolli potest, cum non sit supra exigenciam rerum nec supra naturam negocii nec supra condicionem causarum, quod homines hominibus preferantur.

Est enim[l] prelatus quedam lex et quedam regula

[x] autem P. [y] Hec - iurisdiccionis *fehlt* P (Homoioteleuton). [z] posset V. [a] *fehlt* P. [b] vel P. [c] huiusmodi V. [d] no P. [e] legitur V. [f] mancipatus et dedicatus V. [g] divinis rebus V. [h] possit P. [i] preambula antedicta PV. [k] semper - iurisdiccionis *fehlt* P. [l] autem P.

[1] Decretales I tit.7 c.2 'Inter corporalia', ed. Friedberg, 97. [2] Ebd.

subditorum. Non est enim^m differencia inter principem et legem, nisi quod lex est inanimatus princeps et princeps est animata^ma lex.³ Sicut ergo quamdiu possumus facere lineam tortuosam^n, tamdiu indigemus regula, sic quamdiu possumus bene et male facere, tamdiu indigemus legibus et principatibus^o. Et quia^p, quamdiu durat mundus, possumus bene et male facere^q, ideo propter direccionem^r et exercitacionem electorum, quamdiu durabit mundus, homines preerunt hominibus^s, angeli angelis et demones demonibus. Sed angeli angelis et homines preerunt hominibus, ut electi dirigantur; sed demones preerunt^t demonibus, ut electi exercitentur. Ordinant enim se demones^u inter se invicem, ut magis valeant electos impugnare, per quam impugnacionem electi non deprimuntur, sed exercitantur^v, et sic exercitati merentur, ita quod illuditur in hoc dyabolus, quia, quod procurat^x ad malum electorum, est ad bonum^y et ad meritum eorum, iuxta illud Psalmi:⁴ *Draco iste^z, quem tu formasti ad illudendum ei.*

Quod Augustinus XI Super Genesim ad literam⁵ exponens ait, quod illuditur dyabolus, cum de ipsius malicia dei ecclesie consulitur. Provenit enim ad bonum electorum, quod dyabolus machinatur ad malum. Prelacio itaque, / (fol.103 va) que est in demonibus, est propter electorum exercitacionem. Sed prelacio, que est in angelis et in hominibus, est propter electorum^b direccionem^c. Sed^d quamvis, quia aliquando homines prelati et homines principantes^e sunt mali, quod deberet^f esse ad bonorum direccionem, est ad eorum exercitacionem.

Sunt enim mali homines membra dyaboli, et principatus malorum hominum est quasi principatus demonum. Sed quantum ad hanc partem, sic illuduntur mali homines, sicut illuduntur demones, quia, que faciunt^h ad

---

^m *fehlt* P. ^ma *inanimata* P. ^n *folgt et* P. ^o *principantibus* V. ^p *fehlt* P. ^q *fehlt* V. ^r *divaccionem* P. ^s *homines* P. ^t *presunt* P. ^u *folgt ut* PV. ^v *exercitentur* P. ^x *provocat* P. ^y *hominem* P. ^z *ille* V. ^b *fehlt Kürzungsstrich* P. ^c *dureccionem* P. ^d *fehlt* V. ^e *principiantes* P. ^f *deberent* P. ^h *am Rande eingefügt* P.

³ Über die 'lex animata' vgl. Carlyle I,105 und II,42; Santonastaso, 24; Kantorowicz, *The King's Two Bodies*, 130, 134 f. ⁴ Ps 103,26. ⁵ Augustinus, *De Genesi ad litteram*, liber 11 cap.22, PL 34,440 f.

malum electorum, deus[i] convertit illa ad exercitacionem et ad meritum eorum. Non est ergo supra naturam negocii vel supra exigenciam rerum, quod, quamdiu durat mundus[j], preferantur et principentur[k] non solum homines hominibus, sed et angeli angelis et[l] demones demonibus. Ideo[m] glosa[m] super[n] prima ad Corinthios XV[o],[6] super illo verbo *cum*[p] *evacuaverit omnem principatum et potestatem*[p], ait, quod, dum durat mundus, angeli angelis, demones demonibus et homines hominibus presunt.

Sufficienter ergo potest[q] solvi hec decima racio per iam dicta, quia per preambulam[r] positam[r] in prima parte huius capituli et per ea, que dicta sunt in hac secunda parte istius capituli, patet, quod[s], que sunt iurisdiccionis, quia non sunt supra exigenciam rerum, sed humano opere, secundum exigenciam[t] rerum[t] et secundum naturam negocii fiunt et conferuntur. Cum ergo in talibus per eadem contrario modo facta res construatur[u] et destruatur, sicut per consensum eligencium et assensum electi quis prefectus est in papam, sic per eadem contrario modo se habencia desinet esse papa. / (fol.34 r) Verumptamen[v], quia intellectus hominis non quiescit, sed semper vult scire, quare, et vult investigare[w] causam negocii, volumus clariori modo dissolvere prefatam decimam racionem.

Et quia prefata racio se fundat super eleccionem[x] legitime confirmatam[y], ideo distinguemus duplicem confirmacionem, visibilem et invisibilem. Appellamus quidem confirmacionem visibilem, quicquid sensibiliter cognosci potest; invisibilem autem confirmacionem vocamus, que sensibus perpendi[z] non valet. Erit ergo visibilis confirmacio, que fit opere humano, invisibilis vero, que fit divino.

Quantum ergo ad confirmacionem visibilem papa confirmat seipsum, nam suus assensus est sua confirmacio. In aliis ergo prelatis, quia eciam inter

---

[i] dominus P. [j] mudus P. [k] *folgt* id est V. [l] *fehlt* P. [m] *fehlt* P. [n] *fehlt* PV; *ergänzt nach* b. [o] XI PV. [p] cum - potestatem *fehlt* V. [q] possit P. [r] preambula posita PV. [s] *fehlt* P. [t] rerum exigenciam P. [u] *korr. aus* constituatur P. [v] verum P. [w] innoscire V; cognoscere b. [x] eleccione V. [y] confirmata V. [z] *fehlt Kürzungsstrich* V.

[6] Glosse zu I ad Cor 15,25 s.v. Cum evacuaverit, PL 114,547.

homines habent superiores seipsis, eorum confirmacio visibilis non est per seipsos, sed per suos superiores. Sed papa, quia nullum habet[a] superiorem, quantum ad confirmacionem visibilem, que fit humano opere, confirmatur per seipsum, ita quod suus assensus est sua confirmacio. Nam statim, cum assentit[b] eleccioni de se facte, habet omnem papalem iurisdiccionem. Et quia iurisdiccio confirmacioni innititur, sicut papa ex suo libero assensu consequitur[c] plenam iurisdiccionem, sic[d] ex suo libero assensu consequitur[e] plenam[f] confirmacionem, ut ipse seipsum confirmet, et suus assensus sit sua confirmacio.

Utraque itaque eleccio tam pape quam aliorum prelatorum inferiorum habet suam confirmacionem visibilem; sed secundum hunc modum prelati inferiores confirmantur per superiores, papa vero, quia superiorem non habet, confirmatur per seipsum et ipse seipsum[h] confirmat.

Sed sicut tam eleccio prelatorum inferiorum quam eciam pape[i] habet suam confirmacionem visibilem, sic utraque eleccio habet suam confirmacionem invisibilem. Nam quantumcumque prelati inferiores confirmentur[k] per superiorem[l], nisi deus[m] assentiret illi confirmacioni, sic confirmatus non deberet dici esse prelatus nec habere auctoritatem; cum *non* sit *potestas* nec auctoritas *nisi a deo*, ut innuit apostolus ad Romanos XIII,[7] sic eciam, nisi deus assentiret eleccioni papali, non deberet papa dici[n] papa[n] nec deberet dici, quod haberet auctoritatem papalem.

Supponere tamen debemus cum Augustino, / (**fol.103 vb**) quod, que hic inferius fiunt, si fiant eo modo, quo fieri debent, quod a deo fiunt et deus illis assentit vel agendo vel permittendo. Unde[o] Augustinus tercio De trinitate, capitulo quarto[8] ait, quod nichil visibiliter et sensibiliter hic inferius agitur, *quod non de interiori invisibili atque intelligibili aula summi imperatoris*, id est dei, *aut iubeatur aut permittatur*[p] secundum ineffabilem iusticiam premiorum atque penarum. Et quia, ut sepius diximus, deus[q] sic

[a] habent P$_k$ [b] *folgt* sue V. [c] consequetur P. [d] sicut V. [e] consequetur P. [f] *fehlt* V. [h] *folgt* se P. [i] papa V. [k] confirmantur P. [l] *korr. aus* superiores P. [m] dominus P. [n] *fehlt* P. [o] deum V. [p] intelligatur P. [q] dominus P.

[7] Rom 13,1. [8] Augustinus, *De trinitate* III,4 (PL 42,873), ed. Mountain, 135 f.

administrat res, ut eas proprios cursus agere sinat,[9] si inferiores prelati rite eligantur et non per seipsos, sed per eorum superiores rite confirmentur, deus assentit illi confirmacioni; et si secundum quod superiores ordinant, rite cedant[r], deus assentit eorum cessioni. Utrumque[s] enim in inferioribus prelatis tam accepcio iurisdiccionis, quod fit per[t] debitam confirmacionem, quam deposicio iurisdiccionis, quod fieri potest per ritam cessionem, fit assensu humano, id est assensu sensibili, et[u] assensu[u] divino, id est assensu intelligibili, accipiendo assensum large non solum pro eo, quod quis facit, sed eciam pro eo, quod quis non impedit, quod impedire[v] possit[v]. Deus enim in[w] omnibus talibus assentit, vel quia fiunt divino instinctu et divina operacione, vel quia fiunt divina permissione, cum ea non impediat, que impedire posset.

Quod ergo dictum est de inferioribus[x] prelatis, ut clare patere potest, veritatem habet in summo pontifice. Si ergo summus pontifex rite eligatur et ipse sue eleccioni assenciat, cum ipse superiorem non habeat[y], quantum ad confirmacionem visibilem, que fit opere humano, ipso[z] proprio assensu et / (fol.34 v) proprio opere se confirmat. Quia suus assensus est sua confirmacio et quia hoc requirit cursus rerum, quod papa, qui[a] inter homines non habet superiorem, proprio assensu et proprio opere confirmetur, deus, qui administrat res iuxta earum cursum, tali negocio assentit, et sua operacione vel sua permissione[b] assenciendo ei, quod factum est, dicitur confirmare illud.

Sed si papa seipsum confirmat nec habet aliquem[c] superiorem[c] quantum ad hec visibilia, sicut suus assensus est sua confirmacio, sic suus dissensus est sua renunciacio. Sicut ergo rite et debite datur sibi iurisdiccio et confirmatur assenciendo, sic rite et debite desinit[d] in eo esse iurisdiccio et deponit seipsum renunciando. Sic enim cursus rerum exigit, quod inferiores prelati, qui habent superiores, confirmantur[e] eo modo, secundum quod superiores et specialiter secundum quod Romanus pontifex ordinat[f].

---

[r] cedeant P. [s] utruque P. [t] *folgt* ritam *möglicherweise gestrichen* V. [u] *fehlt* P. [v] impediet posset P. [w] *fehlt* P. [x] superioribus P. [y] habet V. [z] ipse V. [a] que P. [b] promissione P. [c] alium supiorem P. [d] deficit P. [e] confirmatur P. [f] ordinavit V.

[9] Augustinus, *De civitate dei* VII,30,38, ed. Dombart-Kalb, 212.

Si eciam^g cedant^h eo modo, quo Romanus pontifex ordinat, rite cedunt, et desinit in eis esse iurisdiccio. Sic eciam^i rerum cursus exigit, quod Romanus pontifex superiorem non habens, sicut suo assensu seipsum confirmat et in eo incipit esse potestas papalis, sic sua renunciacione seipsum deponit, et in eo desinit esse prefata potestas. Et quia, ut diximus, deus administrat res, secundum quod exigit cursus^k rerum^k, papa, qui inter homines nullum superiorem habet, sicut suo assensu se confirmat, sic sua renunciacione se deponit.

Deus ergo, qui in sua generali administracione hunc cursum servat^l, utrique dicendus est assentire, tam assumpcioni oneris quam eciam deposicioni, ita quod et^m ad inferiores prelatos et ad papam et quantum ad confirmacionem et quantum ad cessionem concurrit opus humanum et divinum et assensus humanus et divinus, ut est per habita manifestum.

Cum ergo arguitur, / **(fol.104 ra)** quod nulla dignitas ecclesiastica post legitimam confirmacionem tolli potest nisi per eius superiorem, patet, quod dignitates ecclesiastice, que inter homines habent superiorem, per superiorem confirmantur; et si eo modo fiat in eis cessio, secundum^n quod superiores ordinant et specialiter^n secundum quod ordinat Romanus pontifex, valet et tenet huiusmodi cessio. Papa vero, qui superiorem non habet, sicut assenciendo potest seipsum confirmare, ita renunciando potest per^o se ipsum cedere.

Si vero dicatur, quod confirmatur a deo et requiritur ibi divinus assensus, respondebimus, quod et inferiores prelati confirmantur a deo et requiritur ibi divinus assensus, quia, quantumcumque prelati inferiores confirmentur per superiores, nisi deus illi confirmacioni assentiret vel effective vel permissive, non esset ille vere prelatus, quia esset sua potestas et sua auctoritas non a deo, cum tamen secundum apostolum[10] *non* sit *potestas nisi a deo*; sed si^p prelatus inferior assumatur vel cedat, secundum quod

---

^g *fehlt* V.  ^h concedant V.  ^i cum V.  ^k *folgt* quod P; rerum cursus V.  ^l servant V.  ^m eciam P.  ^n secundum - specialiter *fehlt* P (Homoioteleuton).  ^o *fehlt* P; *gestrichen* V.  ^p *fehlt* P.

[10] Rom 13,1.

requirit ordo et cursus rerum, dicimus deum<sup>q</sup> assentire tam assumpcioni quam cessioni. Sic cum ordo et cursus rerum exigat, quod papa, qui non habet superiorem hominem, non alio opere humano, sed per suum assensum confirmetur et per suam renunciacionem cedat, deus, qui secundum cursus rerum res administrat, acceptabit utrumque<sup>r</sup> vel assenciet utrique, tam assumpcioni oneris quam eciam cessioni.

## < Capitulum XVII >

Capitulum XVII declarans, quomodo Cristi sacerdocium non habuit inicium neque finem, sed secundum ordinem Melchisedech Cristus fuit sacerdos in eternum.

Quoniam due ultime adversariorum raciones, undecima videlicet et duodecima, fundant<sup>s</sup> se super eternitate sacerdocii Cristi - arguentes, quod, quia Cristi sacerdocium est eternum, ideo papa renunciare non potest -, cum raciones prefate vadant<sup>t</sup> extra mentem apostoli et cum non concludant nec arguant, ut in sequentibus capitulis apparebit, ideo nunc volumus declarare, quomodo Cristi sacerdocium, secundum quod fuit figuratum in Melchisedech, dicitur esse eternum.[1]

Ad cuius evidenciam sciendum, quod eternitatem vel perpetuitatem sacerdocii Cristi multis modis et multis viis / (fol.35 r) declarare possumus, que omnia tangit apostolus ad Hebreos VII.[2] In presenti<sup>u</sup> capitulo hoc volumus declarare, quomodo Cristus fuit *sacerdos in eternum secundum ordinem Melchisedech*.

Propter quod sciendum, quod apostolus in epistola ad Hebreos volens preferre sacerdocium Cristi sacerdocio Levitico dicit Cristi sacerdocium esse eternum. Quod probat per id, quod habetur in Psalmo:[3] *Iuravit dominus*, id est inconcussa<sup>v</sup> veritate firmavit, *et non penitebit eum*, id est non mutabit, quod iuravit: *Tu*, scilicet Cristus, *es sacerdos in eternum secundum*

---

<sup>q</sup> *korr. aus* deus V. <sup>r</sup> utroque P. <sup>s</sup> fundat P. <sup>t</sup> vadunt P. <sup>u</sup> *folgt* tamen *am Rande eingefügt* P. <sup>v</sup> inconcusa P.

<sup>1</sup> Vgl. Isidor v. Sevilla, *Allegoriae quaedam Scripturae sacrae*, Nr.19, PL 83,104. <sup>2</sup> Hebr 7,16 ff. <sup>3</sup> Ps 109,4.

*ordinem Melchisedech.*[4]   Ipse enim, Melchisedech, qui fuit *sacerdos dei altissimi,* ut dicitur Genesis XIIII,[5] secundum quod ait apostolus ad Hebreos VII,[6] erat *sine patre, sine matre, sine genealogia*[x] *neque inicium dierum neque*[y] *finem vite habens.* Ideo, ut ibidem[z] dicitur, *assimilatus* est *filio dei,* qui *manet sacerdos in perpetuum*[a].

Dicitur autem[b] Melchisedech fuisse sine patre et sine matre, non[c] quod[c] non habuit neque[ca] patrem neque matrem, sed quia scriptura[d] sacra[d] mencionem[e] de hoc non facit; hoc eciam modo non habuit neque[g] inicium dierum neque finem, quia scriptura sacra de[h] hoc nullam fecit mencionem. Non enim casualiter[i], sed divina providencia factum fuit, quod scriptura sacra[h] sic[j] facit mencionem de Melchisedech, quod nullam[k] mencionem facit nec[l] de patre eius nec de matre nec de inicio dierum eius nec[m] de fine, ut per ipsum, qui erat sacerdos dei altissimi et qui[n] non scribitur habuisse inici- / (**fol.104 rb**) um neque finem, figuraretur[o] sacerdocium Cristi, quod est quid perpetuum.

Hanc autem perpetuitatem sine inicio et sine fine possumus[p] attribuere sacerdocio Cristi ex parte remedii[q] sive ex parte personarum[r], quibus fuit Cristi sacerdocium in remedium.   Nam nullus nec ante adventum Cristi nec post eius adventum potuit nec poterit salutem consequi sine fide mediatoris.   Unde Augustinus XVIII De civitate dei, capitulo XLVII[7] ait, quod nulli *concessum est* pertinere *ad spiritualem*[t] *Ierosolymam, nisi cui revelatus est Cristus*[u]. Et idem ibidem subdit,[8] quod *una* est *fides* antiquorum et nostra, quia sicut illi credebant Cristum venturum, ita nos credimus ipsum venisse; sive enim in statu gentilitatis sive in quocumque statu, semper fuit salus per fidem mediatoris.

---

[x] genelogia P.   [y] nec V.   [z] nec P; *fehlt* V; *emendiert nach* b.   [a] eternum V.   [b] aut P.   [c] *fehlt* P. [ca] *fehlt* V.   [d] sacra scriptura V,   [e] *hinter* hoc P.   [g] nec V.   [h] de - sacra *fehlt* V. (Homoioteleuton).   [i] carnaliter V.   [j] *fehlt* P.   [k] nullum V.   [l] *fehlt* P.   [m] *doppelt* V.   [n] *fehlt* V.   [o] *verderbt* P.   [p] *folgt* sibi V.   [q] medii P.   [r] persorum P.   [t] *fehlt* V.   [u] *fehlt* P.

[4] Hebr 7,17; 7,21.   [5] Gen 14,18.   [6] Hebr 7,3.   [7] Augustinus, *De civitate dei* XVIII,47, ed. Dombart-Kalb, 645: "Divinitus ... Cristus Iesus."   [8] Ebd.

Non habebant primo[v] ipsi gentiles quibus revelatus est mediator noster, nec habuerunt Iudei, quibus promissus est messias, ita claram intelligenciam de nostro mediatore sicut nos habemus, cum non est *aliud nomen sub celo*, sub[w] *quo oporteat[x] nos salvos fieri* nisi Cristus, ut dixit Petrus in Actibus.[9] Et quicumque salvati sunt a principio mundi usque nunc et quicumque salvabuntur usque in finem, oportet[y] quod in fide mediatoris salventur. Vere istud sacerdocium Cristi racione huius remedii, videlicet[z] quia fides de hoc sacerdote, id est de Cristo mediatore, semper[a] fuit in remedium et semper erit, dicitur esse in eternum et non habuisse neque[b] inicium neque finem.

Sed dices, ipse mundus habuit inicium et ipse mundus habebit finem, quomodo ergo sacerdocium Cristi racione remedii dicitur non habere inicium neque finem? Dicemus ergo, quod homines peccatores habuerunt inicium et habebunt finem, quia incepit mundus et finietur. Pro tanto tamen potest dici tale remedium non habuisse inicium neque finem, quia, si ante fuissent homines peccatores et ante incepisset mundus quam inceperit, ante fuisset huiusmodi remedium; et si adhuc ante fuissent peccatores, adhuc ante[c] fuisset tale remedium. Propter quod videtur tale remedium non habuisse inicium formaliter, quia ab eterno fuit predestinatum tale remedium; sed[d] habuit inicium materialiter, prout persone ille, quibus competit tale remedium[d], non fuerunt ab eterno, sed[e] inceperunt esse in tempore. Et quod dictum est de inicio, verum est et de fine. Nam si finietur tale remedium, hoc est, quia finietur mundus et finietur status vite presentis; sed si semper duraret mundus, semper duraret tale remedium, ut ex hoc dicatur esse sine inicio et sine fine.

Vel possumus dicere, quod tale remedium est / (fol.35 v) in[f] eternum et quod[g] numquam habebit finem, quia persone, que salvantur[h] per tale remedium, habebunt vitam eternam et numquam finietur eorum vita, iuxta

---

[v] quidem P. [w] in Vulgata. [x] oportet P. [y] mundi videlicet P. [z] *fehlt* P. [a] *fehlt* P. [b] *fehlt* V. [c] non P. [d] sed - remedium *fehlt* P (Homoioteleuton). [e] Si P. [f] *fehlt* V. [g] *fehlt* P. [h] salventur P.

[9] Act 4,12.

illud Psalmi:[10] *Beati, qui habitant in domo tua*, domine; *in secula seculorum laudabunt te*, quia numquam finietur beatitudo illorum. Quantum ergo ad hoc remedium Cristi sacerdocium fuit sine[i] inicio et est sine fine. Sine inicio quidem, quia, ex quo fuerunt homines peccatores, numquam fuit opus, quod fides mediatoris non esset in remedium; sine fine vero, quia, quamdiu[j] peccatores durabunt, numquam[k] erit tempus, quod sacerdocium Cristi et oblacio Cristi non sit nobis[l] remedium.

Advertendum tamen, quod omnia ista sunt secundum ordinem Melchisedech[m] propter quinque; tangit enim glosa[11] quinque in sacerdocio Melchisedech, que[n] Cristo conveniunt[o]. Primum quidem est, quia Melchisedech fuit rex et sacerdos; rex quidem Salem et sacerdos dei altissimi, sic et Cristus rex et sacerdos erat.

Secundo[p] vero, quia Melchisedech fuit functus[q] sacerdocio ante circumcisionem, ut ex hoc ostendatur, ut glosa[12] ait, quod[r] Iudei a gentibus, non gentes[s] a Iudeis sacerdocium acceperunt. In quo figuratur sacerdocium Cristi, quia / (**fol.104 va**) non est res propter figuram nec a figura, sed magis figura propter rem et a re originem sumit et omnia in figura contingebant illis. Sacerdocium ergo[t] Leviticum fuit propter sacerdocium Cristi, non autem econverso, et sacerdocium Cristi magis fuit causa[u] sacerdocii Levitici quam econverso.

Tercio quidem, quia Melchisedech, cum fuerit functus sacerdocio ante circumcisionem, non fuit unctus oleo visibili, secundum quod mandaverat[v] Moyses, quia[w] tempore illo nondum[x] natus erat Moyses nec adhuc fuerat data lex. Fuit ergo unctus oleo invisibili et oleo[y] [laetitie] sive exultacionis, sicut legitur fuisse unctus Cristus.

---

[i] sub P. [j] numquam diu P. [k] *fehlt Kürzungsstrich* P. [l] *folgt* in P. [m] Mechisedech V. [n] quia P. [o] con'unt P. [p] secundum V. [q] funtus P. [r] quia P. [s] gentis P. [t] sed V. [u] cum P. [v] mandaverit V. [w] quod P. [x] nundum V. [y] *folgt* sunt P.

---

[10] Ps 83,5. [11] Bedae Venerabilis, *Commentarii in Pentateuchum*, ad Gen 14,18 - PL 91,233 D.
[12] Ebd. PL 91,233 D f.: "Spiritualiter sciens sacerdotium melius futurum in populo gentium, quam Leviticum, quod de ipso erat in Israel nasciturum. Nomen autem Melchisedech ... refertur ad Christum."

Quarto, quia ipse Melchisedech non obtulit animalia, sed obtulit[z] panem et vinum, ut habetur Genesis XIIII,[13] in qua oblacione, ut[a] glosa[14] tangit, Cristi sacerdocium figuravit.

Quinto[b], quia Melchisedech habuit patrem et matrem et fuit sine patre et sine matre. Habuit quidem patrem et matrem secundum rei veritatem, sed fuit sine patre et sine matre secundum commemoracionem scripture[c] sacre[c]; quia sacra[d] scriptura[d] nec de genealogia eius[e] nec de patre nec de matre facit aliquam mencionem; quod[f], ut[g] diximus, non casualiter[h] factum est, sed ut ex hoc dei filius figuraretur, quia habet patrem[i] et matrem et est sine patre et sine matre: habet patrem secundum deitatem, a quo per generacionem eternam accepit naturam divinam[k], et habet matrem secundum humanitatem, ex qua accepit naturam[k] humanam; et est sine patre, secundum quod homo, quia nullus homo fuit pater suus, et est sine matre, secundum quod deus. Propter quod patet, qualiter Cristus est sacerdos in eternum sine inicio et sine fine secundum ordinem Melchisedech, id est eo ordine et eo modo, quo fuit figuratus in Melchisedech, in quo fuerunt quinque, que, ut patuit, possunt Cristi[l] sacerdocio[l] congrue adaptari.

## < Capitulum XVIII >

Capitulum XVIII, in quo assignantur tres alii modi, quomodo Cristi sacerdocium dicitur esse perpetuum et[m] eternum.

Quoniam Cristi sacerdocium, quantum ad presens spectat, septem modis potest dici eternum, ut ex verbis apostoli colligere possumus, ideo declarare volumus, unde isti septem modi sumi possunt; quia, cum de uno illorum modorum[n] tractatum[o] sit in capitulo precedenti, de tribus aliis modis intendimus tractare in capitulo presenti et de reliquis tribus modis in capitulis sequenti.

[z] optulit P.  [a] ait P.  [b] Quintum P,  [c] sacre scripture V.  [d] scriptura sacra V.  [e] est P.  [f] *fehlt* V,  [g] *folgt* quod V.  [h] carnaliter V.  [i] *fehlt* V.  [k] divinam - naturam *fehlt* P (Homoioteleuton).  [l] Cristo sacerdocii PV.  [m] *fehlt* P.  [n] morum P.  [o] tractant P.

[13] Gen 14,18.  [14] Bedae Venerabilis, *Commentarii in Pentateuchum*, ad Gen 14,18 - PL 91,233 D: "Figuraliter refert ad Christum ...".

Advertendum ergo, quod eternitas est quedam[p] res extra terminos; hoc enim sonat[q] eternum quasi "extra terminos". Ergo[r] quia eternitas est res extra terminos, oportet, quod sit quid totale et quid continens alia et / **(fol.36 r)** quod a nullo contineatur; quia, si contineretur[s] ab aliquo, non esset extra terminos, quia esset intra terminos continentis.[1] Rursus oportet, quod eternitas sit res eadem et simplex; quia, si esset[t] composita[t],[2] non esset extra terminos, quia[u] esset intra[v] terminos[u] componencium.

Intelligemus itaque, quod eternitas sit quedam res totalis et simplex, sive totalis et eadem. Propter quod, si volumus probare sacerdocium Cristi esse[w] eternum, vel hoc esset[x] racione totalitatis, que competit huic sacerdocio, vel racione rei, que consideranda est in hoc sacerdocio, vel racione ydemptitatis[y], que reperiri habet in dicto sacerdocio.

Primo modo, videlicet racione totalitatis, tractabatur de eternitate sacerdocii Cristi in capitulo precedenti, ubi ostensum est, quod[z], quia sacerdocium Cristi est remedium totale, ideo est eternum. Nam huiusmodi sacerdocium est remedium sufficiens et totale quantum ad omnia peccata[a], quantum ad omnes personas et quantum ad omnia[a] / **(fol.104 vb)** tempora tam preterita quam futura. Quia ergo huiusmodi sacerdocium fuit sufficiens quantum[b] ad omnia peccata[c], que fuerunt, quantum ad omnes personas, que pretierunt, et quantum ad omnia tempora, que precesserunt, ideo dicitur hoc sacerdocium fuisse sine inicio[d], quia numquam fuerunt aliqua peccata, numquam fuerunt alique persone nec aliqua tempora, quod hoc sacerdocium non esset sufficiens remedium ex parte ante.

Et si dicatur, quod non omnes persone sunt salvate[e] per tale remedium, dicemus, quod hoc[f] non fuit ex insufficiencia istius sacerdocii, sed ex malicia personarum. Sic eciam tale sacerdocium est sine fine,

---

[p] *doppelt* P. [q] *fehlt* V. [r] *fehlt* P. [s] continetur P; contineatur V. [t] esse apposita P. [u] quia - terminos *fehlt* P (Homoioteleuton). [v] inter V. [w] *fehlt* P. [x] erit P. [y] ydeptitatis P. [z] quia P. [a] peccata - omnia *fehlt* P (Homoioteleuton). [b] q P. [c] pcca *fehlt Kürzungsstrich* P. [d] *folgt* et P. [e] savare P. [f] hec P.

[1] Vgl. Aristoteles, *Metaphysica* VII,1 (1028 a35). [2] Vgl. ebd. VII,13 (1039 a16 ff.).

quia numquam erunt aliqua peccata nec alique persone nec aliqua tempora, quod non sit hoc sacerdocium in remedium ex parte post.

Ergo racione totalitatis probabatur[g] eternitas huius sacerdocii in capitulo precedenti, quod fiebat uno modo. Sed racione rei, que consideranda est in tali sacerdocio, probabitur eius eternitas in capitulo presenti, quod fiet tribus modis. Racione vero ydemptitatis probabitur eternitas sepedicti sacerdocii in capitulo sequenti, quod erit[h] eciam tribus modis. Propter quod septem sunt modi, quibus probatur eternitas sacerdocii Cristi.

Vel possumus aliter loqui de eternitate et levius dicemus quidem, quod Dyonysius X capitulo De divinis nominibus[3] assignat proprietates[i] eternitatis esse antiquum[j] et invariabile. Per esse quidem[k] antiquum[l] intelligit non habere inicium et esse semper. Per esse invariabile intelligit esse sine successione. Proprietates itaque eternitatis sunt sempiternitas et insuccessibilitas[m]. Tempus enim quid successivum et una[n] pars succedit[o] alteri; sed in eternitate nulla est successio, sed est ibi insuccessibilitas[p], quia nichil est in ea, quod succedat[q] alteri.

Precedens ergo capitulum arguebat eternitatem sacerdocii Cristi ex parte sempiternitatis, quia fuit semper[r] sine inicio et sine fine. Hoc autem capitulum arguit eternitatem illius sacerdocii ex parte rei, que[s] consideranda[t] est in hoc sacerdocio; quod[u], ut diximus, fit tribus modis. Sequens autem capitulum probabit huiusmodi eternitatem ex parte insuccessibilitatis, quod[v] eciam tripliciter fiet. Probabitur enim tripliciter, quod in sacerdocio Cristi est insuccessibilitas, quia nec aliud sacerdocium succedet[w] illi sacerdocio[wa] nec[x] alia oblacio succedet[y] illi oblacioni. Ideo, ut dicebatur, septem sunt modi, quibus probatur[z] eternitas sacerdocii Cristi.

---

[g] probatur P. [h] erunt P. [i] pprietates P. [j] antiqum P. [k] quid V. [l] antiqum P. [m] successibilitas P. [n] unas P. [o] successit V. [p] successibilitas P. [q] succedit P. [r] semp P. [s] *fehlt* P. [t] considerande V. [u] quia P. [v] quia P. [w] succedit V. [wa] sacerdoti PV. [x] nunc P. [y] succedit V. [z] probabitur V.

[3] Ps. Dionysius Areopagita, *De divinis nominibus*, cap.10, DIONYSII CARTUSIANI, *Opera omnia* XVI, 388 und 311 B-C.

Notandum ergo, quod, quantum spectat ad hoc capitulum, in sacerdocio Cristi sive in oblacione eius triplicem rem considerare possumus, videlicet rem offerentem, rem oblatam et$^a$ rem, que erat oblacionis effectus. Omnibus autem hiis tribus modis probabimus Cristi$^b$ sacerdocium esse eternum. Propter primum sciendum, / **(fol.36 v)** quod Cristi$^c$ sacerdocium dicitur esse eternum, si consideramus sacerdotem, qui obtulit. Nam in sacerdocio Levitico homines mortales accipiebant decimas, et homines mortales et infirmi fiebant sacerdotes. Ideo ad Hebreos VII$^4$ loquens apostolus de sacerdocio Levitico ait, quod *homines morientes decimas accipiunt.* Et post multa in eodem capitulo$^5$ ait apostolus, quod *lex enim homines$^d$ constituit$^d$ sacerdotes$^e$ infirmitatem habentes.*

Arguatur ergo$^f$ sic: in sacerdocio Levitico homines mortales et infirmitatem habentes accipiebant decimas et erant sacerdotes et offerebant oblaciones; ergo ex parte offerencium illud sacerdocium non$^g$ erat$^g$ perpetuum nec eternum. Sed in Cristi$^h$ sacerdocio$^h$ ipse Cristus, qui est immortalis, qui est eternus, / **(fol.105 ra)** qui est verus dei filius, obtulit$^i$ oblacionem deo patri; ergo ex parte offerentis Cristi sacerdocium est eternum, quia persona illa erat eterna, que offerebat.

Sed dices, nonne Cristus fuit homo mortalis et pro$^j$ nobis passus, mortuus et sepultus? Respondebimus, quod sacerdotes Levitici erant$^k$ simpliciter mortales, sed Cristus erat mortalis et immortalis. Erat$^l$ enim unum$^m$ suppositum et una persona, que erat homo et deus.$^6$ Ergo$^n$ propter unitatem suppositi et$^o$ persone$^o$ erat in Cristo secundum Damascenum$^7$ et secundum sanctos communicacio ydiomatum, id est communicacio nominum$^p$ vel denominacionum, quia nomina seu denominaciones, que illi homini$^q$ inerant$^r$, poterant vere dici de deo, et econverso.

---

$^a$ *fehlt* V. $^b$ *Loch im Pergament* P. $^c$ ibi P. $^d$ constituit homines V. $^e$ sacerdotem V. $^f$ *fehlt* P. $^g$ *doppelt* V. $^h$ sacerdocio Cristi V. $^i$ *doppelt* V. $^j$ per P. $^k$ erunt P. $^l$ erunt P. $^m$ *fehlt* V. $^n$ igitur P. $^o$ *hinter* Cristo P. $^p$ accidencium P. $^q$ boni V. $^r$ *fehlt* PV; *ergänzt nach* b.

$^4$ Hebr 7,8. $^5$ Hebr 7,28. $^6$ Vgl. Hebr 4,15. $^7$ Johannes Damascenus, *De sancta trinitate*, c.2-5, PG 95,14 ff.

Ut, quia homo ille paciebatur et fuit mortuus, cum homo ille esset deus et dei filius, vere dici poterat, quod[s] dei filius paciebatur et dei filius fuit mortuus, sic, quia dei filius erat immortalis et dei filius creavit[t] stellas[u], vere dici poterat, quod homo ille erat immortalis et quod creavit[v] stellas[w], sed non in eo, quod homo, sed in eo, quod deus, quia ille homo deus erat. Fuit enim[x] simul in unum dives et pauper, homo et deus, mortalis et immortalis. Sacerdocium itaque Cristi ex parte sacerdotis offerentis poterat dici esse eternum, quia persona illa, que offerebat, erat persona Cristi, que[y] erat persona eterna, et homo ille erat deus et poterat dici eternus. Sed sacerdotes[z] Levitici simpliciter erant[a] mortales et non poterant dici eterni, cum essent homines puri.

Secundo possumus ad prefatam obieccionem respondere, quod secundum sentenciam sapientum,[8] quando modicum deest, intellectus[b] accipit nichil deesse. Propter quod, quando modico tempore est quid tale, ut si modico tempore sit quid mortuum, quasi semper dicitur esse vivum. Dicunt enim plures sancti de Petro negante, quod caritas in eo non fuit extincta, sed sopita.[9] Certum est tamen, quod negando peccavit mortaliter et extincta fuit in eo caritas. Sed dicitur caritas non fuisse extincta, sed sopita, quia ita cito fletu culpam delevit et flens amare ita cito recuperavit caritatem, ut ex hoc posset[d] dici sua caritas non extincta. Sic eciam dicitur[e] Cristus venturus iudicaturus *vivos* et *mortuos*,[10] quod[f] secundum unum modum exponendi[g] illi[g], qui tunc erunt vivi, ita cito morientur et resurgent, ut quasi dicantur semper vivi. Sic et in proposito ita modico tempore Cristus iacuit mortuus, ut quasi[h] dicatur semper vivus.

---

[s] quia V. [t] causavit V. [u] stellat V. [v] causavit V. [x] *fehlt* P. [y] *folgt* offerebat V. [z] sacerdos PV; *emendiert nach* b. [a] erat P. [b] *folgt* respondere V. [d] possit P. [e] *folgt* esse P. [f] quia P. [g] componendi illa V. [h] quod P.

---

[8] Vgl. Aeg. Rom., *De esse et essentia*, ed. E. Hocedez (Louvain 1930), 122; Aristoteles, *Metaphysica* III,9 (1000 a5 ff.). [9] Vgl. Matth 26,75. [10] Vgl. Rom 14,9 f.; Josef A. Jungmann, *The Early Liturgy: To the Time of Gregory the Great*, trans. Francis Brunner (Notre Dame, Indiana 1959), 91.

Possumus et tercio respondere, quod Cristus ut sacerdos, eciam cum erat mortuus, dicebatur vivus. Nam illud dicitur mortuum, quod est inefficax ad agendum, et[i] illud dicitur vivum, quod est efficax ad operandum[i]. Cum ergo Cristus tamquam sacerdos obtulit seipsum in[j] cruce, ut nos redimeret et nobis aperiret[k] celestem ianuam, ut possumus clare videre divinam essenciam, que erat nobis occulta[l] et velata ante passionem eius, numquid ergo eo mortuo erat hec / (fol.37 r) oblacio inefficax ad hoc[m] agendum? Immo dum erat mortuus et illo die, quo fuit mortuus, latro fuit in paradyso[n], id est vidit divinam essenciam. - Ibi enim paradysus[o] potest accipi pro aperta visione dei. - Ergo quantum ad sacerdocium et quantum ad oblacionem, quam fecit, eciam mortuus poterat dici, quod esset vivus, quia erat efficax ad agendum id, quod tale sacerdocium requirebat. Sacerdocium ergo suum et oblacio sua non fuit sine efficacia. Nam efficaciam habuit, antequam fieret homo et antequam moreretur; et efficaciam habuit, dum erat mortuus; et efficaciam habet et habuit, postquam resurrexit a mortuis. Ante enim Cristi adventum / (fol.105 rb) hoc sacerdocium et hec oblacio efficaciam habuit, in quantum quicumque salvati sunt ante Cristi adventum. Salvi facti sunt in fide mediatoris et morientes viderunt[p] divinam essenciam non in re, sed in firma spe.[11] Quicumque enim habentes fidem mediatoris et operantes secundum fidem[q] illam[q] mortui sunt, firmi erant et nullo modo dubitabant[r], quod[s] post passionem Cristi visuri essent divinam essenciam. Mortuo tamen Cristo et eo resurgente habet hec oblacio maiorem efficaciam, quia, quicumque habentes fidem Cristi bene moriuntur, si non[t] habent[t] impedimentum particulare[u], statim vident divinam essenciam. Istud ergo sacerdocium semper fuit et erit efficax, ut ex hoc dicatur esse eternum vel perpetuum.

Advertendum tamen, quod quantum ad condicionem

---

[i] et - operandum *fehlt* P (Homoioteleuton). [j] *fehlt* PV; *ergänzt nach* b. [k] apperiet P. [l] celata P. [m] *fehlt* P. [n] paradiso V. [o] paradisus V. [p] viderent P. [q] illam fidem V. [r] dubitabat P. [s] quia P. [t] volum P. [u] personale P.

[11] Vgl. I Tim 2,5; Hebr 10,9.

predictam, ut racione persone offerentis, que erat eterna, dubitare non possumus sacerdotem illum esse eternum et hoc modo sacerdocium dici eternum ex parte rei offerentis. Secundo Cristi sacerdocium potest dici eternum racione rei oblate, quia eadem res erat offerens et oblata, idem erat sacerdos et hostia, ipse Cristus seipsum obtulit. Igitur si sacerdocium Cristi racione rei offerentis potest dici esse eternum, quia persona offerens vel[w] res offerens[w] erat eterna: cum eadem res esset offerens et oblata, consequens est, quod racione rei oblate Cristi sacerdocium dicatur eternum. Hoc est ergo, quod ait apostolus ad Hebreos VII,[12] quod accedens vel, ut habet[x] littera[y], *accedentes per semetipsum ad deum, semper[z] vivens ad interpellandum pro[a] nobis[a].* Ipse ergo Cristus seipsum offerens deo patri, per seipsum erat accedens ad deum patrem, et[b] nos ipsi per ipsum[c] Cristum sumus accedentes ad deum patrem, et ex hoc est semper vivens ad interpellandum. Quod verum est tam racione offerentis, que[d] est persona eterna[d], quam racione rei oblate, que est eadem res cum persona offerente, quia ipse seipsum obtulit et ipse[e] per seipsum accessit.

Est tamen diligenter notandum, quod, cum Cristus fuerit[f] mortuus secundum carnem, non dicebatur mortuus[g] quantum[h] ad sacerdocium[h] nec dicebatur mortuus quantum ad salutem nostram[i], quia per mortem illam secundum[j] carnem[j] non erat Cristus inefficax ad nos salvandum[k], immo[l] moriendo nos salvavit. Ideo quantum ad efficaciam salvandi et quantum ad efficaciam redimendi et pacificandi deum patrem semper dicitur vivens, quia moriens non reddebatur inefficax ad hoc agendum, cum  moriendo nos salvaverit[m] et[n] nobis deum patrem reconciliaverit[n].

Tercia     via     ad     hoc     idem     sumitur     ex     parte     rei,     que

---

[w] vel - offerens *fehlt* P (Homoioteleuton).  [x] alia P.  [y] *fehlt* V.  [z] *folgt* est PV.  [a] *fehlt* PV; *ergänzt nach* b.  [b] *fehlt* P.  [c] *fehlt* P.  [d] que - eterna *fehlt* P.  [e] ipsum P.  [f] fuit V.  [g] mortuum P; *fehlt* V.  [h] quantum - sacerdocium *fehlt* P *Lücke von zehn Buchstaben.*  [i] *fehlt* V.  [j] *fehlt* V.  [k] salvantur V.  [l] primo P.  [m] salvavit V.  [n] et - reconciliaverit *fehlt* P (Homoioteleuton).

[12] Hebr 7,25: "Unde et salvare ... pro eis."

erat effectus oblacionis, et hoc appellat[o] apostolus[o] ad Hebreos VII[13]
*virtutem[p] vite[p] insolubilis.* Consuetudo est[q] enim[q] loquendi, quod, cum quis
loquitur de aliqua re, quam virtutem habeat[r], intelligit, quem effectum
efficiat. Et quia sacerdocium Cristi habet efficere effectum spiritualem, quia
facit in nobis graciam et virtutes[s] et alia spiritualia bona, que non pereunt
post hanc vitam, sed perficiuntur in eterna vita, ideo dicitur Cristi
sacerdocium quantum ad hanc rem et quantum ad hunc effectum habere
virtutem vite insolubilis, quia, ut diximus, gracia[t] / (fol.37 v) et virtutes et[u]
huiusmodi effectus spirituales, quos facit in nobis Cristi sacerdocium et eius
oblacio, non solvuntur[v] cum hac solubili vita, sed perficiuntur in eterna vita.
Ipsa enim gracia perficietur in patria,[14] ita[w] ipse[w] virtutes remanent in anima
separata non ad hunc usum, quem habent in hac vita, sed ad alium usum.
Hoc est ergo, quod apostolus ait, quod manifestum est, quod *secundum
similitudinem Melchisedech* exurgeret[x] *alius sacerdos,* id est Cristus, *qui factus
est* sacerdos *non secundum legem mandati carnalis[y], sed secundum virtutem
vite[z] insolubilis.*[15]

In sacerdocio itaque Levitico nec sacerdos offerens erat persona
eterna[a], nec res oblata erat res / (fol.105 va) eterna, nec effectus illius
oblacionis erat quid spirituale[b] vel[c] quid eternum, sed erat quid carnale et
quid temporale. Ideo glosa[16] exponens illud verbum, quod Cristus factus est
sacerdos secundum virtutem vite insolubilis, ait[c], quod *ecce[d] distat[d] inter
sacerdocium[e]* et[e] *sacerdocium:* quia illud sacerdocium scilicet Leviticum erat
carnale, hoc videlicet sacerdocium Cristi spirituale, illud temporale, hoc
eternum. Oblaciones enim veteris legis non erant ad sanctificacionem

---

[o] apostolus appellat V. [p] virtuta V. [q] enim est V. [r] habet V. [s] virtutis P. [t] supra P. [u] *fehlt* P.
[v] *fehlt Kürzungsstrich* P. [w] in ipso P. [x] exergerent P; exergerat V; *emendiert nach* b. [y] carnali
V. [z] rite V. [a] perpetua V. [b] spirituales V. [c] *fehlt* V. [d] et re distate V. [e] *fehlt* V.

[13] Hebr 7,16: "qui non secundum legem mandati carnalis factus est, sed secundum virtutem
vitae insolubilis." [14] *Randglosse* b: Est controversia üera theol. an fides et spes remaneat in
patria: quas Aeg. ad ornatum manere putat sicut de charactere sentit in anima separata, ut
dicebat superius: nisi hic loquetur de virtutibus quae non repugnant statui patriae. [15] Hebr
7,15-16. [16] Petrus Lombardus, *Collectanea in epist. d. Pauli* - in ep. ad Hebr., PL 192,453.

spiritus, quantum sunt[f] ex opere operato[g], sed erant[h] *ad emundacionem carnis*, ut dicitur ad Hebreos IX,[17] et non ad emundacionem anime, ut exponit glosa.[18] Mundabant enim a contactu hominis mortui, ut glosa[19] ibidem ait, nam tangens mortuum immundus erat septem diebus, et per oblaciones illas mundabatur, ut non reputaretur immundus. Erat ergo illa mundacio quantum ad cheremonias carnales.

## &lt; Capitulum XIX &gt;

Capitulum XIX, in quo assignantur[i] tres reliqui modi, quomodo Cristi sacerdocium est perpetuum vel eternus.

Dicebatur quidem[j] in precedenti capitulo, quod septem modis declarari poterat[k] Cristi sacerdocium esse eternum sive perpetuum, de quibus sunt modi quatuor enarrati. Dicebatur enim, quod eternitas erat quedam res, que[m] erat totale et quid simplex[n] et idem[o]. Ergo[p] racione[p] totalitatis[q] accipiebatur una probacio, quod Cristi sacerdocium erat eternum, de qua agebatur in XVII capitulo; racione autem realitatis sumebantur tres probaciones sive tres modi ad ostendendum Cristi sacerdocium esse eternum, de quibus agebatur in precedenti capitulo; racione autem ydemptitatis sumentur tres alie probaciones sive tres alii modi, de quibus agetur in hoc capitulo, ita quod in universo, quantum ad presens spectat, sunt septem probaciones et septem modi ad ostendendum Cristi sacerdocium esse[r] eternum[r]. Vel possumus, si volumus, istos septem modos probandi eternitatem sacerdocii Cristi adaptare ad ea, que diximus de Dyonysio.

Dicebamus quidem, quod Dyonysius X capitulo De divinis nominibus[1] assignat proprietates eternitatis sempiternitatem et insuccessibilitatem. Ergo

---

[f] est PV; eciam b. [g] *fehlt Kürzungsstrich* P. [h] erat V. [i] *folgt* raciones P. [j] quod *gestrichen* V. [k] poterit V. [m] qui P. [n] simpliciter P. [o] ideo P. [p] racione ergo V. [q] totalytatis P. [r] eternum esse V.

---

[17] Hebr 9,13. [18] Petrus Lombardus, *Collectanea in Paulum continuatio*, PL 192,471: "nisi contactum mortui hominis." [19] Ebd.: "Ominis enim anima hominis qui mortuum tetigeret, immunda erat septem diebus; ...". [1] Ps. Dionysius Areopagita, *De divinis nominibus*, cap.10, DIONYSII CARTUSIANI, *Opera omnia*, XVI, 388 und 311.

probaciones de eternitate vel accipientur[s] ex ipsa re, cui[t] competit eternitas, vel accipientur[u] ex sempiternitate, que est proprietas eternitatis, vel ex insuccessibilitate[v], que est eciam eternitatis proprietas.

Ex sempiternitate quidem sumebatur una probacio, videlicet quod sacerdocium Cristi probabatur eternum, quia erat semper sine inicio et sine fine. Ex parte autem rei, que consideranda est in sacerdocio Cristi, sumebantur tres raciones; una[w] ex parte rei offerentis, alia ex parte rei oblate et tercia ex[x] parte[x] rei[x], que erat oblacionis[y] effectus[z].

Sed in hoc capitulo sumentur tres ex parte insuccessibilitatis, videlicet quod, quia in hoc sacerdocio non est successio, sed est ibi insuccessibilitas[za], ideo dicitur esse eternum. Dicemus ergo[a], quod, sicut sumebantur tres raciones ex parte rei, que consideranda est in sacerdocio Cristi ad probandum illud sacerdocium esse eternum, que omnia ostendebantur procedere secundum mentem et intencionem[b] apostoli, sic sumi[c] poterunt in hoc capitulo[d] tres raciones ex parte insuccessibilitatis[e], ut[f] dicatur Cristi sacerdocium esse eternum racione insuccessibilitatis[ef] propter tria, que eciam omnia procedunt secundum mentem et intencionem apostoli.

Nam primo sacerdocium Cristi dicetur eternum[g], quia sacerdocio eius nullum aliud succedit sacerdocium; / (fol.38 r) secundo, quia ipsi sacerdoti nullus alius[h] succedit sacerdos; tercio, quia oblacioni[i] eius nulla alia succedit oblacio. In sacerdocio enim Cristi est unum et idem sacerdocium, unus et idem sacerdos, una et eadem oblacio. Et[j] eciam alius[k] Cristus[k] post Cristum quidem nullus fuit nec erit, qui fuit sacerdos sicut Cristus, et qui esset deus et homo Cristus[j].

Est tamen[m] ad[n] intelligenciam dictorum / (fol.105 vb) et dicendorum[n] diligenter notandum, quod hec est potissima differencia inter temporale et eternum sive inter tempus et eternitatem, videlicet successibilitas,

---

[s] accipiantur V. [t] an V. [u] accipiantur V. [v] *Ab diesem Absatz erfolgt* sub- *statt* suc- *in* P *wie hier* insubcessibilitate. [w] *fehlt* P. [x] *hinter* erat P. [y] oblaciones P. [z] effugiens V. [za] subcessibilitas P. [a] *fehlt* V. [b] incepcionem P. [c] si non P. [d] *fehlt* V. [e] subcessibilitatis P. [f] ut - insuccessibilitatis *fehlt* V (Homoioteleuton). [g] *fehlt Kürzungsstrich* P. [h] aliud P. [i] oblacio P. [j] Et - Cristus *fehlt* V (Homoioteleuton). [k] illum Cristum P. [m] enim V. [n] ad - dicendorum *fehlt* V.

que est in tempore, et insuccessibilitas, que est in eternitate. Nam tempus est mensura successiva, et eternitas est mensura sine successione. Quando ergo in[o] mensura pars una succedit alteri, illa mensura est temporalis[p]; quando nulla est ibi successio, illa mensura est[p] eterna vel sempiterna. Propter quod Boecius in suo libro De trinitate[2] volens assignare differenciam inter tempus[r] et eternitatem ait, quod nunc currens facit tempus, nunc permanens facit eternitatem. Tempus ergo est mensura currens et est mensura, que est in fluxu et in motu;[3] propter quod, sicut in motu una pars motus succedit alteri, sic et in tempore una pars temporis succedit alteri. Ideo nox et dies, que sunt partes temporis: nox succedit diei et econverso, et in ipsa die una pars diei succedit alteri, et una pars noctis alteri. In tempore ergo nulla est permanencia, sicut[v] econtrario in eternitate nulla est successio.

Sacerdocium itaque Leviticum erat temporale[x], quia ibi erat[y] omnimoda successio, sed sacerdocium Cristi est eternum, quia hic nulla est successio. Nam sacerdocio Levitico successit[z] aliud sacerdocium, quia successit ei sacerdocium Cristi. Rursus sacerdoti Levitico succedebat[a] alius sacerdos et oblacioni alia oblacio. Sed in sacerdocio Cristi non est successio nec ex parte sacerdocii, nec ex parte sacerdotis, nec ex parte oblacionis. Hiis ergo tribus modis ex parte sacerdocii et ex parte sacerdotis et ex parte oblacionis probabimus secundum intencionem apostoli Cristi sacerdocium eternum esse.

Propter primum sciendum, quod Cristi sacerdocium non debet dici temporale, cum tempus non sit[b] sine[b] successione; sed debet dici eternum et hoc ex parte ipsius sacerdocii, quia sicut in eternitate[c] nulla

---

[o] *fehlt* P. [p] temporalis - est *fehlt* P (Homojoteleuton). [r] *fehlt Kürzungsstrich* P. [v] *sic* P. [x] *folgt* et P. [y] erit P. [z] succedit P. [a] subcedat P. [b] nisi P. [c] trinitate P.

[2] Boethius, *De trinitate*, cap.4, PL 64,1253 B: "Quod nostrum nunc quasi currens tempus facit et sempiternum, divinum vero nunc permanens, neque movens sese atque consistens aeternitatem facit." [3] *Aegidii Romani commentaria in octo libros Physicorum Aristotelis IV*, 1,18, fol.99a: "Sicut enim mobile fluens causat motum sic nunc fluens causat tempus." Zitiert nach J. Quinn, "The Concept of Time," 317 Anm.14.

potest^d esse successio, sic sacerdocio Cristi nullum aliud sacerdocium potest succedere. Hoc est ergo, quod ait apostolus ad Hebreos VII^4 volens, quod, quia non erat consummacio^e, id est, non erat perfeccio per^f sacerdocium Leviticum, quod fuit acceptum sub lege, ideo *necessarium* erat, quod post sacerdocium Leviticum *exurgeret aliud sacerdocium*, videlicet sacerdocium Cristi, quod^g sacerdocium *non* fuit *secundum ordinem Aaron*, sed *secundum ordinem Melchisedech.* Unde sacerdocium Leviticum appellat sacerdocium translatum et legem Mosaycam^h, sub qua fuit datum tale sacerdocium, appellat legem translatam iuxta illud ad Hebreos VII:^5 *Translatio^i enim sacerdocio necesse est, ut^j legis translacio fiat.* Dicamus ergo, quod sacerdotes Levitici facti sunt sacerdotes sine iureiurando, quia sacerdocio Levitico debebat^k succedere aliud sacerdocium. Sed Cristus factus est sacerdos cum iureiurando, quia^l sacerdocio^m Cristi nullum aliud debet succedere. Hoc est ergo^n, quod ait apostolus ad Hebreos VII,^6 quod *alii quidem*, id est sacerdotes Levitici, *sine iureiurando sacerdotes facti sunt; hic autem*, id est Cristus, *cum iureiurando* supple factus est sacerdoes. Et hoc *per eum, qui dixit ad illum*: "*Iuravit dominus et non penitebit eum: Tu es sacerdos in eternum.*"

Secundo probare possumus Cristi sacerdocium esse in^o eternum non solum ex parte sacerdocii, cui non potest succedere aliud^p sacerdocium, sed eciam ex parte sacerdotis, cui non potest succedere^p alius sacerdos. Est enim diligenter notandum^q, quod aliud est sacerdocium succedere sacerdocio et aliud sacerdotem sacerdoti^r et aliud oblacionem succedere oblacioni. Nam sub eodem sacerdocio Levitico fuerunt successive plures sacerdotes et sub eodem sacerdote Levitico successive facte fuerunt plures oblaciones^s. Nam tam- / (**fol.106 ra**) diu dicitur esse idem sacerdocium, quamdiu durat idem ritus, idem ordo et / (**fol.38 v**) idem offerendi^sa modus. Quamdiu ergo secundum legem Moysi offerebantur animalia et durabat^t ille ritus et ille ordo et ille modus offerendi, secundum quod lex precipiebat,

---

^d habet P. ^e consumacio V. ^f *fehlt* V. ^g quia P. ^h moysaicam V. ^i translacio V. ^j *folgt* et Vulgata. ^k debeat V. ^l *fehlt* V. ^m sacerdo V. ^n *fehlt* P. ^o *fehlt* V. ^p aliud - succedere *fehlt* P (Homoioteleuton). ^q advertendum P. ^r sacerdocii P. ^s sacerdotes P. ^sa offerendum P. ^t dubitabat V.

^4 Hebr 7,11. ^5 Hebr 7,12. ^6 Hebr 7,20 f.

dicebatur esse idem sacerdocium. Sed mutato illo ritu et illo[u] modo, quia autem modo non offeruntur animalia, sed offertur panis et vinum, id est offertur corpus Cristi sub specie panis et sanguis eius sub specie vini, prout figuratum fuit in Melchisedech, qui panem et vinum obtulit, dicitur vetus sacerdocium esse translatum et lex vetus esse translata et dicitur, quod illi sacerdocio Levitico successit sacerdocium Cristi.

Duravit itaque sacerdocium Leviticum usque ad Cristum. Sub eodem ergo[v] sacerdocio Levitico fuerunt multi Levitici sacerdotes, quia nullus sacerdos potuit tantum vivere vel tantum durare, quam[va] duravit sacerdocium Leviticum; et sub eodem sacerdote Levitico fuerunt successive multe oblaciones, quia idem sacerdos Leviticus cotidie offerebat et faciebat aliam et[w] aliam[w] oblacionem.

Probavimus ergo supra sacerdocium Cristi esse eternum, quia[x] non est ibi successio ex parte sacerdocii, quia videlicet sacerdocium[y] Cristi non potest succedere sacerdocium aliud. Volumus autem nunc secundo probare Cristi sacerdocium esse eternum[x] ex parte ipsius sacerdotis, quia sacerdoti Cristo non potest succedere sacerdos alius. Ideo dicit apostolus ad Hebreos VII,[7] quod *alii quidem plures facti sunt sacerdotes, idcirco quod morte prohiberentur*[z] *permanere.* Alii enim[a] sacerdotes Levitici erant sacerdotes plures, quia per mortem unus succedebat[b] alii. Mors ergo cogebat, quod[c] non posset[d] semper permanere idem sacerdos, sed fierent plures sacerdotes saltem successive.

Vult ergo apostolus, quod in lege veteri erant plures sacerdotes, sed in lege nova non est nisi unus et idem sacerdos, scilicet Cristus. Arguatur ergo sic: quandocumque semper manet unus et idem sacerdos, quia sacerdos ibi non succedit sacerdoti, illud[e] sacerdocium

---

[u] ille V. [v] *fehlt* P. [va] *möglich auch als* quantum *zu lesen* V. [w] *fehlt* P. [x] quia - eternum *fehlt* V (Homoioteleuton). [y] sacerdotem P. [z] prohibentur PV; *emendiert nach* b. [a] *fehlt* V. [b] succedebant P. [c] ut P. [d] possit P. [e] *fehlt* P.

[7] Hebr 7,23 f.

est eternum; sed in sacerdocio Cristi semper[f] est unus et idem sacerdos, ergo eius sacerdocium est eternum[h].

Sed dices, nonne in lege nova sunt multi sacerdotes, et cotidie moriuntur sacerdotes, et alii eis succedunt in sacerdocium, et fiunt cotidie novi sacerdotes? Dici potest, quod de hoc in sequentibus capitulis diffusius[k] tractabatur[l]. Nunc autem scire sufficiat, quod, sicut probamus eternitatem sacerdocii Cristi ex ydemptitate sacerdocii, quia numquam in posterum exurget aliud sacerdocium, sic[n] eciam[o] probavimus eternitatem dicti sacerdocii ex ydemptitate et unitate sacerdotis. Nam sicut sacerdocio Cristi non succedit[p] aliud sacerdocium, ita nec sacerdoti Cristo succedit[q] alius sacerdos. Et quia mensura successiva est tempus, consequens est, quod Cristi sacerdocium, quia in eo non cadit successio, per se et directe non mensuretur tempore.

Tercio possumus hoc idem probare ex ydemptitate[r] et unitate sive ex[s] insuccessibilitate ipsius oblacionis. Nam sicut sacerdocio Cristi sacerdocium aliud non successit nec sacerdos alius huic sacerdoti, sic nec oblacio alia succedet[t] huic oblacioni. Hoc est ergo, quod apostolus ait ad Hebreos VII,[8] quod sacerdotes Levitici cotidie, id est sepe sepius, *pro suis delictis* et *pro populo*[u] *hostias* offerebant. Sed Cristus, ut ait, *hoc*[v] *fecit semel se offerendo*. In sacerdocio / (**fol.106 rb**) ergo Levitico, ubi cotidie fiebant oblaciones, oblacio successit[w] oblacioni; sed in sacerdocio Cristi, qui non nisi semel[x] seipsum obtulit, oblacio non successit oblacioni.

Arguatur ergo sic: ubicumque non est successio, illud non mensuratur mensura successiva et per consequens non mensuratur tempore, nec[y] est temporale[z]. Sed in sacerdocio Cristi non est successio, quia eius sacerdocio non[a] potest succedere aliud sacerdocium, nec sacerdoti alius sacerdos, nec eius oblacioni alia oblacio; ergo ipsius sacerdocium non est quid temporale, est ergo perpetuum vel eternum.

[f] *fehlt* P. [h] Dicitur autem in sacerdocio Cristi semper manere idem sacerdos Cristi, quod omnes, qui conficiunt hoc, faciunt in persona Cristi *folgt* P. [l] pertractabitur V. [n] Sicut P. [o] et P. [p] succedat P. [q] succedat P. [r] *fehlt Kürzungsstrich* V. [s] ei P. [t] succedit PV. [u] populi Vulgata. [v] *folgt* enim Vulgata. [w] succedit V; supercedebat P. [x] *fehlt* P. [y] ut P. [z] temporalem P. [a] *fehlt* P.

[8] Hebr 7,27.

## < Capitulum XX >

Capitulum XX declarans, quod due ultime raciones adversariorum non vadunt secundum mentem apostoli et contra nos nichil arguunt nec concludunt. / (fol.39 r)

Volumus autem[b] in hoc capitulo declarare, quomodo due[c] ultime[c] raciones adversariorum fundantes se super eternitate sacerdocii Cristi, de qua[d] loquitur apostolus ad Hebreos,[1] non vadunt secundum mentem et intencionem apostoli et contra nos nichil arguunt nec concludunt[e].

Verum quia ad hoc ostendendum sunt quedam alia declaranda, ideo[f] in hoc capitulo quatuor faciemus. Nam primo ostendemus[g], quod secundum intencionem apostoli eternitas sacerdocii Cristi directe respicit personam Cristi. Secundo declarabimus[h], quod, si illa, que dicuntur de eternitate sacerdocii Cristi, volumus adaptare ad homines mortales, dicemus, quod per se loquendo non differt in hoc papa a quocumque episcopo nec differt quicumque episcopus a quolibet simplici sacerdote. Tercio ostendemus, quod, si verba apostoli de eternitate sacerdocii Cristi adaptamus ad alios sacerdotes, non[i] erit ibi nec cessio nec accessio[j] nec successio[k] nec renunciacio nec per mortem nec quocumque alio modo. Quarto et ultimo declarabimus, quod adversarii nostri in prefatis racionibus non vadunt secundum[l] mentem apostoli et contra nos nichil arguunt nec concludunt.

Sciendum ergo, quod probabatur quidem supra sacerdocium Cristi esse eternum uno modo ex sua sempiternitate, quia[m] fuit sine inicio et sine fine, vel ex sua totalitate, quia fuit remedium omnibus personis et contra omnia peccata. Postea probabatur hoc idem ex ipsa re, que consideranda erat in tali sacerdocio; et hoc tripliciter, videlicet ex[n] re[n] offerente et ex re oblata et ex re, que erat oblacionis effectus. Postea probabatur hoc idem ex

---

[b] *Randglosse quadratisch umrandet unten auf der Seite*: capitulum XX[m] volumus autem V.  [c] ultime due V.  [d] quo P. . [e] concludut P.  [f] *folgt* quia V.  [g] *fehlt Kürzungsstrich* P; ostendere V.  [h] debemus declarare V.  [i] nec P.  [j] adcessio P.  [k] subcessio V.  [l] per V.  [m] que V.  [n] *korr. aus* exire P.

[1] Hebr 7,24.

insuccessibilitate sive ex ydemptitate ipsius sacerdocii, et hoc tripliciter: primo ex parte ipsius sacerdocii, quia nullum sacerdocium successit nec succedere potest sacerdocio Cristi; secundo ex parte ipsius sacerdotis, quia nullus sacerdos[s] successit[s] nec succedere potest Cristo sacerdoti[t], qui sit deus et homo, sicut est Cristus; tercio ex parte oblacionis, quia nulla oblacio successit nec succedere potest oblacioni Cristi, ita quod in sacerdocio Cristi semper est idem sacerdocium, idem sacerdos et eadem oblacio.

Si ergo eternitatem sacerdocii Cristi volumus referre ad eius sempiternitatem, quia fuit sine inicio et sine fine, vel ad eius totalitatem, quia fuit remedium omnibus personis et contra omnia peccata, de qua eternitate agebatur in XVII capitulo, dicemus[x], quod per hoc declarabitur primum, quod diximus declarandum in hoc capitulo, videlicet quod hoc directe non respicit nisi personam Cristi. Sed si eternitatem huius sacerdocii volumus referre ad multiplicem[y] rem, que considerari potest in sacerdocio Cristi, et si talia volumus adaptare ad sacerdotes, qui sunt puri homines, declarabitur, secundum quod dicebatur declarandum in hoc capitulo, videlicet quod per se loquendo in hoc non differt papa a quocumque[z] episcopo nec quicumque episcopus a quocumque[a] simplici sacerdote.

Sed tercio, si eternitatem sacerdocii Cristi volumus referre ad eius ydemptitatem vel ad eius insuccessibilitatem, quia semper fuit et est in sacerdocio Cristi ydemptitas[b], quia semper fuit et est idem sacerdocium, idem sacerdos et eadem oblacio, et semper / (**fol.106 va**) fuit et est ibi insuccessibilitas[c], quia numquam sacerdocio Cristi succedit nec succedere potest aliud sacerdocium nec sacerdoti alius sacerdos nec oblacioni alia oblacio, ideo, si hoc volumus adaptare ad homines puros et ad mortales sacerdotes, declarabitur tercium, quod dicebatur declarandum in hoc capitulo, videlicet quod[d] in tali sacerdocio non est proprie cessio nec accessio[e] nec renunciacio nec successio nec per mortem nec

---

[s] successit sacerdos V. [t] sacerdocii P. [x] dicendum V. [y] multipliciter P. [z] quoque P. [a] *fehlt* V. [b] ydemptitatis V. [c] subcessibilitas P. [d] quia P. [e] adcessio P.

quocumque alio modo. Ex quibus omnibus declarabitur quartum, quod dicebatur declarandum, videlicet quod adversarii nostri in duabus / (fol.39 v) suis ultimis racionibus, que solvende restabant, non vadunt secundum mentem apostoli nec contra nos arguunt nec concludunt.

Propter primum sciendum, quod, ut sepe sepius tactum est, sacerdocium Cristi probatur esse in[f] eternum primo ex sempiternitate eius, quia est sine inicio et sine fine, vel probatur hoc[g] ex totalitate, que fuit in tali sacerdocio, quia fuit totale remedium omnibus personis[h] et contra omnia vicia. Ex hoc autem declaratur primum, videlicet quod verba apostoli de eternitate sacerdocii Cristi directe respiciunt personam Cristi.

Nam si eternitas huius sacerdocii sumatur vel ex sempiternitate, quia respicit omnia tempore et est sine inicio et sine fine, vel sumatur huiusmodi eternitas ex quadam totalitate, quia fuit et est sufficiens remedium omnibus personis et contra omnia vicia, constat, quod hec[i] puro homini competere non possunt. Nam nullus purus homo potest sufficienter satisfacere pro seipso, quia secundum sentenciam evangelii,[2] cum omnia benefecerimus, debemus dicere, *servi inutiles sumus*, et *quod debuimus facere, fecimus*. Si ergo nullus purus homo potest sufficienter satisfacere pro seipso, quomodo posset[j] tantum supererogare, quod satisfaceret[k] pro omni tempore, pro omnibus personis et pro omnibus peccatis? Ideo sic accepta eternitas sacerdocii directe respicit solam personam Cristi.

Propter secundum sciendum, quod, si eternitatem sacerdocii Cristi volumus accipere alio modo, videlicet respectu rei, que consideranda est in tali sacerdocio, et hoc tripliciter, videlicet respectu rei offerentis, rei oblate, et rei, que erat oblacionis effectus, et[l] volumus illa[m] adaptare ad homines puros vel ad sacerdotes mortales, ex hoc, ut dicebatur, declaratur

---

[f] *fehlt* PV; *ergänzt nach* b. [g] hac P. [h] *fehlt* P. [i] hoc V. [j] potest V. [k] satisfacieret V. [l] *fehlt* P. [m] ista P.

[2] Luc 17,10.

secundum, videlicet quod verba apostoli non magis verificantur de papa quam de quocumque simplici pontifice nec de simplici pontifice magis quam de simplici sacerdote.

Nam si considerantur verba[o] apostoli, non loquitur ibi, ut[r] patet, apostolus[r] de iurisdiccione, sed de oblacione. Loquitur enim ibi de corpore Cristi vero, quod Cristus in cruce obtulit deo patri. Si autem loquitur ibi de corpore Cristi mystico sive de ipsis fidelibus, hoc non est racione[u] iurisdiccionis[u], sed[v] racione oblacionis, in quantum illa oblacio habet spiritualem effectum in omnes fideles, si[w] volunt ad hunc effectum debite se habere. Unde et apostolus solum de oblacione[x] loquitur, dicens ad Hebreos VII,[3] quod alii sacerdotes pro se et pro populo offerebant hostias, sed Cristus hoc fecit semel se offerendo. Et ad Hebreos VIII[4] dicitur, quod *omnis enim pontifex ad offerendum[y] munera et hostias[z] constituitur.* Ergo solum de oblacione et de corpore Cristi vero, quod fuit oblatum deo patri et cotidie offertur in altari, loquitur apostolus. Si autem loquitur de corpore Cristi mystico, hoc est racione istius oblacionis. Nam et idem apostolus ad Hebreos VIII[5] vult, quod *necesse est[a] hunc,* id est sacerdotem vel pontificem, *habere aliquid, quod offerat,* ubi vult, quod Cristus / (**fol.106 vb**) obtulit, quod habuit, quia obtulit seipsum.

Arguatur ergo sic, quantum est ad conficiendum corpus Cristi verum et ad offerendum corpus Cristi verum, quod facit cotidie sacerdos super altare, non est plus pontifix quam simplex sacerdos nec est plus papa per se loquendo quam quicumque pontifex vel quicumque sacerdos, quia ultra[b] caracterem sacerdotalem nullus est caracter et ultra illam potenciam spiritualem[b], per[c] quam conficitur corpus Cristi verum, quam habet quilibet sacerdos, nulla est alia potencia respectu corporis Cristi veri; ergo simplices

---

[o] *fehlt* V. [r] ut - apostolus *fehlt* V. [u] de iurisdiccione racionis P. [v] *folgt* in quantum *gestrichen* V. [w] Sed P. [x] obligacione V. [y] offerenda PV. [z] bestias V. [a] *fehlt* P; *folgt* et Vulgata. [b] ultra - spiritualem *fehlt* V. [c] post V.

[3] Hebr 7,27. [4] Hebr 8,3. [5] Hebr 8,3.

sacerdotes in hoc sunt equales pontificibus$^d$, et quicumque pontifices sunt in equales$^d$ pape, et hoc est secundum, quod dicebatur declarandum.

Advertendem tamen, quod potest esse maior sollempnitas in missa unius sacerdotis quam in missa alterius, sed quantum ad confeccionem corporis Cristi veri, quod offertur in altari et fuit oblatum in cruce, equa est potencia per se loquendo / (**fol.40 r**) omnium sacerdotum.

Propter tercium autem sciendum, quod, si eternitatem sacerdocii Cristi volumus referre ad ydemptitatem, quia ibi est idem sacerdos, idem sacerdocium et eadem oblacio, vel - quod idem$^e$ est -, si volumus hoc referre ad insuccessibilitatem, quia, ut diximus, nec sacerdocium potest ibi succedere$^f$ sacerdocio nec sacerdos sacerdoti nec oblacio oblacioni, et, ut dicebatur, si volumus hoc adaptare ad homines puros et ad sacerdotes$^g$ mortales, declarabitur tercium, videlicet quod in talibus nec cedimus nec accedimus$^h$ nec renunciamus nec alii succedunt nobis.

Sed dices, quid ergo facimus, et$^i$ quid$^i$ alii faciunt? Respondebimus, quod Cristum induimus et alii Cristum induunt.$^6$ Nam in$^j$ omni$^j$ hoc sacerdocio sacerdos non succedit sacerdoti, et oblacio non succedit oblacioni, nec sacerdocium succedit sacerdocio.

Sacerdos enim in confeccione$^k$ corporis Cristi dicitur non succedere sacerdoti, quia nullus sacerdos loquitur in propria persona, cum conficit corpus Cristi. Dicit enim sacerdos, cum hoc facit: *Hoc est enim corpus meum.*$^7$ Constat autem$^l$, quod illud$^m$ non est corpus sacerdotis, sed est corpus Cristi. Ergo non loquitur sacerdos in persona propria, sed loquitur in persona Cristi. Ergo sacerdos conficiendo non dicitur cedere Cristo nec accedere$^n$, ut$^o$ hic de accessu loquitur, sicut dicitur unus episcopus accedere$^o$ alii episcopo, quia$^p$ alio episcopo vivente assumitur ad

---

$^d$ pontificibus - equales *fehlt* P (Homoioteleuton).  $^e$ *fehlt Kürzungsstrich* P.  $^f$ sub eodem P.  $^g$ saperdotes V.  $^h$ a doctrinis P.  $^i$ quod P.  $^j$ ideo in P.  $^k$ consecracione V.  $^l$ enim P.  $^m$ istud P.  $^n$ adcedere P.  $^o$ ut - accedere *fehlt* P (Homoioteleuton).  $^p$ quando V.

$^6$ Vgl. Rom 13,14.  $^7$ Canon misse (Luc 22,19).

curam ecclesie eius, nec dicitur hic sacerdos renunciare vel succedere Cristo, sed magis dicitur induere Cristum, in quantum loquendo in persona Cristi conficit[r] corpus Cristi. Ut hic ergo de successione loquimur, prout unus papa subdit[t] alii, nichil enim tale hic conspicimus.

Ex hiis autem omnibus potest[v] declarari quartum, videlicet quod adversarii nostri in suis ultimis racionibus non vadunt secundum mentem apostoli et contra nos nichil arguunt nec concludunt. Non enim vadunt, ut patuit, secundum mentem apostoli, quia omnia prefata de eternitate sacerdocii Cristi referenda sunt ad ipsam[z] oblacionem[z]. Adversarii tamen nostri non intendunt arguere de ipsa oblacione nec de ipsa confeccione corporis Cristi veri, sed intendunt arguere de auctoritate papali et de plenitudine iurisdiccionis. Ideo extra mentem apostoli vadunt et contra nos nichil arguunt nec concludunt, quia ille due ultime raciones vel[b] nichil omnino concludunt vel, si concludunt, hoc faciunt de ipsa consecracione[c] et oblacione corporis Cristi veri, de qua hic non agitur et in qua per se loquendo simplices sacerdotes sunt equales pape. Sunt enim simplices sacerdotes in hoc equales pape, quia ita possunt conficere corpus Cristi verum, sicut et papa. Non autem sunt equales pape nec equales episcopis, quod pos- / (**fol.107 ra**) sint[e] ordinare alios in sacerdotes, sicut potest[f] papa[f] et sicut possunt episcopi. Simplices itaque sacerdotes, quantum ad posse conficere, sunt equales pape; sed ad dandam potenciam[g] conficiendi[g], quod fit, cum alii ordinantur in sacerdotes, sunt infra papam[h] et infra quoscumque episcopos.

### <Capitulum XXI>

Capitulum XXI declarans, quomodo sub sacerdocio Cristi omnes sacerdotes possunt dici unus et idem sacerdos.

Quamvis ex precedentibus sit sufficienter ostensum, quod adversariorum due ultime raciones vadunt extra mentem apostoli et contra nos nichil arguunt nec concludunt, bonum est tamen raciones illas magis

---

[r] conficere P.  [t] subdet V.  [v] patet P.  [z] oblacionem ipsam V.  [b] *fehlt* V.  [c] confeccione P.  [e] possunt V.  [f] papa potest V.  [g] conficiendi potenciam V.  [h] *folgt in* V.

pertractare et eas clarius solvere. Sed antequam hoc fiat, ostendere volumus, quomodo sub sacerdocio Cristi omnes sacerdotes Cristi[i] dicuntur esse unus sacerdos, quia in hoc multum declarabitur mens apostoli, qui volens dare differenciam inter sacerdocium Leviticum et sacerdocium Cristi ait ad Hebreos VII,[1] quod in sacerdocio Levitico *plures facti* / (**fol.40 v**) *sunt sacerdotes*. Quare, si differt sacerdocium Cristi a sacerdocio Levitico, quia ibi *plures facti sunt sacerdotes*, oportet, quod in sacerdocio Cristi non sit nisi unus sacerdos.

Itaque declarare unitatem sacerdotis in sacerdocio Cristi facit ad clarius intelligere mentem apostoli et eciam facit ad clarius dissolvere duas ultimas raciones. In[j] hoc ergo capitulo agemus de unitate sacerdocii Cristi, et in sequenti capitulo dissolvemus clare et evidenter prefatas duas ultimas raciones[j].

Propter quod sciendum, quod, si sub sacerdocio Cristi unitatem ipsius sacerdotis volumus referre[k] ad solam personam Cristi, clarum est, quod dicitur, quia non est nisi unus Cristus nec unquam fuit, ut[l] per eius cessionem fieret alius Cristus[l], nec unquam erit[m] nisi unus Cristus; ita quod ipse Cristus nec unquam[mn] ei accessit alius Cristus, nec unquam[o] renunciavit, nec unquam cessavit[p] eius[q] sacerdocium[q]. Nam eciam moriens poterat dici eius sacerdocium semper vivere, quia per mortem eius suum[r] sacerdocium non amisit suam efficaciam. Immo[s] ex sua morte et ex sua passione habuit hoc sacerdocium dictam[t] efficaciam.

Nam hoc modo fuit Cristus sacerdos et hostia, quia moriendo in cruce obtulit se deo patri et solvit precium pro humana natura, propter quod dicitur[u] nos redemisse et deo patri nos reconciliasse.[1'] Possunt enim alii homines fieri sacerdotes et fieri pontifices

---

[i] *fehlt* V. [j] In - raciones *fehlt* V (Homoioteleuton). [k] deferre V. [l] ut - Cristus *fehlt* V (Homoioteleuton). [m] erit - unquam *fehlt* P. (Homoioteleuton). [n] numquam V. [o] numquam V. [p] *hinter* sacerdocium V. [q] sacerdocium eius V. [r] *fehlt* P. [s] primo P. [t] in tantum V. [u] *fehlt* V.

[1] Hebr 7,23. [1'] Vgl. II Cor 5,18.

et esse vicarii Cristi,[2] sed non proprie dicuntur[v] esse successores, quia tunc fierent[x] pares Cristo, quod est impossibile. Successor quidem dicitur esse par et equalis eius, cui succedit. [Sic alius Cristus nec unquam successit] ei, quod ipse sit Cristus, sicut alius[z] succedit pape, quia preficitur in papam[y]. Referendo igitur verba apostoli ad ipsam personam Cristi, sicut referri debent[a], raciones adversariorum nichil concludunt. Arguunt enim, quod, quia Cristus est sacerdos in eternum, ideo tali sacerdote vivente non potest ibi esse renunciacio.

Sed non[b] plus concedimus quam[c] raciones[c] arguant[d]. Dicimus autem[e], quod quantum ad personam Cristi, de qua loquitur apostolus, cum suum sacerdocium sit eternum, non potest ibi esse nec renunciacio nec cessio, quia non[f] potest ibi[g] esse alius Cristus. Ideo enim nec quis cedit vel quis renunciat, ut alius in suo loco[h] instituatur, nec eciam potest ibi esse accessio, que[i] fit propter eius[j] defectum[j], cui accessit. Secundum quem modum dicimus Augustinum Valerio non successisse, sed accessisse, quia vivente Valerio factus est Augustinus episcopus Yponensis, sicut habetur causa VII, questione prima, capitulo Non autem.[3] Hoc enim esse non potest in Cristo, quia tunc esset defec- / (fol.107 rb) tivus Cristus et essent duo Cristi. Nec potest ibi esse deposicio[k], quia Cristus *peccatum non fecit nec[l] inventus est dolus in ore eius.*[3'] Nec potest ibi esse[m] successio, que fit per mortem, quia Cristo moriente dici poterat eius sacerdocium vivere, quia non amisit illud[n] sacerdocium[n] suum[o] vigorem[o] per mortem Cristi. Immo[p] per mortem et passionem Cristi habuit illud sacerdocium suam vim et suum vigorem, cum ex latere Cristi dormientis in cruce dicatur esse

---

[v] dicunt V. [x] fuerunt P. [y] ei - papam *fehlt* V. [z] aliquis P. [a] *fehlt* P. [b] nos V. [c] raciones quam P. [d] arguunt V. [e] enim P. [f] *fehlt* PV; *ergänzt nach* b. [g] *fehlt* V. [h] loc P. [i] quia PV; *emendiert nach* b. [j] defectum eius V. [k] de episcopo P. [l] si P. [m] *fehlt* P. [n] sacerdocium illud V. [o] vigorem suum V. [p] primo P.

[2] Über die Bezeichnung 'vicarius Christi' vgl. oben S. 37 Anm. 11. [3] Decretum C.7 q.1 c.12 'Non autem', ed. Friedberg. 571. [3'] 1 Petr 2,22.

formata ecclesia, et exinde sacramenta ecclesiastica dicantur habere suam virtutem, ut potest patere ex glosa ad Romanos quinto.[4]

Verum quia intellectus hominis non quiescit[q], cum sub sacerdocio Cristi fiant cotidie novi sacerdotes, et cum sub tali sacerdocio homines mortales fiant sacerdotes, merito dubitatur, quomodo dicat apostolus, quod sub[r] sacerdocio Levitico *plures facti sunt sacerdotes*,[5] volens ex hoc illud sacerdocium distinguere a sacerdocio Cristi, cum et sub sacerdocio Cristi plures facti sunt sacedotes.

Sciendum ergo, quod[s] sub sacerdocio Cristi omnes sacerdotes possunt dici unus sacerdos propter tria: primo racione oblacionis, secundo racione rei oblate, tercio racione commemoracionis sive annunciacionis. Primo quidem omnes sacerdotes sunt[t] unus sacerdos[t] racione oblacionis, quia omnes offerunt in persona unius sacerdotis et[u] omnes conficiunt in persona unius sacerdotis[u], id est in persona Cristi, quia, ut supra tetigimus, / **(fol.41 r)** quilibet sacerdos, cum conficit, dicit: *Hoc est enim[v] corpus meum.*[6]

Constat autem, quod corpus, quod conficit sacerdos[w], non est corpus ipsius sacerdotis, sed est corpus Cristi. Ergo cum quilibet sacerdos conficiendo dicat: *Hoc est corpus meum*[x7] et illud non sit corpus suum, sed sit corpus Cristi, ergo nullus sacerdos, cum conficit, loquitur in persona sua, sed quilibet loquitur in persona Cristi. Ergo cum conficiunt offerendo et conficiendo[y] corpus Cristi, omnes dicuntur unus sacerdos, quia omnes induunt personam unius sacerdotis, id est Cristi.

Non autem sic erat in sacerdocio Levitico, quod ipsi offerebant[z] in persona unius et[a] eiusdem sacerdotis. Tot ergo erant tunc sacerdotes, quot[b] erant offerentes. Et ideo dicuntur ibi plures facti sacerdotes, et dicuntur ibi homines mortales fieri sacerdotes. Sed sub sacerdocio Cristi, cum omnes

---

[q] possit V.  [r] extra P.  [s] *folgt* si P.  [t] sunt - sacerdos *fehlt* P.  [u] et - sacerdotis *am Rande eingefügt* P.  [v] *fehlt* P.  [w] *fehlt* P.  [x] *fehlt* V.  [y] *fehlt Kürzungsstrich* P.  [z] offerent P; offerunt V.  [a] *fehlt* V.  [b] quod V.

---

[4] Glosse ad Rom 5,14 s.v. Qui est forma, PL 114,486 B.  [5] Hebr 7,23.  [6] Canon misse (Luc 22,19).  [7] Ebd.

sacerdotes offerant in persona Cristi, qui est eternus et immortalis, dicuntur omnes sacerdotes esse unus sacerdos; et quantum ad hoc possunt dici immortales, quia conficiunt in persona eius, qui est[c] eternus[c] et immortalis.

Secundo sub sacerdocio Cristi dicuntur omnes sacerdotes esse unus sacerdos non solum racione rei offerentis, sed eciam racione rei oblate, quia omnes offerunt unam[d] et eandem rem, videlicet verum corpus Cristi. Non autem sic erat in sacerdocio Levitico, quia non offerebant ipsam rem nec ipsum verum corpus Cristi, sed offerebant animalia, que erant figura eius.

Constat autem, quod res[e] ipsa[e] in se non est nisi una et eadem, sed unius et eiusdem rei possunt esse multe figure. Ideo racione rei oblate sub sacerdocio Levitico unus sacerdos erat multi sacerdotes, quia unus sacerdos multas res offerebat et iterando oblaciones semper aliam et aliam rem offerebat[f], quia non erat idem animal, quod offerebatur uno die et quod offerebatur alio. Et si erat idem specie, non erat idem numero. Sed sub sacerdocio Cristi multi sacerdotes, immo omnes sacerdotes et racione rei offerentis et racione rei oblate sunt unus et idem sacerdos, quia omnes offerunt in persona unius Cristi et omnes offerunt unum et idem corpus Cristi[g], non solum idem[h] et[h] unum[h] specie, sed eciam idem[i] et[i] unum[i] numero. Omnes enim sacerdotes offerunt et omnes conficiunt illud idem corpus numero, quod[j] Cristus traxit de virgine, quod[k] fuit elevatum in cruce, quod resurrexit a mortuis et cum quo Cristus ascendit in celum.

Tercio / (fol.107 va) sub sacerdocio Cristi omnes sacerdotes possunt dici unus sacerdos racione commemoracionis sive racione annunciacionis. Cum enim hoc sacramentum celebramus, commemoramus mortem Cristi vel annunciamus mortem eius iuxta illud Luce XXII:[8] *Accepto pane gracias egit et fregit et dedit eis dicens: Hoc est corpus meum, quod pro vobis* tradetur[l], *hoc facite in meam commemoracionem.* Et prima[m] ad

---

[c] eternus est V. [d] unum P. [e] ipsa res V. [f] offerebant P, [g] *fehlt* V. [h] unum et idem V. [i] unum et idem in V. [j] quia P. [k] qui PV; *emendiert nach* b. [l] datur Vulgata. [m] primo V.

[8] Luc 22,19.

Corinthios XI[9] dicitur[n], *quocienscumque[o] enim manducabitis panem hunc et calicem bibetis, mortem domini[p] annunciabitis.* Sed si queratur, quare in hoc sacramento commemoratur vel annunciatur mors domini[q], dici potest, quod imminente morte instituit hoc sacramentum; ideo hoc facimus in memoriam mortis eius, et hoc faciendo annunciamus mortem eius. Vel possumus dicere, quod ex vi sacramenti in hoc sacramento corpus est separatum a sanguine, et econverso. Est enim sub utraque specie totus[r] Cristus. Sec hoc non est ex[s] vi sacramenti, sed ex naturali concomitancia. Illud enim dicitur ibi esse[s] ex vi sacramenti, in qua[t] facta est conversio vel in qua[u] facta est transubstanciacio[v].[10] Et quia substancia panis non convertitur nec transubstanciatur nisi[w] in corpus Cristi, ideo ex vi sacramenti sub specie panis non est nisi solum corpus Cristi[x]; sed quia illud corpus habet sanguinem suum sibi naturaliter coniunctum et est animatum, ideo ex naturali concomitancia eciam sub specie panis est sanguis, anima[y] et totus Cristus.

Sic sub specie vini ex vi sacramenti non est nisi sanguis[y] tantum, quia substancia vini non convertitur nisi in sanguinem; attamen quia ille sanguis et coniunctus corpori, quod est animatum, ideo eciam sub specie vini est sanguis, corpus, anima et totus Cristus. Igitur quia ex vi sacramenti sub specie panis est corpus tantum, sub specie / **(fol.41 v)** vini est sanguis tantum, ideo dicitur, quod in hoc sacramento conficitur ex vi sacramenti corpus[a] separatum a sanguine, et econverso. Et quia hoc fuit in morte, quod sanguis fuit separatus a corpore, ideo, quocienscumque[b] hoc facimus, agimus memoriam mortis Cristi et annunciamus mortem eius.

Et hiis ergo patere potest, quod in hoc sacramento idem commemorat et annunciat seipsum; ut quia sub specie panis ex vi sacramenti non est nisi corpus tantum, ideo corpus Cristi sub specie panis commemorat

---

[n] *fehlt* V. [o] quociescunque V. [p] deo V. [q] deo V. [r] corpus P. [s] ex - esse *fehlt* P (Homoioteleuton). [t] quod v. [u] quod V. [v] transsubstanciacio P. [w] *fehlt* P. [x] *fehlt* V. [y] anima - sanguis *fehlt* P (Homoioteleuton). [a] *hinter* conficitur P. [b] quociescunque V.

[9] I Cor 11,26. [10] Vgl. Aeg. Rom., *Quodlibet* I q.4, ed. De Coninck, 9-11, der sein Verständnis der Transsubstantiationslehre auf vierfache Weise darlegt.

et annunciat seipsum, ut fuit separatum a sanguine, quod fuit in morte Cristi. Sic eciam quia sub specie vini ex vi sacramenti non est nisi sanguis tantum, ideo sanguis sub specie vini commemorat et annunciat seipsum, prout fuit fusus in passione et prout fuit separatus a corpore. Ergo quia in hoc sacramento idem commemorat et annunciat seipsum, eadem est commemoracio, eadem annunciacio et racione rei commemorantis sive annunciantis et racione rei commemorate sive annunciate, quia, ut diximus, idem seipsum commemorat et annunciat.

Sed in sacerdocio Levitico commemoracio ibi esse non poterat, que est de re preterita, quia Cristus nondum erat passus. Si vero illa animalia oblata annunciabant vel figurabant mortem Cristi, hec annunciacio[c] non erat per eandem rem, sed per aliam et aliam, quia non erat eadem res annuncians et annunciata et figurans et[d] figurata, quia res figurans erat agnus, res figurata erat Cristus. Et quia semper assumebatur alius et alius agnus, qui immolatus figurabat[e] et annunciabat mortem Cristi, poterat dici alia et alia annunciacio.

Patet ergo ex dictis, quod sub sacerdocio Cristi omnes sacerdotes possunt dici unus sacerdos racione eorum, qui conficiunt vel qui offerunt, quia omnes conficiunt in persona unius Cristi; et racione rei, quam offerunt; et racione eius, quod commemorat et annunciant, quia omnes commemorant et annunciant eandem[f] mortem Cristi. Hoc fit idem per idem, ut est per habita manifestum[g] et[g] declaratum.

## \<Capitulum XXII\>

Capitulum XXII, in quo specialiter pertractantur adversariorum due ultime raciones et[h] per iam dicta clare et manifeste solvuntur.

Declarata mente apostoli, quomodo Cristi sacerdocium est eternum et quomodo sub sacerdocio Levitico *plures facti sunt sacerdotes,*[1] / (fol.107 vb)

---

[c] annunciate P. [d] *fehlt* P. [e] figuraba P. [f] eadem P. [g] *fehlt* P. [h] *fehlt* P.

[1] Hebr 7,23.

sed sub sacerdocio Cristi omnes sacerdotes possunt dici unus sacerdos, volumus ex hiis descendere ad solvendum adversariorum duas ultimas raciones, XI videlicet et XII. Ostendebatur quidem in precedentibus, quod prefate raciones non erant secundum mentem apostoli et contra nos nichil concludebant. Sed hic volumus dictas raciones specialiter pertractare.

Arguebat quidem XI racio,[1'] quod, quia apostolus vult et probat sacerdocium Cristi esse eternum et[i] advivere[j] in eternum in sacerdote[i], sequitur ipsum esse sacerdotem in[k] eternum. Ergo, ut dicunt, nullo modo potest esse vita summi pontificis et summi sacerdotis sine summo sacerdocio. Ideo concludunt, quod papa renunciare non potest. Addunt quidem, quod videtur nimis extraneum et a racione remotum, quod summus pontifex, qui est verus successor et vicarius Iesu Cristi, qui est sacerdos in eternum, possit absolvi ab alio quam ab ipso deo et quia aliquo modo possit[l] esse[m] vita summi sacerdotis sine summo sacerdocio.

Adducunt autem duodecimam racionem, quod[n], si possit[o] renunciare summus pontifex, quod apostolus nichil concluderet. Dicunt enim, quod, si vita summi[p] sacerdotis possit[q] esse sine summo sacerdocio, argumentum apostoli, ubi dicit, quod secundum legem Mosaycam[r] plures facti sunt sacerdotes etcetera, penitus nullum videretur esse, sed falsitatem contineret. Nam posset argui contra apostolum: quare Cristus sempiternum habet sacerdocium? Respondet apostolus: *eo quod* manet[s] *in eternum*.[2] Dico tibi, apostole, non est verum, quia potest in vita sua renunciare et non erit sacerdos amplius.

Premissis ergo hiis duabus racionibus eo modo, quo adversarii eas formant et sub eisdem verbis, sub quibus eas formant, volumus dictas raciones solvere. / (fol.42 r) Solvemus quidem eas quadrupliciter: primo, prout verba apostoli directe tangunt personam Cristi;

---

[i] ... sacerdotem P; et - sacerdote *fehlt* V. [j] adi iiiie P. [k] *fehlt* P. [l] possint P. [m] *fehlt* V. [n] *folgt* quia P. [o] potest V. [p] *folgt* pontificis P. [q] potest V. [r] moysaycam V. [s] maneat Vulgata.

[1'] Ed. Denifle, "Die Denkschriften," 512. [2] Hebr 7,24.

secundo, prout illa verba, si applicentur ad sacerdotes, qui sunt puri homines, non arguunt de hiis, que sunt iurisdiccionis, sed de hiis, que[t] sunt oblacionis, vel arguunt de hiis, que sunt ordinis et de hiis, que respiciunt caracterem sacerdotalem, quem habent eciam simplices[u] sacerdotes[u]; tercio solvemus raciones prefatas, prout apostolus[v] loquitur de successione per mortem nullam mencionem faciens de successione per renunciacionem; quarto solvemus raciones illas, prout secundum mentem apostoli sub sacerdocio Levitico multi facti sunt sacerdotes, non autem sub sacerdocio Cristi, sub quo omnes sacerdotes sunt quasi unus sacerdos.

Propter primum sciendum, quod, sicut supra tetigimus, verba apostoli de eternitate sacerdocii directe non respiciunt aliquem hominem purum, sed solam personam Cristi. Loquitur enim apostolus, ut patet ad Hebreos VII,[3] de sacerdocio, quod iureiurando firmatum est, illud Psalmi[4] adducens[w]: *Iuravit dominus* etcetera. Cum ergo sic habeatur in Psalmo[5] *ex utero ante luciferum genui te*, quod proprie competit filio, postea sequitur, *Iuravit dominus et non penitebit eum: Tu es sacerdos[x] in eternum[x].*[6] Ille ergo enim deus pater, qui genuit te ex utero, id est ex sua substancia et ex sua natura fecunda, ille iuravit, id est inconcussa veritate firmavit, et non penitebit eum, quia non mutabit[y] suum firmum propositum, sed semper erit sacerdos in eternum. Cum ergo hoc non possit[z] competere nisi persona[a] Cristi, verba apostoli non sunt referenda directe ad purum hominem, sed ad personam Cristi.

Nichil ergo concludunt[b] de renunciacione pape, qui erat homo purus. Optime ergo concludit racio penultima sive racio XI, quod, quia Cristus est sacerdos in eternum, ideo ibi[c] non potest esse renunciacio, quia, si[d] renunciaret, non esset sacerdos[e] in eter-/ **(fol.108 ra)** num; immo nec per mortem nec quocumque[f] alio modo potest esse successio sub tali sacerdocio. Sic eciam optime arguit racio XII, quia, si possit[g] Cristus

---

[t] qui V. [u] *sacerdotes simplices* V. [v] *plus* P. [w] *hinter* est P. [x] *sacerdos -eternum: etcetera* V. [y] mutavit P. [z] possint P. [a] per P. [b] concludit V. [c] *hinter* potest P. [d] *folgt* mortem P. [e] sacerdo P. [f] quocum P. [g] potest V.

[3] Hebr 7,21. [4] Ps 109,4. [5] Ps 109,3. [6] Ps 109,4.

renunciare vel possit ei alius succedere, quod esset verus[h] Cristus, sicut ipse non esset[i] sacerdos in eternum.

Concludunt ergo raciones prefate quandam veritatem de persona Cristi, sed si ad aliquem purum hominem adaptentur, non arguunt nec concludunt. Secundo possumus prefatas raciones solvere, quia, si illa verba apostoli adaptentur ad sacerdotes, qui sunt homines puri, cum apostolus non loquatur[j] de sacerdocio quantum ad ea, que sunt iurisdiccionis, sed quantum ad ea, que sunt oblacionis, patet, quod dicte raciones nichil arguunt nec concludunt. Cum enim apostolus loquitur de huiusmodi sacerdocio eterno, solum de oblacione loquitur iuxta illud ad Hebreos septimo,[7] quod Cristus fecit hoc, id est huiusmodi oblacionem, *semel se offerendo;* et octavo capitulo[8] dicitur, quod *omnis[k] pontifex ad offerendum[ka] munera et hostias constituitur;* et IX capitulo[9] scribitur, quod[l] *neque per sanguinem hircorum[m] aut vitulorum, sed per proprium sanguinem introivit semel in sancta.* Ergo non loquitur apostolus de sacerdocio nisi quantum ad oblacionem, prout Cristus se semel obtulit, prout factus est sacerdos et pontifex ad offerendum seipsum hostiam, prout non per alienum sanguinem, sed per proprium sanguinem seipsum oblacionem fecit.

Hec ergo si volumus adaptare ad alios sacerdotes, qui cotidie in altari conficiunt corpus Cristi et offerunt illud idem corpus, quod Cristus obtulit, licet Cristus obtulerit[ma] suum proprium corpus in cruce sub propria specie, sacerdotes autem offerunt[n] illud idem corpus non sub propria specie, sed sub specie panis, quia ista respiciunt ipsam confeccionem corporis Cristi vel[o] oblacionem eius, cum ad hoc sufficiat simplex[p] caracter[q] sacerdotalis[q], quia simplices sacerdotes / (fol.42 v) vere conficiunt[r], patet, quod prefate raciones, si aliquid arguunt vel concludunt, hoc[s] faciunt[s] de caractere sacerdotali[t], per quem quis conficit verum corpus Cristi, quod fuit oblacio et

---

[h] vere P. [i] erat P. [j] loquitur V. [k] *folgt* enim Vulgata. [ka] offerenda PV. [l] quia P. [m] yrcorum P. [ma] obtulit PV. [n] offerant P. [o] ut P. [p] simpliciter P. [q] sacerdotalis caracter V. [r] *folgt* quod P. [s] *fehlt* V. [t] *folgt* postquam V.

[7] Hebr 7,27. [8] Hebr 8,3. [9] Hebr 9,12.

hostia pro peccato. Non arguunt ergo, quod papa non possit renunciare papatui. Et cum[u] directe[u] nichil[v] arguunt de aliquo puro homine vel hoc arguunt, quod papa[v] non potest renunciare suo caracteri sacerdotali. Nam[wx] cum apostolus loquatur de sacerdocio Cristi quantum ad oblacionem, cum per sacerdotalem caracterem papa vel alius sacerdos conficiat corpus Cristi et hoc modo oblacionem faciat, si aliud arguunt prefate due ultime raciones quantum ad alios sacerdotes, non arguunt nisi de sacerdotali caractere, ut diximus[w], quem[y], ex quo quis suscepit, numquam potest ipsum deponere, quia huiusmodi caracter remanet eciam in anima separata, licet non ad hunc usum, ad quem est in presenti[z] vita. Nec arguunt dicte raciones plus de papa quam de quocumque sacerdote, quia nullus sacerdos potest renunciare suo caracteri, quod possit[a] suum caracterem deponere vel quod possit[b] ipsum a se removere.

Tercio possumus prefatas raciones solvere, quia apostolus loquitur de successione per mortem et nullam expressionem facit de successione per renunciacionem. Propter quod adversarii nostri petunt, quod est in contrarium, et, cum credant[c] contra nos arguere, contra seipsos arguunt. Volunt[d] enim ipsi, quod possit esse successio in papatu per mortem, ita quod, cum papa moritur, potest ei alius succedere. Quod verum est, et negare non possumus. Nolunt tamen, quod possit fieri talis successio per renunciacionem, et hoc volunt probare per apostolum dicentem Cristi sacerdocium eternum esse. Sed apostolus probat eternitatem sacerdocii Cristi[e] per immorta- / (**fol.108 rb**) litatem, non probat autem huiusmodi eternitatem per non posse renunciare, sed per non posse mori.

Ideo si volunt isti sequi apostolum, non concludant[f], quod papa non potest[g] renunciare, sed quod est immortalis et[h] non potest mori. Nam si Cristus est sacerdos in eternum, oportet, quod semper vivat et quod non possit mori, ut fundabat se racio undecima.

---

[u] condirecte vere P. [v] nichil - papa *fehlt* V. [w] Nam - diximus *fehlt* V. [x] quod P. [y] quod P. [z] presenta V. [a] possint P. [b] posset V. [c] credunt V. [d] volu *mit Kürzel über dem u* P. [e] *folgt* quod P. [f] concludunt V. [g] possit P. [h] *fehlt* P.

Sic eciam racio duodecima, quia secundum legem Mosaycam plures facti sunt sacerdotes, fundabat[i] se super semper vivere et non posse mori. Ideo ad Hebreos VII,[10] unde sumpta sunt illa verba, sic[j] iacet textus, quod alii quidem supple sub lege Mosayca vel sub sacerdocio Levitico *plures facti sunt sacerdotes, idcirco quod morte prohiberentur*[k] *permanere; hic autem,* videlicet Cristus, *eo quod maneat in eternum.*

Hec ergo concluditur, quod[m] in sacerdocio Levitico morte ad hoc cogente fiebant multi sacerdotes, quia sacerdoti morienti succedebat alius, sed in sacerdocio et sub sacerdocio Cristi non fiunt multi sacerdotes, quia Cristus manet in eternum[m]. Si volumus hoc adaptare ad papam, concluditur[n], quod papa manet[o] in eternum, et concluditur, quod non possunt plures assumi ad papatum ita, quod uno moriente succedat alius. Propter quod, cum adversarii velint[p], quod pape morienti possit alius succedere, et nolint[q], quod renuncianti possit hoc fieri, cum apostolus expresse velit, quod sub sacerdocio Cristi sacerdoti morienti alius[r] non succedat, nullam autem mencionem faciat, quod sacerdoti renuncianti non[r] possit alius succedere, patet, quod non vadunt ad mentem apostoli, sed pocius vadunt ad oppositum mentis eius.

Sed dices, si non potest in papatu esse successio per mortem, ut quod unus succedat alii morienti[s], multo magis non poterit esse per renunciacionem, ut quod unus succedat alii[s] renuncianti. Respondebimus, quod detis[t] nobis papam immortalem vel summum sacerdotem immortalem, tunc dicemus, quod ille renunciare non potest, quia nulla persona per se loquendo potest esse talis nisi persona Cristi, que est eterna. Ille autem, cum sit sacerdos iureiurando, quod[u] *iuravit dominus*[v] *et non penitebit eum,*[11] quia numquam illud iuramentum mutabit nec infringet[w], quod[w] Cristus est *sacerdos in eternum*[x],[12] quo posito nec potest renunciare nec[y]

---

[i] fundat V. [j] sicut V. [k] prohibentur PV; *emendiert nach* b. [m] quod - eternum *fehlt* V. [n] concludetur V. [o] maneat V. [p] volunt V. [q] velint P. [r] alius - non *fehlt* V. [s] morienti - alii *fehlt* P (Homoioteleuton). [t] deus P. [u] quia quia V. [v] deus V. [w] franget quia P. [x] *fehlt Kürzungsstrich* P. [y] non PV; *emendiert nach* b.

[10] Hebr 7,23 f. [11] Ps 109,4. [12] Ebd.

potest cedere, quia, si hoc posset, non esset sacerdos in eternum.

Quarto possumus solvere raciones prefatas[z], prout sub sacerdocio Levitico multi[a] facti[b] sunt sacerdotes, sed sub sacerdocio Cristi omnes sacerdotes possunt dici unus sacerdos. Dicebatur quidem in precedenti capitulo, quod omnes sacerdotes sub sacerdocio Cristi sunt unus sacerdos racione confeccionis, quia omnes conficiunt in persona Cristi; et racione rei oblate, quia omnes offerunt eandem rem, videlicet verum corpus Cristi; et racione annunciacionis, quia in hoc sacramento, ubi corpus Cristi, quod ex vi sacramenti dicitur esse separatum a sanguine, annunciat seipsum / (fol.43 r) in morte, quod fuit sic separatum, et sanguis Cristi, qui ex vi sacramenti conficitur separatus a corpore, annunciat seipsum in morte, qui fuit effusus et[c] separatus[c] a corpore.

Igitur si istam eternitatem sacerdocii volumus adaptare ad alios sacerdotes, dicemus, quod omnes sacerdotes, in quantum conficiunt, sunt immortales, quia omnes conficiunt in persona Cristi, qui est persona immortalis; et in quantum offerunt, sunt immortales, quia offerunt rem immortalem, quia totum Cristum; et in quantum annunciant et in quantum illud faciunt[d] in commemoracionem Cristi, sunt immortales, quia rem immortalem annunciant. Sed dices: quomodo annunciant et quomodo commemorant[e] rem immortalem, cum hoc faciendo mortem Cristi annuncient[f] et passionis eius memoriam faciant?

Dicemus, quod Cristus moriens erat immortalis, quia, si erat moriens ut homo, erat immortalis ut deus. Vel, ut supra diximus, possumus dicere melius et / (fol.108 va) magis ad propositum, quia, licet Cristus moreretur per separacionem anime a corpore, tamen non moriebatur quantum ad efficaciam remedii[g]; immo moriendo fuit efficax remedium ad nos salvandum. Ideo apostolus loquens de sacerdocio Cristi ait, quod accedens *ad deum per semetipsum, semper* erat *vivens ad interpellandum pro nobis*.[13]

---

[z] *verderbt* P. [a] nobis V. [b] *fehlt* P. [c] *fehlt* P. [d] faciant PV; *emendiert nach* b. [e] commemorans P. [f] annunciat V. [g] moriendi V.

[13] Hebr 7,25.

Cum ergo per mortem accesserit ad deum, quia per proprium sanguinem introivit in sancta, ideo moriens in carne erat vivus ad interpellandum, et quia, ut sacerdos interpellat pro nobis et offert oblacionem[h] pro nobis, quantum ad sacerdocium potest dici semper vivere et esse sacerdos in eternum.

Ex hoc autem potest[i] patere[i] illud, quod dicebatur in capitulo XIX, quomodo in sacerdocio Cristi non est nisi unus sacerdos, cum in[j] lege nova multi sint[k] sacerdotes et cotidie novi sacerdotes fiant, quia, ut patet, licet huiusmodi sacerdotes sint[l] multi et mortales, tamen, ut conficiunt, non sunt mortales[m], sed[m] immortales, quia conficiunt in persona Cristi, qui est unus[n] et[n] immortalis. Non solum itaque ex tribus prehabitis, sed eciam ex eo, quod nunc quarto diximus, patet solucio ad illas duas obiecciones fundantes se super eternitate sacerdocii Cristi, quia, cum verba apostoli intelligenda sint de oblacione, prout Cristus seipsum obtulit et prout nos cotidie offerimus illam eandem hostiam et illud idem corpus, quod Cristus obtulit, patet[o], quod papa, quantum ad huiusmodi oblacionem et in quantum conficit corpus Cristi, est immortalis, quia[p] hoc conficit in persona Cristi sicut et alii sacerdotes, qui est persona immortalis[p].

Cum ergo omnes sacerdotes secundum hunc modum sint unus et idem sacerdos et cum in uno et eodem non proprie sit nec cessio nec accessio[q] nec renunciacio nec deposicio nec translacio nec successio, quoniam omnia ista alienitatem important, consequens[r] est, quod eciam in aliis sacerdotibus, prout induunt personam Cristi, nisi tale esse posse, quod convenienter[s] omnia prefata important alienitatem[r]. Nam si quis cedit, hoc fit, ut alius sit in[t] loco sui; et si[u] quis accedit[v], hoc fit, ut locum eius alius teneat; et si quis[w] deponitur, hoc fit, ut alius preponatur; et si quis renunciat, hoc fit, ut alius illud officium habeat, et si quis transfertur, hoc est, ut ipse alium locum teneat et alius locum eius habeat; et si quis succedit,

---

[h] oblatus V. [i] patere potest V. [j] *fehlt* P. [k] sunt P. [l] sunt P. [m] multi et sunt P. [n] *fehlt* V. [o] *folgt* secundum P. [p] quia - immortalis *doppelt* V. [q] adcessio P. [r] consequens - alienitatem *fehlt* V (Homoioteleuton). [s] *fehlt Kürzungsstrich* P. [t] *fehlt* V. [u] su V. [v] adcedit P. [w] quid V.

hoc est quia ipse ponitur, ubi alius stetit. Omnia[x] ergo ista alienitatem important; ubi ergo est unitas et ydemptitas, talia proprie reperiri non possunt.

Eo ergo modo, quo sacerdocium Cristi est eternum et prout omnes sacerdotes sunt unus et idem sacerdos, talia, proprie non reperiuntur. Et per[y] hoc sunt solute adversariorum due ultime raciones. Et quia in prioribus capitulis solvebantur alie raciones X[z], ideo iam solute sunt omnes adversariorum XII raciones[z]. Id[a] vero, quod addebatur in XI racione, quod summus pontifex, qui est successor et vicarius Iesu Cristi, non potest absolvi ab alio quam ab ipso deo, per precedencia capitula multipliciter est solutum. Nam quod sit sic vicarius et sic successor, ut vicarius fit opere humano, ideo, ut pluries[+] replicant, humano opere tolli potest[a].

## < Capitulum XXIII >

Capitulum XXIII, in quo preter prehabitas[b] duodecim raciones adducuntur quedam obviaciones alie, quibus obviacionibus eciam[c] per presens capitulum respondetur. / (fol.43 v)

Dicebatur quidem in secundo capitulo, in quo tractabatur de ordine dicendorum, quod in toto hoc opere quinque agere volebamus, quia primo narrare volebamus omnes raciones, quas / (fol.108 vb) adversarii faciebant[d], quod fuit factum in uno et eodem capitulo. Secundo volebamus illis racionibus respondere, quod valde diffuse factum est, et per multa et varia capitula raciones ille sunt solute et pertractate et nichilum redacte. Tercio quidem, quia preter narratas duodecim raciones, quas adversarii adducebant, quasdam alias falsitates et quasdam alias obviaciones [addiderunt], ideo volebamus illas falsitatis et obviaciones describere et narrare[e]. Quarto volebamus dictis falsitatibus et obviacionibus respondere. Quinto et ultimo intendebamus adducere raciones ad propositum et imponere[f] finem dictis.

Verum quia ille falsitates et obviaciones, quas suis racionibus adversarii addiderunt[g], sunt modici ponderis et quasi nullius momenti, ideo in hoc capitulo combinabimus[h] illa duo. Narrabimus enim et

---

[x] cum V. [y] fehlt P. [z] X - raciones fehlt P (Homoioteleuton). [a] Id - potest fehlt V. [+] plures V. [b] prehabitat P. [c] fehlt V. [d] faciebat P. [e] enarrare P. [f] inponunt P. [g] adderunt V. [h] obviabimus P.

describemus[i] falsitates et obviaciones illas et respondebimus ad easdem. Sciendum ergo, quod falsitates et obviaciones, de quibus locuti sumus et quas faciunt contra[j] nos[j], adversarii nostri ad duo reducuntur, videlicet ad ea, que fuerunt[k] in renunciacione summi pontificis, et ad ea, que sunt post renunciacionem huiusmodi subsecuta[l], que credimus referenda esse ad eleccionem, ita quod adversarii dupliciter obviant nostro proposito et eciam veritati uno modo ex parte renunciacionis, et inde dicunt se accipere terciam decimam racionem, et alio modo ex parte eleccionis, et inde dicunt[m] quartam decimam racionem facere, ita quod ex hoc[n] duplici modo obviandi dicunt se facere duas raciones, quas annectant[o] duodecim racionibus antedictis, ut in universo dicant[p] esse quatuordecim raciones. Ex parte ergo renunciacionis bene sumunt terciam decimam racionem. Dicunt, quod in renunciacione ipsius multe fraudes et doli condiciones et intendimenta[q] et machinamenta et tales intervenisse multipliciter asseruntur, ut aiunt, ita quod esto, quod posset fieri renunciacio, ista tamen, que intervenerunt, viciarent ipsam renunciacionem et redderent eam illegitimam[r], inefficacem et nullam.

Volunt ergo per hoc concludere, quod renunciacio sic machinata et tot dolositatibus perpetrata non debet dici renunciacio. Propter quod dato, quod potuerit renunciare, prout est per habita declaratum, non tamen renunciavit, quia[s] falsa renunciacio non est renunciacio, sicut falsas denarius non est denarius et homo mortuus non est homo, ut ex hiis verbis fortificetur dictum adversariorum, ut fortificatum plenius destruatur. Nam quantum aliquid est magis elevatum in altum, si casum paciatur, magis colliditur et maiorem patitur fraccionem iuxta illud Iob:[1] *Elevasti me et*[t] *quasi super ventum ponens elisisti me* valde[ta]. Hec[u] autem obviaciones de renunciacione sunt quasi supra ventum posite et faciliter elidentur.

---

[i] discribimus P. [j] *fehlt* V. [k] faciunt P. [l] subsequenti V. [m] *folgt* se *und* accipere *expungiert* P. [n] *fehlt* P. [o] annuverat P; annuantur V; numerant in b. [p] dicunt V. [q] intrudimenta V. [r] inlegitimam V. [s] quod P. [t] *über der Zeile* P. [ta] valide Vulgata. [u] Hee *nach* b.

[1] Iob 30,22.

Ex parte eciam eleccionis, unde sumunt quartam decimam racionem, dicunt, quod esto, quod renunciacio tenuisset, quod nullo modo se dicunt asserere neque credere. Multa tamen, ut aiunt, postea intervenerunt, que eleccionem[v] postmodum subsecutam[w] nullam[x] et[x] inefficacem reddederunt omnino. Hiis itaque prelibatis volumus primo solvere ad racionem terciam decimam, in qua narrantur obviaciones sumpte ex parte renunciacionis, ad quam quadrupliciter respondebimus. Primo, quia obviaciones ille sunt false et peccant[y] in materia; secundo, / (fol.108[1] ra) quia non syllogizant[z] et peccant[a] in forma; tercio, quia non sunt ad propositum et in nostra materia non concludunt; quarto, quia, quod dicunt non esse renunciacionem, est renunciacio. Nam non solum dolosa et fraudulenta renunciacio, dato quod sic esset, quod non est credendum fuisse, potest dici renunciacio, sed eciam renunciacio coacta est dicenda renunciacio, / (fol.44 r) cum voluntas coacta sit voluntas secundum sentenciam sapientum.

Primo quidem solvimus[b] ad dictas obviaciones per interempcionem, dicentes, quod sunt false et peccant in materia. Potest[c] quidem ex pluribus magnis viris[d] adhuc viventibus comprobari, dominum Bonifacium papam octavum,[2] tunc in minoribus agentem et cardinalem existentem dominum Benedictum[e], persuassisse domino tunc Celestino, quod non renunciaret, quia[f] sufficiebat collegio, quod nomen sue sanctitatis invocaretur super eos. Et quia coram[g] pluribus audientibus hoc factum fuit, ideo in renunciacione non fuerunt ille dolositates nec illa machinata[h] nec ille fraudes, ut adversarii asserebant.

[v] electus V. [w] subsequtam P. [x] et nullam V. [y] peccat V. fol.108[1]ra: fol.108 erfolgt doppelt. Daher erscheint das zweite fol.108 als fol.108[1]. [z] silogizant V. [a] folgt et peccant V. [b] solvitur P. [c] posset P. [d] verius V. [e] Bonifacium V. [f] quod P. [g] eciam V. [h] machinamenta nach b und ed. Denifle, 512.

[2] Randglosse im Blado-Text: "Non ergo tantum in hoc Bonifacio fuit ambitionis et arrogantiae, quantum ei imponit Platina."; Platynae historici Liber de vita Christi ac omnium pontificum, hg. v. Giacinto Gaida, Muratori RIS III,1, S.258: "Adeo dignitatem pontificatus exoptavit, ut nil ambitione et fraude praetermiserit, quod ad eam rem consequendam pertinere arbitraretur."

Secundo possumus solvere ad dictas obviaciones, quia non solum recipiunt falsa et peccant in materia, sed eciam non syllogizant et peccant in forma[i]. Nam cum aliquid persuadetur[j] alicui, vel illud est[k] ad bonum non solum persone, sed tocius ecclesie, vel est ad malum persone vel, quod peius est, ad malum ecclesie. Si autem sit ad bonum ecclesie et persone, nullo modo debent dici fraudes nec dolositates nec machinata[l] nisi forte secundum reputationem hominum, qui ea, que[m] bonitates sunt, fraudes et dolositates nominant.

Nam in quibus sumus dei ministri, non debemus curare, si ex hoc famemur apud bonos et infamemur apud alios et si ex hoc vocemur[n] veraces apud peritos et seductores[o] apud alios, iuxta illud ad Corinthios VI:[3] *In omnibus exhibeamus nosmet ipsos sicut dei ministros.* Et post multa verba idem subditur:[4] *per infamiam et bonam famam,* et *ut seductores et veraces.*

Manifeste enim patet, quod inducentes Celestinum ad renunciandum, erant dei ministri, cum hoc expediret ecclesie et persone. Ubi ergo erat tantus profectus, fraus et dolositas dici non debet nisi forte secundum reputacionem hominum, quibus si vellemus in hominibus[p] placere, non essemus servi Cristi iuxta illud apostoli:[5] *Si adhuc[q] hominibus placerem[r], Cristi[s] servus[s] non essem.* In hiis ergo, que sunt secundum reputacionem hominum, dum tamen agamus, que sunt in dei ministerium, non debemus curare, utrum dicamur veraces vel seductores; nec eciam utrum inde sumus famosi[t] vel eciam infames.

Tercio possumus solvere ad obviaciones habitas, dicentes, quod non sunt ad propositum et in nostra[u] materia[u] non arguunt nec concludunt. Nam in eleccionibus aliis vel renunciacionibus aliis talia locum haberent, quia ibi est superior, qui potest de talibus cognoscere. Sed in renunciacione papali et in eleccione papali nulla talia sunt admittenda, nisi

---

[i] materia V. [j] superaddetur P. [k] quod P. [l] machinamenta *nach* b. [m] *folgt* fraudes *gestrichen* V. [n] vocamur P. [o] sancti doctores P. [p] omnibus V. [q] ad hunc P. [r] placerent P; placeret V; *emendiert nach* b. [s] servus Cristi V. [t] infamosi P. [u] materia nostra V.

[3] II Cor 6,8. [4] Ebd. [5] Gal 1,10.

forte esset hereticus,[6] qui esset electus in papam, quia tunc esset in destruccionem ecclesie talem excepcionem non admittere, cum ad ipsum spectet determinare questiones de hiis, que sunt fidei. Sed si alie excepciones admitterentur[v], hoc esset in malum et in destruccionem ecclesie tales excepciones admittere, quia, cum non esset superior, qui iudicare posset[x], esset ecclesia acephala[y] et sub magno periculo vacillaret. / (fol.108[1] rb)

Quarto solvere possumus ad obiecciones[z] iam dictas, quia dicunt non esse renunciacionem, ubi est renunciacio. Aiunt enim, quod renunciacio cum talibus, quas vocant dolositates et fraudes, est inefficax et nulla. Ad quod dicere possumus, quod plus habet de involuntario id, quod fit per coaccionem, quam quod fit per induccionem vel per suggestionem[a]. Et suggestio[b] vel persuasio tunc[c] est dicenda fraudulenta et[d] dolosa[d], quando est in malum persone et quando scienter persuadetur, quod est in malum alicuius, et potissime persuasio est dicenda dolosa, quando est in malum ecclesie. Sed hec non fuerunt in renunciacione Celestini, ut[e] supra tetigimus, propter quod, que ibi[f] fuerunt[f] commissa, fraudes vel dolositates vel machinaciones vel[g] aliqua huiusmodi dici[h] non debent.

Revertamur autem ad propositum et dicamus, quod plus / (fol.44 v) habet de involuntario, quod fit per coaccionem, quam[i] quod fit per induccionem[i]. Et tamen[j] voluntas coacta voluntas est: non quod in coaccione non[k] sit aliquid de involuntario et de displicencia, tamen[l] voluntas coacta dicitur voluntas, quia plus est ibi de voluntario[m] quam de involuntario[n], ut si quis metu[o] naufragii dicatur coactus proicere merces[p] in mari vel si quis metu mortis dicatur coactus sacrificare[q] ydolis.[7] Licet hoc vel illud[r] vel quodcumque simile habeat aliquid de involuntario, plus

---

[v] admittuntur V. [x] possit P. [y] achephala V. [z] obviaciones P. [a] subieccionem P. [b] subiestio P. [c] *doppelt* V. [d] *fehlt* P. [e] uti P. [f] fuerunt ibi P. [g] *folgt* quod P [h] *hinter* debent V. [i] quam - induccionem *fehlt* V. [j] cum P. [k] *fehlt* V. [l] cum P. [m] voluntaria P. [n] involuntaria P. [o] motu P. [p] *fehlt* V. [q] satisfacere V. [r] id V.

[6] Vgl. Glosse ad Extra I tit.6 c.6 'Licet de vitanda' s.v. Ille absque ulla exceptione, *Decretales ... una cum glossis* (Turin 1588), 128; Über den häretischen Papst vgl. Eastman, *Papal Abdication*, 113 ff. [7] Vgl. Ionas 1,5; Aeg. Rom., *Quodlibet* III,15, ed. De Coninck, 179.

tamen habet de voluntario, quia, et si displiceret[+] sibi proicere[s] merces in mari, plus displiceret sibi perdere vitam; et[t] quia pocius vult habere vitam[t] quam habere res, ideo illa proieccio, ut salvet vitam, licet sit voluntaria et involuntaria, plus est tamen voluntaria quam involuntaria. Sic eciam dicendum est de sacrificacione ydolorum et de quocumque simili. Immo cum aliquis proicit[u] merces in mari, cum in potestate sua et in voluntate sua sit accipere res et proicere[v] vel non accipere et non proicere[w], quis unquam dicere posset, quod hoc non sit magis voluntarium quam involuntarium?

Voluntas ergo coacta voluntas est. Ideo in tercio Ethicorum,[8] ubi philosophus determinat de factis per violenciam, quod talia sunt voluntaria et involuntaria, et subdit, quod magis assimilantur voluntariis, id est plus habent de voluntario quam de involuntario. Igitur, ut diximus[x], si voluntas coacta est voluntas, renunciacio coacta debet dici renunciacio. Multo ergo magis[y] renunciacio[z] persuasa dicenda est renunciacio[a], quia[b] non tantum de involuntario in re persuasa sicut in re coacta[b].

Sed dices, quod, licet renunciacio persuasa[c] sit[c] renunciacio, tamen, cum sic agens ignoret, quid renuncians[d] faciat, et dolo inducatur ad hoc agendum, quamvis hoc[da] faciat[e], quod illa renunciacio non sit renunciacio. Hoc tamen facit, quod nichil valeat et nichil teneat, quod per talem renunciacionem efficitur. Simile enim videmus de voluntate coacta, quia[f] licet voluntas coacta sit voluntas, tamen non videntur tenere nec valere, que fiunt[g] per coaccionem vel per metum[h], et maxime, si esset[i] metus, qui posset[j] cadere in constantem virum.

Sed quicquid fit[k] de coaccione, [non tamen teneret nec valeret], quia hoc non tangit materiam[l] nostram[l]. Quantum autem ad renunciacionem, dicere possumus, quod, ut supra tetigimus, renunciacio illa non debet dici

---

[+] displicet PV. [s] prohicere P. [t] et - vitam *fehlt* P. [u] prohicit P. [v] prohicere P. [w] prohicere P. [x] dicamus P. [y] *fehlt* V. [z] renuncia V *Schreibermüdigkeit.* [a] renuncia V. [b] quia - coacta *fehlt* V. [c] persuasit P. [d] *fehlt* P. [da] *folgt* non PV. [e] faciant V. [f] quod P. [g] fuerint b. [h] *folgt* facta b. [i] sit P. [j] possit P. [k] *hinter* coaccione V. [l] nostram *verderbt* materiam V.

[8] Aristoteles, *Ethica* III,2 (1110 b), ed. Gauthier, 179 f.

dolosa[m], que fit in bonum[n] ecclesie et persone[o], immo, quod plus est, in tantum forte talia non tenent vel non valent, in quantum habent aliquid de involuntario. Sed ostendere volumus, quod dato, quod per circumvencionem et per pulcra verba fuisset inductus ad renunciandum, non deberet dici, quod renunciacio habuisset aliquid de involuntario. Nam[p] in tantum, que[q] sunt huiusmodi, habent de involuntario[p], in quantum habent de ignorancia, ut quia sic agens nescit et ignorat, quid faciat. Sed, ut probat[r] philosophus in[s] tercio Ethicorum:[9] Non omne, quod fit / (**fol.108[1] va**) per[t] ignoranciam, debet dici involuntarium, sed quod est triste et quod fit[t] cum penitudine. Quando enim quis aliquid[u] facit per ignoranciam, si postea, cum recognoscit se et cogitat et videt, quid fecit, si tristatur et penitet, potest illud dici involuntarium, quia participat aliquid de involuntario.

Dato ergo, quod Celestinus fuisset inductus ad renunciandum, quantumcumque postea cogitaret et quantumcumque adverteret de[v] hoc, quod fecit[w], quia renunciavit[x], non debuisset tristari nec penitere. Et si tristaretur vel peniteret, male faceret, cum hoc esset bonum anime sue, quod preponderat[y] omni bono corporali[z]. Et[a] cum esset bonum tocius ecclesie, quod preponderat omni bono causato[a], ergo sicut de iure non debebat tristari nec penitere, et iniuste fuisset tristatus vel penituisset. Sic dato, quod per ignoranciam et inductus hoc fecisset, non deberet dici[b] illa ignorancia habere aliquid de involuntario[c]; dato, quod haberet de involuntario de facto, non tamen haberet de iure, quia iustior[d] esset et magis secundum ius et magis[e] secundum racionem ageret non penitendo de hoc quam penitendo. Nam et si forte talia essent admittenda, que[f] rem involuntarium racionabiliter facerent, quia dolosa fuisset illa induccio et / (**fol.45 r**) fraudulenta fuisset illa persuasio, attamen prefata, quia nichil tale habent, cum non sit

---

[m] dolose facta P. [n] locum P. [o] per se V. [p] Nam - involuntario *fehlt* P (Homoioteleuton). [q] qui Vb. [r] *am Rande eingefügt* V. [s] *fehlt* V. [t] per - fit *fehlt* P (Homoioteleuton). [u] *fehlt* P. [v] ad P. [w] facit V. [x] renunciare P. [y] preponpdat P. [z] creato P. [a] Et - causato *fehlt* P (Homoioteleuton). [b] de V. [c] involuntaria P. [d] iusticia P. [e] *fehlt* P. [f] quem V.

[9] Aristoteles, *Ethica* III,2 (1110 b18 ff.), ed. Gauthier, 179.

racionabile, quod quis de bono opere peniteat[g], admitti non[i] debent[j].

Quod autem addebatur, quod homo mortuus non est[k] homo et quod[l] falsus denarius non est denarius, dicemus, quod non debet dici illa renunciacio mortua. Si[m] vero[m] debet dici viva et secundum ius et[n] racionem valere, cum secundum ius et racionem ageret renunciando et non exponendo[o] periculo commune bonum, nec debet dici illa renunciacio falsa[q] nec fraudulenta, que erat in bonum ecclesie et persone. Hoc[r] autem non dicimus, quod homo sapiens et peritus et qui bene sciat gubernare ecclesiam, renunciare non possit; sed hoc ideo diximus, quod prefata renunciacio non solum fieri potuit, sed sine peccato et cum merito facta fuit. Sed sciens et peritus, quamvis possit hoc facere, peccaret forte id faciendo.

Diximus quidem hec omnia, ut semper concludamus contra adversarios, quod falsum asserunt. Nam si dicant, quod illa renunciacio non fuit renunciacio, asserunt falsum, cum et coacta voluntas sit voluntas. Si vero dicant, quod fuit renunciacio, sed non quod teneret nec quod valeret, quia ex parte inducencium fuit dolosa et fraudulenta, ex parte inducti fuit[s] per ignoranciam perpetrata, patet, quod non debet dici dolus neque[t] fraus, quod est in bonum ecclesie et persone.

Quod vero de ignorancia additur, dicemus, quod dictat racio naturalis, quod nec de renunciacione nec de quacumque re dici potest, quod facta per ignoranciam non valeat vel non teneat. Sed[u] ea cognita et ignorancia amota non potest dici, quod hoc faciens racionabiliter peniteat vel racionabiliter tristetur[v], que omnia sunt per habita manifesta, et maxime si non sit ignorancia, quam habent amentes[w] vel ebrii, sed quam habent simplices et grossi, qui cognoscunt, quid agunt, licet cogitare[x] nesciant omnia[y] cogitanda[z].[10]

---

[g] penitenciam V. [i] fehlt V. [j] deberet V. [k] esset V. [l] fehlt P. [m] ymmo V. [n] folgt secundum V. [o] folgt s V. [q] folgt vel P. [r] hec V. [s] fuerit V. [t] ne P. [u] si V. [v] contristetur P. [w] amentes V. [x] cogitate V. [y] an V; quae b. [z] folgt sunt b.

[10] Vgl. Decretum C.15 q.1 c.1,7,10, ed Friedberg, 745 f., 748.

Solutis ergo obviacionibus sumptis ex[a] parte[a] renunciacionis; primo, quia falsi erant et peccabant in materia; secundo, quia procedebant in equivoco et peccabant in forma, quia non quelibet induccio debet dici dolosa, et maxima si sit ad bonum; tercio, quia non erant ad propositum, quia non sunt talia audienda in renunciacione vel in electione pape; et quarto[b], quia erat renunciacio et de iure, ubi non dicebant esse[c] renunciacionem vel non esse de iure, volumus omnibus hiis racionibus[d] tactis solvere ad ea, que dicebant / (**fol.108[1] vb**) de eleccione. Primo quidem solvemus ad obviaciones de eleccione, videlicet quod talia[e] intervenerunt, quod eleccionem viciabant. Respondebimus enim per interempcionem, quia quod falsa recipiunt et peccant in materia, quia non est credibile, quod in tanto negocio talia committantur.

Secundo solvemus obviaciones illas, quia procedunt in equivoco et peccant in forma. Equivocatur enim[f] ibi de eleccione, quia est aliqua eleccio, que per talia viciatur, sicut est eleccio inferiorum prelatorum, qui, cum habeant superiorem, potest sine periculo communis[g] boni et sine periculo ecclesie de talibus cognosci, et eciam[h] iustum est, quod tales elecciones per talia viciantur. Sed in[i] eleccione summi pontificis hec locum non habent, quia, cum non sit aliquis superior, qui possit de talibus cognoscere, non possent[j] sine periculo communis[k] boni et sine periculo ecclesie tales exempciones admitti. Ideo dicitur Extra, De eleccione et electi potestate, in capitulo Licet,[11] quod *duabus partibus* scilicet[l] cardinalium *concordantibus*, et si *tercia pars concordare noluerit aut sibi alium presumpserit nominare*[m], *ille*[n] *absque ulla excepcione ab universali ecclesia Romanus pontifex habeatur, qui a duabus*[o] *partibus electus fuerit et receptus.* In aliis itaque[q] eleccionibus possunt[r] hec habere locum; in eleccione autem summi pontificis, ubi non est superior, qui cognoscat, ubi publicum bonum exponeretur periculo,

---

[a] *fehlt* P. [b] quamvis V. [c] *folgt* in P. [d] *fehlt* P. [e] *folgt* ibi P. [f] eni P. [g] quis V. [h] *fehlt* V. [i] *fehlt* P. [j] possunt V. [k] quis V. [l] *fehlt* P. [m] necessarie P. [n] illa V. [o] duobus V. [q] scilicet P. [r] possint P.

11 Decretales I tit.6 c.6 'Licet de vitanda', ed. Friedberg, 51.

duabus[s] partibus cardinalium[t] consencientibus nulla / (**fol.45 v**) est excepcio[u] admittenda nisi tantum pro[v] heresi, cuiusmodi causa est superius allegata[w].[12]

Tercio possumus solvere ad obviaciones prefatas, quod raciones[x] proponencium non sunt ad propositum[y], nam cum[z] ipsi fuissent[a] de eligentibus, contra istud propositum, cum fuerit eorum proprium[b] factum, venire[c] non possunt. Dicentes[c'] enim, quod in ipsa eleccione aliqua talia intervenerint[d], cum ipsi fuerint[e] de eligentibus, sunt minime audiendi.

Quarto possumus ad easdem obiecciones solvere, quia[f] dicunt eleccionem illam nullam esse. Nam quicquid sit de aliis eleccionibus, ubi ex vicio persone viciatur eleccio, hic autem tenet eleccio, nec sic viciatur eleccio, nec sic cassari potest eleccio summi pontificis sicut elecciones alie; immo tenet de[g] iure et valet huiusmodi eleccio, ubi non valerent[h] elecciones alie. Falsa ergo recipiunt, quia non est credibile talia intervenisse; peccant in forma, quia non est simile de illa[i] eleccione et de aliis; racione proponencium hee obiecciones non sunt ad propositum, cum ipsi proponentes[j] fuerunt de eligentibus.

Quinto[k] et ultimo per prefata verba vel per prefatas obiecciones non arguunt vicium, dato quod vera essent, cum non[l] sit eleccionis[m] vicium, sed pocius personarum. Veram ergo auctoritatem habet sanctissimus pater dominus Bonifacius papa octavus, et est verus et legitimus sponsus ecclesie, et ei tenentur omnes humiliter obedire.[13] Et allegare falsa et que non sunt ad propositum et que, si intervenissent, non viciarent eleccionem, et maxime quod hoc[n] allegare audeant, qui fuerunt de eligentibus, recta racio non admittit.

---

[s] duobus V. [t] cardinalibus V. [u] excempcio V. [v] p P. [w] assignata P. [x] racione V. [y] *folgt* que preponunt P *und* que proponunt V, *das* b *in* quae opponuntur *emendiert*. [z] *fehlt* V. [a] fuerit b. [b] propositum V. [c] venire *fehlt* V. [c'] dicere PV. [d] intervenerunt V. [e] fuerunt V. [f] quod P. [g] *fehlt* P. [h] valent P. [i] ista P. [j] proprietates P. [k] quarta PV; *emendiert nach* b. [l] quod PV; *emendiert nach* b. [m] *korr. aus* elecciones P. [n] licet V.

[12] Über die Häresie vgl. oben Anm.6. [13] Für den Ausruf zum Gehorsam vgl. auch oben Kap.I S. 141.

## < Capitulum XXIIII >

Capitulum XXIIII, in quo adducuntur raciones ad propositum secundum quatuor genera causarum et eciam[o] secundum auctoritates, quod papa renunciare potest. / **(fol.109 ra)**

Postquam adduximus raciones adversariorum, quod papa renunciare non potest, et eas[p] solvimus et narravimus quasdam alias obviaciones tam ex parte renunciacionis quam ex parte eleccionis et ad illas respondimus[q], volumus in hoc capitulo adducere raciones ad propositum, quod papa renunciare potest[r]. Sec hoc[s] levius[t] pertransibimus, quia in omnibus capitulis precedentibus, ubi solvebamus adversariorum raciones, tetigimus aliqua, immo multa et varia, unde formabuntur raciones ad propositum, quod papa renunciare potest. In hoc ergo[u] capitulo de illis aliqua resumentes arguemus propositum, quod est tociens replicatum, videlicet quod papa renunciare potest. Dicemus quidem, quod apud sapientes quatuor[v] causarum genera distinguuntur, unde et in octavo[w] Methaphysicorum[1] laudantur definiciones Aristarchi[x], que[y] erant secundum omne genus causarum[z]. Discurremus[a] quidem per omnia genera causarum et ostendemus, quod omnes[b] cause concordant nostro proposito et nullum genus[c] cause nostro proposito contradicit[d]. Amplius[e] preter omnia genera causarum adducemus auctoritates ad nostrum propositum[e].

Propter quod sciendum[f], quod quatuor esse genera causarum sunt allegata[h] a sapientibus, videlicet causa formalis, materialis, efficiens et finalis.[2] Expedit considerare in ipso papatu, quid se habet ut formale, quid ut materiale, quid ut efficiens[i], quid ut finis[j].

Formale autem in[k] re, unde sumitur ipsum esse vel[k]

---

[o] *folgt* quatuor P.  [P] ea PV; *emendiert nach* b.  [r] possit P.  [s] hic P.  [t] brevius V.  [u] *fehlt* P.  [V] quatuorum V.  [W] ecc'. P.  [X] aristharchi V.  [y] qui P.  [Z] cause P.  [a] discurrimus P.  [b] communis P.  [c] ergo P.  [d] contradicitur P.  [e] Amplius - propositim *fehlt* V.  [f] *verderbt* P.  [h] obligata P; vulgata V; *emendiert nach* b.  [i] finis V.  [j] efficiens V.  [k] in -vel: est V.

---

[1] Aristoteles, *Metaphysica* VIII, 2 (1043 a 20 ff.), ed. Vuillemin-Diem, 160.  [2] Aristoteles, *Metaphysica* V,2 (1013 a24ff.), ed. Vuillemin-Diem, 85 f.

ipsa racio rei. Ideo si videre volumus, quid est formale in ipso papatu, considerare debemus, in quibus consistit ipse papatus. Nam cum omnis auctoritas et ecclesiastica[l] potestas vel dicat ea, que sunt ordinis, vel ea, que sunt iurisdiccionis, oportet, quod racio potestatis[m] papalis[m] in aliquo illorum[n] existat.

Materiale autem in ipso papatu sunt persone, in quibus habet esse papatus vel que assumuntur ad papatum. Nam potestates, virtutes et universaliter omnes perfecciones non habent materiam, ex qua fiunt[o], sed in qua recipiuntur. Cum ergo papatus sit[p] quedam potestas et quedam auctoritas et quedam perfeccio, non habet materiam, ex qua, sed materiam[q], in qua. Ipse ergo persone, que assumuntur ad papatum et in quibus recipitur papatus, dicuntur esse materiale[r] quid[r] respectu papatus.

Causa autem efficiens ipsius papatus est consensus eligencium et consensus electi. Et si dicatur, quod est eciam causa efficiens confirmacio ipsius dei, dicemus, quod deus sic administrat / (**fol.46 r**) res, ut eas proprios cursus agere sinat.[3] Ex quo ergo[s] hoc requirit[s] cursus rerum, quod si eligentes eligunt et electus assentit[t], quod ille fit papa, debemus supponere, quod hoc fiat ex divina voluntate.

Finis autem, ad quem ordinatur papatus, est commune bonum et regimen tocius ecclesie. Quod ergo papa renunciare possit vel[u] quod renunciare non possit[u], ex aliquo genere causarum debet hoc argui et concludi.

Eapropter, si probare poterimus ex eo, quod est formale in papatu, et ex eo, quod est materiale, et ex causa efficiente et finali, quod papa renunciare possit[v], et postea ad hoc adducere auctoritates, credimus nostrum propositum sufficienter fore probatum.

---

[l] *fehlt Kürzungsstrich* P. [m] papalis potestatis V. [n] istorum P. [o] fiant V. [p] sicut V. [q] *fehlt* V. [r] quid materiale V. [s] ergo - requirit: igitur hec reperitur P. [t] assentus P. [u] vel - possit *fehlt* P (Homoioteleuton). [v] posset V.

[3] Augustinus, *De civitate dei* VII,30, ed. Dombart-Kalb, 212.

Volumus ergo primo probare nostrum propositum ex eo, quod est formale in papatu, vel ex hiis, in quibus$^w$ consistit$^x$ papatus. Dicebamus autem quod omnis auctoritas et omnis potestas ecclesiastica vel consistit in hiis, que sunt ordinis, vel in hiis, que sunt iurisdiccionis. Sufficienter autem potest$^y$ patere$^y$ per habita, quod papa ultra simplicem pontificem non dicit ea, que sunt ordinis, sed que sunt iurisdiccionis, quod multis modis supra declarabatur, videlicet ex quolibet simplici pontifice.

Di- / (fol.109 rb) cebatur quidem, quod quilibet pontifex potest$^z$ dici summus sacerdos, ut ostendebatur tam auctoritate magistri sentenciarum quam auctoritate decreti. Arguatur ergo sic: quilibet pontifex potest dici summus sacerdos, vel ergo hoc est quantum ad ea, que sunt ordinis, vel quantum ad ea, que sunt iurisdiccionis; quia tunc quilibet pontifex haberet plenitudinem potestatis et esset summus pontifex$^a$ quantum ad iurisdiccionem, quod soli pape competit, est ergo quilibet pontifex summus sacerdos quantum ad ea, que sunt ordinis. Habet itaque papa aliis pontificibus, que sunt iurisdiccionis, non autem, que sunt ordinis, cum quilibet pontifex quantum ad talia sit summus.

Ostendebatur eciam hoc idem non solum ex quocumque$^b$ potestate, sed eciam ex ipso caractere et ex perfeccione caracteris. Nam que sunt ordinis, cum sint indelebilia, oportet, quod indelebilibus innitantur. Huiusmodi autem sunt caracter et perfeccio caracteris, sed, ut plane patet, caracter et perfeccio caracteris non plus dicunt in summo pontifice quam in quocumque simplici pontifici; quia, si caracter, qui imprimitur pape, et perfeccio caracteris in papa, quibus innituntur ea, que sunt ordinis, dicerent aliquid plus quam in aliis potestatibus, tunc electus in papam a nullo pontifice posset$^c$ ordinari in sacerdotem nec consecrari in episcopum, quia, cum positum sit, quod caracter, qui$^d$ imprimitur pape, vel perfeccio caracteris dicunt$^e$ aliquid plus quam caracter vel perfeccio caracteris$^e$ in aliis potestatibus, cum nichil agat ultra suam speciem, nullus pontifex posset$^f$

---

$^w$ quantum P. $^x$ *folgt* racio P. $^y$ patere potest V. $^z$ debet P. $^a$ *fehlt* V. $^b$ quoque V. $^c$ possit P. $^d$ *fehlt* P. $^e$ dicunt - caracteris *fehlt* V (Homoioteleuton). $^f$ possit P.

ordinare papam in sacerdotem nec imprimere sibi caracterem nec posset[g] ipsum consecrare in papam nec dare sibi perfeccionem caracteris.

Sed cum papa ordinetur et consecretur ab aliis pontificibus, consequens est, quod caracter et perfeccio caracteris in eo nichil plus dicunt quam in aliis pontificibus. Et consequens eciam[h] est, quod quantum ad ea, que sunt ordinis, nichil est plus in eo quam in aliis. Et quia, ut diximus, ea, que sunt iurisdiccionis, non innituntur rebus indelebilibus, sicut ea, que sunt ordinis, ideo possunt tolli vel possunt desinere esse.

Dicamus ergo[ha]: quid potest nos movere, ut dicamus esse indelebile, quod indelebili non innititur? Potest ergo papa renunciare quantum ad ea, que sunt iurisdiccionis, quibus renunciando dicitur renunciare papatui, cum nichil habeat ultra simplices pontifices, nisi que sunt iurisdiccionis tantum.

Adhuc ostendebatur hoc idem ex parte ipsius commissionis. Nam ea, que sunt ordinis, non possunt simpliciter committi[i]. Nam nullus sacerdos posset[j] committere non sacerdoti, quod conficeret corpus Cristi; nec aliquis episcopus / (fol.46 v) posset committere alicui non episcopo[k], quod consecraret aliquem in episcopum. Sed nichil habet[l] papa ultra ea, que habent simplices pontifices, que[m] non possunt[n] committere hiis[o], qui[p] non sunt papa, vel hiis, qui non sunt pontifices. Ergo[q] nichil habet papa quantum ad ea, que sunt ordinis ultra simplices pontifices. Habet ergo supra eos solum, que[r] sunt iurisdiccionis, que, ut diximus, possunt tolli et possunt desinere esse. Talia enim eo modo, quo fiunt, possunt desinere esse propter quod, per que potest quis prefici in papam, sic illis contrario modo se habentibus potest desinere esse papa.

Insuper ostendebatur hoc idem ex parte ipsius[s] potencie papalis vel ex parte eorum, in quibus residet potencia papalis vacante papali sede. Dicebatur quidem, quod ecclesia numquam moritur. Ideo vacante[t] sede remanet potestas papalis in ecclesia vel collegio cardinalium. Cum ergo ecclesia multitudinem quandam dicat et cum quodcumque collegium sit eciam multitudo quedam, consequens est, quod vacante sede potestas

[g] possit P. [h] *fehlt* P. [ha] *folgt* quod PV. [i] *fehlt* V. [j] potest V. [k] episcopi PV. [l] potest P. [m] qui P. [n] possit P. [o] *fehlt* P. [p] que P. [q] Igitur P. [r] qui V. [s] *fehlt* V. [t] vacando P.

papalis residet in aliqua multitudine. Numquam autem[u] ea, que sunt ordinis, nec caracter nec perfeccio caracteris respiciunt multitudinem secundum se, sed semper respiciunt singulares personas. Idem enim dicimus[v] de hiis, que sunt ordinis, et de caractere et de perfeccione caracteris et de ipsis animabus sive de / (fol.109 va) creacione animarum. Dicit enim psalmista de deo, quod *finxit sigillatim corda eorum*.[4] Nam deus sigillatim fingit corda nostra, quia cuilibet sigillatim[w] imprimit suum cor, id est suam mentem et suam animam. Infusio enim anime non respicit multitudinem secundum se. Verum est enim, quod[x] multi sunt animati, sed anima non infunditur ipsi multitudini secundum se, sed cuilibet[y] sigillatim infunditur sua[z] anima[z].

Sic et in proposito caracter et perfeccio caracteris non[a] imprimitur ipsi multitudini secundum se, sed cuilibet sigillatim imprimitur suus caracter et sua perfeccio caracteris[a]. Ea ergo, que sunt ordinis, et caracter et perfeccio caracteris non respiciunt per se multitudinem, sed sigillatim respiciunt personas, que sunt in multitudine. Papalis ergo potestas, que vacante[b] sede residet[c] in ipsa multitudine, non dicit ea, que sunt ordinis, nec dicit caracterem nec dicit[d] perfeccionem caracteris, sed solum dicit, que sunt iurisdiccionis.

Talia ergo, ut est sepius replicatum, per ea, que fiunt[e] contrario modo se habencia, possunt tolli et desinere esse. Consideremus ergo naturam rerum vel consideremus ea, que sunt de racione rei, vel quod est formale in rebus, per quod[f] differt una res ab alia, quia talia argumenta et tales raciones sunt potissime in omni genere rerum, apparebit[g], quod papa renunciare potest.

Ex parte ergo cause formalis sive ex parte nature rerum, ex quibus sumitur racio rei, quia et natura rei et[h] ea, ex quibus sumitur racio rei, potissime ad formam vel ad causam formalem pertinent, formavimus, ut patuit[i], quatuor raciones.

---

[u] *fehlt* P. [v] dicimus P. [w] sigillatum V. [x] *fehlt* V. [y] *fehlt* V. [z] anima sua V. [a] non - caracteris *fehlt* P (Homoioteleuton). [b] *fehlt Kürzungsstrich* P. [c] resideret P. [d] *fehlt* P. [e] fiant P. [f] quam PV; *emendiert nach* b. [g] *fehlt Kürzungsstrich* P. [h] *folgt* ex V. [i] potuit P.

[4] Ps 32,15.

Ad cuius evidenciam sciendum, quod racio autem rei multis modis investigari potest et multis viis animadvertere possumus, que sunt de racione rei; propter quod[j], que sunt de racione papatus, venari[k] possumus multis modis; primo quidem[l] ex hiis, que videmus in aliis pontificibus, et ex hoc sumebatur racio prima.

Secundo possumus id facere ex hiis, que videmus in caractere vel in perfeccione caracteris, et ex hoc sumebatur racio secunda. Tercio possumus id facere ex hiis, que videmus in ipsa commissione, prout, que sunt pape, possunt aliis committi, et ex hoc sumebatur racio tercia. Quarto possumus idem advertere ex hiis, que videmus in ipsa potestate papali quantum ad eos, in quibus remanet talis potestas vacante sede, quia remanet vel residet in aliqua multitudine / (fol.47 r) vel in aliquo collegio, et ex hoc sumebatur racio quarta.

Omnes autem hee quatuor raciones sumpte ex natura rei vel ex racione rei, de qua agitur. Omnes eciam raciones hee superius tangebantur[m], licet forte non hoc ordine nec ita clare, ut hic sunt posite. Immo non solum hee raciones quatuor, sed eciam multe alie tangebantur, quia fere omnia capitula sunt plena talibus racionibus. Sed de illis multis sufficiat commemorasse has raciones[n] prefatas[n], ex quibus ostensum est, quod ea, que[o] potest papa ultra quemcumque simplicem pontificem, non dicunt, que sunt ordinis, nec dicunt caracterem nec perfeccionem caracteris, sed solum, que sunt iurisdiccionis, que, cum non innitantur rebus indelebilibus, non sunt indelebilia, sed per ea contrario modo facta, per que fiunt, possunt tolli vel desinere esse[p]. Et exinde papa renunciare potest papatui vel potestati papali. Quod declarare volebamus.

## < Secunda pars >

Secunda pars huius[q] capituli, in qua probatur per tria reliqua[r] genera causarum et per auctoritates doctorum, quod papa renunciare potest.

---

[j] *fehlt* P. [k] venare P. [l] quod P. [m] tangebatur V. [n] prefatas raciones V. [o] *folgt* possunt P. [p] *fehlt* P. [q] *fehlt* V. [r] *fehlt* V.

Probavimus in prima parte huius capituli per ea, que respectu papatus se habent quasi formalia, vel per ea, que[s] possunt reduci ad causam formalem, quod papa renunciare potest. Volumus autem in / (fol.109 vb) hac secunda parte huius capituli per tria reliqua genera causarum, videlicet per ea, que possunt reduci ad causam materialem, efficientem et finalem, et eciam per auctoritates doctorum probare[t] hoc idem, videlicet quod papa renunciare potest[u].

Primo ergo probabimus nostrum propositum per ea, que reduci possunt ad causam materialem. Dicebatur quidem supra, quod papatus et omnis potencia activa et omnis perfeccio et quecumque forma non habent materiam, ex qua, sed in qua. Ideo probaverunt philosophi, quod forma nec est *elementum* nec *ex elementis*. Forma quidem nec est materia nec ex materia; non enim habet materiam, ex qua est, sed in qua est.[1]

Ipsi ergo potestati papali, que est quedam perfeccio, si volumus querere materiam, queremus ei materiam, in qua est vel in qua recipitur. Huiusmodi autem materia sunt ipsi[v] homines, qui[va] assumuntur ad papatum, in quibus habet esse talis potestas.

Probare ergo, quod papa possit renunciare per ea, que reducuntur ad causam materialem, est probare hoc per ipsos homines, in quibus fuit potestas[w] papalis[w], qui renunciaverunt prefate potestati. Possumus ergo de multis dare exemplum. Nam in gestis Romanorum pontificum[2] legitur, quod Clemens renunciavit et post Linum et Cletum[x] cathedram recepit, ita, quod Clemens fuit secundus post Petrum et eo renunciante susceperunt papatum Linus et Cletus[y]. Post quos iterum Clemens cathedram suscepit[z], quam suscipiens fuit quartus post Petrum, ita quod iuxta duplicem[a] suscepcionem

---

[s] *doppelt* V. [t] probaret P. [u] possit P. [v] *fehlt* V. [va] quia PV. [w] papalis potestas V. [x] electum P. [y] electus P. [z] *folgt* quam suscipitus P. [a] dupplicem P.

---

[1] *Aristotelis Metaphysicorum libri XIIII cum Averrois Cordubensis in eosdem commentariis*, 209 B: "rectum est aperire, quod ista natura, quae dicitur forma, sit substantia addita elemento, cum sit neque elementum neque ex elementis." [2] *Liber Pontificalis*, ed. Duchesne, I,123; vgl. *Decretum ... una cum glossis*, ad C.8 q.1 c.1 'Si Petrus' s.v. Aut ligandi (Turin 1588), 1001.

bis computatur fuisse papa, ut primo fuerit post Petrum secundus et postea quartus.

Exemplum eciam habemus de Marcellino, quod[b] renunciavit, sicut dicit glosa ordinaria, causa VII, questione prima super illo capitulo Non autem.[3] Sed dices, quod Marcellinus non renunciavit, sed seipsum deposuit, ut patet per sentenciam, quam contra se dictavit; nam XXI[c] distinccione in capitulo Nunc autem,[4] ubi[d] tangitur[d] hec materia satis expresse habetur, quod *nullus* fuit *ausus in eum proferre sentenciam*, sed omnes dicebant: "*ore tuo*[e] *iudica causam tuam* et *ore tuo condempnaberis*." Sed quomodo se condempnavit[f] vel quomodo se iudicavit, ibidem non traditur[g]. Sed Huguccio[5] dicit, quod in gestis Romanorum pontificum scriptum est, quod Marcellinus *dictavit sentenciam in se et se deposuit dicens: Ego Marcellinus ob scelus ydolatrie, quod infelix commisi iudico*[h] *me*[h] *deponendum*; *anathematizo*[i] *eciam, quicumque* corpus meum tradiderit sepulture. Verba ergo Marcellini non sonant, quod renunciaverit, sed quod se[j] deposuerit[j]. Ideo merito queritur, quomodo iuriste notant[k], quod renunciavit.

Dicemus ergo, / (**fol.47 v**) quod negocium summi pontificis, qui non habet superiorem, non est simile cum negociis aliis. Nam in aliis pontificibus aliud est renunciacio, aliud est deposicio: nam renunciacio est, cum sponte cedit; sed deposicio est eciam, si invite amoveatur. Sed in summo pontifice non potest esse deposicio, nisi ibi sit renunciacio nisi in uno casu tantum, videlicet propter heresim, et non propter heresim quocumque modo, sed propter heresim, in qua vellet pertinaciter persistere, ut eciam iuriste notant.[6]

Dicamus itaque, quod nullus debet condempnare papam,

---

[b] qui V. [c] XI[a] V. [d] *doppelt* V. [e] *folgt* te P. [f] *folgt* Sed quomodo P. [g] tractatur P. [h] me iudico P. [i] anathematico V. [j] deposuit se V. [k] notunt P.

---

[3] *Decretum ... una cum glossis*, ad C.7 q.1 c.12 'Non autem' s.v. Ut non succederet (Turin 1588), 972. [4] *Decretum* D.21 c.7 'Nunc autem', ed. Friedberg, 71. [5] Huguccio, *Summa ad Decretum*, D.21 c.7 'Nunc autem' s.v. Marcellinus, ed. Bertram, "Die Abdankung," 81. [6] Über die Ansichten der Juristen bezüglich eines häretischen Papstes vgl. Eastman, *Papal Abdication*, 113 ff.

*sed* ipse *in sinu* suo debet recolligere[l] *causam*[6'] suam, et ipse ore suo debet se iudicare, et ipse debet seipsum deponere,[7] si videat hoc expedire ecclesie, vel racione sceleris, quod com- / (**fol.110 ra**) misit, vel racione sue insufficiencie. Qualitercumque ergo hoc fiat, cum ipsemet hoc faciat, ideo voluntarie se deponat. Ista ergo deposicio, cum fiat sponte et cum fiat a seipso, renunciacio dici potest. Potest ergo papa renunciare, si consideramus personas, in quibus habet esse[m] papatus, quia renunciaverunt[n] Clemens et Marcellinus.

Nullus enim dubitare potest, quod, si papa potest se deponere, sicut Marcellinus se deposuit, et sicut omnes concedunt, quod potest se deponere, quod consequens est, quod potest renunciare. Nam quilibet potest cedere in manibus eius, qui potest eum deponere. Nam si[o] cessio[o] episcopi non potest esse in manibus metropolitani, qui potest eum confirmare, potest tamen esse in manibus eius, qui potest eum deponere.

Si ergo papa potest seipsum deponere, potest per seipsum renunciare. Plus enim est deponere quam renunciacionem suscipere, quia, ut habetur causa VII, questione prima, capitulo Sicut[p],[8] nisi episcopus petat, quod debeat ab epsicopali honore vacare, et nisi hoc det in scriptis, illud aliter[q] facere non valemus. Nam forte secundum iura tunc scripta, nisi forte pro delicto, sed propter senectutem[r], vel propter insufficienciam, non poterat papa episcopum deponere, nisi ipse vellet renunciare. Plus est ergo deponere quam renunciacionem suscipere, et plus deponere vel renunciacionem[s] suscipere[s] quam confirmare. Si ergo papa potest seipsum[t] deponere, potest renunciare. Dicamus ergo, quod papa seipsum deponit, per seipsum renunciat, sicut[u] eciam dicere possumus, per seipsum confirmat.

Adductis duobus exemplis, quod papa[v] potest[v] renunciare,

---

[l] recolligire P.  [m] racio V.  [n] renunciavit PVb.  [o] sucessio V.  [p] *folgt* quod V.  [q] autem P.  [r] senoctutem V.  [s] renunciare V.  [t] se P.  [u] Sic P.  [v] potest papa V.

[6'] Decretum D.21 c.7 'Nunc autem', ed. Friedberg, 71.  [7] Vgl. Decretum C.24 q.3 c.29 'Dixit apostolus', ed. Friedberg, 998.  [8] Decretum C.7 q.1 c.11 'Sicut vir', ed. Friedberg, 571.

ut non solum *in ore duorum*, sed eciam in ore *trium* stet *omne verbum*,[8'] possumus et tercium exemplum adducere de Cyriacho,[9] de quo scriptum est, quod cum Ursula et cum XI milibus virginum martirio[w] coronatus est[x]. Scribitur enim de eo, quod nocte quadam sibi revelatum est, quod esset cum illis virginibus palmam martyrii[y] recepturus. Tunc congregato clero et cardinalibus invitis civibus[z] et potissime[z] cardinalibus coram omnibus renunciavit dignitati et officio.

Postquam ergo ostendimus, quod papa renunciare potest per ea, que reduci possunt ad causam materialem, volumus tercio hoc idem ostendere per ea, que pertinent ad causam efficientem. Tetigimus enim supra, quod[b] due sunt, per que quis habet potestatem papalem, videlicet assensus eligencium et assensus electi. Dicebatur eciam supra, quod in hiis, que non sunt supra naturam negocii nec supra exigenciam rerum, quod per eadem contrario modo facta res constituitur et destruitur.[10] Cum ergo hoc sit secundum naturam negocii et secundum exigenciam rerum, quod ecclesia preficiat sibi caput et quod aliquis sit postulatus et[ba] electus assenciat, quod sit caput, consequens est, quod per hec, per que quis est papa, si contrario modo fiant, desinat[c] esse papa.

Sed dices, quod spiritualia facilius construuntur quam destruuntur[d], licet corporalia se habeant / (**fol.48 r**) econverso, ut habetur[e] in illa decretali Inter corporalia.[11] Et quia spiritualia facilius construuntur quam destruuntur, ideo, ut videtur, non valet[f], si consensus[g] eligencium et electi faciunt, quod aliquis sit papa, quod[h] per hec contrarie se habencia desinat esse papa.

Sciendum ergo, quod aliquando invenimus, quod spiritualia difficilius[i] destruuntur quam corporalia et quod[j] spirituale vinculum est forcius quam carnale, ut patet ex decretali preallegata,[12] aliquando vero

---

[w] *fehlt* P. [x] *fehlt* V. [y] martirii V. [z] civibus - potissime *fehlt* P; civibus: *folgt* invitis V. [b] *fehlt* V. [ba] vel PV. [c] desinit V. [d] destruantur P. [e] *fehlt* P. [f] valere P. [g] sensus P. [h] quia P. [i] facilius P. [j] *fehlt* V.

---

[8'] Deut 19,15. [9] Vgl. Döllinger, *Die Papst-Fabeln*, 45-48; Eastman, *Papal Abdication*, 16. [10] Vgl. Aristoteles, *Ethica* II,1 (1103 b7 ff.); Augustinus, *De civitate dei* VII,30,38; oben Kap.V S. 168. [11] Decretales I tit.7 c.2 'Inter corporalia', ed. Friedberg, 97. [12] Ebd.

invenimus, quod coniugium spirituale cicius corrumpitur et ad terram trahitur, nisi legaliter servetur, / (fol.110 rb) nisi iuste laudetur[k] vivendo, ut habetur distinccione XL, capitulo Sicut viri.[13]

Distinguemus ergo de[l] re[l] spirituali, quia aliquando res spiritualis fit ex opere operato, aliquando requiritur ibi voluntas vel devocio operantis vel suscipientis. Dicimus autem aliquid fieri ex opere operato, quando ipsa res habet hoc efficere, dato quod non sit ibi voluntas suscipientis, ut ignis ex seipso calefacit[m], que sunt sibi propinqua. Dato ergo, quod quis non appropinquet igni, ut calefiat, sed ut preparet fercula, sed quia ignis hoc habet ex[o] se, quod calefaciat, oportet, quod sic appropinquans, sive[p] velit sive[q] nolit, calefiat.[14]

Sic et in proposito: aliquando spiritualia fiunt ex ipso opere operato, aliquando preter opus operatum sive preter opus exterius requiritur ibi voluntas et devocio operantis vel[r] suscipientis. Secundum quem modum dicimus, quod aqua baptismi habet duplicem effectum, videlicet imprimere caracterem et conferre graciam. Sed quantum ad impressionem caracteris habet hoc aqua baptismi ex solo opere operato. Sufficit enim ad hoc, quod aliquis recipiat caracterem, quod baptizetur in forma ecclesie et quod suscipiat in se[s] hoc opus operatum[t], quod[u] est baptismus.

Sed ad hoc, quod suscipiat graciam, si est adultus, non sufficit, quod baptizetur, sed requiritur, quod amoveat omnem ficcionem et quod accedat voluntarius et devotus. Et si dicatur, quod parvuli non possunt habere huiusmodi devocionem et tamen suscipiunt graciam in baptismo, dicemus, quod hoc est ex divina dispensacione, que[v] vult, quod, sicut parvuli in alio peccaverunt, quia in Adam, ita posset eis per alios subveniri[v], ut per fidem parentum.

Advertendum tamen nos dixisse, quod ignis ex opere operato et ex ipsa re habet, quod calefaciat, et aqua baptismi ex opere operato vel ex ipsa re habet, quod caracterem imprimat. Sed hoc non est eodem modo, quia

---

[k] laudem P. [l] *fehlt* V. [m] *fehlt* V. [o] de P. [p] si non V. [q] si non V. [r] iiil *mit Querstrich durch das l* P. [s] de V. [t] *fehlt* P. [u] *folgt* autem quod P. [v] qui V. [v] subvenire V.

---

[13] Decretum D.40 c.8 'Sicut viri', ed. Friedberg, 147. [14] Vgl. Hebr 12,29.

ignis hoc habet ex naturali origine et ut est agens naturale, aqua vero baptismi hoc habet ex divina dispensacione et ut est instrumentum divine misericordie[w].

Revertamur ergo ad propositum et dicamus, quod illa, que fiunt spiritualiter ex solo opere operato, non solum difficillime[x] destruuntur, sed eciam non possunt tolli: sicut est ipse caracter, sive sit baptismalis sive confirmacionis[y] sive ordinis, quia in hiis tribus sacramentis caracter imprimitur. Sed si illud spirituale non fiat solum ex opere operato, sed requiratur ibi voluntas operantis et suscipientis, non dicimus, quod non possit[z] tolli, nec dicimus, quod difficile[a] destruatur, sed dicimus, quod facillime[b] perditur. Nam potest quis valde de facili graciam perdere. Talia quidem sicut construuntur, sic destruuntur.

Nam sicut convertendo se ad deum tamquam ad lumen luminum[c] vere illuminatur et habet graciam, sic se avertendo[d] ab illo lumine vere[e] obtenebratur et perdit graciam. Immo talia facilius destruuntur quam construuntur, propter nostram maliciam iuxta illud Mathei VII:[15] *lata est porta et spatiosa est via, que ducit ad perdicionem, quam angusta porta et arta[f] via, que ducit ad vitam.* Quod si volumus[g] difficultatem et facilitatem[h] in talibus ad spirituale coniugium adaptare, ut patet ex capitulis antedictis, semper sic[i] se habet[j], quando omnia contrario modo facta concurrunt ad destruendum, que requiruntur[k] ad construendum. Huiusmodi coniugium / (**fol.48 v**) est destructum loquendo de coniugio quantum ad ea, que sunt iurisdiccionis, non quantum ad ea, que sunt ordinis.

Hoc ergo dictum est quantum ad posse destrui. Sed quantum ad facile vel difficile destrui dici potest, quod taliter potest accipi tale coniugium, quod semper facilius destruitur quam construatur. Et taliter potest accipi, / (**fol.110 va**) quod[l] in[l] aliquibus et

---

[w] *die Seite zum Teil durch Wasserflecken verdunkelt und daher unleserlich* P. [x] difficilime V. [y] consecraccionis P. [z] posset V. [a] difficilime V. [b] facilime V. [c] luminis V. [d] *verdunkelt* P; advertendo V. [e] *fehlt* P. [f] arcta P. [g] velumus V. [h] subtilitatem V. [i] secundum P; si V. [j] *folgt* quidem P. [k] reperiuntur P. [l] *Lücke von sechs Buchstaben* P.

[15] Matth 7,13 f.

quantum ad aliqua facilior[m] est construccio quam destruccio[m], in aliquo autem eciam simpliciter est econverso.

Nam si accipiatur tale coniugium, ut est meritorium et[n] ut est eiusdem[o] gracie[on], semper facilime destruitur, quia semper potest quis facilime[p] perdere graciam, sine qua nullum potest esse meritum. Et[q] ad hoc reperiuntur[r] prefata verba decreti in distinccione XL[q].[16] Sed si accipiatur tale coniugium, ut est auctoritativum et ut habet iurisdiccionem, sive hoc fiat meritorie sive non, in aliquibus quantum ad aliqua facilior est construccio quam destruccio, quod patet, quia episcopi possunt confirmari per metropolitanos, tamen non possunt renunciare nisi ex speciali consensu pape. Ergo in talibus quantum ad hoc facilior est construccio quam destruccio, quod ideo est, quia[s] papa sic ordinavit. Si autem vellet aliter ordinare, aliter esset. Sed in coniugio papali, prout est sponsus ecclesie et habet iurisdiccionem in totam ecclesiam, facilior est destruccio quam construccio. Nam ad hec, quod quis preficiatur in papam, requiritur consensus eligencium[t] et electi, quod desinat esse papa, sufficit sola renunciacio eius. Nam invitis cardinalibus et clero posset coram[u] eis renunciare, ut posuimus exemplum de Cyriacho.[17] Igitur non solum ex hiis, que reducuntur ad causam formalem et materialem, sed eciam ex hiis, que respiciunt causam efficientem, possumus hoc ostendere et probare, quod papa renunciare potest.

Quarto volumus hoc idem ostendere ex parte cause finalis, quod[v] facilime[w] probatur. Nam illud, quod ad hunc finem videlicet propter bonum publicum constitutum est, contra bonum publicum militare non debet.[18] Sed ille, qui factus est[x] caput ecclesie, propter bonum publicum factus est. Si ergo est insufficiens ad regendam ecclesiam et renunciare non possit, contra bonum publicum militaret. Quis enim esset tante

---

[m] facilior - destruccio *fehlt* P. [n] et - gracie *fehlt* V. [o] eadem graciam P. [p] facilius V. [q] Et - XL *fehlt* V. [r] *verderbt* P (?). [s] quod P. [t] elegencium V. [u] eciam V. [v] quia V. [w] facilius V. [x] *folgt* papa P.

[16] Decretum D.40 c.8 'Sicut viri', ed. Friedberg, 147. [17] Vgl. Text oben S. 351. [18] Für die Äußerung anderer Scholastiker über den Begriff 'bonum publicum' vgl. Eastman, *Papal Abdication*, 54 ff., 58 ff.

demencie, quod diceret papam renunciare non posse, quicquid de eo esset
vel$^y$ quicquid de eo contingeret, ut puta si fieret$^z$ fatuus, si esset ita$^a$ debilis et
impotens corpore, quod nichil de suo officio exercere posset, quod ergo sic
teneret ecclesiam impeditam et quod renunciare non posset? Esset$^b$
incommodum$^c$ et$^c$ inconveniens et inracionabile$^b$. Advertendum tamen,
quod esse sufficiens vel insufficiens ad regendum vel quecumque talia, si
referantur ad renunciacionem, possunt facere ad meritum vel ad demeritum,
quia renunciando potest quis mereri et demereri. Tamen quantum ad valere
de iure vel non valere, quicumque sit ille, qui renunciet, et quandocumque
renunciet$^d$, si hec faciat coram collegio cardinalium vel eciam coram clero,
renunciatum erit et desinet esse papa, [eciam] dato quod illi contradicant.

Nam ex superhabundanti est, quod fiat statutum, quod papa
renunciare possit vel assenciat clerus vel quod assenciant eligentes. Hoc
enim possunt facere ad quandam claritatem$^e$ iuris. Ipsis tamen renitentibus
et$^f$ invitis$^f$ potest papa renunciare et potest desinere esse papa, quod, ut supra
diximus, Cyriachus fecit. Bonum tamen est talia statuere, et laudabile est in
talibus assensum$^g$ collegii cardinalium advenire, ut talia et$^h$ tam$^h$ ardua cum
maiori maturitate fiant et utilitas publica plenius inde eveniat et$^i$ consciencia
simplicium, qui nesciunt de tam arduis iudicare, magis quiescat et huic
veritati magis conscenciat. Multa enim de se vera sunt et de iure fieri
possunt, que propter nos homines, qui male nati sumus ad sciendum et
multum tempus appo- / **(fol.110 vb)** nimus in ignorancia, indigent, quod
elucidentur et quod per quedam additamenta in noticiam publicam veniant.
/ **(fol.49 r)**

Hiis itaque prelibatis, postquam per quatuor genera causarum
declaravimus, quod papa renunciare potest, volumus hoc idem quinta
via declarare adducendo auctoritates doctorum iuris, quid de hac
materia decreverunt. Nam causa VII, questione prima in

---

$^y$ aut P. $^z$ fiere P. $^a$ *fehlt* P. $^b$ Esset - inracionabile *fehlt* V. $^c$ *unleserlich* P. $^d$ renunciat V. $^e$
*folgt* eciam iuris P. $^f$ *fehlt* P. $^g$ consensum P. $^h$ *fehlt* V. $^i$ *fehlt* P.

capitulo Non autem,[19] ubi agitur, quod cum Augustinus Valerio episcopo adhuc vivente factus esset episcopus Yponensis, quod ei non successit[k], sed pocius accessit[l]. Glosa ordinaria[20] hanc[m] questionem movet in propria forma[n], utrum papa renunciare possit, et determinat, quod renunciare posset[o] assignans pro racione, quoniam[p] Marcellinus renunciavit et eciam Clemens.

Et Huguccio distinccione XXI in capitulo Nunc autem[21] hanc questionem in propria forma movet querens, an papa posset[q] hodie[q] seipsum deponere vel abrenunciare et intrare monasterium? Respondet[r], quod credit, quod sic; addit tamen: si expediret, et quod alias peccaret. Que verba addita nichil faciunt ad posse renunciare vel non posse, sed ad mereri vel demereri, quia, si crederet hoc expedire ecclesie et sic ageret, mereretur, si vero[s] crederet non expedire, demereretur. Sive tamen ecclesie expediat sive[t] non expediat[t], ipse potest renunciare, sed videat, quo animo id faciat, ne renunciando peccet. Idem eciam Huguccio causa VII, questione prima in[u] capitulo Non autem[22] hanc questionem movet in propria forma dicens: Sed quid de renunciacione pape? Numquid potest renunciare, quia vult transire ad religionem vel quia est eger vel senex? Et respondet[v], quod utique, id est quod potest renunciare assignans pro causa, quia Marcellinus renunciavit, ut habetur distinccione XXI Nunc autem,[23] *et Clemens eciam renunciavit, sicut[w] habetur in gestis Romanorum pontificum.*

## < Capitulum ultimum >

Capitulum ultimum, in quo imponitur finis huic libro[x] vel huic operi[y], quod intitulari volumus de renunciacione[z] pape.

---

[k] subcessit P.  [l] adcessit P.  [m] *fehlt* V.  [n] *fehlt* V.  [o] potest P.  [p] quod b.  [q] hodie possit P.  [r] *fehlt* P.  [s] non P.  [t] sive - expediat *fehlt* P (Homoioteleuton).  [u] *fehlt* V.  [v] respondit P.  [w] sic P.  [x] libero V.  [y] *folgt* quia P.  [z] renunciare V.

---

[19] Decretum C.7 q.1 c.12 'Non autem', ed. Friedberg, 571.  [20] *Decretum ... una cum glossis*, ad C.7 q.1 c.12 'Non autem' s.v. Ut non succederet (Turin 1588), 972.  [21] Huguccio, *Summa ad Decretum*, D.21 c.7 'Nunc autem' s.v. tuo ore, ed. Bertram, "Die Abdankung," 16.  [22] Ebd., C.7 q.1 c.12 'Non autem' s.v. incolumi, ed. Bertram, 16.  [23] Decretum D.21 c.7 'Nunc autem', ed. Friedberg, 71.

Quoniam huic operi, quod intitulari volumus de renunciacione pape, volumus finem imponere, assumemus auctoritatem. Nam[a] prima[a] ad Corinthios XIV[b]:[1] *sed*[c,d] *in ecclesia volo quinque verba sensu meo loqui, ut*[e] *alios instruam, quam decem milia verborum in*[f] *lingua*[c]. Hec autem quinque verba, de quibus loquitur apostolus, adaptare possumus ad quinque modos probandi, quos in precedenti[g] capitulo adduximus, quod papa renunciare potest.

Vult enim philosophus in primo[h] Physicorum,[2] quod tunc enim[i] arbitramur cognoscere unumquodque, cum causas primas et prima principia cognoscimus usque ad elementa. Que secundum commentatorem[3] non[j] sunt accipienda synonime, quia *nomina synonima*, ut ait, *non usitantur in doctrina demonstrativa*. Propter quod philosophus, cum voluerit declarare, qualiter habetur sciencia de rebus, dicit[l], quod habetur huiusmodi sciencia cognoscendo causas, principia et elementa.

Arbitrari debemus, quod ista non accepit synonime et quod non[m] pro eodem accipit causas, principia et elementa. Sed, ut commentator ait,[4] *per causas intelligit* causam finalem, que anthonomatice dicitur causa, quia est causa causarum. Nam finis est causa[n] omnium, quia forma est causa materie, cum materia sit propter formam; et efficiens est causa forme, cum efficiens introducat formam; et finis est causa efficientis, cum finis moveat agentem et faciat efficientem.

Dicemus ergo, quod, quia finis est causa ipsius efficientis, efficiens vero est causa forme / (**fol.111 ra**) et forma materie, ideo finis est[o] causa causarum[o]. Eapropter per causas intelligit causam finalem, per

---

[a] illam primo P. [b] XIII PV; *emendiert nach* b. [c] sed - lingua *unterstrichen* P. [d] Si P. [e] *folgt* et Vulgata. [f] *fehlt* PV; *ergänzt nach der* Vulgata. [g] presenti V. [h] prino P. [i] *fehlt* V. [j] *fehlt* V. [l] dicens PVb. [m] nunc V. [n] causam P. [o] est - causarum *doppelt* P.

---

[1] I Cor 14,19. [2] Aristoteles, *Physica* I,1 (184 all f.): "(tunc enim unamquanque rem scire nos putamus, cum causas primas principiaque prima et usque ad elementa cognoscimus), ...". [3] *Aristotelis De physico auditu libri octo Cum Averrois Cordubensis variis in eosdem commentariis*, (Venetiis 1562), 5. [4] Ebd. 6.

principia intelligit causam efficientem, per elementa intelligit causas intrinsecas, que sunt materia et forma. Cognicio ergo rei ex suis causis est[p]. Eo ergo modo, quo possunt rei assignari causa formalis[q], materialis[q], efficiens et finalis, sic res habet per illas causas cognosci et declarari[r]. Sicut ergo non[s] procedebamus[u] per accidens, sed procedebamus[u] per se et ex hiis, que sunt consona rei, quando probavimus per ea, que reduci possunt ad causam formalem, materialem[v], efficientem et finalem, / (**fol.49 v**) quod papa renunciare potest, ita quod huiusmodi quatuor cause sunt quatuor bona verba ad probandum propositum.

Superaddidimus tamen et quintum bonum verbum, videlicet auctoritates doctorum. Nam questio[w] proposita[5] de renunciacione pape potest dici theologica[x] et potest dici iuristalis, propter quod licet apud philosophos debilissimus locus esse dicatur ab auctoritate, quia ipsi philosophi non innituntur nisi racioni; immo dicunt philosophi esse impedimentum ad scienciam credere testimonio famosorum, ut ideo credat quis sic esse, quia sic[y] dixit Aristoteles: sed videat raciones eius, quare dixit[z] sic esse, et plus credat[a] racioni quam Aristoteli. Sic ergo dixerunt philosophi, et sic est in sciencia philosophica.

In sciencia tamen theologie et in sciencia iuris multum valent auctoritates. Nam de sacra pagina dicit Augustinus secundo Super[b] genesim ad literam,[6] quod *maior est quippe scripture huiusmodi auctoritas quam omnis humani ingenii capacitas.* Et iuriste leges et auctoritates doctorum pro racione accipiunt. Unde hec dicunt de legibus et hec dicerent de auctoritatibus doctorum iuris, quod dicerent philosophi de racionibus. Diceret enim quicumque philosophus, quod verecundaretur, quod aliquid diceret et racionem assignare nesciret. Sic eciam diceret legista, quod

---

[p] *hinter* rei P. [q] materialis formalis V. [r] delectari P. [s] *fehlt* PV. [u] *eine Falte durchzieht die Seite, verstellt Zeilen und verdeckt einige Wörter (P fol.111 ra-rb):* ebamus per accidens proced *unter der Falte P.* [v] *fehlt* PV; *ergänzt nach* b. [w] questione V. [x] theologia PV; *emendiert nach* b. [y] sicut V. [z] dicit V. [a] credit V. [b] supra V.

[5] *Randglosse nach dem Blado Text:* "Locus ab auctoritate humana infirmus: a divina vero validissime favet." [6] Augustinus, *De Genesi ad litteram* II,5, PL 34,267.

verecundaretur, si aliquid diceret et legem assignare nesciret. Hoc idem ergo censendum est de auctoritatibus doctorum iuris, quia huiusmodi doctores nichil dicunt, quod non innititur[d] legibus.

Resumamus ergo sermonem nostrum et dicamus, quod ad instruccionem, id est ad[e] edificacionem aliorum sensu Pauli, id est clare et intelligibiliter, sic volebat clare et intelligibiliter, loqui Paulus[7] in ecclesia, que est una et unita, id est ad unitatem ecclesie, ne[f] fieret scissura in ecclesia et ne aliqui vellent[g] sibi preficere[h] aliud caput. Ad probandum et ostendendum esse verum et legitimum sponsum ecclesie sanctissimum patrem dominum Bonifacium papam VIII diximus quinque verba, quia quinque modis, videlicet per quatuor genera causarum et per auctoritates doctorum iuris, probavimus, quod papa Celestinus renunciare potuit, quo probato consequens est, quod ipse sit verus et legitimus sponsus ecclesie. Que quinque verba prevalent decem milibus verborum[i] lingua.[8]

Diximus autem: quod, que loquimur in ecclesia, debemus[j] loqui[k] sensu Pauli, id est intelligibiliter sicut loquebatur Paulus. Nam intelligibile potest dici dupliciter. Primo ex parte rei, de qua loquitur, et sic, quicumque dicit verum, loquitur intelligibiliter, quia[l] omnia consenciant[m] vero[n]; et quicumque loquitur falsum, loquitur non[o] intelligibiliter. Nam falsum non intelligitur, quia non est, propter quod Augustinus octuaginta[p] trium[p] questionum, questione XXXII[q] ait,[9] quod *quisquis ullam rem aliter, quam ea res est, intelligit, fallitur. Et omnis, qui fallitur, id[r], in quo fallitur[r], non intelligit.* Propter quod / (**fol.111 rb**) sequitur, quod nullum falsum sit intelligibile.

Alio autem[s] modo[s] dicitur quis loqui intelligibiliter non solum ex parte rei, de qua loquitur, si loquitur[t] verum, sed eciam ex parte modi, secundum quem loquitur, si veritatem illam proponat

---

[d] innitantur P; innituntur V.  [e] *fehlt* P.  [f] non P.  [g] velint P.  [h] proficere P.  [i] verba P.  [j] debere V.  [k] *unter der Falte* P.  [l] quare V.  [m] *verderbt* P; *fehlt* V.  [n] *unter der Falte* P.  [o] *fehlt* P.  [p] octuagesimum tercium P.  [q] XXXIII[m] P; XXXIIII V.  [r] id - fallitur *hinter* intelligit P.  [s] modo autem V.  [t] loqui V.

[7] Vgl. Rom 12,5; I Cor 6,17; I Cor 12,12-27.  [8] Vgl. I Cor 14,19.  [9] Augustinus, *De diversis questionibus LXXXIII* q.32, PL 40,22.

clare, non obscure. Quantum autem ad primum modum semper Paulus loquebatur verum[u] intelligibiliter et semper nos debemus intelligibiliter[v] loqui[v], quia semper debemus dicere veritatem; sed quantum ad secundum modum, ut utrum veritatem illam proponamus clare et faciliter vel[w] obscure et difficulter, relinquitur iudicio prudentis. Nam Paulus in suis epistolis locutus est non faciliter, sed habuit gravem stilum et fortem ad intelligendum.

Quod ideo fecit, ne sanctum daretur canibus,[10] id est ne sua sancta verba exponerentur morsibus hereticorum vel morsibus[x] pseudoapostolorum.[11] Sed in suo sermone loquebatur ita clare et sine difficultate, ut pseudoapostoli eum inde contempnerent et reputarent eum ydiotam[y]. Ideo dicitur secunda[z] ad Corinthios X[12] *epistole, inquiunt, graves sunt*[a] *et fortes*, supple ad intelligendum, *presencia autem corporis infirma et* / **(fol.50 r)** *sermo contemptibilis*. Dicebant enim alii de Paulo, ut ipsemet ait, quod epistole sue erant graves et fortes ad intelligendum, sed sermo suus erat ita communis et planus, ut diceretur ab aliis, quod[b] esset[b] contemptibilis.

Revertamur ergo ad auctoritatem propositam et dicamus, quod nos debemus loqui in ecclesia non extra ecclesiam, quia debemus loqui ad ecclesie unitatem. Debemus loqui verba, id est verum boancia[c],[13] quia debemus loqui veritatem. Dicitur enim verbum quasi verum boans[d], quia nostrum dictum, si debet approbari, oportet, quod contineat veritatem. Et ista verba, si volumus aliquid probare et aliquid ostendere, possunt esse quinque, quatuor scilicet iuxta quatuor genera causarum et quinto per auctoritates.

Debent[e] eciam huiusmodi quinque verba esse dicta sensu Pauli quantum ad intelligibilitatem. Et exinde adversarii evidencius confundantur. Et debent esse huiusmodi verba, ut alios instruamus quantum ad

---

[u] *fehlt* V. [v] loqui intelligibiliter V. [w] *fehlt* P. [x] *folgt* vel P. [y] ydeotam V. [z] secundo V. [a] *fehlt* P. [b] esse V. [c] *vom Rande eingefügt* V. [d] boens V. [e] Dicunt V.

[10] Matth 7,6: "Nolite dare sanctum canibus ...". [11] Vorwurf gegen die Spiritualen. [12] II Cor 10,10. [13] Vgl. Text unten Anm. 16.

profectum et utilitatem, quia hic est profectus et utilitas doctrine, ut alii inde instruccionem suscipiant. Ex hiis autem omnibus concludamus, quod, quicumque asserunt dominum Bonifacium papam octavum esse sponsum ecclesie, ipsi<sup>f</sup> non loquuntur extra ecclesiam, sed in ecclesia, quia, que loquuntur, sunt ad ecclesie unitatem. Nam ecclesia figurata est per illam tunicam Cristi inconsutilem, que *erat desuper contexta per totum*<sup>g</sup>, que<sup>h</sup> non fuit scisa, sed indivisa remansit. *Fecerunt* enim milites de<sup>i</sup> vestibus<sup>i</sup> Cristi *quatuor partes.*[14] Tunicam autem illam inconsutilem noluerunt scindere, quod<sup>j</sup> exponens Augustinus ait<sup>l</sup>,[15] quod<sup>l</sup> *quadripartita* autem *vestis domini nostri Iesu Cristi quadripartitam figuravit eius ecclesiam*, quatuor scilicet partibus diffusam et in eisdem *concorditer distributam. Tunica*<sup>m</sup> vero illa<sup>n</sup> sortita<sup>n</sup> *omnium parcium significat unitatem*. Non enim casualiter, sed divina providencia factum est, quod tunica illa non scinderetur, ut cognoscant, quam gravissime peccant, qui volunt scindere sanctam ecclesiam matrem nostram.

Secundo<sup>o</sup> ea, que loquimur, debent esse verba, id est verum<sup>p</sup> boancia,[16] quia debent continere veritatem. Et si non possumus loqui<sup>q</sup> omnia quinque verba, quia forte nescimus per omnia quatuor genera causarum discurrere et nescimus quintum verbum addere, quia nescimus sufficienter auctoritates ad propositum enarrare, ea tamen, que diximus, debent esse verba, id est verum<sup>r</sup> boancia<sup>r</sup>, quia debent continere veritatem, ut cognoscant<sup>s</sup>, / **(fol.111 va)** quam gravissime peccant, qui non in ecclesia, sed extra ecclesiam vel, quod peius est, contra ecclesiam asserunt falsitatem.

<sup>f</sup>*fehlt* P. <sup>g</sup> cerum P; terum V; *emendiert nach* b. <sup>h</sup> qui P. <sup>i</sup>*fehlt* P. <sup>j</sup> quia ut V. <sup>l</sup>*unter der Falte* P. <sup>m</sup> tunicam PV; *emendiert nach* b. <sup>n</sup> illam sortitam PV; *emendiert nach* b. <sup>o</sup> sub P. <sup>p</sup> *fehlt* P. <sup>q</sup> *Von hier an wird das Pergament für die letzten fünf Zeilen dieses Blattes zusammengenäht* P. <sup>r</sup> ...um boancia *unter der Falte* P. <sup>s</sup> cognoscat V.

[14] Joh 19,23. Für die Verwendung dieser Bibelstelle in der Bulle "Unam sanctam" vgl. Extravag. Com. I tit.8 c.1, ed. Friedberg, 1245; *Les registres de Boniface VIII*, Bd.3, 888 ff. [15] Augustinus, *In Ioannis Evangelium tractatus CXXIV* (PL 35,1949), ed. Mayer, 656. [16] *Randglosse im Blado-Text*: "Verbum cum dicimus prima eius syllaba verum significat, secunda sonum bum, enim idem est, quod sonus. Virg. lib.3 Georg. Ro - boant sylvae. Unde verbum dictum est a verum boando, hoc est, verum sonando."; Vergil, *Georgicon* III,223: "reboant silvaeque et longus Olympus.", ed. Mynors, 71.

Tercio huiusmodi verba debent esse prolata sensu Pauli quantum ad intelligibilitatem, quia non debemus raciones ponere intricatas, ut possumus simplices personas involvere. Nam quamvis intelligentes de racionibus illis nulla sit difficultas, simplices per$^t$ eas$^t$ tamen$^u$ possent decipi et involvi.

Quarto et ultimo sunt verba$^v$ huiusmodi$^v$ proponenda, ut alios instruamus, id est ad aliorum utilitatem et ad ecclesie edificacionem, non ad animarum [nocumentum]$^{va}$ et ad ecclesie destruccionem.

Nam quanta utilitas provenire habet ex capite ad membra, quilibet in se considerare potest; quantum nocumentum et quam periculosum est ecclesie impinguere in caput ecclesie$^w$, deus$^x$ nos instruit, cum ait Mathei X:[17] *Estote ergo prudentes sicut serpentes.* Ubi Ieronymus[18] ait, quod *serpentis astucia ponitur in exemplum, quia tot corpore occultat caput.* Exponit enim totum corpus periculo pro custodia capitis. Et quia caput nostrum est Cristus, cuius vicarius est summus pontifex dominus Bonifacius, ideo contra impugnantes ipsum non solum corpus, sed et vires$^y$ nostras$^y$ et animam$^z$ nostram$^z$ debemus exponere. Et in hoc terminetur hic liber, in quo agitur de renunciacione pape. Laus sit inde domino nostro$^a$ Iesu Cristo, qui cum patre et spiritu sancto est unus deus benedictus in secula seculorum. AMEN.

Explicit$^b$ liber de renunciacione pape editus a$^c$ fratre Egidio dei$^c$ et apostolice sedis gracia$^d$ Bituricensi$^e$ archiepiscopo$^e$ Aquitanie primate.

---

$^t$ *hinter* possent V. $^u$ causa P. $^v$ huiusmodi verba V. $^{va}$ argumentum PV b. $^w$ *fehlt* V. $^x$ dominus P. $^y$ nostras vires V. $^z$ nostra anima P; anima nostra V; *emendiert nach* b. $^a$ *fehlt* V. $^b$ *unleserlich* P. $^c$ a - dei *fehlt* P. $^d$ *fehlt* V. $^e$ ...ricensi arch... *unleserlich* P.

[17] Matth 10,16. [18] Hieronymus, *Commentarius in Evangelium Matthaei*, liber I, cap.10 (PL 26,66), ed. D. Hurst/M. Adriaen, *CC* 77: *S. Hieronymi Presbyteri Opera, Pars I: Opera Exegetica* 7 (Turnholt 1969), 69.

## V. SUMMARY IN ENGLISH

### Peter of Morrone/Pope Celestine V

The ideal of apostolic poverty and his perception of his own inadequacies were motivating factors in Celestine V's decision to relinquish the throne of St. Peter. His initial papal decisions may have shown some courage and initiative in the spirit of a monastic superior, but they were not those of a medieval pope.[1] By the late autumn of 1294 Celestine was kept a virtual captive at Castelnouvo in the harbor of Naples, where the papal court had been established at the invitation of the Angevin king, Charles II.[1a]

The pope's increasing awareness of his own deficiencies with respect to his duties as administrator of the universal church was compounded by the expectations placed in him by various parties, be they apocalyptic as perceived by the extreme Franciscan Spirituals or more mundane as suited to the goals of the Angevin dynasty at Naples. After some hesitation and prior consultation with several cardinals, Celestine V had the cardinals assemble in

---

[1]Evelyn Underhill, *Jacopone da Todi. Poet and Mystic* (London-Toronto, 1918), 174; Richard Krautheimer, *Rome. Profile of a City, 312-1308* (Princeton, 1980), 159, refers to him as the "inept hermit".

[1a]Celestine V arrived in Naples on 5 November 1294 and abdicated on 13 December. Benedict Caetani was elected pope there on 24 December and returned to Rome, where his coronation occurred on 23 January 1295.

consistory and spoke to them on 13 December 1294, the feast of St. Lucia, of his decision to abdicate. He gave a short speech in Italian and read the declaration of resignation, which had been drafted with the assistance of Cardinal Benedict Caetani. Finally, the aged pope read a constitution on the possibility of abdication, whereupon the College of Cardinals, including James and Peter Colonna, unanimously accepted his resignation.[2]

Celestine then descended the throne and took off the papal insignia including the tiara of two coronets, the ring of St. Peter, and the papal garments which he had wished to retain. He then returned to his chambers, where he slipped into the cowl of his monastic congregation. Upon re-entering the great hall, the former pope, Peter of Morrone, approached the throne from which he had earlier descended and sat down at its first step.[3]

The reaction of the populace in the streets of Naples, especially among the Franciscan Spirituals and the Celestine monks, was one of wrath and despair. Among the less partisan there was also a growing feeling that perhaps the Church could not be governed by a saint.[4] The hostility of the people of Naples would lead to the flight of the newly elected pope, Boniface VIII (Benedict Caetani), from the city and to his swift return to Rome. He had been elected at Castelnuovo on Christmas Eve and appeared in Rome on 17 January 1295.[5]

### The Controversy over Papal Abdication

In the period following Celestine's resignation from office the controversy over his action increased. The Franciscan Peter Olivi defended

---

[2]Eastman, *Papal Abdication*, 21 ff.; Herde, *Cölestin V.*, 126 ff.

[3]*Ibid.*

[4]*Cf.* Underhill, *Jacopone*, 179.

[5]E. R. Chamberlain, *The Bad Popes* (New York, 1969), 88 f.; Herde, "Election," 428; *cf.* above n.1a.

the pope against accusations brought forth by his fellow friars. On 19 May 1296 Celestine died a captive of his successor at Castel Fumone, south of Rome. Prior to or about the time of the ex-pope's death, Godfrey of Fontaine and Peter of Auvergne came to the defense of the pope and his right of abdication. Therefore, they stood in opposition to other masters at the University of Paris, especially to those among the faculty of arts. By 1297, the king of France, Philip the Fair, became involved, lent his support to the latter and incited them to document their views. They dutifully complied with his wish and drafted a *Determinatio* opposed to the notion of papal abdication.

It is in this context that the Augustinian friar Giles of Rome (c. 1243-1316), archbishop of Bourges since April 1295 and residing in Rome since mid- to late 1296, was hurled into this controversy. In response to the feud between Boniface VIII and the Colonna family, which culminated in the first of several manifestoes from the hand of the Colonna cardinals, Giles was tasked by Boniface VIII to refute the accusations brought forth against the papal office and the person of the pope. The first manifesto had opened a pandora's box of rumor and threatened the stability of the Church, inasmuch as it questioned the legitimacy of papal abdication and thus the right of Boniface VIII as legitimate successor to Celestine V as pope.

## Aspects of the Thought and Influence
## of Giles of Rome

Various authors have thought to have found a discrepancy in the political philosophy of Giles of Rome. His later work, especially his *De ecclesiastica potestate*, has been seen as a break with his previous work. What has really taken place, however, is that his monistic concept of political power as applied to the secular realm on one hand and to the ecclesiastical realm on the other remains consistent within the frame of reference in which Giles places it. It is only when he begins to speak of relations which bridge these two spheres, i.e. in church-state relations, where the monistic theory is no longer operative that this apparent discrepancy arises.

In enhancing his monistic theory of papalism, Giles elevates the vicar of Christ almost to an object of deification in a manner which reminds one of the cult surrounding the Roman emperor in ancient times. In a political sense, the pope becomes the vicar of God, but in a spiritual sense, as Giles readily admits, the pope remains incomparable to Christ. Rulers are not immune from weakness. Thus, Giles sees a similarity between a tyrannical ruler and a heretical pope. Since the papal office is a sovereign entity, to which Giles gives additional support by the theory of *lex animata*, it is left up to the pope to consider abdication as a serious option in case of an obvious and grave heresy on his part. The pope's decision, however, would be completely voluntary and would take the form of self-deposition if he thought it necessary to resign from office for the sake of the welfare of the Church.

G. Santonastaso has provided us with the most in-depth analysis of Giles' political philosophy as seen from a theological perspective. He sees the Austin-Hermit more in the earlier medieval tradition of Platonic and Stoic thought in spite of his extensive use and understanding of Aristotle. Giles is perceived as a proponent of the aristocratic and patriarchal state who defends the necessity of such a state by means of the Aristotelian theories of the natural ruler and the natural slave combined with the Augustinian view of the depravity of man.

Between his earlier work, *De regimine principum* (c. 1280), and *De renunciatione papae* (1297), there is no evidence that Giles wrote about problems of ecclesiastical politics. The latter work thus represents an initial confrontation with them. Here he analyzes the pope as an individual with respect to his responsibility to God and to the institution he represents. He concludes, according to Saint Augustine, that in spite of divine omnipotence God lets man administer human institutions. Since the Church is also a creation of man in spite of its divine mission, it falls well within the human prerogative that it should be administered to by man. The integrity of the pope with respect to his own salvation and to his given task as caretaker of the souls of the faithful is analyzed here, whereas the pope is considered exclusively in his function as a juridical entity in Giles' later *De ecclesiastica potestate* (c. 1302).

At the University of Paris, Giles developed into one of the foremost scholars of his time. His mastery of Aristotle provided the basis for much of his scientific and metaphysical discourses. Disputations with Henry of Ghent and other illuminaries of the university characterize his influence there. At the general chapter held at Florence in 1287 his writings were elevated to a doctrinal status, i.e. his works were to be used by his fellow Austin friars as a guide for study.

Augustine of Ancona and James of Viterbo, to some extent, were among his early adherents, followed by Thomas of Strassburg somewhat later. This period has been characterized as the *schola aegidiana*, which was dominated by the thought of Giles of Rome and Thomas Aquinas. During the fourteenth century we think that this school of thought was more influential than those of Thomism and Scotism. With Gregory of Rimini and Paulus Nicoletti of Venice, the Augustinian Order began to develop a certain independence and intellectual vigor which enabled it to defend doctrinal positions that would not have been those advocated by Giles. During the Renaissance, Giles' works began to appear in the new medium of print.

Of those outside the order who utilized his works, there were the Dominican John of Paris, Cardinal Jean Lemoine, the Franciscan William of Ockham, and John Buridan. Of the Thomists, the patriarch of Jerusalem Petrus de Palu, Thomas of Sutton and Robert of Orford considered his writings in a critical manner.

It is worthwhile to consider if and to what extent Giles of Rome may have influenced Martin Luther. Both relied heavily on Saint Augustine, but whereas Giles defended the papal system vehemently, Martin concentrated on the concept of the transmission of faith from an individual viewpoint, fought the papal system tooth and nail, and left the secular powers untouched in a sphere of their own. Here we see a generation gap of about two hundred years at work, whereby the work of Ockham and the divergent views regarding the secular world play an important role.

The intervening years of the schism may best illustrate the loss of confidence in the official church which, when coupled with the religiosity of late medieval mysticism, can lead us to perceive how Martin Luther may best embody the loss of faith in the papacy as an agent of corporate salvation for human souls and why he concentrated on the individual and the theory of justification by faith alone. In this context, although Martin Luther resided in the Erfurt priory as an Augustinian friar, he did not read the works of Giles, but he may nevertheless have been exposed to his influence through other Augustinians residing there or through the works of other scholars in the order who were knowledgeable with respect to Giles, e.g. Thomas of Strassburg.

Finally, we should mention the Franciscan Jean Gerson, who in writing on papal abdication may have consulted the work by Giles, and Cardinal Robert Bellarmin, whose concept of the Church reveals a certain similarity to the thought of Giles with respect to salvation, namely the Church as the vessel of salvation.

## The Defense of Papal Abdication by Giles of Rome

Giles, familiar with the customs of municipal and higher ecclesiastical life, remained close to the centers of political power throughout his life. Before his own elevation to minister general of the Augustinian friars (1292/95), Philip the Fair had shown appreciation and gratitude for his work in Paris and Cardinal Benedict Caetani had become aware of his abilities. In 1296, as pope, Boniface VIII summoned him to Rome in order that he write specific works to further the faith.[6] It is in this situation that he probably resided at Santa Maria del Popolo, the mother convent of his order, in order to compose the definitive work on papal abdication, *De renunciatione papae*,

---

[6]*Cf*. Eastman, "Giles..Celestine V," 197.

which was written between 10 May 1297 and 3 March 1298, most likely completed during the summer or early fall of 1297.

The archbishop of Bourges begins his tract by referring to Boniface VIII as the legitimate pope and to those who argue against this as using the sophistic method. Although not mentioned specifically, Giles is referring to the masters of sophistic reasoning at the University of Paris and the legists of the French king (ch. 1). He then cites the twelve Colonna arguments opposed to the legitimacy of papal abdication (ch. 3).[7] These are: 1) Since the papacy derives from God, it cannot be removed by anyone inferior to God Himself; 2) Papal abdication is impossible since only he who confers spiritual authority and power can take it away, i.e., only God; 3) With reference to the decretal *Inter corporalia* (*Extra* 1.7.2) concerning the resignation of bishops, the adversaries conclude that God alone can take the papacy away from its occupant; 4) Since the papacy is the greatest among created powers, no created power can take it away; 5) This also applies to the pope, i.e., he is incapable of taking this power away; 6) Since the pope is created through divine law, no human agent can nullify his occupancy of the papal see; 7) Since no one who does not stand above a vow cannot absolve one who has taken it, only God can absolve the pope of his vow; 8) Since no one can absolve himself of his own vow, the pope cannot absolve himself through resignation from office; 9) The term, created authorities, is used in the sense of the fourth argument above; 10) Only an ecclesiastical superior can remove an ecclesiastical dignity after legal confirmation, thus only God can release the pope from the papal dignity; 11) and 12) deal with the eternal dignity of Christ's priesthood and the role of the pope as Christ's vicar, an obligation from which only God can release him. Beyond this, the Colonna add two additional arguments which maintain that the abdication of Celestine V was the result of malevolent machinations and deception and , in

---

[7]*Ibid.*, p. 200; The following will be based in large part on my *Papal Abdication*, 67 f., 72-76, unless otherwise indicated.

a similar way, the irregularities of the election of Boniface VIII prove that his papacy is illegitimate.[8]

In chapter IV, Giles investigates the source of true ecclesiastical power, namely God, and how it does not oppose the idea of papal abdication. He uses the five Aristotelian causes in determining the character of power: 1) namely the relationship of God and man to power and the hierarchy of powers which arise and justify the existence of power or authority; 2) The material cause based upon the doctrine of the good which states that power is a good, but its use is not necessarily so. Giles is of the opinion that it is better to use power than not to, since it serves the common good; 3) Here the author deals with hierarchy where God is considered as the greatest principle in a Neoplatonic universe, the guide of which obtains through Aristotle's *Metaphysics* 12.10, a superior position with respect to order since order exists through Him; 4) This path originates from causality whereby Augustine, *City of God* 12.8, is cited with respect to power, which is sullied by deficiency and sin, can be characterized as impotent and not derived from God. All efficient causes not sullied by deficiency and sin can be led back to the first cause and are thus from God. Since all power is according to this mode efficient cause, it follows that no power can exist which does not come from God; 5) This path pertains to the hierarchy of powers according to the actions from which power arises and how God through his action and non-action lets this power be manifested by ecclesiastical authority. Finally, Giles is critical of the papal electors for they placed an inadequate person with insufficient knowledge at the head of the church. Even though they acted on the basis of God's work and permission, they placed too much trust in God and too little trust in themselves and consequently they lost the wisdom to make a proper choice.

In chapter V, the five principles from the previous chapter are applied to papal authority and abdication. 1) All power derives from God, but wisdom is the connecting link between God and man. Since man is in

---

[8]Herde, "Election," 431 f.; *cf.* Eastman, *Papal Abdication*, 67 f.

this respect a divine helper, he can in his function as papal elector and electee see that a pope is chosen, and in reverse see that the same become non-pope. 2) Here Giles considers the conditional human element which leads to papal election and abdication. Therefore, because of this human element which is based upon the principle of construction and destruction, papal authority dwells in a particular person only in a relative way, i.e., human action can cause it to cease to exist in that person. 3) Power and order in human society derives from God (Romans 13:1). Man contributes to this order with respect to the papacy by choosing the pope. Giles sees a qualitative difference between papal election and abdication insofar as it is easier to destroy than to build, i.e., with respect to the one who can accept and abdicate and with respect to the many through their affirmation that a pope is chosen. 4) The efficient cause should not be deficient. Giles combines the Aristotelian idea of the highest potency with Romans 13:1 and thus sees the pope as an exclusive and singular entity. He compares the contemporary situation with an argument in a marriage, the bonding character of which cannot be removed by means of a human deed. 5) The author sees divine providence at work in this case. In his first specific reference to Celestine V, he sees the acceptance of the papal election by such a simple man as evidence for God's special action, for as Saint Augustine has said, God's judgement cannot be fathomed and He lets evil exist in order that the good can be selected from it (*Enchiridion* 3.11). Celestine's election was not inspired, but it can be characterized as the inability of the cardinals to perform their duty in an emergency situation. Because Christ, as Giles says, has compassion for his Church, he let it be known to the inexperienced administrator through a special work and impulse that he should abdicate and resign.[9]

In chapter VI, the first Colonna objection is refuted. Giles begins by ascertaining in what way papal power stems from God. Human cooperation is insofar involved that it can determine whether papal power resides in a

---

[9]Eastman, "Giles...Celestine V," 201.

certain person or not. Human *dispositio* affects human will inasmuch as it makes itself receptive in order to receive grace, the source of which is God. The human element with respect to papal power is designated as the accidental activity of human will. Papal power is analogous to grace inasmuch as a declaration of will is involved. With respect to resignation, the decretal *Inter corporalia* should be considered, and since the pope has no superior, it is within his power to resign of his own free will. Giles does say, however, that this is a question of conscience which the pope should weigh very carefully. In the context of Saint Augustine, *City of God* 7.30, and Giles' understanding of papal power, the pope has the right before God to abdicate of his own free will. God permits papal election and His inspiration and action are paramount when a pope resigns from office, for what has been created out of brotherly love should not work against it just as that which has been created for the common good should not work against the same.

In chapter VII, the author refutes the second Colonna objection by his utilization of the above citation from Saint Augustine and the doctrine of grace; thus, there is no divine statute which says that the pope is unable to resign, rather there is a divine statute which says that resignation is possible according to the order and state of the world.

In chapter VIII, the third Colonna objection is refuted. The author points out that the bond of the pope to the universal church is no different than that which binds the bishop through spiritual marriage to his diocese. In comparing the marriage between man and woman with that of a spiritual nature, Christ, as Giles says, would command the indissolubility of the former since its dissolution would lead to public evil, but that the latter could be dissolved if its continuance were to lead to harm with respect to the public good.

In chapter IX, Giles refutes the fourth objection of the Colonna. The supreme created power, the papacy, obtains its justification by the measure of its effectiveness with which it fulfills its given duty with respect to the common good. The ineffectiveness of the pope in office could thus lead to his removal from the same, although this would be a voluntary act, for the pope is only responsible to God and God alone is the only uncreated power.

In chapter X, the office of bishop with respect to that of the pope is described in detail. Peter Lombard (*Sentences* 4.24) is used to illustrate the character of the episcopate. Giles sees it as the most holy of orders. The greater dignities of the archbishops, the patriarchs and the popes, are only greater in the sense that they possess greater jurisdiction; their respective rank is not characterized by higher orders or by a more perfect character. Therefore, the pope can resign his higher jurisdiction without the loss of the episcopal character of his office. The plenitude of papal power which grants universal jurisdiction can be lost, but the episcopal character of the papal office is not removable. Thus, Giles is able to cite the example of a prospective pope who is able to receive full papal jurisdiction before his consecration as bishop. The superiority of holy orders is preserved, however, for the prospective pope must be ordained bishop before the assumption of his full ecclesiastical responsibilities as pope.

In chapter XI, the author provides us with comments on aspects of the Colonna objections six through ten. Giles offers the theoretical foundations for the way in which the pope exists through divine law, his powers to bind and loose through St. Peter, the formal and material basis for papal power and the contractual obligations of the pope with respect to his papal duties. In chapter XIII, the author refutes the sixth Colonna objection. The pope is seen here as the bridegroom of the Church who submits to the law of the bride. The pope's role as bridegroom of the universal church is considered eternal with respect to his powers of ordination as a consecrated bishop. Giles considers this indissoluble power, which is based upon divine law, a property right. This right is at his disposal according to use and the pope has every right to exercise it freely. The jurisdictional power of the pope, however, does not fall into this category, thus it is not bound by the law of the bride. The decisive criterion in judging the contract of the servant of the servants of God is the care with which the pope provides for the public good.

In chapter XIII, the seventh Colonna objection is refuted. The vow of the pope is seen as a voluntary promise to God that he maintain the public good of the entire church as his singular responsibility for which in the state of sound mind he will be held accountable. Chapter XIV, pertains to the granting of absolution (the eighth objection of the Colonna), whereby the pope is seen as the debtor of God. When this involves abdication, this process takes the form of renunciation with the pope suffering of his own free will so that the sacrament of penance appears of its own accord, inasmuch as a divine inspiration affects an incapable pope in the form of pain and remorse.[10]

In chapter XV, the ninth Colonna objection is refuted. The author sees the pope obliging himself through an oath before God in order that he carry out his God-given task to the best of his ability. If, for some reason, he were to be overwhelmed by the duties of his office, it is within his prerogative as pope to resign, but his decision must be made with the utmost care, for he will be held accountable to God at the Last Judgement. Since the pope has no human intermediary between himself and God, as the vicar of the most high and uncreated power, he is directly responsible to God. The expulsion of the pope from office is reserved for divine judgement. As in the case of the lower prelate, the involuntary removal of the pope from office obtains only in the case of grave heresy. The grounds for episcopal resignation, however, do not apply to the pope, for he stands above written law due to his plenitude of power, which is above the law and through which he creates law.[11] The papal vow obtains only to the ability of the pope to perform his duties and to the length of time he is in office. God does not bind one to the impossible. Thus, he will let it be known if and when the pope should be released from his vow of office.

In chapter XVI/1, the tenth Colonna objection is refuted. In order to counter the argument that the papal dignity is non-removable unless there is the cooperation of a visible superior, Giles, who pointed out earlier that the

---

[10]*Cf.* Eastman, "Giles...his Use," 135 f.

[11]Eastman, "Giles...Celestine V," 204.

pope has no visible superior, explains how the pope through his election is elevated by men in order to exercise jurisdiction over divine things with respect to their worldly expansion. A reversal of the procedure which led to his elevation would lead to his abdication.

In chapter XVI/2, Giles expands further on the notion that the pope does not lose the episcopal dignity upon relinquishing his office. Upon his election the visible and divine order coincide in the person of the pope. The visible electoral procedure is symbolic of the secular aspect; the invisible confirmation by God represents the divine order. Thus, the invisible confirmation of the pope by God represents the meeting of both worlds. Since Saint Augustine sees the world as a self-regulating entity which God permits to exist unto itself, it follows that the pope may act as the sovereign over men's souls with respect to the divine mission of the pope as *pontifex maximus*. With respect to abdication Giles concludes as follows: "If the pope confirms himself and if he does not have any other superior with respect to visible things, then his assent is his confirmation (in the papal office) and his objection is his renunciation (of this office)." Therefore, the pope can resign from the jurisdiction granted him as pope and this is done in accord with the divine will.[12]

In chapters XVII through XXII, the Colonna objections eleven and twelve are refuted. The author expounds on the special attributes of Christ's priesthood, which is without beginning and without end. The priesthood of the pope, however, is in no way comparable to that of Christ, for the pope is certainly Christ's vicar, but he is not in any real sense Christ's successor and therefore definitely not his equal. The fact that there is an eternal priesthood of Christ does not provide any evidence to deny the possibility of papal resignation.

In chapter XXI, we find an extended discourse on the above question. Giles considers the argument that due to the fact that there can be no more than one Christ, abdication is not possible. He sees abdication as a means to

---

[12]Eastman, "Giles...his Use," 134.

come to the aid of a defective head and cites Gratian *Decretum* C.7 q.1 c.12 'Non autem', where Saint Augustine did not succeed the bishop of Hippo (Valerius) in office, but only came to his aid while the latter was still alive. This could not have been done in Christ because this would have made Christ defective and would have resulted in two Christs. Giles does not see a deposition from office in this case nor a succession through death. It is apparent that Giles wants this to be seen as an administrative matter, Saint Augustine as coadjutor of the aging bishop Valerius with the maintenance of the unity of Christ's priesthood and with the members of the clergy participating in the unity of the person of Christ.[13]

In chapter XXIII, two additional objections of the Colonna are refuted. Giles' rebuttal begins with a description of papal election as a singular process which culminates in the exclusive responsibility of the living pope. The decision of the pope to abdicate, determined of his own free will, is therefore only dependent upon those matters pertaining to the pope's conduct in office and to his person. In commenting on the events surrounding the abdication of the hermit-pope, Giles says that Cardinal Benedict Caetani tried to dissuade Celestine V from abdicating, but to no avail; and because his abdication occurred before many hearers, i.e., the assembled College of Cardinals, there was no deception, as the adversaries (the Colonna) maintain. Moreover, Celestine's abdication occurred for the welfare of the church and since these opponents also participated in the decision concerning this pope's abdication, they should not represent it as deception.[14]

In the same chapter, Giles speaks of Celestine as having acted for the good of his soul and especially for that of the Church. He should have neither felt regret nor sorrow according to the law, for that would have been unjust. Giles does not see the pope's inadequacy and ignorance as inhibiting

---

[13]*Ibid.*, p. 136.

[14]Eastman, "Giles ...Celestine V," 201.

factors which may have forced him into an involuntary abdication because his action was just and in accord with reason and thus should not have led to feelings of regret. He views Celestine's actions with respect to his official capacity as pope, i.e., as pertaining to the common good, along with the penitential process, which is only applicable on a personal level, i.e., with respect to the private good.[15] The pope's decision to abdicate was brought about by the influence of God, and the act itself was not the result of fraudulent machinations since it came about for the common good of the Church and the spiritual well-being of Celestine.

In chapter XXIV, parts 1 and 2, Giles expands on five justifications for the legitimacy of papal abdication. The first four pertain to the Aristotelian categories: the *causa formalis* or that which causes the papacy to exist, its ordinational and jurisdictional power, the latter of which can be renounced; the *causa materialis* or the actualization of the papacy through the person holding the papal office, the maintenance of which may necessitate in time of crisis that the pope either express his will for his continuance in office or for his abdication, i.e., his resignation or self-deposition from office; the *causa efficiens* or the efficacy of the pope with regard to the conservation of papal power and with regard to the will of the pope over and above those who elected him; and finally the *causa finalis* or the good of the Church, for which the pope is responsible. The fifth and last justification pertains to the authorities of the doctors of canon law. From the example of Valerius cited in the *Decretum* (C.7 q.1 c.12) and it *Glossa ordinaria* Giles concludes that papal abdication is permissible since Clement and Marcellinus had abdicated as well.[16]

In chapter XXV, Giles concludes his tract by using Saint Paul in pleading for the unity of the Church. He warns that the Church should not feel threatened by division nor the replacement of its head. The most holy

---

[15]*Ibid.*, pp.201 f.

[16]Eastman, "Giles ... his Use," 136 f.

father Pope Boniface VIII is proclaimed the true and legitimate bridegroom of the Church who all should obey in humility. The four Aristotelian causes and the authority of the doctors of law give proof that Celestine V could abdicate and that Boniface VIII is legitimate pope.[17] Giles points out again that the Colonna were electors of the new pope, thus their arguments directed against him must be false and invalid.

Finally, if we may reiterate Gile's basic position, we might say that papal abdication is a voluntary act on the part of the pope which only applies to the resignation of his jurisdiction, the extent of which is the only criterion which distinguishes the dignity of his office from that of other bishops.

---

The Platonic-Stoic or, as R. Scholz has said, the archaic traits of Giles' thought bore fruit in defense of a typically medieval closed system, namely the Roman church.

Philip the Fair, along with his advisors, weathered the crisis in church-state relations better than the Colonna family, but even it was eventually rehabilitated. However, it was not until the hearings of 1310/11 concerning the memory of Boniface VIII that the Colonna were allowed to appear actively at a public forum. They no longer accused the pope of heresy, and as would be expected, they praised Philip as a most Catholic king and restorer of the Church who had opposed papal tyranny. Neither James (d.1318) nor Peter (d.1326) Colonna, however, would regain positions of power and prestige at the papal curia that had once been theirs.

During this period, Giles kept a low profile. He did not speak in defense of Boniface VIII during these hearings and seems to have recognized that opposition to the apparently omnipotent king would have spelled trouble for himself and possibly papal policy as well. The sacrifice of the Templar Order and the canonization of Peter-Celestine (5 May 1313) appear to have

---

[17]Eastman, "Giles ... Celestine V," 202 f.

satisfied the king. Three and a half years after the latter event Giles was laid to rest in Avignon (d. 22 December 1316).

### The Critical Latin Edition of *De Renunciatione Pape*

This work has survived only in two MSS: Paris, B.N., Cod. lat. 3160, fol.86r-111v, from ca.1312-1320; and Vatican, Cod. lat. 4141, fol.1-50, from ca.1400. We shall identify the Paris MS as *P* and the Vatican MS as *V*. If the two printed editions of this work are included, we have a total of four witnesses for this text: *b* = Blado (Romae: 21 August 1554), based upon the Vatican MS; and *r* = Roccaberti (Romae: 1695), an apparent reprint of Blado's annotated print. For the purposes of a critical edition *b* and *r* are of little value, but their marginal notes are of some worth inasmuch as they indicate what sources Giles may have used.

Dating of Giles' work: 10 May 1297 - 3 March 1298. The author commenced with this work after 10 May 1297, i.e., after the Colonna had distributed their first Manifesto. A. Maier makes a case for its completion before 15 June 1297 since it contains no reference to the third Colonna manifesto. According to chapter 24/2 of the tract, Giles concluded it before the publication of the decretal 1.7.1 in *Liber Sextus*, thus before 3 March 1298.

The first known report concerning *De renunciatione pape* states that a copy of this tract was listed in the catalogue of the papal library from the year 1311. In 1314, as the papal library was in transport from Perugia, this tract was apparently lost in the chaos which ensued in or near Lucca, as the caravan carrying these MSS was attacked.[18]

Perhaps *P* and *V*, upon which the critical edition is based, derive from such a MS from the papal library. Of the two MSS, *P* appears to be more accurate. Therefore, it will serve as the primary MS for the critical edition.

---

[18]Eastman, "Editing Medieval," 109 f.

It does have one shortcoming, however, its many *lacunae*; therefore, *V* must be consulted quite often.[19]

Since we are to recreate the archetype which should approach the original, the purer text *P*, as stated above, will serve as the framework for the critical edition and it will be supplemented by *V* where needed. We shall also need to consider the *lectio difficilior*, the most variant reading of a particular word or passage, along with the lexical aspects of the word or passage in question.[20]

We can say that *b* stems from *V* on account of the consensus with respect to *lacunae* and *homoioteleuta*; *r* stems from *b* because it conforms to *b* and merely contains more contaminated passages and *homoioteleuta*.[21]

If we try to reconstruct the tradition of our MSS, we find the following: In 1297, the tract was written. After its completion, several copies were probably made at the curia in Rome. One of those was sent to Paris, where *P* copied it and John of Paris may have made excerpts from its contents. At least one copy may have remained in Rome, this one containing the same corruptions as *P*. As mentioned above, another copy was lost near Lucca. As the question of papal abdication obtained renewed actuality about 1400 due to the schism and multiplicity of popes, *V* made an elegant copy in cursive.

Since this time, the MS from which *V* made his copy has vanished. Furthermore, we have no clues at all as to the whereabouts of the original MS. Perhaps Giles willed it to the Augustinian house in Paris since it was to receive his books of philosophy, theology and canon law at Bourges upon his death.[22]

---

[19]*Ibid.*, p. 106.

[20]*Cf. ibid.*, pp. 110 f.

[21]*Ibid.*, p. 111.

[22]*Cf. ibid.*, p. 110.

The scribes: A comparison of scribe *P* with scribe *V* reveals the following: scribe *V* has a better command of Latin. In orthography, *P* sometimes slips into the French variant; e.g., he uses *s* where *t* would have been appropriate. Since his MS also contains an Italianism, *designere* with *gn* for *desinere*, he may originate from southern France. French is assuredly his mother tongue. *V* uses *c* where *s* would have been appropriate and uses *c* where *qu* would have been expected; e.g., *locatur* instead of *loquatur*. For the Latin word *falx*, scythe or sickle, both *P* and *V* wrote *falsem* in the accusative with *s* instead of *c*. *V* is definitely of Italian origin.[23]

*P* and *V* often have the same corruptions in common. This fact indicates that they have a common ancestor, either directly or several steps removed. Several of these corruptions are obvious mistakes in grammar; e.g., *alias* for *alios*. In quoting Aristotle, they write *omnia* instead of *vero verum*, *milicia* for *amiticia*, etc.[24]

Another problem concerning orthography pertains to the normalization of the spelling of Latin words. The earliest MS, i.e., *P*, is taken in general as the norm; e.g., *y* is used instead of *i* in *dyabolus*, *mysticus*, etc. *P*'s use of *mp* is favored in place of *n* in *condempsetur/condensetur*, but *V*'s use of *m* instead of *n* appears more proper in *important*, *impossible*, etc. *P*'s use of a preceding *h* in *hierarchia* appears more proper than an initial *i*, while the absence of *h* in *eucarista* and *Cristus* appear to conform to contemporary usage.[25]

Characterization of the MSS: *P* is an apograph, the work of a *pecia*-scribe, originating from the environs of the University of Paris. This MS contains three of Giles' major works: his *Hexameron* (1291), fol. 1-65; his *Liber contra exemptionem* (1310/11), fol. 66-81v; an *Abreviatio* of the same, fol. 81v-85v; and *De renunciatione pape*, fol. 86r ff., which may have been

---

[23]*Ibid.*, pp. 107 f.

[24]*Ibid.*, p. 108.

[25]*Ibid.*

inserted in this codex at a later time. The script is in Gothic miniscule written in double columns. It is very concentrated and compact. After comparing *P* with MSS pictured in the "Manuscrits dates", *P* should be placed in the first quarter of the fourteenth century, probably between 1310 and 1320.[26]

*V* is a folio unto itself, probably the work of a curial scribe in Rome. It was at this time that Pope Boniface IX and the Roman see needed support in its struggle against the French pope, Benedict XIII, and his allies during the schism. *V* can be seen as a part of this political process and therefore it must have been written about 1400 or shortly thereafter. The script is a pure and carefully executed late Gothic cursive, tending toward the new elegance of the humanistic style. It is written in one broad column covering the page.[27]

There is one peculiarity concerning *V* which deserves special attention. In transcribing fol. 6r, its scribe copied a single passage twice. At the beginning of fol.7r, he recopies fol.6r for seventeen and a half lines before noticing the repetition. In comparing these passages with one another, i.e., fol.6r with fol.7r, we find eighteen variations. The initial version contains the correct reading for the critical text nine times, while the repetition contains the correct reading nine times. Thus, we have here the unique opportunity to observe the fallibility of one particular medieval scribe.

Sources: Direct quotes from Aristotle were difficult to obtain. Giles possessed the ability to paraphrase "The Philosopher" and did so quite often. Therefore, neither Bekker nor the "Aristoteles Latinus" were appropriate at all times for finding an accurate representation of such quotes. Giles utilized the translations of Pseudo-Dionysius Areopagita by John Sarrasin (d. 1167)

---

[26]*Ibid.*, p. 107.

[27]*Ibid.*; *ibid.* n.8: "V̲ is undoubtedly a product of the early fifteenth century, but it may be appropriate to place it after the conclusion of the pontificate of Boniface IX, i.e., after 1 October 1404." See Franzen/Bäumer, *Papstgeschichte*, 254.

and the more liberal version by Thomas Gallus (d. 1246). The sources quoted in order of frequency are the Bible, canon law (*Decretum*, *Decretales*, glosses), Aristotle, Saint Augustine, Pseudo-Dionysius, Petrus Lombardus and Huguccio. Other medieval sources cited are: Averroes, Boethius, the Colonna cardinals, Cyprian, St. Jerome, Iacobus a Voragine, Isidor of Seville, Saint John of Damascus, *Liber pontificalis*, Origen, Petrus Comestor, Proclus and perhaps the Venerable Bede. Of the ancients the author alludes to Vergil's *Georgicon* once.[28]

In conclusion, we should comment briefly on the reception of *De renunciatione pape*. Ioannes Andreae, the well-known fourteenth-century canonist at Bologna, and the Dominican John of Paris were among the select few to have recorded Giles' thoughts on papal abdication for posterity. However, it was not until Antonio Blado produced an annotated print of Giles' tract with the encouragement of Cardinal Marcello Cervini and Girolamo Seripando, archbishop of Salerno, that it became known to a wider reading public about 250 years after the events of 1294/97.[29]

---

[28]*Ibid.*, p. 110 with n.36.

[29]Eastman, "Giles...his Use," 138 f.: *cf.* my article cited above, p. xi n.9.

# BIBLIOGRAPHY

2. Zitate nach dem kanonischen Recht und
   dessen Kommentatoren (Fr. = ed. Friedberg).

Decretum

3. Zitate nach Autoren des Altertums und des Mittelalters.

VI. B) Verzeichnis der wichtigen und zitierten Quellen
und Literatur.

I.      Handschriften.

Paris B.N. lat. 3160.
Vaticanus lat. 4141.

II.     Editionen.

Aegidius Romanus

*De regimine principum Libri III*, ed. B. Zannettum      (Rom 1607;
Nachdruck Aalen 1967), 1-646.

*Quodlibeta*, ed. Damasi de Coninck (Louvain 1646; Nachdruck
Frankfurt/M. 1966), 1-468.

*In primum librum Sententiarum*, ed. Sebastiani Arminei (Venedig
1521; Nachdruck Frankfurt/M. 1968), 1-241.

*In secundum librum Sententiarum III/1.* ed. Angelo Rocco (Venedig 1581; Nachdruck Frankfurt/M. 1968), 1-642.

*In secundum librum Sententiarum II/2,* ed. Angelo Rocco (Venedig 1581; Nachdruck Frankfurt/M. 1968), 1-695.

*In tertium librum Sententiarum.* ed. Fulgentij Galluccij Georginatis (Rom 1623; Frankfurt/M. 1968), 1-644. (siehe auch Blado, Bruni, Eastman, Hocedez, Koch, Roccaberti, Scholz)

Aristoteles

Aristotelis Opera ex recensione I. Bekkers edidit Academia Regi Borussica (Berlin 1931) Bd.3.

Aristoteles Latinus

*Analytica priora,* ed. L. Minio-Paluello, Aristoteles Latinus III 1-4, Translatio anonyma, (Brügge-Paris 1962).

*Ethica.* ed. R.A. Gauthier, Aristoteles Latinus XXVI 1-3, Translatio Roberti Grosseteste Lincolniensis (Leiden-Brüssel 1972).

*Metaphysica,* ed. G. Vuillemin-Diem, Aristoteles Latinus XXV 2, Translatio Anonyma sive 'Media' (Leiden 1976).

*Physica,* edd. F. Bossier/J. Brahms, Aristoteles Latinus VII, 1, Translatio vetus (Leiden 1988).

*Politica,* ed. P. Michaud-Quantin, Aristoteles Latinus XXIX 1, Translatio prior imperfecta (Brügge-Paris 1961).

*Rhetorica,* ed. B. Schneider, Aristoteles Latinus XXXI 1-2, Translatio Guillelmi de Moerbeka u.a. (Leiden 1978).

*De sophisticis elenchis,* ed. B.G. Dod, Aristoteles Latinus VI 1-3, Translatio Boethii (Leiden-Brüssel 1975).

*Topica,* ed. L. Minio-Paluello, Aristoteles Latinus V 1-3, Translatio Boethii (Leiden 1969).

Augustinus, Aurelius: *De civitate Dei,* edd. B. Dombart und A. Kolb, *CC* 47-48 (Turnhout, Belgien 1955).

*Confessiones,* ed. L. Verheijan, *CC* 27 (Turnhout 1981).

*De diversis questionibus LXXXIII, PL* 40.

*De doctrina Christiana, PL* 34.

*Enchiridion ad Laurentium,* ed. E. Evans, *CC* 46 (Turnout 1969).

*De Genesi ad litteram, PL* 34.

*In Iohannis Evangelium tractatus CXXIV,* ed. A. Mayer, *CC* 36 (Turnhout 1954).

*De sermonibus, Opera Omnia,* hg. v. O.S.B. e Congregatione S. Mauri (Paris 1838), Bd.V.

*Speculum ( = Liber de divinis scripturis), PL 34.*

*De trinitate,* ed. W.J. Mountain, *CC* 50 (Turnhout 1978).

Averroës

> Aristotelis De physico auditu libri octo cum Averrois Cordubensis variis in eosdem commentariis (Venetiis 1562; Nachdruck Frankfurt/M. 1962), Bd.4.
>
> Aristotelis Metaphysicorum libri XIIII cum Averrois Cordubensis in eosdem commentariis (Venetiis 1562; Nachdruck Frankfurt/M. 1962), Bd.8.

Beda Venerabilis, *Commentarii in Pentateuchum, PL* 91.

Boethius, *De trinitate, PL* 64.

Colonna (siehe unten H. Denifle).

Cyprianus, *De catholicae ecclesiae unitate,* ed. W. Hartel, *CSEL* III/1 1868).

Decretum und Decretales

> *Corpus iuris canonici,* hg. v. A. Friedberg (Leipzig 1879/81), 2 Bde.
>
> *Decretum Gratiani* ... una cum glossis ... (Turin 1588).
>
> *Decretales D. Gregorii* ... una cum glossis ... (Turin 1588).
>
> *Liber Sextus Decretalium D. Bonifacii papae VIII.* ... Haec omnia cum suis glossis ... (Turin 1588); und die Ausgabe (Venetiis 1591).

Pseudo-Dionysius Areopagita, Translatio Joannis Sarraceni et paraphrasis abbatis Vercellensis, DIONYSII CARTUSIANI, Commentaria in libros S. Dionysii Areopagitae, *Opera omnia* (Tournai 1902), Bde.15-16

_____.     De coelesti hierarchia, ebd. Bd.15.

_____.     De ecclesiastica hierarchia, ebd. Bd.15.

_____.     De divinis nominibus, ebd. Bd.16.


*Glossa ordinaria ad Biblicam, PL* 113-114.

> *Biblia cum glossa ordinaria* Walafridi Strabonis aliorumque et interlineari Anselmi Laudunensis, hg. v. A. Rusch für A. Koberger (Straßburg 1481), Bd.4.

Hieronymus, *Commentarius in Evangelium Matthaei, PL* 26.

Huguccio (siehe unten M. Bertram).

Isidor von Sevilla, *Etymologiae sive origines Libri XX*, ed. W.M. Lindsay (Oxford 1911; Nachdruck Oxford 1966).

_____.     *Allegoriae quaedam Scripturae sacrae, PL* 83.

Jacobus a Voragine, *Legenda Aurea,* ed. Th. Graesse (Dresden [3]1890; Nachdruck Osnabrück 1965).

Johannes Damascenus, *De fide orthodoxa*, Burgundionis versio, ed. E.M. Buytaert (St. Bonaventure *et al* 1955).

_____. *De sancta trinitate, PG* 95.

Johannes von Paris (siehe unten J. Leclercq; F. Bleienstein).

*Liber pontificalis*, ed. L. Duchesne (Paris 1955).

Origenes, *Commentaria in Evangelium Joannis, PG* 14.

Petrus Comestor, *Historia scholastica, PL* 198.

Petrus Iohannis Olivi (siehe unten L. Oliger).

Petrus Lombardus, *Collectanea in epist. d. Pauli, PL* 192.

_____. *Libri IV Sententiarum ... liber III et IV.* studio et cura PP. Collegii S. Bonaventurae. Tom. II (Ad Claras Aquas - Quarrachi bei Florenz ²1916).

Proclus Diadochus, *Tria opuscula (De providentia, libertate, malo),* ed. H. Boese, Latine Guilelmo de Moerbeka vertente et Graece ex Isaacii Sebastocratoris aliorumque scriptis collecta (Berlin 1960).

P. Vergili Maronis, *Opera,* ed. R.A.B. Mynors (Oxford 1969; Nachdruck Oxford ³1977).


III.     Literatur und andere Quellen.

Auer, Johann: *Die Entwicklung der Gnadenlehre in der Hochscholastik, Zweiter Teil: Das Wirken der Gnade,* Freiburger Theologische Studien, Heft 64 (Freiburg/Br. 1951).

Baethgen, Friedrich: "Beiträge zur Geschichte Cölestins V." *Schriften der Königsberger Gelehrten Gesellschaft* 10 - Geisteswissenschaftliche Klasse, Heft 4 (Halle/Saale 1934), 267-317.

Baldwin, J.W.: *Masters, Princes and Merchants. The Social Views of Peter the Chanter and His Circle* (Princeton 1970).

Bäumer, Remigius, (hg.): *Die Entwicklung des Konziliarismus, WdF* 279 (Darmstadt 1976).

Benson, Robert: *The Bishop-Elect. A Study in Medieval Ecclesiastical Office* (Princeton 1968).

Berges, Wilhelm: *Die Fürstenspiegel des hohen und späten Mittelalters,* Schriften der MGH (Leipzig 1938).

Bertram, Martin: "Die Abdankung Papst Coelestins V. (1294) und die Kanonisten," *ZRG, kan. Abt.* 56 (1970), 1-101.

Bielefeldt, Heiner: "Von der päpstlichen Universalherrschaft zur autonomen Bürgerrepublik (Aegidius Romanus, Johannes Quidort von Paris, Dante Alighieri und Marsilius von Padua im Vergleich)," *ZRG, kan. Abt.* 73 (1987), 70-130.

Blado, Antonio, ed.: *Aegidius Romanus (Colonna), Opera Exegetica, Opuscula*, I (Rom 1554/55; Nachdruck Frankfurt/M. 1968).

- Ad Romanos, 1-100.

- In Explicat. Cant. Canticor. 1-18.

- Expositio In cap. Firmiter Credimus, extra de summa Trinitate et fide catholica: et in cap. Cum Marthae, extra de Celebratione missarum, copiosa et dilucida, atque, 1-17.

- In sacrosanctam orationem dominicam, et salvationem angelicam, simplex et catholica explanatio. ... Tractatus de Corpore Christi, De Distinctione Articulorum fidei, De Arca Noe, 1-20.

- *Liber De Renuntiatione papae*. ubi universi, qui in ecclesia sunt, Ordinis ac Dignitatis gradus, patefiunt et illustrantur, 1-34.

  De Charactere Tractatus ... Quomodo Reges et Principes circa bona ad Coronam pertinentia, possunt liberalitatis opera exercere, Determinatio. (XII. Cal. Septem. 1554), 34-38.

- Contra Exemptos, ... De Divina Influentia in Beatos, De Laudibus Divinae Sapientiae, De Defectu et deviatione malorum culpae et peccatorum à Verbo. ... De Praedestinatione, Praescientia Paradiso, et Inferno ... De Peccato Originali Tractatus, 1-52.

- Theoremata De Corpore Christi, 1-38.

  Opus Hexaemeron, 1-59.

Bleienstein, Fritz, ed.: *(Johannes Quidort von Paris)*: *Über königliche und päpstliche Gewalt (De regia potestate et papali). Textkritische Edition mit deutscher Übersetzung* (Stuttgart 1969).

Boase, T.S.R.: *Boniface VIII* (London 1933).

Bruni, Gerardo, ed.: "The 'De Differentia Rhetorica, Ethicae et Politicae' of Aegidius Romanus," *The New Scholasticism* 6 (1932), 1-18.

――――――. *Le opere di Egidio Romano* (Florenz 1936).

Buisson, Ludwig: *Potestas und Caritas. Die päpstliche Gewalt im Spätmittelalter* (Köln-Graz 1958; ²1982).

Burr, David: *The Persecution of Peter Olivi*. Transactions of the American Philosophical Society, new series vol.66 part 5 (1976).

Carlyle, R.W. und A.J.: *A History of Mediaeval Political Theory in the West* (Edinburgh-London ³1950), 5 Bde.

Coleman, Janet: "Medieval Discussions of Property: *Ratio* and *Dominium* according to John of Paris and Marsilius of Padua," *History of Political Thought* 4 (1983), 209-228.

Courtenay, William J.: *Schools & Scholars in Fourteenth-Century England* (Princeton 1987).

395

Dempf, Alois: *Sacrum Imperium: Geschichts- und Staatsphilosophie des Mittelalters und der politischen Renaissance*, (München-Berlin 1929; Nachdruck Darmstadt 1973).

Denifle, Heinrich: "Die Denkschriften der Colonna gegen Bonifaz VIII. und der Cardinäle gegen die Colonna," *ALKG* 5 (1889), 493-529.

Digard, Georges u.a. (ed.), *Les registres de Boniface VIII* (Paris 1884-1939) 4 Bde.

Dyson, R.W. (Übers.): *Giles of Rome on Ecclesiastical Power. The De ecclesiastica potestate of Aegidius Romanus* (Woodbridge 1986).

Döllinger, Ignaz: *Die Papst-Fabeln des Mittelalters* (München 1863; Nachdruck Frankfurt/M. 1962).

Eastman, John R.: "AEGIDIUS ROMANUS: *'De renunciatione pape'*. Kritische Edition und Analyse der Frage der Papstabdankung in der Zeit von Cölestin V. und Bonifaz VIII." Dissertation (Würzburg 1985).

———. "Editing Medieval Texts: A Modern Critical Edition of DE RENUNCIATIONE PAPE by Aegidius Romanus," *Medieval Perspectives* (The Southeastern Medieval Association: Proceedings of the 13th Annual Conference), Bd.3 (1988), 105-115.

———. "Giles of Rome and his Use of St. Augustine in Defense of Papal Abdication," *Augustiniana* 38 (1988), 129-139.

———. "Das Leben des Augustiner-Eremiten Aegidius Romanus (c.1234-1316)," *ZKG* 100(1989), 318-339.

———. "Giles of Rome and Celestine V: The Franciscan Revolution and the Theology of Abdication," *CHR* 76 (1990), 195-211.

———. *Papal Abdication in Later Medieval Thought* (Lewiston-Queenston-Lampeter 1990).

Eberenz, James H.: "The Concept of Sovereignty in Four Medieval Political Philosophers: John of Salisbury, St. Thomas Aquinas, Egidius Colonna and Marsilius of Padua," Dissertation: The Catholic University of America, - Diss. Abstracts 29 (1968/69), Nr. 4047.

Egenter, Richard: *Die Erkenntnispsychologie des Aegidius Romanus* (Regensburg 1926).

Eichinger, Joseph: "Individuum und Gemeinschaft bei Ägidius Romanus," *Divus Thomas 3. series* 13 (1935), 160-166.

Finke, Heinrich: *Aus den Tagen Bonifaz' VIII.* (Münster/Westf. 1902; Nachdruck Rom 1964).

Franzen, August/Bäumer, Remigius: *Papstgeschichte* (Freiburg/Br. 1974).

Friedberg, A. (siehe oben II, Editionen, unter Decretum).

Gewirth, Alan: *Marsilius of Padua and Medieval Political Philosophy*, 2 Bde. (New York ²1956).

Gillmann, Franz: "Zur kanonistischen Schuldlehre in der Zeit von Gratian bis zu den Dekretalen Gregors IX. " *AKKR* 117 (1937) Heft 3-4, als Sonderdruck (Mainz 1937).

Gilson, Etienne: *The History of Christian Philosophy in the Middle Ages* (New York 1955).

──────. *Johannes Duns Scotus. Einführung in die Grundgedanken seiner Lehre* (Düsseldorf 1959).

Goddu, André: "Wilhelm von Ockhams Kritik des Prinzips 'Omne quod movetur ab alio movetur'," *Franziskanische Studien* 62 (1980), 296-308.

Goez, Werner: *Translatio Imperii. Ein Beitrag zur Geschichte des Geschichtsdenkens und der politischen Theorien im Mittlealter und in der frühen Neuzeit*, (Tübingen 1958).

Grabmann, Martin: "Studien über den Einfluß der aristotelischen Philosophie auf die mittelalterlichen Theorien über das Verhältnis von Kirche und Staat," (Sitzungsberichte der Bayer. Akademie der Wiss. Ph.-hist. Abt. Jg.1934, Heft 2), *Gesammelte Akademieabhandlungen* (Paderborn u.a. 1979), 809 ff.

──────. *Mittelalterliches Geistesleben. Abhandlungen zur Geschichte der Scholastik und Mystik*, 2 Bde. (München 1926).

──────. *Die Geschichte der Katholischen Theologie* (Freiburg/Br. 1933; Nachdruck Darmstadt 1974).

Gutiérrez, David: "Gilles de Rome," *Dictionnaire de Spiritualité*, Bd.6 (Paris 1967), Sp.385 ff.

Herde, Peter: "Marinus von Eboli 'super revocatoris' und 'De confirmationibus'," *Quellen und Forschungen aus italienischen Archiven und Bibliotheken* 42/43 (1962/63), 119 ff.

──────. "Zur Audientia litterarum contradictarum und zur 'Reskripttechnik'," *Archivalische Zeitschrift* 69 (1973), 54-90.

──────. *Cölestin V. (1294): (Peter vom Morrone). Der Engelpapst. Mit einem Urkundenanhang und Edition zweier Viten* (Stuttgart 1981).

──────. "Election and Abdication of the Pope: Practice and Doctrine in the Thirteenth Century," *Monumenta iuris canonici*. series c: subsidia, vol.7 (Città del Vaticano 1985), 411-436.

Herrmann, Horst: "Fragen zu einem päpstlichen Amtsverzicht," *ZRG, kan. Abt.* 56 (1970), 102-123.

Hocedez, Edgar, ed.: *Aegidii Romani Theoremata de esse et essentia. Texte précédé d'une introduction historique et critique* (Louvain 1930).

Hödl, Ludwig: Die Geschichte der Scholastischen Literatur und der Theologie der Schlüsselgewalt. Erster Teil. *BGPTM* 38, Heft 4 (1960).

Imkamp, Wilhelm: *Das Kirchenbild Innocenz' III. (1198-1216)*, (Stuttgart 1983).

Johannes Andreae: *Novella in Sextum* (Venedig 1499; Nachdruck Graz 1963).

——. *... in quinque decretalium libros novella commentaria* (Venedig 1581; Nachdruck Turin 1963) mit einer Einführung von S. Kuttner.

Johannes Quidort von Paris (siehe Leclercq; Bleienstein).

Kantorowicz, Ernst H.: *The King's Two Bodies. A Study in Mediaeval Political Theology* (Princeton 1957).

Kempf, Friedrich: *Regestum Innocentii III pape super negotio Romani imperii* (Rom 1947).

Kern, Fritz: *Gottesgnadentum und Widerstandsrecht im Frühen Mittelalter* (Darmstadt ²1954; Nachdruck ebd. 1980).

Koch, Josef/Riedl John, edd.: *Giles of Rome, Errores Philosophorum. Critical Text with Notes and Introduction* (Milwaukee 1944).

Kölmel, Wilhelm: *Regimen Christianum. Wege und Ergebnisse des Gewaltenverständnisses (8. bis 14. Jahrhundert)*, (Berlin 1970).

Kuttner, Stephan: *Kanonistische Schuldlehre von Gratian bis auf die Dekretalen Gregors IX.* (Studi e testi 64 - Vatikan Stadt 1935).

——. *Repertorium der Kanonistik (1140-1234)*. (Studi e testi 71 - Vatikan Stadt 1937).

Lagarde, Georges de: *La naissance de l'esprit laique au déclin du Moyen Age* (Louvain-Paris 1956/70) 5 Bde.

Lajard, Felix: "Gilles de Rome," *Histoire littéraire de la France* 30 (Paris 1888; Nachdruck Nendeln/Liechtenstein 1971), 421-538.

Landgraf, Adolf: "Die Lehre der Frühscholastik vom Episkopat als ordo," *Scholastik* 26 (1951), 496-519.

Leclercq, Jean: "La renonciation de Celestin V et l'opinion théologique en France du vivant de Boniface VIII," *Revue d'histoire de l'Église de France* 25 (1939), 183-192.

——. ed.: *Jean de Paris et l'ecclésiologie de XIII^e siècle* (Paris 1942).

Lerner, R.E.: "Joachim of Fiore as a Link between St. Bernard and Innocent III on the Figural Significance of Melchisedech," *Mediaeval Studies* 42 (1980), 471-476.

Maccarrone, Michele: *Vicarius Christi. Storia del titolo papale* (Rom 1952).

Maier, Anneliese: "Due documenti nuovi relativi alla lotta dei cardinali Colonna contro Bonifacio VIII," *Rivista di storia della Chiesa in Italia* 3 (1949), 344-364.

——. *Metaphysische Hintergründe der Spätscholastischen Naturphilosophie* (Rom 1955).

Miethke, Jürgen: "Geschichtsprozeß und Zeitgenössisches Bewußtsein - Die Theorie des Monarchischen Papats im Hohen und Späteren Mittelalter," *HZ* 226 (1978), 564-599.

Minnis, A.J.: *Medieval Theory of Authorship. Scholastic Literary Attitudes in the Later Middle Ages* (London 1984).

Mirus, J.A.: "On the Deposition of the Pope for Heresy," *AHP* 13 (1975), 231 ff.

Mohler, Ludwig: *Die Kardinäle Jakob und Peter Colonna* (Paderborn 1914).

Monahan, Arthur P.: *John of Paris on Royal and Papal Power. A translation with Introduction of the "De potestate regia et papali" of John of Paris* (New York-London 1974).

Morrall, John B.: *Political Thought in Medieval Times* (London 1958; Nachdruck 1971).

Oliger, Livarius, ed.: "Petri Iohannis Olivi De renuntiatione papae Coelestini V," *AFH* 11 (1918), 309-373.

Pastor, Ludwig: *Geschichte der Päpste seit dem Ausgang des Mittelalters*, Bde.1 und 6 (Freiburg/Br. 1886, 1926/33).

Quinn, John: "The Concept of Time in Giles of Rome," *Augustiniana* 28 (1978), 310ff.

Rauh, Horst-Dieter: Das Bild des Antichrist im Mittelalter: Von Tyconius zum Deutschen Symbolismus, *BGPTM. Neue Folge* 9 (1973).

Renna, Thomas J.: "Royalist Political Thought in France 1285-1303," Dissertation, Brown University -Diss. Abstracts 31A, 1970/71, Nr. 6504.

————. "Aristotle and the French Monarchy," *Viator* 9 (1978), 309-324.

Rivière, Jean: *Le probleme de l'église et de l'état au temps de Philippe le Bel: étude de théologie positive* (Louvain 1926).

Roccaberti, Juan T. ed.: "Aegidius Romanus: De renuntiatione papae," *Bibliotheca maxima pontificia*, Bd.2 (Rom 1695; Nachdruck Graz 1969), 1-64.

Santonastaso, Giuseppe: *Il pensiero politico di Egidio Romano*, (Quaderni di critica 17 - Florenz 1939).

Schipperges, H.: "Antike und Mittelalter," *in Krankheit, Heilkunst, Heilung*, hg. v. H.Schipperges/E.Seidler/P.Unschuld (Freiburg i.Br./München 1978), 229-266.

Schmaus, Michael: "Zur Geistlehre des Aegidius Romanus," *Cassiciacum* 30 (1975), 200-213.

Schmidt, Tilmann: "Papstanklage und Papstprozeß in der Zeit Bonifaz' VIII. und Clemens' V." *Monumenta iuris canonici*, series c: subsidia, vol.8 (Vatikan Stadt 1988), 439-457.

————. "Zwei neue Konstitutionen Papst Clemens' V. zur Restitution der Colonna (1306)." *Papst, Kirche und Recht im Mittelalter, Festschrift für Horst Fuhrmann zum 65. Geburtstag*, hg.v. Hubert Mordek (Tübingen 1991), 335-345.

_____. "Papst Bonifaz VIII. als Gesetzgeber," *Estratto da Monumenta iuris canonici*, series c: subsidia, vol. 9 (Vatikan Stadt 1992), 227-246.

Scholz, Richard: *Die Publizistik zur Zeit Philipps des Schönen und Bonifaz' VIII.* (Stuttgart 1903; Nachdruck Amsterdam 1962).

_____. ed.: *Aegidius Romanus: De ecclesiastica potestate* (Weimar 1929; Nachdruck Aalen 1961).

Schrübbers, Christiane: "Regimen und Homo Primitivus. Die Pädigogik des Ägidius Romanus," *Augustiniana* 32 (1982), 137-188.

Seppelt, Franz Xavier: *Studien zum Pontifikat Cölestins V.* (Berlin/Leipzig 1911).

Smolinski, Heribert, ed.: *Domenico de' Domenichi: De potestate pape et termino eius* (Münster/Westf. 1977).

Sohm, Rudolf: *Das altkatholische Kirchenrecht und das Dekret Gratians* (München-Leipzig 1918; Nachdruck Darmstadt 1967).

*Theologische Realenzyklopädie*, hg.v. G. Krause/G. Müller (Berlin-New York 1977), Bd.I.

Thimme, Wilhelm, ed.: Augustin, *Bekenntnisse* (Zürich 1950; Stuttgart 1967).

Thomas von Aquin, *Opera omnia iussu Leonis XIII edita cura et studio Fratrum Praedicatorum* (Rom 1882 ff.).

_____. *Die Deutsche Thomas-Ausgabe.* Vollständige, ungekürzte, deutsch-lateinische Ausgabe der *Summa Theologiae* (Heidelberg-Graz 1933 ff.; Salzburg seit 1941), 36 Bde.

Tierney, Brian: *Foundations of the Conciliar Theory: The Contribution of the Medieval Canonists from Gratian to the Great Schism* (Cambridge 1955).

_____. *Origins of Papal Infallibility 1150-1350* (Leiden 1972).

Uelhof, Wilhelm: "Die Zuständigkeit zur Weihespendung mit bes. Berücksichtigung des Zusammenhangs mit dem Weihetitel und der Inkardination," *Münchener Theologische Studien* III, kan. Abt.15 (1962).

Ullmann, Walter: *The Growth of Papal Government in the Middle Ages* (London 1955).

_____. *Medieval Political Thought* (1965; neu ediert Harmonthsworth 1975).

_____. "Die Bulle Unam Sanctam: Rückblick und Ausblick," *RHM* 16 (1974), 45-77.

Vollmer, Placidius: "Die göttliche Mitwirkung bei Aegidius Romanus," *Divus Thomas 3. Serie* 6 (1928), 452-470.

_____. *Die Schöpfungslehre des Aegidius Romanus.* Inaugural Dissertation (Würzburg 1931).

400

Watt, John A.: *The Theory of Papal Monarchy in the Thirteenth Century* (London 1965), ursprünglich als Aufsatz in: *Traditio* 20 (1964), 179-318.

Wenck, Karl: "Über päpstliche Schatzverzeichnisse des 13. und 14. Jahrhunderts und ein Verzeichnis der päpstlichen Bibliothek vom Jahre 1311," *MIÖG* 6 (1885), 270-286.

Werner, Karl: *Die Scholastik des späteren Mittelalters.* 4 Bde. (Wien 1881-87; Nachdruck New York), Bd.III: *Der Augustinismus in der Scholastik des späteren Mittelalters* (Wien 1883).

Weier, Winfried: *Sinn und Teilhabe. Das Grundthema der abendländischen Geistesentwicklung* (Salzburg 1970).

Wilks, Michael: *The Problem of Sovereignty in the Later Middle Ages: The Papal Monarchy with Augustinus Triumphus and the Publicists* (Cambridge 1963).

Wippel, John F.: "Some Issues concerning Divine Power and Created Natures according to Godfrey of Fontaines," *DIAKONIA. Studies in Honor of Robert T. Meyer*, edd. Thomas Halton/Joseph P. Williman (Washington, D.C. 1986), 158-181.

Zumkeller, Adolar: "Die Augustinerschule des Mittelalters: Vertreter und philosophisch-theologische Lehre," *Analecta Augustiniana* 27 (1964), 167-262.

# LATIN INDEX

VI. C)  Wort - und Sachregister zur Edition (ausgefallene Wörter, wichtige Begriffe und Eigennamen, und die zum Vergleich herangezogenen Quellen).

# TEXTS AND STUDIES IN RELIGION

DATE DUE